普通高等教育“十一五”国家级规划教材

高等院校信息科学系列教材

信息工程概论

（第二版）

徐宗本　张茁生　主编

科学出版社

北京

内 容 简 介

本书是为全国高等院校“信息与计算科学”专业本科生编写的教材，主要从“大科学”角度阐述了当代信息工程的若干代表性领域、相关基本问题、基本理论、基本模型与基本方法. 主要内容包括：绪论、通信系统原理、时频分析、数字图像处理概述、模式识别、自动控制与系统辨识、信息加密与信息安全、数据挖掘与数据库中的知识发现等. 全书各章内容独立，可由教师在讲授中灵活取舍. 第2章后各章末均配有习题，可供学生选做.

本书除可作为高等院校“信息与计算科学”专业本科生教材使用外，也可供应用数学、计算机科学、物理、信息工程、管理工程类各专业的教师、研究生与高年级本科生参考.

图书在版编目 CIP 数据

信息工程概论/徐宗本，张茁生主编. —2版. —北京：科学出版社，2011.4
普通高等教育“十一五”国家级规划教材·高等院校信息科学系列教材
ISBN 978-7-03-030515-2

Ⅰ.①信… Ⅱ.①徐…②张… Ⅲ.信息工程-高等学校-教材
Ⅳ.①G202

中国版本图书馆 CIP 数据核字(2011)第 039228 号

责任编辑：鞠丽娜 / 责任校对：马英菊
责任印制：吕春珉 / 封面设计：三函设计

科学出版社出版
北京东黄城根北街 16 号
邮政编码：100717
http://www.sciencep.com

北京虎彩文化传播有限公司印刷
科学出版社发行 各地新华书店经销

*

2002年8月第 一 版 开本：B5 (720×1000)
2011年4月第 二 版 印张：20 1/2
2019年8月第九次印刷 字数：410 000

定价：48.00元

(如有印装质量问题，我社负责调换〈虎彩〉)
销售部电话 010-62134988 编辑部电话 010-62138978-8002

序　　言

1998 年教育部进行高校专业调整时设立了“信息与计算科学”专业. 该专业的设立,受到很多高等院校的热烈响应,据不完全统计,几年来已有约 280 所院校招收了该专业的本科生,其中大部分院校计划开设信息科学方面的系列课程.

为了配合高等院校在学科专业设置上的改革与深化,来自几十所高等院校的有关专业的部分领导和教师,于 1999 年、2000 年召开了第一、二届“信息科学专业发展与学术研讨会”,与会者热烈讨论并探讨了许多与信息学科的学科发展和建设的基本问题. 会议一致认为教材建设是目前最为紧迫的任务,因此成立了教材编审协调组来组织该系列教材的编写.

2001 年教材编审协调组召集了有多位经验丰富的教师和出版社参加的教材建设会议. 会议明确了教材建设是一项长期的工作,并决定首先编写和出版这套教材来满足近期急需. 为了保证教材的质量,会议对每本教材的要求、内容和大纲进行了具体研讨,并请具有多年教学经验的重点院校教授担任各教材的负责人.

为了贴近教学的实际,每部教材都配有习题或思考题,同时对内容也做了结构化安排,以便教师能根据实际情况部分选讲. 本套教学用书不仅适用于教学,也可供相关读者参考.

在教材编写和出版过程中,作者对内容的取舍、章节的安排、结构的设计以及表达方式等方面多方听取意见,并进行了反复修改. 在感谢作者们辛勤劳作的同时,编委会还特别感谢科学出版社的鞠丽娜编辑,她不辞辛劳,在统筹印刷出版、督促进度、征求意见、组织审校等方面做了大量工作. 这套教材能在保证质量的前提下,及时与读者见面,和她的努力是分不开的.

从长远的教学角度考虑,为了适应不同类型院校、不同要求的课程需要,教材编审协调组将不断组织教材的修订、编写(译),从而使我国信息科学教学用书做到逐步充实、完善、提高和多样化. 在此衷心希望采用本系列用书的教师、毕生和读者对书中存在的问题及时提出修改意见和建议.

高等院校信息科学系列教材编委会

第二版前言

本书自第一版出版以来，受到国内多所高校师生的欢迎，为满足读者需求，本书多次重印，并于 2006 年被列入普通高等教育“十一五”国家级规划教材.

本书立足于从“大学科”的角度介绍当代信息工程的若干代表性领域(例如，通信技术、控制技术、时频分析与小波分析、图像处理、模式识别、人工智能等)的相关基础问题，以及它们的基本原理、基本模型和基本方法. 在内容的表述上，力求概论而不泛论和细论、突出基础理论和典型方法、符合工程上的习惯，同时保持数学上的严密性. 通过本书的学习，使学生对信息工程所涉及的基本内容，以及数学在其中所扮演的重要角色等有一个简明而深入的了解，从而增强学生应用数学理论解决信息工程问题的能力，为今后在相关交叉学科领域进一步地学习和研究打下了基础.

基于以上认识，以及广泛听取了相关专家和使用过本书的教师与学生的意见，我们对第一版进行了修订. 第二版保持了第一版的框架结构和主要特色，同时根据信息工程相关领域的最新发展状况与趋势，增加了一些新的内容. 具体的变动和调整主要有

(1) 对第一章的内容进行了重新编写.

(2) 重写了第 2～第 6 章的评述与展望.

(3) 对部分内容进行了改写，使思路更加简明，概念更加精准，更具有可读性.

(4) 删减了一些过深的和过分强调技巧的内容，力求更加突出基本理论与方法. 例如，删除了小波变换图像编码、分形图像压缩编码、Gabor 展开中连续与离散双正交条件的推导等.

(5) 增加了图像增强、图像恢复、图像分割、现代通信技术概要等.

(6) 基本保留了第一版的习题，补充了一些新的习题，使总的习题数量和类型有所增加.

(7) 增加了反映相关领域一些最新发展状况的参考文献.

第二版的修订由徐宗本和张茁生主持，参加修订工作的有徐宗本、张茁生、刘峰、任品毅、阮小娥，全书经徐宗本和张茁生修改、补充和定稿.

本书可作为高等院校“信息与计算科学”专业本科生的教材，也可供应用数学、计算机科学、物理、信息工程、管理工程各专业的教师、研究生和高年级本科生参考. 全书各章内容独立，各院校可根据具体情况灵活取舍. 本书自第 2 章开始各章末均配有习题和参考文献，可供学生消化和理解本章内容.

最后，衷心地感谢科学出版社鞠丽娜同志为本书的出版和编辑质量的提高所付出的不懈努力.

由于编者水平有限，书中难免存在不妥之处，敬请读者批评指正.

西安交通大学　徐宗本　张苗生

2010年12月

第一版前言

本书是为全国普通高等院校数学系“信息与计算科学”专业本科生编写的一本专业教材，主要从“大科学”角度讲述当代信息工程（信息技术）的若干代表性领域的相关基础问题，以及它们的基本原理、基本模型与基本方法.

为什么要为数学系学生开设这样一门跨学科的工程概论课程呢？这主要是基于下述考虑：第一，信息技术是时代主题. 当今时代是以知识和信息为基础的信息时代. 在这样的时代里，信息技术不仅是社会进步和生产力发展的主要推动力，而且已成为主导全球经济发展格局、引导社会发展进程的核心要素. 自然地，数学教育、数学研究与数学人才培养应该顺应这种社会与经济发展的总格局. 第二，当代科学技术的发展呼唤全面的“科学数学化”，而高新科技的出现又已经把社会推进到了“数学技术化”或“数学工程技术”的新时代. 信息技术本质上是数学技术. 数学不仅能提供信息技术中信息表示与度量的方法和语言，而且能提供信息获取、变换、传输、处理与控制等技术的理论基础与实现算法. 我们应该向数学系的学生透彻地阐述这一点，从而使他们对数学的本质、数学的价值与数学的作用有更深切地理解与体会. 第三，也是最为重要，我们希望通过对信息技术这一“数学技术化”最为典型和成功的领域的介绍，引导学生更为关注数学与其他科学的交叉，关注现实世界，特别是当代高新科技对于数学研究和发展的推动作用（注意到，我们已经有了大量的课程展示和阐述数学发展是如何由数学内部的矛盾发展与逻辑推演而推动的），从而培养学生理论联系实际，从现实中抽象和发展数学理论、运用数学理论解决国民经济建设特别是高新科技核心基础问题的意识、自觉性与能力. 基于此，本书通过综合介绍信息工程的典型领域和相关的基本问题、基本理论、基本原理与基本方法，使学生对信息工程所涉及的内容，对“信息技术本质上是数学技术”等有一个简明而深入的理解，从而增强应用数学理论解决信息工程问题的能力和培养从事相关交叉学科的创新研究能力. 通过本书的讲授，我们期望达到向学生“展现一片天空、传达一个观念、引导一个方向，提供一个机会”的效果. 更具体些说，力求向学生展现“在诸多高科技的研究与发展中，数学不仅大有用武之地，而且常常构成它们的核心与灵魂”这样一片天空；传达“科学应该全面数学化，数学可以技术化”这样一个观念；引导学生积极投身于信息科学研究，自学成为“科学数学化、数学技术化”的追求者与实践者；最后，在这样的追求与实践中选择自己的奋斗与择业目标. 从这个意义上说，本书是一本改革教材.

本书也是一本探索教材. 虽然已有大量的专门论述信息工程单一领域或分支

(例如,通信技术、控制技术、信号处理、模式识别、人工智能等)的著作及教材,但从“大学科”角度综合介绍信息工程各领域(即使是有选择的主要领域)的著作在国内外尚难以见到.之所以缺乏这种“大学科”式的著述其实是自然的:对于编者而言,很难既全面、综合又深入、细致地论述信息工程所应包含的方方面面而不受行内专家挑剔;而对于从事信息工程专门领域的读者而言,阅读如此宽泛的著述又未必有更直接的参考价值.因此,对于从事信息工程的专业人员来说,有无一本信息工程的“大学科”式著作并不显得重要.然而,对于非信息工程专业研究工作者和学生而言,有这样一本“大学科”著作却是非常重要,甚至是梦寐以求的.因为,他们需要从整体上了解信息工程(信息技术)的全貌,进而,希望根据自己的兴趣与特长选择信息工程研究的切入点以及与自己专业的结合点.这一渴望对于数学系“信息与计算科学”专业的师生来说就更显得强烈.正是这种渴望促使我们组织编写了这本《信息工程论》,它既可用作数学系“信息与计算科学”专业本科生教材,又可供广泛的非信息工程专业工作者从大学科的角度了解信息工程.

本书的编写原则是:①概论而不泛论和细论.概论主要体现在:第一,在取材上力求从大学科角度全面反映信息工程的主要环节(如信息获取、信息处理、信息传输、信息加工与信息应用等);第二,在每一典型领域中突出对基本问题、基本模式、基本原理与基本方法的讲述,不泛论;强调局部的完整性,但忽略过于技术或工程化的细节;为了节省篇幅,本书略去了某些重要但在本专业其他课程中已涉足的信息工程领域(如计算机技术).②突出典型、突出基础.除对信息工程的各主要环节选择一个或多个典型领域重点讲述外,对内容的表述,在基础性与技术性上突出基础性(特别是数学基础),在分析与实现上突出分析,在经典与现代上突出现代.每个专题(即每一章)均设“评述与展望”一节,以求对所述典型领域的当前发展给出一些尽可能恰当的评注.③力求“工程上无误,数学上严密”,展现技术性.作为数学系学生的教科书,数学上的严密性是必备的,在坚持这一原则的前提下,我们力求对概念、原理、方法、模型的阐述符合工程习惯,并保持工程意义上的准确性和应用性.以上诸条可认为是本教材所力求表现的风格与特点.

参加本书编写工作的有全国六所重点大学的十多位教授或博士,他们或者是数学系的教师并取得信息工程领域的博士学位,或者是长期从事信息科学研究的数学博士或教授,应该说,均具有数学与信息工程某些专门领域的“两栖”知识结构与研究经验.本书是他们精诚合作的结果.书中各章的编者如下:

第 1 章:焦李成

第 2 章:郭定辉 任品毅

第 3 章:张茁生

第 4 章:刘峰 徐宗本

第 5 章:梁吉业 徐宗本

第 6 章：阮小娥 徐宗本

第 7 章：白国强

第 8 章：马江洪 徐宗本

另外，徐宗本负责了整个书稿的策划、大纲的制定，并修定了第 2、4、5、8 各章；柳重堪负责审定了第 2、3、4、5 各章并修定了第 3 和第 7 章；张茁生对全书的符号、格式及参考文献等进行了统一.

本书可作为数学系“信息与计算科学”专业本科生教材使用，也可供数学系、计算机系、物理系、信息工程类、管理工程类各专业的教师与研究生参考. 全书各章内容独立，各院校可根据各自的教学目的灵活取舍. 另外，各章末配有习题，可供学生消化和理解本章内容选做. 根据我们的实践，教学中采取“精讲与泛讲结合(即根据需要有些章精讲，有些章泛讲)”、讲授与实验结合(特别可在每一章结束设置 1～2 个大的实验要求学生使用 Matlab 完成)、讲授与自学结合(有些章节可让学生自学，或代之以专家讲座)，可取得令人满意的效果.

作为一本新的教材，本书存在的缺陷是显而易见的：无论整体选材(典型领域的选择)还是各章选材，都还需要进一步斟酌，各章内容的阐述与习题等也都还需要进一步润色与精心设计. 所有这些期望能在本书的重版时予以弥补.

衷心感谢西安电子科技大学的焦李成教授在百忙中欣然为本书撰写了第 1 章；也非常感谢科学出版社的鞠丽娜同志为出版该书和提高本书编辑质量所付出的不懈努力.

欢迎阅读与使用本书的所有教师与同学提出宝贵意见.

西安交通大学　徐宗本

北京航空航天大学　柳重堪

2002 年 8 月

目　录

第1章　绪　　论

1.1　信息科学与信息工程

1.1.1　信息科学发展简史

信息科学的历史，是人类认识和利用信息的历史. 从人类诞生那天起，就没有停止过同信息打交道，自觉或不自觉地利用信息为自己的生存和发展服务. 例如，为了更好地表达信息，人类创造了语言；为了记录信息，人类创造了文字；为了储存信息，发明了纸张和印刷术；为了传递信息，创造了烽火通信；为了处理信息，发明了算盘；为了获得方向信息，发明了指南针；为了隐蔽和识别信息，古代的军事将领使用了"虎符"；为了检测时间信息，发明了浑天仪等. 特别是语言、文字和印刷术的创造，可以认为是人类古代历史上的几次信息革命.

近代的工业革命，特别是电的发明与应用，为信息技术的发展创造了良好的条件. 近代和现代社会大规模生产的需求以及不断爆发的战争更是加快了现代信息科学技术的产生和发展. 通信技术、火炮自动控制技术以及计算机等信息技术正是在第二次世界大战期间得到了飞速的发展. 第二次世界大战期间，现代信息技术和信息科学的主要奠基人数学家香农(C. E. Shannon)、维纳(N. Wiener)以及约翰·冯·诺依曼(John Von Neumann)等当时就分别在通信、控制和计算机领域活跃地工作着. 正是由于他们在战时的开创性工作，第一台现代电子计算机、信息论和控制论分别于战后的 1946 年和 1948 年公诸于世，从而奠定了现代信息科学技术发展的基石.

相对于漫长的古代历史，人类在近、现代时期对于信息的认识取得了重大的进展. 电报、电话的发明，使人们认识到信息的载体可以进行转换. 比如电话话筒就可以把携带信息的空气振动转换成电参量的变化——电信号. 后来的研究表明，电信号具有频率、时间和幅度等基本的参数，电信号正是通过这些参数的变化来反映所携带的信息. 此后，人们开始注意如何在数值上对信息进行度量的问题. 1928 年，哈特莱(Hartley)首先指出了信息数量的大小仅与发信者在字母表中对字母的选择方式有关而与信息的语义无关. 在此基础上，他导出了第一个信息度量的公式：

$$I = \log S^n = n\log S, \tag{1.1}$$

式中，S 是字母表的字母数目，n 是每个消息所含的字母数目.

从 20 世纪 40 年代后期，人类开始真正自觉地认识信息问题并开始探索信息的本质.最主要的理论标志是香农的论文《通信的数学理论》中指出和维纳的专著《控制论——动物和机器中的通信与控制问题》[2].正因为如此,人类认识和利用信息的历史可以粗略地以 1948 年为界来划分:在此之前,人类不自觉地认识和低水平地利用信息;在此之后,人类开始走向自觉认识和高水平地利用信息的阶段.

香农接受了哈特莱关于信息的形式化的思想,并把他的信息度量公式进行了更有意义的推广.香农在论文《通信的数学理论》中指出:"通信的基本问题是在消息的接收端精确地或近似地复现发送端所挑选的消息.通常,消息是有意义的,也就是说,它按某种关系与某些物质或概念的实体联系着.通信的语义方面的问题与工程问题是没有关系的.重要的是,一个实际的消息总是从可能消息的集合中选择出来的.因此,系统必须设计成对每一种选择都能工作,而不是只适合工作于某一种选择,因为各种消息的选择是随机的,设计者事先无法知道什么时候会选择什么消息来传送."在这里,香农完成信息认识方面的两点重要突破:第一,他认识到通信工程与信息的语义无关;第二,通信系统所处理的信息本质上是随机的,因此必须采用非决定论的统计方法来处理问题.这样,他就找到了"形式化"和"概率论"这样的工具,并按照"信息是用来消除不定性的东西"这样一个基本观念证明了如下结论:对于具有 N 种可能结果 $X=\{x_i, i=1,\cdots,N\}$ 的独立随机试验,它在试验前所包含的平均不定性数量可以表示为

$$H=-\sum_{i=1}^{N} p_i \log p_i (\text{单位}), \tag{1.2}$$

式中,p_i 是 x_i 出现的概率,它们满足

$$\sum_{i=1}^{N} p_i = 1; \tag{1.3}$$

假定试验后,结果是 X_{io} 出现,即后验概率分布为

$$p_i=\begin{cases}1,\ i=i_0\\0,\ i\neq i_0\end{cases}\quad i=1,\cdots,N, \tag{1.4}$$

在此情况下,不存在后验不定性.于是,这个试验所提供的信息量为

$$I=H-0=-\sum_{i=1}^{N} p_i \log p_i (\text{单位}). \tag{1.5}$$

在这种条件下,I 与 H 在数值上相等,但两者在概念上不同:H 是不定性,I 则是为完全消除这个不定性所需要的信息量.

在上述信息量定义的基础上,香农还进一步导出了信息传输率的表达式、信道容量公式以及在允许一定失真条件下信源的信息率公式.特别重要的是,他还利用这些结果,得到了关于信息传输的一系列重要的编码定理,揭示了信息传输过程中数量和质量的辩证关系,建立起了一些重要的性能上限,从而明确了在一定条件下什么是可以做到的,什么是不可能做到的,指明了人们在通信工程中努力的方向.

通过香农的这些工作，人类在历史上第一次如此清晰地认识和把握了通信技术的本质，初步认识和掌握了信息及其传递的规律.

由于信息问题本身具有普遍意义，而香农解决问题的方法如此新颖、精巧，所得到的结果又极具启发性，因此，他的工作一发表，就“如一枚重镑炸弹的爆炸，震撼了科学界”[皮尔斯(J. R. Pierce)，1973][3]，信息论的冲击波迅速地扩展到各个学科领域. 从信息论产生至20世纪50年代中期这段时间内，在伦敦和美国连续举行了关于信息论的一系列重要的国际讨论会，探讨和涉及的内容极为广泛，议题包括通信、控制论、计算机、数学、统计学、电子学、物理学、解剖学、动物保健学、人类学、经济学、语言学、神经精神学、神经生理学、哲学、语音学、政治理论和心理学等. 这种出奇的繁荣曾经引起一些人的担心，香农自己就是其中的一个.

事实上，香农非常清楚，他所发展的信息论还只是一种狭义的理论，它排除了语义和语用的因素. 因此，他告诫人们[4]：“信息论(狭义的)的基本结果，都是针对某些非常特殊的问题的. 它们未必适合像心理学、经济学以及其他一些社会科学领域. 实际上，信息论的核心本质是一个数学分支，是一个严密的演绎系统. 因此，透彻地理解它的数学基础及其在通信方面的应用，是在其他领域应用信息论的先决条件. 我个人相信，对于上述那些领域，信息论的许多概念是有用的(实际上，有些已经显示出非常光明的前景). 但这些应用的成功，绝对不是简单地生搬硬套所能奏效的. 它应当是一个不断研究不断实验的过程.”

香农的这些忠告，在20世纪50年代后半期受到了人们的重视. 事实上，在那段时间，许多盲目生搬硬套的工作都先后遭受了挫折和失败. 从20世纪50年代中期以后，这类活动就逐渐冷落下来. 正如斯莱皮恩(D. Slepian)所说[5]，20世纪60年代不是信息论的重大创新时期，而是一个消化、理解的时期，是在已有的基础上进行重大建设的时期. 在这期间，人们一方面对信息的实质进行了一些深入的研究，例如，阿什比(W. R. Ashby)曾在组合型试验中引入了变异度(variey)的概念(1965)，布里渊(L. Brillouin)论证了信息就是负熵，并由此成功地驱走了向热力学第二定律挑战的麦克斯韦(Maxwell)妖；另一方面，辛钦(A. Y. Khintchine，1957)、法捷耶夫(L. D. Faddeev，1957)以及费因斯坦(C. Feinstein，1958)等人在数学上对香农理论，特别是对概率熵公式的唯一性和公理化结构进行了更严格的论证. 此后，又有许多人陆续提出了诸如不完备概率空间熵、α-熵、β-熵、R-熵、ε-熵、ε-δ-熵等一些新的概念和公式去补充和完善香农的熵公式. 在这期间，人们在编码译码、调制解调和检测理论等方面取得了许多重大的进展. 所有这一切成就，使香农信息论在概率信息范畴内逐渐成熟起来.

然而，就在这个消化与理解的时期，人们开始地注意到信息并非必然具有概率的性质. 在许多场合中，“试验”不能重复进行，也就不存在统计意义下的概率，因而无法用概率理论来描述这类试验. 但是毫无疑问，人们仍然能够从这些试验中获得信息.这说明了"非概率信息"的存在,而香农的熵公式无法度量这种非概率信息.这一现象促使了人们对非概率信息度量方法的研究.20 世纪 60 年代中后期到 70 年代,无概率信息、定性信息、偶发信息、模糊信息、相对性信息等一系列新的概念和方法先后被提出.与此同时,原先被香农审慎地加以排除的语义信息和语用信息问题,也重新引起人们的注意.相应地,各种语义信息和语用信息的描述和度量方法也先后出现.发展到今天,人们除了在信息度量和信息传递方面取得了巨大进展以外,信息处理、信息提取和信息识别等领域的研究工作也取得了长足的进展.

总之,至今为止,人们对于信息的认识已经取得了很大的进步.无论对信息本质,信息度量方法,还是对信息的运动变化的一般规律,都有了一定的理解和把握.现阶段的信息论研究正处于狭义信息论向广义信息论转变的时期,对信息的认识正处于由局部向全局转变的时期.毫无疑问,随着信息理论和其他有关学科研究工作的进展,我们将能够在更高的水平上阐明人类自身通过各种器官接收信息、提取信息,传递信息,处理信息,并形成判断进而产生和输出指令信息的深层机制和原理,从而为有效地延长和扩展人类的信息功能作出具有伟大意义的贡献.

接下来,我们将介绍信息科学发展史上另一个理论上的最重要标志——控制论的历史发展情况.

对于人类本身或一切活的机体来说,控制和信息是不可分割的,也就是说,要实现有效的控制,就必须有足够的信息.换句话说,人们获取信息的目的,往往是为了实现某种控制.因此,与信息问题一样,控制问题的发展历史也可以追溯到远古时代.

控制论这门学科的真正发展起始于第二次世界大战期间,它的基本理论是由维纳在他的名著《控制论:关于在动物和机器中控制和通信的科学》一书中奠定的.这部控制论的奠基性著作与香农的信息论的开创性著作《通信的数学理论》在同一年(1948 年)问世,这绝不是偶然的.事实上,他们两人在各自创立信息论和控制论的前后,都在几乎同样的领域内工作:维纳活跃在自动控制、通信、计算机和生物学领域,香农则在自动机、博奕、布尔逻辑、计算机、学习机和通信等方面发表了许多出色的论文.

控制论以吉布斯(J. W. Gibbs)的统计观念作为思维的基础.因此,它与信息论一样,从一问世起就与传统科学观念——拉普拉斯决定论——向着截然相反的方向发展.正如维纳自己后来所回忆的那样:"当我开始写《控制论》的时候,我发现说明我的观点的主要困难在于:对于当时传统的思想来说,统计信息和统计控制理论的概念不但是新奇的,也许甚至是对传统思想本身的一种冲击."

除了这种基于统计观念的科学方法论之外,控制论在技术理论方面则是对反馈理论的直接继承和发展.最早的反馈系统的研究可以追溯到一百多年前麦克斯韦关于调速器的文章.重要的是,维纳等人发现,目的性的行为可以借助于有反馈的控制系统来实现.这样,通过反馈就把目的性行为这种生物所特有的概念赋予了无生命的机器,从而突破了生命体和非生命体的界限.

统计方法和反馈理论是控制论最重要的理论支柱.如果说统计方法是控制论与信息论所共有的,那么反馈理论特别是反馈机制在生物体和非生物体中的类比则是控制论特有的贡献.

在控制论的理论基础上,维纳利用帕斯卡(B. Pascal)、莱布尼兹(G. W. Leibniz)、图灵(A. Turing)和冯·诺依曼等科学家对数理逻辑、自动机和电子计算机的贡献作为实现控制论系统的手段.值得注意的是,计算机并不是作为一种普通的工程演算手段,而是以“推动思维过程的机械化”的作用成为控制论学科的重要组成部分.

当然,为了说明控制论的历史渊源,还必须指出生理学和心理学所起的作用.有机体内的反馈机制、神经传导的二元性质、神经元突触的符号机制以及感知机制等,对于理解生物的控制和通信奥秘以及将这些机制移植到非生物的机器或者反过来用有关机器中的某些理论来诊断和修复生物体的控制和通信功能,都是富有启发的.所有这些关于生物学和心理学现象的发现,都为控制论的创立准备了条件.

尽管许多古典传统学科的专家们向这门新科学投以怀疑的目光,控制论却迅速地取得了令他们瞠目的进展.正如维纳在《控制论》第二版的序言中所指出的[6]:“现在,这些概念已经成为通信工程师和自动控制设计师手中如此熟悉的工具,以致我现在主要担心的是本书是否会被认为已经陈旧和平庸……,因此,控制论学者应当继续走向新的领域.”

从第二版《控制论》的内容可以看到,对非线性反馈系统的研究逐渐取代了简单的线性系统的研究;为了适应非线性系统研究的需要,提出了黑箱和白箱的概念和方法;与此相联系,第二版《控制论》还包含了自适应、自学习和自繁殖系统的机制.可以认为,这些内容构成了控制论发展第二阶段的主要特征.如果把这些内容加以概括,就形成了人工智能或机器智能的理论基础.

在控制论提出之后的一段时间内,关于控制论的研究得到了充分的扩展,分别出现了工程控制论、生物控制论、经济控制论和社会控制论等这样一些十分活跃的分支.而所有这些分支所处理的对象,往往又都是大规模的系统,于是又推动了大(规模)系统控制理论的研究.

系统论的早期发展是与生物学联系在一起的.在生物学的发展史上,流行过一种机械决定论.这种理论把生物问题简化为物理化学问题,纯粹用物理和化学的原因来解释生物的生理现象和心理过程,并且认为一种原因只能产生一种特定的结果,而一种结果也只能来自一个原因.20 世纪 30 年代中期,奥地利生物学家贝特兰菲(L. Von Bertalanffy)指出了机械论的错误观点.他认为机械化论的错误主要有两个方面:第一是简单相加的观点,即把有机体分解为要素之后,只用要素的机械相加来说明有机体的属性;第二是被动反映的观点,即认为有机体只有受到刺激才会作出反应,否则就静止不动. 贝特兰菲不同意这样的观点,认为它们不能反映、也不能解释生物学的实际问题. 他提出了一些新的见解和观点,其中主要包括:第一,一切有机体都是有机的整体,于是,“复杂现象大于因果链的孤立属性的简单的总和. 解释这些现象不仅要通过它们的组成因素,而且要考虑到这些因素(也叫要素)之间的联系的总和”;第二,任何活的系统都是与环境发生不断的物质交换和能量交换的系统,因此,不仅要从系统本身来解释这些系统的行为,还必须从生物体与环境之间的相互作用的过程来解释生命的本质;第三,各种有机体都是按照严格的等级结构组织起来的,生物系统是分层次的. 大约在 20 世纪 40 年代中期,贝特兰菲把他的这些观点归纳成为《一般系统理论》,1968 年出版了专著《一般系统理论:基础、发展和应用》[7],总结了一般系统论的概念、方法和应用.

应当指出,贝特兰菲创立的系统论是类比型的系统论. 他从理论生物学的角度,运用类比同构方法,建立了开放系统的一般理论和模型,指出了生命现象具有组织性、有序性和目的性. 但是,他没有能够对目的性、有序性这类问题做出满意的分析. 一般系统论虽然来源于理论生物学,但是,它的这些原则是普遍适用的.

与一般系统论形成差不多在同一时期,在工程技术领域也孕育着一门新的技术理论,它后来定名为系统工程. 这种理论把对象作为某种系统来考虑,建立并发展了一种用来组织各种系统的规划、研究、设计、制造、试验、使用和改进的具有普遍意义的科学方法. 系统工程方法,要求具有明确预定的系统目标和系统功能,要求系统各要素之间、各要素与系统整体之间,以及系统与环境之间相互协调,使系统的整体性能达到最优. 系统工程的数学基础是运筹学,主要包括规划理论、决策理论、排队理论、网络理论、博奕理论等许多分支.

到了 20 世纪 70 年代,系统论的思想获得了新的补充和重大的发展,这就是比利时物理学家普里高津(I. Prigogine)等人提出的耗散结构(dissipative structure)理论和德国科学家赫尔曼·哈肯(Hermann Haken)提出的协同学(synergetics)理论[8,9]. 这两种理论都着眼于研究系统如何由无序状态转化为有序状态,探讨这种转化的条件、可能性、规律性和应用的机制,从而触及了系统论最本质、最重要、也最有普遍意义的问题.

耗散结构理论认为,一个封闭的平衡系统,按照热力学第二定律,总是要趋于最大熵状态,即最无序状态. 为了摆脱这种稳定的无序状态(也叫平衡态),只有设法把系统改造成为开放系统,并且通过与外界环境进行物质和能量的交换,使系统进入远离平衡态的不可逆非平衡过程. 这样,才有可能出现某种机会,导出新的稳定的有序结构. 所以,系统的开放是摆脱稳定无序状态的条件,而非平衡则是导出新的有序结构的希望,非平衡是有序之源.

协同学的研究表明,在一定的条件下,系统原来所处的稳定平衡位置可以变成为非稳定的.然后,在非稳定状态的基础上,由于涨落的作用,系统有可能过渡到一个新的更有序的稳定平衡位置,从而实现系统的自组织过程,完成无序到有序的转变.

耗散结构和协同学这两方面的研究者们所提出的问题无疑是具有非常重要意义的.事实上,系统由无序转化为有序的问题是一切系统理论的核心问题.耗散结构学说和协同学理论所给出的解答是系统理论发展过程中的新的里程碑.不过,也需要指出,这两种理论仅仅讨论了开放系统与外部环境之间物质和能量的交换在系统由无序向有序转变过程中的作用,没有指出信息(负熵)在其中所扮演的重要角色,多少有点令人遗憾.

信息科学的崛起是自然科学发展历史上一次伟大的革命.传统的自然科学观一直是以物质和能量为中心,没有信息的观念,这是科学不成熟的表现.正像人有了身体和力量,但是还没有智慧和灵魂.现在,信息观念的建立,与物质和能量三足鼎立,形成了一个完整的、均衡的科学结构,标志着科学开始进入它的成熟时期.信息科学所引起的革命,将是科学史上一场最深刻、最重要的革命,它将彻底地改变科学的面貌,因而也将改变整个社会的面貌.这一点已经被目前迅速发展的网络技术、通信技术和生物信息学所证明.

1.1.2 信息科学的概念、特征与描述

目前,人类社会已经进入信息时代,信息已成为决定生产力、竞争力的一种取之不尽,用之不竭的战略资源,信息产业已成为支撑全球经济的最主要产业之一,人们对于信息科学的研究也随之不断地进步和发展.本节讨论信息的概念、特征与描述等信息科学的基础内容.

1. 信息的概念

什么是信息?要人们用一句话来概括信息,给信息下一个科学的定义,却不那么容易,但随着人们对信息研究的深入,人们对信息的认识也在逐步加深.

目前,哲学家和科学家普遍认为,物质、能量和信息是物质世界的三大支柱,是人类科学史上最重要的三个基本概念.物质的概念出现得最早,讨论、研究的也最充分.19世纪初才出现“能量”一词.20世纪上半叶,爱因斯坦发现了物质与能量的关系:$E=CM^2$(E是能量,M是质量,C是光速),揭示了它们的本质.

对于信息,人们认识得比较晚.20世纪50年代,随着通信技术和控制理论的发展,才正式出现了信息的概念.随着信息化社会的发展,关于信息的研究也越来越深入,但关于信息的概念至今没有形成统一的认识.

信息论之父香农在他的著名论文《通信的数学理论》中对信息的定义是:信息是对事物运动状态或存在方式的不确定性的描述.也就是说,通信过程是一种不确

定性的消除过程.如果原来的不确定性消除得越多,获得的信息也就越多;如果原来的不确定性全部消除,就获得全部的信息;如果原来的不确定性都没消除,就没有获得任何信息,这个定义是迄今为止对信息的比较权威的定义.

控制论的创始人维纳对信息所下的定义是:信息是人们在适应外部世界并且使这种适应反作用于世界的过程中,同外部世界进行交换的内容的名称.

信息是一个不断变化和发展的概念,不同学科领域的学者对信息都有不同的理解.我们对信息的理解是:信息是事物运动状态和特征的反映.

2. 信息的特征和分类

可以说,如果只有物质和能量而没有信息,是不能构成人类社会的.并且,社会越发展,人们对信息的依赖性就越大.正确认识信息的特征并对信息进行合理的分类是从事信息科学研究的前提.

(1) 信息的特征

信息与物质和能量相比,它具有许多独有的特征,归纳起来,主要体现在以下几个方面.

1) 信息的客观性.信息来源于物质,并且通过物质进行传递.所以,信息是客观存在的,一切事物都在不断产生、提供和传递信息.

2) 信息的依附性.信息不能离开载体而独立存在.各种信息必须借助于文字、图像、胶片、磁带、声波和光波等物质形态的载体才能够表现出来,才能为人们的听、视、味、嗅、触觉所感知,并加以识别和利用.从某种意义上说,没有信息载体,也就没有信息本身.

3) 信息的可传递性.信息可以通过语言、表情、动作、书籍、光盘、通信和计算机网络等进行传递.信息的可传递性表现在空间和时间两个方面,信息在空间上的传递称为通信,而信息在时间上的传递称为信息存储.信息必须能够传递,如果不能传递,其存在就失去了意义.

4) 信息的共享性.信息能够在空间和时间中传递,所以它也能够为人类所共享.信息的共享性使信息易于扩散,得到比物质更广泛的开发和利用.由于信息可共享,当信息从传送者转移到接受者时,传递者并不会因此失去信息.这一点信息是与物质和能量最主要的区别之一.

5) 信息的时效性.信息的时效性是指信息的效能依赖于时间.时间的延误会导致信息的使用价值降低,甚至完全消失.例如,在竞争激烈的信息产业领域,对信息的获取与利用领先或落后几天,甚至几个小时,都有可能使一个企业成就辉煌或面临破产.

6) 信息的可变换性.信息的存在形式是可以变换的,它可以从一种形态转变为另一种形态.例如,物质信息可转换为语言、文字、数据、图像等形式,也可以转换为计算机语言和电信号等，同样一条信息可以用多种不同的载体来表示.

7）信息的可加工性.客观世界存在的信息是大量的、多种多样的.人们对信息的需求往往具有一定的选择性.为了更好地开发和利用信息，需要对大量的信息用科学的方法进行筛选，使其精炼浓缩，排除无用信息，选取自己所需要的信息.

（2）信息的分类

信息的分类有很多不同的准则和方法.

1）从信息的性质分类：语法信息、语义信息、语用信息.

2）从观察的过程来分类：实在信息、先验信息、实得信息.

3）从信息的地位来分类：客观信息（包括观察对象的初始信息，经过观察者干预之后的效果信息、环境信息等）、主观信息（包括决策信息、指令信息、控制信息、目标信息等）.

4）从信息的作用来分类：有用信息、无用信息、干扰信息.

5）从信息的逻辑意义来分类：真实信息、虚假信息、不定信息.

6）从信息的传递方向来分类：前馈信息、反馈信息.

7）从信息的生成领域来分类：宇宙信息、自然信息、社会信息、思维信息等.

8）从信息的应用部门来分类：工业信息、农业信息、军事信息、政治信息、科技信息、文化信息、经济信息、市场信息、管理信息等.

9）从信息源的性质来分类：语音信息、图像信息、文字信息、数据信息、计算信息等.

10）从信息的载体性质来分类：电子信息、光学信息、生物信息等.

11）从携带信息的信号的形式来分类：连续信息、离散信息、半连续信息等.

在所有分类的方法中，最重要的是按信息性质的分类，即信息可以划分为语法信息、语义信息和语用信息三种基本层次.其中，最基本、最抽象的层次是语法信息，它是迄今为止在理论上研究得最多的层次.

按照基本定义，语法信息是事物运动的状态和方式的外在形式.根据事物运动的状态和方式在形式上的不同，语法信息还可以作如下的分类：①事物运动的状态可以是有限状态或无限状态，与此相对应，就有有限状态语法信息和无限状态语法信息之分；②事物运动的状态可以是连续的，也可以是离散的，于是又有连续状态语法信息与离散状态语法信息之分；③事物运动的状态还可能是明晰的，或者是模糊的，这样，又有状态明晰的语法信息与状态模糊的语法信息之分.

事物运动的方式（即状态改变的方式）可分为随机型方式、半随机型方式和确定型方式三类，它们分别对应于概率型信息、偶发型信息和确定型信息三种基本的信息形式.随机型运动方式是指各状态是完全按照概率规则或统计规律出现的；半随机型运动方式是指：事物各个状态的出现是不可预测的，但是由于这类试验往往只进行一次或若干次，而不能大量重复，因此不能用概率统计的规则来描述对于这类试验所提供的信息;确定的运动方式是指其各种状态的出现规则能用经典数学公式来描述,这种方式的未知因素通常表现在初始条件和环境影响(约束条件)方面.

在实际的研究工作中,由于连续信息通常可以实现离散化,因此研究离散型信息是主要的.另外,状态无限的情形往往可以通过状态有限的情形来逼近,于是,研究状态有限的情形是更为基本的.这样,最基本的语法信息形式就只有六种,即明晰型概率信息、明晰型偶发信息、明晰型确定型信息、模糊型概率信息、模糊型偶发信息以及模糊型确定信息.由于通常所说的模糊信息是指模糊型确定信息,因而真正最基本的语法信息只有四种,即离散有限明晰状态的概率型信息、离散有限明晰状态的偶发型信息、离散有限明晰状态的确定型信息、离散有限模糊状态的确定型信息.我们分别把它们简称为概率信息、偶发信息、确定信息以及模糊信息.

1.1.3 信息科学方法论

信息科学方法论具有相对独立和相对完整的体系结构,它包含三个基本方法和两个基本法则:

1) 信息分析方法(认识复杂事物的方法);

2) 信息综合方法(综合复杂系统的方法);

3) 信息进化方法(变革复杂系统的方法);

4) 物质、能量、信息三位一体准则;

5) 结构功能行为辩证相依准则.

所谓信息分析方法是指对复杂事物(不管是自然系统还是人工系统)工作机制的认识,不能仅仅局限于物质和能量,更重要的是要从信息的观点出发来进行分析,抓住事物运动的状态和方式(它的内部结构的状态和方式)以及与外部联系的状态和方式(即信息),把事物的运动过程(即工作过程)看作是一个信息过程,并弄清这个信息过程包含的各个环节以及这些环节之间的逻辑关联和数量关系,从而建立一个能够反映该事物工作过程的信息模型.

所谓信息综合方法,就是在构造复杂的人工系统(通过模拟和仿真)的时候,首先要从信息的观点出发,构造出能够满足用户的功能要求的信息模型;然后,再应用现有的物质、能量和技术手段来实现这个模型,并用试验来检验这个模型系统.

所谓信息进化方法就是在变革、改善或优化一个高级复杂系统时,首先要从信息的观点出发,利用信息技术的手段和方法获得该系统当前的运动状态及其变化方式的形式(语法信息)、内容(语义信息)和效用(语用信息),从中判断该系统当前的"优度",将它与目标优度相比较,找出两者之间的"差距",并进一步得出改变系统当前状态、缩小差距、达到目标优度的策略信息,然后按照策略信息的引导,通过控制作用改变该系统的状态,使它逐步逼近目标,完成系统进化的过程.

两个准则是信息科学方法论的有机组成部分，是应用信息方法（信息分析方法、信息综合方法和信息进化方法的简称）求解复杂问题时必须遵循的基本原则.

信息方法强调用信息观点和方法来分析、综合和变革高级复杂系统，解决了传统方法论所难以解决的高级复杂事物的问题，它是一个巨大的进步. 另一方面，物质、能量、信息三位一体准则表明，任何信息过程都需要物质和能量的支持，任何现实的复杂系统都是物质、能量、信息的有机综合体. 因此，在处理复杂问题时，必须从信息方法开始，最终则要落实到物质、能量、信息的综合体上来.

1.2 信息技术

1.2.1 信息技术的定义和基本内容

(1) 信息技术的定义

关于信息技术的定义，同信息的定义一样，从不同的角度会有不同的描述. 一般来讲，信息技术是用于扩展人类信息器官功能的一种技术. 具体地讲，信息技术主要包括：信息的获取技术、信息的传输技术、信息的处理技术和信息的应用技术.

人的信息器官主要包含以下四大类[10]：

1) 感觉器官. 感觉器官的主要功能是获取信息. 它包括视觉器官、听觉器官、嗅觉器官、味觉器官和触觉器官.

2) 神经器官. 神经器官的主要功能是传递信息. 它包括导入神经网络、导出神经网络，以及中间传导神经网络等. 通过导入神经网络将感觉器官获得的信息传送给思维器官，通过导出神经网络把思维器官加工出来的信息传送给各种效应器官或内部其他器官.

3) 思维器官. 思维器官的主要功能是加工和再生信息. 它包括记忆系统、联想系统、分析系统、推理系统和决策系统等. 实际上它担负着存储信息、检索信息、加工信息和再生信息的复杂任务.

4) 效应器官. 效应器官的主要功能是使用信息. 它包括操作器官（手）、行走器官（脚）和语言器官（口）等. 通过操作器官和行走器官来执行大脑发出的命令（信息），通过语言器官来表达大脑产生的意志（信息），从而使这些信息产生实际的效用.

(2) 信息技术的基本内容

信息技术的基本内容包括感测技术、通信技术、智能技术及控制技术等四大基本技术，它们大体上相当于人们的感觉器官、神经系统、思维器官和效应器官.

1) 感测技术. 感测技术包括信息识别、信息提取、信息检测等技术，它们是人类感觉器官功能的扩展和延长.

2) 通信技术.通信技术的功能是实现信息快速、可靠、安全的转移,它们是人类神经器官功能的扩展和延长.

3) 智能技术.智能技术包括计算机硬件技术、软件技术、人工智能技术、计算智能和机器学习等,它们是人类思维器官功能的扩展和延长.

4) 控制技术.控制技术的功能是根据输入的指令信息(决策信息)对外部事物的运动状态和方式实施干预,它们是人类效应器官功能的扩展和延长.

通过上述四大基本技术可以衍生出各种各样具体的信息技术形式.例如,广播和电视是通信技术的逻辑分解的产物;雷达是感测技术与通信技术的产物;管理信息系统是感测技术、通信技术、智能技术和控制技术相结合的产物;生产过程自动化系统则是感测技术、智能技术与控制技术一体化的产物等.

1.2.2 信息技术体系的层次关系

信息技术的体系包括如下四个基本的层次:基础技术层次、支撑技术层次、主体技术层次和应用技术层次[10].

若把信息技术的整个体系比喻为一株参天大树,那么它的基础技术层次便是大树扎根的土壤,它的支撑技术层次便是大树发达旺盛的根系,它的主体技术层次是大树强劲的躯干,而它的应用技术层次是大树的枝叶和花果.肥沃的土壤、发达的根系、粗壮的躯干,这一切都是造就枝繁叶茂、果实累累的必要条件.信息技术这四个层次的关系与此极为相似.

1. 信息技术的基础技术

这主要是指新材料技术和新能量技术(不仅是新能源技术,还有新的能量转换和控制技术等).信息技术的进步,归根结底来源于材料和能量技术的进步.例如,电子信息技术由真空管时代向晶体管、集成电路、超大规模集成电路时代的迈进,归根结底是由于锗、硅半导体材料,金属氧化物半导体材料,砷化镓材料等的开发和利用;激光信息技术的出现,有赖于各种激光材料的开发和激光能量的利用等.因此,开发新材料、掌握新的能量技术,是发展和改善信息技术的最基本的途径.

2. 信息技术的支撑技术

这主要是指机械技术、电子技术、微电子技术、激光技术和生物技术等.所有的信息技术都要通过这些技术手段来具体地实现.用机械技术实现的信息技术称为机械信息技术,如手摇计算机等;用电子或微电子技术手段实现的信息技术称为电子信息技术,如电信、电子计算机等;用激光技术手段实现的信息技术称为激光信息技术,如激光传导纤维通信、激光控制、激光遥感、激光计算机等;用生物技术手段实现的信息技术称为生物信息技术,如生物传感器和生物计算机等.

3. 信息技术的主体技术

信息技术的主体技术就是它的四大基本技术，即感测技术、通信技术、智能技术和控制技术.

4. 信息技术的应用技术

这是指针对各种实用的目的，由信息技术的四大基本技术繁衍出的各种各样的具体技术群类，包括信息技术在工业、农业、国防、交通运输、科学研究、文化教育、商业贸易、医疗卫生、体育运动、文学艺术、行政管理、社会服务、家庭劳动等各个领域中的应用.

1.2.3 信息技术与数学

尽管信息技术的表现形式多种多样，但公认数学是信息技术的理论基础. 特别是许多高新技术领域，数学本身也常常构成信息技术的核心部分.

1. 数学提供信息的表示原理与方法

信息技术是以信息的表示、储存、传输与加工为基础的. 数学不仅可以方便地表示点、线、面、体等几何要素，描述关系、推理、模糊性、不确定性等复杂知识，还可以刻画和表达复杂信息系统及其信息处理过程. 信息的表示通常可以概括为信息的编码技术，它的核心基础则是几何学、代数学、拓扑学与模型论等数学理论.

2. 数学提供信息处理与分析的基础

要使以各种原始数据形式出现的信息变得有使用价值，要从浩瀚的繁杂数据中"挖掘"出知识，要将海量的信息以尽可能快的速度向世界各地传播，都需要以信息的分析(纯化、识别、分解/重构、特征提取、知识发现、信息压缩等)为基础. 对于雷达、地震、电磁波等信号的分析，其核心方法是 Fourier 分析、小波分析，或一般 Hilbert 空间中的正交分解分析；对于图像、声音、文体等信息的压缩传输，其核心方法是离散余弦变换、小波变换与分形变换；对于海量数据挖掘与知识发现，其核心方法则是数据分析与统计技术. 所以，毫不夸张地说，信息分析的核心是数学. 它不仅依赖于调和分析、函数表示论、统计学、Hilbert 空间理论等经典数学理论，而且更依赖于小波分析、随机分析、分析几何、函数的稀疏表示、计算智能、统计学习理论等近代数学理论与方法.

3. 数学提供信息加密/解密的基础

随着信息技术，特别是 Internet/Intranet 技术的广泛采用，信息加密/解密技术已成为涉及国家安全、社会活动、经济活动信息化的重大基础技术. 这一技术的核心基础是密码学. 可以说,没有密码学就没有信息安全技术,而密码学涉及近世代数、数论、概率论、信息论等广泛的数学分支.

4. 数学提供信息处理的算法基础

现代的信息处理是以计算机为工具的,计算机的研制与发展(特别是新型计算机模型的开发)以数理逻辑为基础,而计算机的应用则以算法为基础. 无论是信息获取、分析,还是信息加工、应用,都必须开发合适的计算机算法以完成相应的计算任务. 这些计算任务(或者说信息处理任务)既包括逻辑推演、函数计算、统计分析等相对简单的计算,也更多地包括非线性偏微分方程求解(如地震信号分析、地球物理反演等)、复杂目标函数优化(如生物信息处理、蛋白质结构分析等)与海量数据处理(特别像气象数据、遥感数据、生物数据等的分析)等极其复杂且高难度的计算. 而解决这些问题则是科学计算(计算数学)的基本任务.

5. 数学也提供信息技术应用的模型化基础

计算机处理信息,或者更一般地说,任何信息技术的工程应用都是以对应用对象和系统的数学建模为基础的. 数学模型(微分/差分方程模型、最优化模型、控制模型、计算模型、随机分析模型等)不仅能提供对应用对象的形式化、标准化、数量化的描述,而且常常有助于抓住问题的本质,对问题对象的规律性提供理论上的预测,从而对信息技术的应用与发展提供指导. 例如,基于电磁波对于不同介质折射与反射原理的数学建模可产生新型的遥感信息获取技术;基于对分子结构描述的不同建模可产生新型的药物设计原理与方法;基于对社会、经济系统、工业过程的不同建模可导致新的控制与管理策略等.

本书正是基于以上观察,试图以几个典型的信息工程领域为例,具体展示数学在其中所扮演的重要角色. 很明显,所选择的领域和问题是极其有限的,它们并不能全面地反映数学在整个信息工程中的重要地位.

参考文献

[1] Shannon C E. The mathematical theory of communication. Bell System Techn. J, 1948, 27: 379～423, 632～656.

[2] Wiener N. Cybernetics and Society. Houghton Mifflin Company, 1950.

[3] Pierce J R. The early days of information theory. IEEE Trans Information Theory, 1973, 19(1): 3～8.

[4] Shannon C E. The bandwagon. IEEE Trans Information Theory, 1956, 2(1): 50～53.

[5] Slepian D. Information theory in fifties. IEEE Trans Information Theory, 1973, 19(2): 145～148.

[6] Wiener N. Cybernetics. The 2nd Edition. New Jersey: John Wiley & Sons, Inc., 1961.

[7] Bertalanffy V. General System Theory: Foundation, Development and Applications. New York: George

Braziller Inc. ,1968.
[8] Haken H. Synergetics: An Introduction to Nonequilibrium Phase Transitions and Self-Organization in Physics, Chemistry, and Biology. The 3rd Edition. Berlin: Springer-Verlag,1983.
[9] Nicolis G, Prigogine I. Self-Organization in Nonequilibrium Systems. New Jersey: John Wiley & Sons, Inc. ,1979.
[10] 钟义信. 信息科学原理. 北京:北京邮电大学出版社,1996.

第 2 章　通信系统原理

本章主要介绍通信系统的基本原理，内容涉及模拟通信和数字通信的一般模型和概念，着重介绍越来越受到现代通信技术所重视的数字通信的内容. 在 2.1 节中，介绍通信技术的一般概念. 在此基础上，2.2 节介绍模拟信号的调制和模拟信号数字化技术. 2.3 节简要介绍脉冲调制的基本原理. 2.4 节介绍数字通信的基本模型. 2.5 节简要介绍几种重要的现代通信技术并做出展望.

2.1　引　　论

2.1.1　通信系统的一般概念

通信系统是将信息从发信者传输到收信者的系统，它的组成如图 2.1 所示. 其中，信源是需要传输的消息来源，如语言、文字、图像、数据等. 信源的作用是把信源的消息转换为电信号，例如通电话时，把语言转换为话音信号. 信源输出的信号是以它的某个特征参量(如幅度、频率、相位等)的变化来表示消息的. 按照信号特征参量的取值方式不同，可以将信号分为两类：模拟信号与数字信号. 模拟信号的特征参量与消息相对应而连续取值，数字信号的特征参量是离散取值的. 直接由原始消息转换得到的电信号的频率都是比较低的，而且最高频率和最低频率的比值很大，可以远大于 1，这种信号称为基带信号. 模拟基带信号和数字基带信号通常都要经过调制形成已调载波信号(或称为频带信号)以适应信道的传输特性，调制原理如图 2.2 所示. 在短距离的有线传输场合，也使用基带传输的方式.

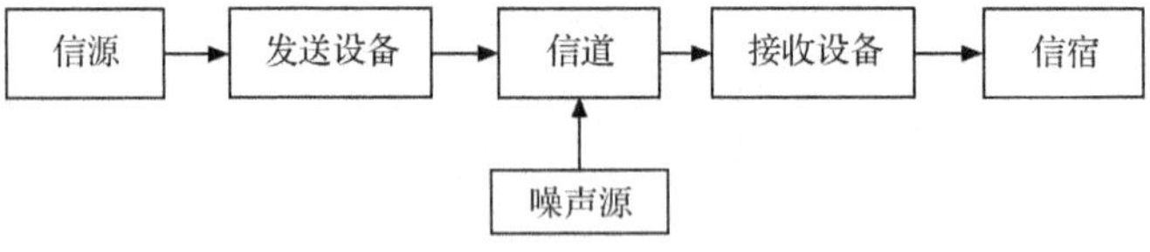

图 2.1　通信系统原理框图

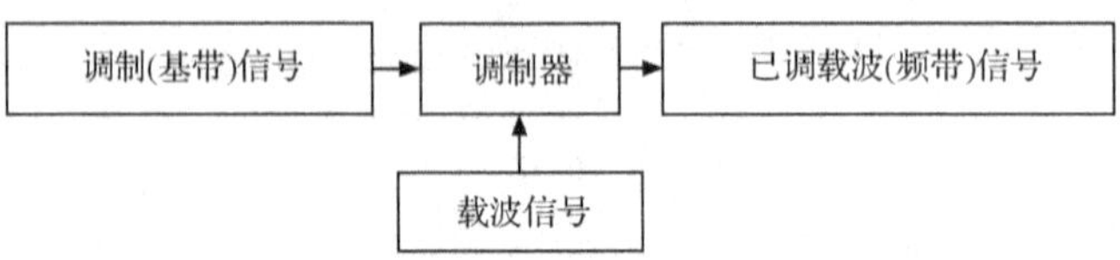

图 2.2　调制原理

发送设备包括对基带信号进行各种变换的部件. 基带信号可以直接经过放大器等向信道传输，这种传输称为基带传输，此时发送设备比较简单，只要有放大器、滤波器等即可，但基带信号有时要经过调制后再传输. 传输经过调制后的信号的方式称为载波传输或频带传输，当采用载波传输时，发送设备就要复杂得多了. 发送设备和信源一起称为发端.

信道用于传输发送设备输出的信号，目前常用的信道有光纤、电缆等有线信道和短波、微波等无线信道. 信号在信道中传输时，一方面由于信道特性不好，另一方面由于其中(包括发送设备和接收设备)存在各种干扰和噪声，都会造成信号的失真.

接收设备的主要任务是从接收到的有噪信号中提取有用信号. 如果是基带传输，则取出的信号经过放大器等后还原为消息. 如果是载波传输，则还要有解调器等先把频带信号还原为基带信号，然后通过信宿还原为消息. 信宿和接收设备统称为收端.

根据通信系统所传输的信号是模拟信号还是数字信号，可以将其分为模拟通信系统和数字通信系统；根据通信系统所传输的信号是基带信号还是载波信号，可以将其分为基带传输系统和载波传输系统.

在当前的实际通信领域中，模拟和数字通信都有着广泛的应用. 由于数字通信具有较强的抗干扰能力，又便于计算机处理、存储、交换和管理，再生时误码率小且可进行差错控制，易于实现时分复用的综合业务，还可进行加密以及易于实现电路的集成化和小型化等一系列的突出优点，它逐渐占据了主导地位，并将最终代替模拟通信.

2.1.2　通信系统的质量指标

一个通信系统的好坏可以用多种指标进行评估，比如通信系统传输消息的速度和质量、适用的环境条件、传输成本等，但最主要的标准有两条[1].

1. 有效性

有效性指消息传输的速度，这取决于消息所含的信息量和对信源的处理. 处理的目的是使单位时间内传输更多的消息或者一定频带范围内传输更多的消息. 例如，在模拟通信中，单边带调幅(SSB)和常规调幅(AM)比较，SSB占用频带只有AM的一半，因此在一定频带内用SSB可以比用AM传输更多的消息，即SSB的有效性比AM好.

数字通信系统中的有效性通常用码元速率和信息速率表示. 码元速率(或称波特率、数码率等)是指每秒钟传输的码元的数目，单位为波特/秒. 在二进制数字通信系统中，信息速率的单位为比特/秒，这里的比特是信息量单位，当二进制数字0

和 1 等概率出现时,输出的一个二进制数字的信息量等于 1 比特,因此对应的信息速率常称为比特率. 信息速率和码元速率的关系为:信息速率=码元速率 $\times \log_2$(码元的进制).

2. 可靠性

可靠性是指传输消息的质量,模拟通信系统的可靠性是用接收端最终输出的信噪比表示. 信噪比越大,模拟通信质量越高. 信噪比是由信号功率和信号传输过程中引起的失真和各种干扰、噪声决定的,其中信号功率和信道中的加性噪声又是最主要的因素.

数字通信系统的可靠性通常用差错率来表示. 它是数字通信系统的重要指标,通常有两种表示方法,即

1) 误码率(误符号率). 它等于差错码元数/传输的码元总数;

2) 误信率(误比特率). 它等于消息的错误比特数/传输消息的总比特数.

在二进制系统中,这两者数值相同. 从定义可以理解,差错率越小,通信的可靠性越高.

2.2　模拟信号的调制和数字化

在通信系统中,信源输出的信号是由原始消息直接变换过来的,它具有较低的频谱分量,这种信号称为基带信号. 为了有效地传输,有时需要将这种基带信号对载波进行适当调制. 如将各个广播电台的基带信号调制到不同的中波频段,既可以互相区分避免干扰,也可以传播更远的距离. 所谓调制,就是根据基带信号来改变载波的某个参数,经过调制的载波信号在通信系统的接收端要进行信号解调才能恢复出原始的基带信号. 不同的调制方法对应着不同的解调方法. 本节介绍基带信号为模拟信号的主要调制和解调原理和方法以及各种调制系统的抗噪声性能[2,3].

2.2.1　模拟信号的幅度调制与解调

设 $f(t)$ 为基带调幅信号(即调制信号),其平均值记为 $\overline{f(t)}$,在一般情况下

$$\overline{f(t)} = \lim_{T\to\infty}\frac{1}{2T}\int_{-T}^{T} f(t)\,\mathrm{d}t = 0,$$

设载波信号为

$$c(t) = A\cos(\omega_c t + \theta_0), \tag{2.1}$$

式中,A 为载波幅度,ω_c 为角频率,θ_0 为初相位. 为了方便,以下将载波幅度设为 $A=1$,初相位设为 $\theta_0=0$. 所谓幅度调制就是按下式产生已调信号

$$s(t) = A(t)\cos\omega_c t, \tag{2.2}$$

式中，A 为已调载波信号的幅度，它有多种定义，分别对应于不同的调制方式. 下面介绍几种具有代表性的调制方式.

1. 常规调幅(AM)

若已调载波信号的幅度 $A(t)$ 是调制信号 $f(t)$ 与一直流分量 A_0 的叠加，则幅度调制的已调载波信号的波形表示为

$$s_{\mathrm{AM}}(t) = [A_0 + f(t)]\cos\omega_c t. \tag{2.3}$$

为了讨论其频谱特性，对式(2.3)两边求傅里叶变换，$s_{\mathrm{SM}}(t)$ 的频谱表示为

$$S_{\mathrm{SM}}(\omega) = A_0\pi[\delta(\omega-\omega_c)+\delta(\omega+\omega_c)] + \frac{1}{2}[F(\omega-\omega_c)+F(\omega+\omega_c)], \tag{2.4}$$

式中，F 为函数 f 的频谱(即 f 的傅里叶变换，有时也记为 $\hat{f}$)，$A_0\cos\omega_c t$ 的傅里叶变换为 $\pi A_0[\delta(\omega-\omega_c)+\delta(\omega+\omega_c)]$. $s_{\mathrm{AM}}(t)$ 的波形和其频谱如图 2.3 所示.

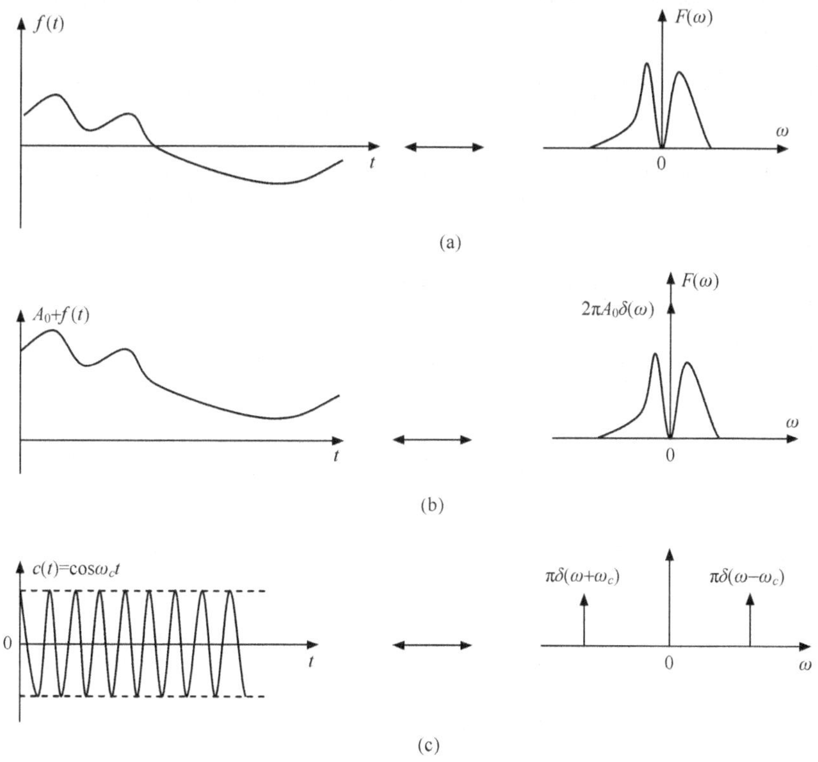

图 2.3　幅度调制信号的波形与频谱

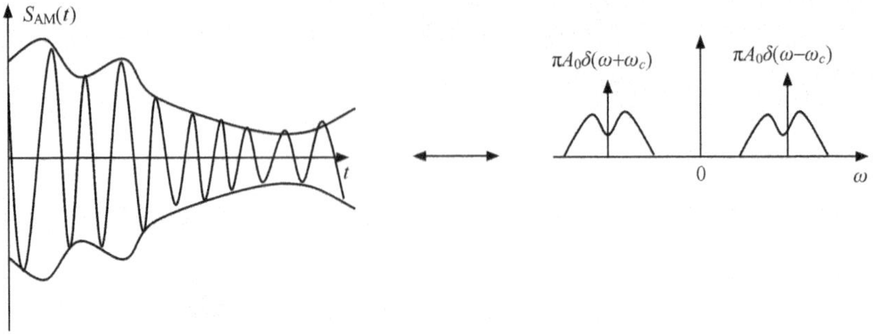

(d)

图 2.3 幅度调制信号的波形与频谱(续)

(a) 信号 1 的波形与频谱;(b) 信号 2 的波形与频谱;(c) 信号 3 的波形与频谱;(d) 信号 4 的波形与频谱

从图 2.3 可以看出,当 $A_0 \geqslant \max|f(t)|$ 时,已调信号的包络与调制信号成比例,因此可以用包络检波法对这种信号进行解调,以恢复原始的调制信号. 当 $A_0 \leqslant \max|f(t)|$ 时,已调信号出现过调幅现象,这种波形用包络检波法进行解调会出现信号失真. 由此可以看出,A_0 与 $f(t)$ 之间的关系是调幅的一个重要特征. 对调制信号 $f(t)$ 来说,称 $\max|f(t)|/A_0$ 为调幅指数或调制度,记为 β_{AM}. 调幅指数 β_{AM} 大于 1、等于 1 和小于 1 的调制分别对应于过调幅、满调幅和常规调幅.

从该图还可以看出,对于常规调幅来说,已调信号的频谱与基带信号的频谱的形状一样,但位置却不一样. 已调信号的频谱经过调制后被搬移到 $\pm\omega_c$ 处,成为频带信号,具有两个边带,外侧的边带称为上边带,内侧的边带称为下边带. 此外,图上还显示出已调信号带宽为 $f(t)$ 的带宽的 2 倍.

常规调幅系统中的调幅信号的平均功率(已调信号在 1 Ω 电阻消耗的平均功率)为

$$\begin{aligned} P_{AM} &= \overline{\varphi_{AM}^2(t)} = \overline{[A_0 + f(t)]^2 \cos^2\omega_c t} \\ &= \overline{A_0^2\cos^2\omega_c t + f^2(t)\cos^2\omega_c t + 2A_0 f(t)\cos^2\omega_c t}. \end{aligned}$$

由于 $\overline{f(t)}$ 和 $\overline{\cos^2\omega_c t}$ 均为 0,将这些条件带入上式则得

$$P_{AM} = A_0^2/2 + \overline{f^2(t)}/2. \tag{2.5}$$

将式中的载波功率 $A_0^2/2$ 记为 P_c,边带功率 $\overline{f^2(t)}/2$ 记为 P_f,则平均功率 $P_{AM} = P_c + P_f$. 从式(2.5)可知,只有边带功率 P_f 才与调制信号有关,因此称其与总功率 P_{AM} 之比为调制效率,记为 $\eta_{AM} = P_f/P_{AM}$. 由式(2.5)可以得到 η_{AM} 的如下表示:

$$\eta_{AM} = \overline{f^2(t)}/(A_0^2 + \overline{f^2(t)}).$$

从该式可以看出,载波功率是影响调制效率的主要因素,但载波不携带任何信息.

在常规调幅系统中,为了从接收端输出的已调信号恢复出基带信号,一般采用

所谓的非相干解调器. 最容易实现的解调器是包络检波器,其输出近似为 $A_0+f(t)$,经过低通滤波器滤除直流和其他高频分量之后,得到调制信号 $f(t)$. 这里采用的非相干解调器也可以是平方滤波检波器等. 由于非相干解调器的实现简单,因此常规调幅多用于公众广播系统. 这样,可以大大减小用户接收设备(如收音机)的成本.

2. 抑制载波双边带条幅(DSB)

为了节省载波功率,在常规调幅信号中令直流分量 $A_0=0$, 则称相应的已调信号为抑制载波双边带调幅信号,其波形为

$$s_{\mathrm{DSB}}(t)=f(t)\cos\omega_c t, \tag{2.6}$$

对式(2.6)两边求傅里叶变换,则 $s_{\mathrm{DSB}}(t)$ 的频谱表达式为

$$S_{\mathrm{DSB}}(\omega)=\frac{1}{2}[F(\omega-\omega_c)+F(\omega+\omega_c)].$$

由式(2.6)可知,当载波调制信号 $f(t)$ 在其定义域中改变符号时,抑制载波双边带调幅波形的包络与调制信号 $f(t)$ 不完全相同,因此在解调抑制载波双边带信号时,不能采用简单的包络检波法来恢复原始的调制信号. 为了解调抑制载波双边带调幅的信号,可以将抑制载波双边带调幅信号 $s_{\mathrm{DSB}}(t)$ 乘以载波 $\cos\omega_c t$, 即

$$s_{\mathrm{DSB}}(t)\cos\omega_c t=f(t)\cos^2(\omega_c t)=\frac{1}{2}f(t)+\frac{1}{2}f(t)\cos(2\omega_c t),$$

然后经低通滤波得到解调信号 $f(t)/2$. 这种解调方法所使用的载波与调制载波同频同相,因此称为相干(或同步)载波. 相应的解调方式称为相干(同步)解调.

如果在相干解调时,两端的载波频率和相位不同,就会产生误差. 设发端载波为式(2.1),收端载波为

$$c_1(t)=\cos(\omega_c t+\Delta\omega t+\Delta\theta),$$

则相乘后得到

$$\begin{aligned}s_{\mathrm{DSB}}(t)c_1(t)&=f(t)\cos\omega_c t\cos(\omega_c t+\Delta\omega t+\Delta\theta)\\&=\frac{1}{2}f(t)\cos(\Delta\omega t+\Delta\theta)+\frac{1}{2}f(t)\cos(2\omega_c t+\Delta\omega t+\Delta\theta),\end{aligned}$$

通过低通滤波可以得到解调输出为

$$\frac{1}{2}f(t)\cos(\Delta\omega t+\Delta\theta).$$

如果 $\Delta\omega=0$, $\Delta\theta$ 是常数,则解调后的输出不会产生失真,但幅度会受到一定的衰减,衰减程度取决于 $\Delta\theta$ 的大小. 不但如此,还可能出现信号的符号发生改变的情况. 而如果 $\Delta\theta=0$, $\Delta\omega\neq 0$, 则解调输出为一双边带调幅信号,其载波频率为 $\Delta\omega$,因此解调输出产生失真.

3. 抑制载波单边带调制(SSB)

以上两种调制波形都具有上、下两个边带,因而称为双边带调幅信号. 从

图 2.3可以看出,双边带信号是关于 ω_c 对称的,对称双方都携带了调制信号的全部信号,因此完全可以用一个边带传输就够了.称只有一个边带的信号为单边带信号.双边带信号的频谱通过单边带滤波器就可以获得单边带信号.根据要传递双边带信号的上边带还是下边带,可以设计两种形式的单边带滤波器,其传递函数分别为

$$H_{\mathrm{USB}}=\begin{cases}1, & |\omega|>\omega_c;\\ 0, & |\omega|\leqslant\omega_c.\end{cases}$$

$$H_{\mathrm{LSB}}=\begin{cases}1, & |\omega|<\omega_c;\\ 0, & |\omega|\geqslant\omega_c.\end{cases}$$

H_{USB} 和 H_{LSB} 分别称为上边带滤波器和下边带滤波器,在不区别上下边带时,统一记为 $H_{\mathrm{SSB}}(\omega)$. 因此,单边带信号的频谱和波形表示分别为

$$S_{\mathrm{SSB}}(\omega)=S_{\mathrm{DSB}}(\omega)\cdot H_{\mathrm{SSB}}(\omega),$$

$$s_{\mathrm{SSB}}(t)=s_{\mathrm{DSB}}(t)*h_{\mathrm{SSB}}(t).$$

而上边带滤波器和下边带滤波器的冲激响应分别为

$$h_{\mathrm{USB}}(t)=\delta(t)-\frac{\sin\omega_c t}{\pi t},$$

$$h_{\mathrm{LSB}}(t)=\frac{\sin\omega_c t}{\pi t}.$$

由以上的推导知,下边带信号的时域表示为

$$\begin{aligned}s_{\mathrm{LSB}}(t)&=[f(t)\cos\omega_c t]*\frac{\sin\omega_c t}{\pi t}\\&=\frac{1}{\pi}\int_{-\infty}^{\infty}\frac{f(\tau)\cos\omega_c\tau\sin\omega_c(t-\tau)}{t-\tau}\mathrm{d}\tau\\&=\frac{\sin\omega_c t}{\pi}\int_{-\infty}^{\infty}\frac{f(\tau)\cos^2\omega_c\tau}{t-\tau}\mathrm{d}\tau-\frac{\cos\omega_c t}{2\pi}\int_{-\infty}^{\infty}\frac{\sin 2\omega_c\tau}{t-\tau}\mathrm{d}\tau\\&=\frac{\sin\omega_c t}{2\pi}\int_{-\infty}^{\infty}\frac{f(\tau)}{t-\tau}\mathrm{d}\tau+\frac{\sin\omega_c t}{2\pi}\int_{-\infty}^{\infty}\frac{f(\tau)\cos 2\omega_c\tau}{t-\tau}\mathrm{d}\tau\\&\quad-\frac{\cos\omega_c t}{2\pi}\int_{-\infty}^{\infty}\frac{f(\tau)\sin 2\omega_c\tau}{t-\tau}\mathrm{d}\tau.\end{aligned}$$

为了简化上式,引用希尔伯特变换

$$H[f(t)]=\frac{1}{\pi}\int_{-\infty}^{\infty}\frac{f(\tau)}{t-\tau}\mathrm{d}\tau.$$

由于 $f(t)\cos\omega_c t$ 和 $f(t)\sin\omega_c t$ 的希尔伯特变换分别为 $f(t)\sin\omega_c t$ 和 $-f(t)\cos\omega_c t$,因此下边带信号的时域表示为

$$\begin{aligned}s_{\mathrm{LSB}}(t)&=\frac{1}{2}H[f(t)]\sin\omega_c t+\frac{1}{2}f(t)\sin 2\omega_c t\sin\omega_c t+\frac{1}{2}f(t)\cos 2\omega_c t\cos\omega_c t\\&=\frac{1}{2}H[f(t)]\sin\omega_c t+\frac{1}{2}f(t)\cos\omega_c t.\end{aligned}$$

同理可得上边带信号的时域表示为

$$s_{\mathrm{USB}}(t)=\frac{1}{2}f(t)\cos\omega_c t-\frac{1}{2}H[f(t)]\sin\omega_c t.$$

需要指出的是,虽然单边带信号节省载波功率和频带,但单边带滤波器具有低通或高通特性,从通带到阻带总有一个滤波带 Δf. 因此,要求双边带信号的上、下边带之间有一定的频率间隔 ΔB,而且必须满足 $\Delta f\leqslant\Delta B$,而这个条件实现起来很困难,从而使得单边带调制有一定的局限性.

在解调单边带信号时,只能采用相干法,因此要用相干载波与上或下边带信号相乘. 以上边带为例,有

$$\begin{aligned}s_{\mathrm{SSB}}(t)\cos(\omega_c t)&=\frac{1}{2}f(t)\cos^2(\omega_c t)-\frac{1}{4}H[f(t)]\sin(2\omega_c t)\\&=\frac{1}{4}f(t)+\frac{1}{4}f(t)\cos2\omega_c t-\frac{1}{4}H[f(t)]\sin2\omega_c t.\end{aligned}$$

经低通滤波后,可得到解调信号 $f(t)/4$.

SSB 调制能够使用 DSB 一半的带宽传输相同的信息,因此在带宽资源受限的应用场合如军用电台获得了广泛的应用.

4. *残留边带调幅*(VSB)

为了克服单边调制的上、下边带之间要有一定的频率间隔的缺点,以及解决双边带调制占用频带宽的问题,人们设计了一种所谓的残留边带滤波器. 若该滤波器的传递函数为 $H_{\mathrm{VSB}}(\omega)$,则残留边带信号的频谱满足

$$S_{\mathrm{VSB}}(\omega)=\frac{1}{2}[F(\omega-\omega_c)+F(\omega+\omega_c)]H_{\mathrm{VSB}}(\omega). \tag{2.7}$$

该信号相应的时域表示为

$$s_{\mathrm{VSB}}(t)=s_{\mathrm{DSB}}(t)*h_{\mathrm{VSB}}(t),$$

式中,$h_{\mathrm{VSB}}(t)$ 为传递函数 $H_{\mathrm{VSB}}(\omega)$ 的冲激响应.

下面讨论满足要求的 $H_{\mathrm{VSB}}(\omega)$. 这里以相干解调来解调残留边带信号. 首先将残留边带信号乘以相干载波,即 $s_{\mathrm{VSB}}(t)\cos\omega_c t$. 由式(2.7),其频谱表示为

$$\begin{aligned}&\frac{1}{2}[S_{\mathrm{VSB}}(\omega-\omega_c)+S_{\mathrm{VSB}}(\omega+\omega_c)]\\&=\frac{1}{4}H_{\mathrm{VSB}}(\omega-\omega_c)[F(\omega-2\omega_c)+F(\omega)]\\&\quad+\frac{1}{4}H_{\mathrm{VSB}}(\omega+\omega_c)[F(\omega+2\omega_c)+F(\omega)]\\&=\frac{1}{4}F(\omega)[H_{\mathrm{VSB}}(\omega-\omega_c)+H_{\mathrm{VSB}}(\omega+\omega_c)]\\&\quad+\frac{1}{4}[H_{\mathrm{VSB}}(\omega-\omega_c)F(\omega-2\omega_c)+H_{\mathrm{VSB}}(\omega+\omega_c)F(\omega+2\omega_c)],\end{aligned}$$

式中，$F(\omega-2\omega_c)$ 和 $F(\omega+2\omega_c)$ 是 $F(\omega)$ 搬移到 $\mp 2\omega_c$ 处的频谱，它可以由解调器中的低通滤波器进行滤除，因此解调器中的低通滤波器的输出信号的频谱应该为

$$\frac{1}{4}F(\omega)[H_{\mathrm{VSB}}(\omega-\omega_c)+H_{\mathrm{VSB}}(\omega+\omega_c)],$$

为了准确获得 $f(t)$，需要对任何 $|\omega|\leqslant\omega_H$（$\omega_H$ 为调制信号的最高截止频率），都有

$$H_{\mathrm{VSB}}(\omega-\omega_c)+H_{\mathrm{VSB}}(\omega+\omega_c)=\text{常数}. \tag{2.8}$$

从式(2.8)可以看到：将残留边带滤波器的传递函数 $H_{\mathrm{VSB}}(\omega)$ 频移到 $\pm\omega_c$ 处，得到两个传递函数 $H_{\mathrm{VSB}}(\omega-\omega_c)$，$H_{\mathrm{VSB}}(\omega+\omega_c)$. 为使其和在 $|\omega|\leqslant\omega_H$ 时为常数，则必须使这两个传递函数在 $\omega=0$ 处具有互补对称的特性，即衰减特性. 这种衰减特性又成为滚降特性，其衰减特性的曲线形状也称为滚降形状. 残留边带滤波器的传递函数的滚降特性可以有很多种选择余地，实际上只要使得式(2.8)成立的任何函数都可以作为其传递函数. 在这些可选的衰减特性函数中，经常使用的是具有直线滚降和余弦滚降特性的传递函数.

以上的调制方法可以用一个数学模型表示. 设 $f(t)$ 为调制信号，$\cos\omega_c t$ 为载波信号，则已调信号的频谱表示为

$$S(\omega)=\frac{1}{2}H(\omega)[F(\omega-\omega_c)+F(\omega+\omega_c)],$$

式中，$H(\omega)$ 为滤波器的传输函数. 设滤波器的冲激相应为 $h(t)$，则已调信号的时域表示为

$$\begin{aligned}s(t)&=h(t)*[f(t)\cos\omega_c t]=\int_{-\infty}^{\infty}h(\tau)f(t-\tau)\cos\omega_c(t-\tau)\mathrm{d}\tau\\&=\cos\omega_c t\int_{-\infty}^{\infty}h(\tau)f(t-\tau)\cos\omega_c\tau\mathrm{d}\tau+\sin\omega_c t\int_{-\infty}^{\infty}h(\tau)f(t-\tau)\sin\omega_c\tau\mathrm{d}\tau\\&=\{[h(t)\cos\omega_c t]*f(t)\}\cos\omega_c t+\{[h(t)\sin\omega_c t]*f(t)\}\sin\omega_c t,\end{aligned}$$

因此已调信号可以表示成一组互相正交的分量之和，上式第一项因与载波 $\cos\omega_c t$ 同相，称为同相分量；第二项与载波 $\cos\omega_c t$ 正交，因此称为正交分量. 分别称

$$s_I(t)=[h(t)\cos\omega_c t]*f(t),$$
$$s_Q(t)=[h(t)\sin\omega_c t]*f(t)$$

为同相分量幅度和正交分量幅度. 若 $h(t)\cos\omega_c t$ 的傅里叶变换为 1，$h(t)\sin\omega_c t$ 的傅里叶变换为 0，则对应的调制方式与双边带调制一致. 而如果 $h(t)\cos\omega_c t$ 的傅里叶变换为 1，但 $h(t)\sin\omega_c t$ 的傅里叶变换为希尔伯特滤波器函数，则对应的调制方式与单边带调制一致. 最后，当 $h(t)\cos\omega_c t$ 的傅里叶变换为 1，$h(t)\sin\omega_c t$ 的傅里叶变换为正交滤波器的传递函数时，对应的调制方式为残留边带调制. 残留边带调制适用于基带信号低频分量丰富的场合，如模拟电视广播系统中.

幅度调制系统的性能可以通过系统的所谓抗噪声性能进行评价，有兴趣的读

者可以参考有关专业书籍.

2.2.2　非线性调制与解调

调制信号改变载波的频率或者相位的调制方式,称为非线性调制.这种调制不同于上节讨论的幅度调制,特征在于已调信号不再是原调制信号频谱的线性搬移,而是非线性变换.非线性调制分为频率调制(FM)和相位调制(PM),简称称为调频和调相.因为频率或相位的变化都是载波角度的变化,故非线性调制又称为角调制.

1. 非线性调制原理

设非线性已调信号为

$$s(t)=A\cos[\omega_c t+\theta(t)],$$

式中,A 为正弦载波的幅度,ω_c 为角频率,$\theta(t)$ 为瞬时相位偏移.将相位 $\theta(t)$ 对时间求导所得到的 $\mathrm{d}\theta(t)/\mathrm{d}t$ 称为瞬时频率偏移.

当幅度 A 和角频率 ω_c 不变,而瞬时相位偏移随基带信号成比例变化时,相应的调制称为相位调制.在这种情况下,有

$$\theta(t)=K_{\mathrm{PM}}f(t),$$

式中,$f(t)$ 为基带信号,K_{PM} 称为相位常数.相应的已调信号称为调相信号.调相信号的波形表示为

$$s_{\mathrm{PM}}(t)=A\cos[\omega_c t+K_{\mathrm{PM}}f(t)].$$

当 A 和 ω_c 为常数,而 $\mathrm{d}\theta(t)/\mathrm{d}t$ 与基带信号成比例变化时,若存在常数 K_{FM},使得

$$\mathrm{d}\theta(t)/\mathrm{d}t=K_{\mathrm{FM}}f(t),$$

则称该调制方式为频率调制.上式可以改写成

$$\theta(t)=\int_{-\infty}^{t}K_{\mathrm{FM}}f(\tau)\mathrm{d}\tau,$$

所以调频信号为

$$s_{\mathrm{FM}}(t)=A\cos\left[\omega_c t+K_{\mathrm{FM}}\int_{-\infty}^{t}f(\tau)\mathrm{d}\tau\right].$$

比较调相信号和调频信号不难发现这两种调制方式十分相似,很难识别出已调信号是调相信号还是调频信号.以下以单频调制的情况为例,说明调相信号和调频信号.对单频信号 $f(t)=A_m\cos(\omega_m t)$,调相信号为

$$s_{\mathrm{PM}}(t)=A\cos[\omega_c t+K_{\mathrm{PM}}A_m\cos(\omega_m t)],$$

而调频信号为

$$s_{\mathrm{FM}}(t)=A\cos\left[\omega_c t+K_{\mathrm{FM}}A_m\int_{-\infty}^{t}\cos(\omega_m\tau)\mathrm{d}\tau\right]$$

$$= A\cos[\omega_c t + K_{FM}\beta_m \sin(\omega_m \tau)],$$

式中，$\beta = A_m/\omega_m$，因此调相信号和调频信号可以转换. 对调制信号先进行微分，然后再用所得微分进行调频，则调频输出信号等效于调相信号，这种调相方式称为间接调相. 反之，若对调制信号先进行积分，然后将积分信号进行调相，则调相输出信号等效于调频信号，这种调频信号称为间接调频. 由于调频信号的表达式为

$$\begin{aligned} s_{FM}(t) &= A\cos\left[\omega_c t + K_{FM}\int_{-\infty}^{t} f(\tau)\mathrm{d}\tau\right] \\ &= A\cos(\omega_c t)\cos\left[K_{FM}\int_{-\infty}^{t} f(\tau)\mathrm{d}\tau\right] - A\sin(\omega_c t)\sin\left[K_{FM}\int_{-\infty}^{t} f(\tau)\mathrm{d}\tau\right], \end{aligned}$$

对这个信号，若

$$\begin{cases} \max\left|K_{FM}\int_{-\infty}^{t} f(\tau)\mathrm{d}\tau\right| \ll \dfrac{\pi}{6}, \\ \max|K_{FM}f(t)| \ll \dfrac{\pi}{6} \end{cases} \tag{2.9a}$$

都成立，也就是说

$$\sin\left[K_{FM}\int_{-\infty}^{t} f(\tau)\mathrm{d}\tau\right] \approx K_{FM}\int_{-\infty}^{t} f(\tau)\mathrm{d}\tau,\text{而 } \cos\left[K_{FM}\int_{-\infty}^{t} f(\tau)\mathrm{d}\tau\right] \approx 1, \tag{2.9b}$$

则调频信号的表达式为

$$s_{FM}(t) = A\cos(\omega_c t) - AK_{FM}\left[\int_{-\infty}^{t} f(\tau)\mathrm{d}\tau\right]\sin(\omega_c t).$$

该信号的频谱表示为

$$S_{FM}(\omega) = \pi A[\delta(\omega - \omega_c) + \delta(\omega + \omega_c)] + \frac{AK_{FM}}{2}\left[\frac{F(\omega - \omega_c)}{\omega - \omega_c} - \frac{F(\omega + \omega_c)}{\omega + \omega_c}\right].$$

从上式可以看出，该已调信号在 $\pm\omega_c$ 处有载波分量和两个边带分量，其频带宽度近似等于调制信号的最高频率的两倍. 但因在该信号的两个边带分量中分别乘了因式 $1/(\omega - \omega_c)$ 和 $1/(\omega + \omega_c)$，而导致已调制的信号存在频率失真. 一般称满足式(2.9a)的上述调制为窄带调频. 如果上述条件不满足，即

$$\max\left|K_{FM}\int_{-\infty}^{t} f(\tau)\mathrm{d}\tau\right| > \pi/6,$$

则称相应的调制为宽带调频. 对于 $f(t) = A_m\cos(\omega_m t)$ 的宽带调频，不再具有式(2.9b)的近似，因此，已调信号的时域表达式可以写成

$$\begin{aligned} s_{FM}(t) &= A\cos(\omega_c t + \beta_m K_{FM}\sin\omega_m t) \\ &= A\cos\omega_c t\cos(\beta_m K_{FM}\sin\omega_m t) - A\sin\omega_c t\sin(\beta_m K_{FM}\sin\omega_m t). \end{aligned}$$

由此可见，宽带调频信号理论上讨论比窄带调频要繁琐许多，这里从略.

2. 非线性已调信号的解调

在调频信号中，由于调频信号的瞬时频率与调制信号的幅度成比例，所以解调

器的输出应该也与该调频信号的频率成比例，也就是当输入调频信号

$$s_{\mathrm{FM}}(t)=A\cos\left[\omega_c t+K_{\mathrm{FM}}\int_{-\infty}^{t}f(\tau)\mathrm{d}\tau\right]$$

时，解调器的输出应该与 $f(t)$ 成比例. 最简单的解调器是微分器和包络检波器的组合，输入的调频信号再经过微分后，输出

$$-A[\omega_c t+K_{\mathrm{FM}}f(t)]\sin\left[\omega_c t+K_{\mathrm{FM}}\int_{-\infty}^{t}f(\tau)\mathrm{d}\tau\right].$$

该信号再经过包络检波器检波后，滤去直流分量，就得到

$$K_d K_{\mathrm{FM}}f(t),$$

式中，K_d 称为检波器的灵敏度. 这种利用包络检波器进行检波，从而解调出调制信号的方法，称为非相干解调.

在线性调制系统中所使用的相干解调方法，也用于窄带调制信号的解调，因窄带信号可以近似分解为

$$s_{\mathrm{FM}}(t)=A\cos(\omega_c t)-AK_{\mathrm{FM}}\left[\int_{-\infty}^{t}f(\tau)\mathrm{d}\tau\right]\sin(\omega_c t).$$

令相乘器的相干载波为 $c(t)=-\sin(\omega_c t)$，则该相乘器的输出为

$$-\left\{A\cos(\omega_c t)-AK_{\mathrm{FM}}\left[\int_{-\infty}^{t}f(\tau)\mathrm{d}\tau\right]\sin(\omega_c t)\right\}\sin\omega_c t$$

$$=\frac{A}{2}\left\{K_{\mathrm{FM}}\left[\int_{-\infty}^{t}f(\tau)\mathrm{d}\tau\right](1-\cos(2\omega_c t))-\sin(2\omega_c t)\right\}.$$

再经由低通滤波器滤波和微分器微分后，得 $AK_{\mathrm{FM}}f(t)/2$，因此，相干解调可以完全恢复原始调制信号. 但这要有一个前提才能正确，那就是本地载波和发射载波要同步.

窄带调频一般应用于模拟电视伴音信号广播和立体声调频广播中.

2.2.3　模拟信号的数字化

为了对模拟信号进行数字传输，要对模拟信号进行数字化处理，也就是把模拟信号进行所谓脉冲编码调制（PCM）. 脉冲编码调制过程包含抽样（亦称采样或取样）、量化和编码三个过程.

所谓抽样，就是把连续时间模拟信号 $x(t)$ 转换成离散时间序列 $\{t_j\}$ 点上的连续幅度的抽样信号 $x\{t_j\}$，以便构成抽样脉冲序列 $x\{t_j\}$. 将连续信号在幅度上和时间上进行离散化，但这种离散化不能超过一定的限度，而必须保证从生理角度看，不会影响人们对信息的幅度的理解或感受，就是要能用所得的离散序列样值在接收端重建原始模拟信号. 离散化的具体原则由抽样定理给出. 对应于 $x\{t_j\}$ 为低通型信号、带通型信号的抽样定理分别称为低通型抽样定理和带通型抽样定理；对应于 $x\{t_j\}$ 时间上是等间隔序列还是非等间隔序列的抽样定理称为均匀抽样定理

和非均匀抽样定理;以及对应于 $x\{t_j\}$ 是冲激序列还是非冲激序列的抽样定理称为理想抽样定理和非理想抽样定理.下面介绍一些主要的抽样定理.

1. 低通抽样定理

如果信号的频谱的带宽 W 为,而该信号的最低频率为 f_L,则当 $f_L<W$ 时,称该信号为低通信号.低通信号的理想均匀抽样定理为:设有一个频带限制在 $(0,f_H)$ 内的模拟信号 $x(t)$,以及抽样序列 $\{x(nT_s)\}$,其中 T_s 为抽样周期.如果抽样频率 f_s 大于或等于 $2f_H$,则可以由抽样值序列 $\{x(nT_s)\}$ 无失真地重建 $x(t)$.

理想均匀抽样过程是通过将抽样脉冲序列 $\delta_T(t)$ 与连续信号 $x(t)$ 相乘得到的,其中的抽样脉冲序列一般可以取为

$$\delta_T(t)=\sum_{n=-\infty}^{\infty}\delta(t-nT_s).$$

在这种情况下,所得抽样信号 $x_s(t)$ 可以表示为

$$\begin{aligned}x_s(t)&=x(t)\delta_T(t)=x(t)\sum_{n=-\infty}^{\infty}\delta(t-nT_s)\\&=\sum_{n=-\infty}^{\infty}x(nT_s)\delta(t-nT_s).\end{aligned}\tag{2.10}$$

根据傅里叶变换以及卷积运算的性质,式(2.10)的频域表示式为

$$X_s(w)=\frac{1}{2\pi}X(w)*\hat{\delta}_T(\omega),$$

式中,$X(w)$ 和 $X_s(w)$ 分别为信号 $x(t)$ 和 $x_s(t)$ 的频谱.根据定理的假设,$X(w)$ 的最高频率为 $w_H=2\pi f_H$,而抽样脉冲序列 $\delta_T(t)$ 的傅里叶变换为

$$\hat{\delta}_T(w)=\frac{2\pi}{T_s}\sum_{n=-\infty}^{\infty}\delta(w-mw_s),$$

式中,$w_s=\dfrac{2\pi}{T_s}$,因此,所得抽样信号 $x_s(t)$ 的频域表示为

$$X_s(w)=\frac{1}{T_s}X(w)*\sum_{n=-\infty}^{\infty}\delta(w-mw_s)=\frac{1}{T_s}\sum_{n=-\infty}^{\infty}X(w-mw_s).\tag{2.11}$$

这就是说,抽样所得的信号的频谱除了原始信号的频谱成分以外,还在 w_s 的整数倍处存在 $X(w)$ 的复制频谱.

从以上的分析不难知道,对频带限制在 $(0,f_H)$ 上的模拟信号,为了从抽样信号无失真地恢复出原始信号,要求 $X_s(w)$ 信号中各相邻频带互不重叠,即要求 f_s 大于或等于 $2f_H$.其中 $2f_H$ 为最低抽样频率,称之为奈奎斯特频率,$\dfrac{1}{2f_H}$ 是抽样的最大间隙,称为奈奎斯特间隙.在这种情况下,将抽样信号 $X_s(w)$ 用截止频率为 w_H 的低通滤波器进行滤波,即将抽样信号 $X_s(w)$ 乘以截止频率为 w_H 的低通滤波

器的传递函数 $H(w)$，其中

$$H(w)=\begin{cases}1, & |w|\leqslant w_H;\\ 0, & |w|>w_H.\end{cases}$$

此时根据式(2.11)，滤波器输出信号为

$$X_o(w)=X_s(w)H(w)=X(w)/T_s.$$

由卷积定理，可以从上式得到重建的输出信号的时域表示式为

$$x_o(t)=x_s(t)*h(t)=\frac{1}{T_s}\sum_{n=-\infty}^{\infty}[x(nT_S)\delta(t-nT_S)]*\left(\frac{\sin w_H t}{w_H t}\right)$$

$$=\frac{1}{T_s}\sum_{n=-\infty}^{\infty}x(nT_S)\left[\frac{\sin w_H(t-nT_S)}{w_H(t-nT_S)}\right].$$

这样表示的重建公式称为内插公式，该公式中 $\frac{\sin w_H t}{w_H t}$ 称为核函数. 数学上可以证明，内插公式中的无穷级数收敛于原始信号.

讨论一下 f_s 小于 $2f_H$ 的情况，此时以 f_s 为抽样频率的下边带将与原始信号的频带重叠，这会引起重建的原始信号的失真，这样失真可以看成是一种噪声，称其为折叠噪声. 由于折叠噪声的缘故，无法从低通滤波器重建原始信号. 因此，为了由抽样序列无失真地重建原始信号，必须在 w_H 和 w_s-w_H 之间留有一定宽度的防护带. 但抽样频率 f_s 并不是越高越好，太高会降低信道的利用率，还会增加设备的复杂性，所以只要满足 $w_s\geqslant 2w_H$，并有一定频带的防护带就可以了.

2. 带通抽样定理

以上讨论的抽样定理是对于低通型信号的情况而言的，也就是对信号的频率的带宽 W 大于其最低频率 f_L 情况而言的. 但如果 $f_L>W$ 时还用 $f_s\geqslant 2f_H$ 的条件的话，虽然仍能使抽样值序列频谱不重叠，但此时选择的 f_s 就会显得太高，从而降低信道频带的利用率.

对满足 $f_L>W$ 的所谓带通型信号，为了提高信道利用率，要尽量设法利用 $0\sim f_L$ 这一段频谱空隙，使其既不会产生重叠而又能降低抽样频率，以减小信道的传输频带，带通型抽样定理就是要达到这样的目的.

下面对带通型信号抽样定理进行讨论. 设模拟信号 $x(t)$ 是频带限制在 (f_L,f_H) 的信号，带宽 $W=f_H-f_L$，则其最低的抽样频率应为 $f_s=\frac{2f_H}{n+1}$，其中 $n=[f_L/W]$，即 f_L/W 的整数部分.

带通型的抽样定理有以下几种特殊情况：

1) 当 $W\leqslant f_L<2W$ 时，如果满足条件：$f_H\leqslant f_s\leqslant 2f_L$，则各边带不重叠.

2) 当 $2W\leqslant f_L<3W$ 时，如果满足条件：$\frac{2}{3}f_H\leqslant f_s\leqslant f_L$，则各边带也互不重叠.

3) 当 $nW \leqslant f_L < (n+1)W$ 时,抽样应满足条件:

$$\frac{2f_H}{n+1} \leqslant f_s \leqslant \frac{2f_L}{n}. \tag{2.12}$$

因此带通信号所需的最低抽样频率为 $\frac{2f_H}{n+1}$,这就证明了带通型抽样定理表示式(2.12)满足不重叠条件,而且可进一步使各边带之间的间隔相等,从而求出带通信号所需的抽样频率 $f_s = 2(f_L + f_H)/(2n+1)$.

前面介绍的抽样脉冲序列是理想的冲激脉冲序列,实际上很难获得这样的脉冲,在应用上常用的抽样脉冲大多会存在一定的持续时间,用得比较多的自然抽样脉冲是周期矩形脉冲序列.

假设抽样脉冲序列为

$$c(t) = \sum_{n=-\infty}^{\infty} p(t - nT_s),$$

式中,$p(t)$ 为任意形状的脉冲函数. 因此已抽样的函数列可以表示成

$$x_s(t) = x(t) \cdot c(t). \tag{2.13}$$

因为 $c(t)$ 为周期性的函数,它可以由傅里叶展开表示如下:

$$c(t) = \sum_{n=-\infty}^{\infty} C_n \mathrm{e}^{\mathrm{j}nw_s t},$$

式中的傅里叶展开系数为

$$C_n = \frac{1}{T_s}\int_{-T_s/2}^{T_s/2} p(t)\mathrm{e}^{-\mathrm{j}nw_s t}\,\mathrm{d}t.$$

将这些公式代入式(2.13),得

$$x_s(t) = \sum_{n=-\infty}^{\infty} C_n x(t)\mathrm{e}^{\mathrm{j}nw_s t},$$

其频谱表示式为

$$X_s(w) = \sum_{n=-\infty}^{\infty} C_n X(w - nw_s),$$

将其与理想抽样信号的频谱函数比较可知,两者的频谱结构完全一样,只是自然抽样信号的频谱幅度比理想抽样信号的频谱幅度差一个常数 $C_n T_s$,因此只要满足:$w_s = 2\pi/T_s$ 大于或等于 $2w_H$,就可以用一个理想低通滤波器不失真地恢复原始信号.

此外,自然抽样的 $X_s(w)$ 的包络的总趋势是随 $|w|$ 上升而下降,因此带宽是有限的,而理想抽样的带宽是无限的. 自然抽样值是变化的,这不便于抽样值的编码.

3. 量化原理

抽样定理使具有无限多个信号值的连续信号可减少为有限个点的信号样值序列,是模拟信号数字化、时分多路复用以及信号分析和处理等技术的理论依据. 下

面就在抽样的基础上，讨论对抽样样值序列的量化[4].

模拟信号 $x(t)$ 经抽样后得到样值序列 $\{x(nT_S)\}$，这样的信号序列虽然在时间轴上变为离散量了，但在幅度上每一采样样值仍为连续变量，为使每一采样样值能用一有限位数字代码表示，就必须用有限个电平进行表示. 这种对幅度进行离散化处理的过程称为量化. 实现这种量化过程的器件称为量化器.

设信号 $x(t)$ 的幅度为 x，对信号 $x(t)$ 的量化过程是将某时刻的幅度 x 用满足 $x_1 < x_2 < \cdots < x_{n+1}$ 的某个取值 y 代替，y 的取值 $\{y_k\}$ 使得当 $x \in [x_k, x_{k+1}]$ 时，$Q(x) = y_k (k = 1, 2, \cdots, n)$，其中 x_k 称为分层电平，$\Delta_k = x_{k+1} - x_k$ 称为量化间隔或量化阶距，而 y_k 称为量化电平或重建电平，$Q(x)$ 称为量化器，$Q(x)$ 的输出和输入之间的关系称为量化特性.

若量化系统的输出与输入之间的特性表现成一条直线，则称该量化系统为线性量化系统，否则称为非线性量化系统. 在线性量化系统和非线性量化系统中，如果相邻分层电平之差为常数，则称为均匀量化系统，反之称为非均匀量化系统. 还可以根据分层电平中含零和不含零来对量化系统分类. 称分层电平序列中含零的系统为中平型量化系统，反之称为中升型量化系统.

量化器的输入信号 x 是连续的，而输出信号是离散的，因此在输入和输出之前存在误差. 这种舍入误差 $e(x) = x - Q(x)$ 叫做量化误差，由量化误差产生的噪声称为量化噪声. 量化噪声的幅度直接与量化间隔有关.

事实上，设输入信号的幅度概率密度为 $p(x)$，则 $e(x)$ 的平均功率为

$$D_q = E[x - Q(x)]^2 = \int_{-\infty}^{\infty} [x - Q(x)]^2 p(x) \mathrm{d}x.$$

由于 $Q(x)$ 仅有 n 个量化值，因此可以把积分区间分割成 n 个子区间，在每个子区间分别对以上积分进行计算，即得

$$D_q = \sum_{k=1}^{n} \int_{x_k}^{x_{k+1}} (x - y_k)^2 p(x) \mathrm{d}x. \tag{2.14}$$

对给定的信源，$p(x)$ 是固定的，因此其量化误差的平均功率与量化系统的分层电平的间隔有关.

使平均功率 D_q 最小的一组量化所描述的量化特性称为最佳量化特性. 为获得最佳量化特性时各参数满足的条件，对式(2.14)求量化电平和分层电平的导数，并令导数值为 0，则

$$\frac{\partial D_q}{\partial x_k} = \frac{\partial D_q}{\partial y_k} = 0, (k = 1, 2, \cdots, n).$$

因此根据求导法则可得

$$\frac{\partial D_q}{\partial x_k} = (y_{k-1}^2 - 2y_{k-1}x_k + x_k^2)p(x_k) - (y_k^2 - 2y_k x_k + x_k^2)p(x_k) = 0$$

以及

$$\frac{\partial D_q}{\partial y_k}=2y_k\int_{x_k}^{x_{k+1}}p(x)\mathrm{d}x-2\int_{x_k}^{x_{k+1}}xp(x)\mathrm{d}x=0\quad(k=1,2,\cdots,n).$$

所以最佳量化特性应满足

$$x_k=(y_{k-1}+y_k)/2,$$

$$y_k=\int_{x_k}^{x_{k+1}}xp(x)\mathrm{d}x\Big/\int_{x_k}^{x_{k+1}}p(x)\mathrm{d}x\quad(k=1,2,\cdots,n).\tag{2.15}$$

式(2.15)说明在最佳量化情况下,分层电平为相邻量化电平的中值,而量化电平为分层电平间隔内的信号密度的中心矩.式(2.15)还给出了在最佳量化情况下,n 个量化电平 $\{y_1,y_2,\cdots,y_n\}$ 的 $n+1$ 个分层电平 $\{x_1,x_2,\cdots,x_{n+1}\}$,$x_1$ 一般称为最小电平点,而 x_{n+1} 称为最大电平点.对于概率密度 $p(x)$ 为均匀分布 p 的信号,由式(2.15)知,最佳量化电平 $y_k=(x_k+x_{k+1})/2,k=1,2,\cdots,n$,其平均功率为

$$D_q=\sum_{k=1}^{n}\int_{x_k}^{x_{k+1}}(x-y_k)^2p(x)\mathrm{d}x=\frac{p}{12}\sum_{k=1}^{n}\Delta_k^3,$$

对概率密度 $p(x)$ 为非均匀分布,但当量化间隔 Δ_k 很小时,噪声平均功率可以写成

$$D_q=\sum_{k=1}^{n}\int_{x_k}^{x_{k+1}}(x-y_k)^2p(x)\mathrm{d}x=\frac{1}{12}\int_{x_1}^{x_{n+1}}\Delta_k^2(x)p(x)\mathrm{d}x.$$

如果输入电平超出量化系统的量化范围 $\{-x_{\mathrm{L}},x_{\mathrm{H}}\}$,则称为量化器处于过载,其噪声称为过载噪声.过载发生时,令量化值保持为常数,具体地说,当输入信号电平低于 $-x_{\mathrm{L}}$ 时,令量化值保持为 x_1;当输入信号电平高于 x_H时,令量化值保持为 x_{n+1}.因此过载噪声的功率定义为

$$D_{qo}=\int_{x_{\mathrm{H}}}^{\infty}(x-x_1)^2p(x)\mathrm{d}x+\int_{-\infty}^{-x_{\mathrm{L}}}(x+x_{n+1})^2p(x)\mathrm{d}x.$$

量化噪声的功率应为不过载噪声功率和过载噪声功率之和.记为 $N_q=D_q+D_{qo}$.

设要均匀量化的信号幅度范围为 $(-x_{\mathrm{L}},x_{\mathrm{H}})$,$m$ 为量化电平数,则量化阶距为 $\Delta=(x_{\mathrm{H}}+x_{\mathrm{L}})/m$.注意,信号幅度电平一般是正负对称的,因此,$\Delta=2x_m/m$,$x_m=x_{\mathrm{H}}=x_L$ 对均匀量化器来说分层电平为 $x_i=x_1+(i-1)\Delta,i=1,2,\cdots,m$.按照最佳量化特性的要求,$y_i=x_1+(2i-1)\Delta/2$.在分层电平足够多的情况下,$\Delta$ 可以足够小,以至于可以认为在每一分层间隔中信号分布为均匀分布.设 P_k 为信号幅度落入 k 层的概率,则第 k 层的误差信号的概率密度可以被认为是 $p_k(e)=P_k/\Delta$.因此,不过载噪声的平均功率为

$$D_q=\frac{1}{12}\sum_{k=1}^{n}P_k\Delta^2=\frac{\Delta^2}{12}\sum_{k=1}^{n}P_k=\frac{\Delta^2}{12}=\frac{x_m^2}{3m^2}.$$

因此,均匀量化器的不过载噪声的平均功率只与量化间隔有关.为了评价量化器的质量,定义信号的平均功率 S 与量化噪声的平均功率 D_q 之比为量化信噪比,简称信噪比,单位为分贝(dB).对均匀量化来说,σ_x 为重建信号的均方差,σ_e 为量化误差的均方差,则 $S/D_q=\sigma_x^2/D_q=12\sigma_x^2/\Delta^2$.

例如，设输入信号为正弦波，且信号不过载. 因为幅度为 A 的正弦波的功率为 $S=A^2/2$，所以其信噪比为

$$S/D_q=\frac{3m^2A^2}{2x_m^2}.$$

因此，量化器的信噪比只与均匀量化间隔有关. 而 Δ 与量化器最大量化电平与最小量化电平之差，和用来表示量化值的二进制码的位数 n 有关. 因为量化电平的个数取决于表示量化值的二进制码的位数，一般说来，取 $m=2^n$，令归一化有效值为 $D=A/(\sqrt{2}x_m)$，因此 S/D_q 用 dB 表示为

$$[S/D_q]_{\mathrm{dB}}=10\lg(S/D_q)=10\lg3+20\lg D+20n\lg2,$$

因此每增加一位编码，S/D_q 提高 20lg2 dB.

从前面的讨论中知道，均匀量化的量化噪声与信号电平大小无关，所以信号电平越低，信噪比越小. 为了使小信号幅度时信噪比满足要求，就必须增加分层数，因而使编码位数加大. 为了克服均匀量化的这些缺点，需要量化阶距跟随输入信号电平的大小改变. 在小信号时用小量化阶距近似，而在大信号时则用大量化阶距近似. 这样使得在小信号到大信号的整个范围内，输入信号与量化噪声之比都差不多，而对大信号进行量化电平数比均匀量化时少得多.

非均匀量化一般利用压扩技术实现. 通用的压扩技术有量两种形式：一种是在发送端首先将信号经由一个压缩器进行处理，然后再进行均匀量化和编码. 在接收端利用一扩张器完成相反操作以使压缩的波形复原. 只要压缩和扩张特性恰好相反，则压扩过程就不会引起失真. 压缩器和扩张器合称为压扩器.

非线性量化的压缩器即是将输入信号 x 经过一函数 x 变成 $y=f(x)$ 的器件. 而扩张器既是将信号 y 用函数 $f(x)$ 的反函数 $f^{-1}(y)$ 变成原始信号 x 的器件. 压缩特性的选取与信号的统计特性有关. 一般说来，具有不同概率分布的信号都有相应的最佳压缩特性以使量化噪声达到最小. 增加试用过的特性有对数特性、指数特性、双曲线特性和改进型双曲线特性等. 下面介绍几种广泛采用的压缩器.

(1) A 律对数压缩器

$$f(x)=\begin{cases}\dfrac{A|x|}{1+\ln A}, & 0\leqslant|x|\leqslant1/A;\\[2ex] \dfrac{1+\ln(A|x|)}{1+\ln A}, & 1/A\leqslant|x|\leqslant1,\end{cases}\tag{2.16}$$

式中，x 为归一化的压缩输入信号，是输入信号与量化器最大量化电平之比，A 为压缩系数，$A=1$ 时无压缩；A 越大，$y=f(x)$ 的压缩效果越明显，在国际标准中的 $A=87.6$. 显然 $y=f(x)$ 是归一化的压缩器输出电平.

当输入信号为正弦波，量化电平数 $m=256$，即编码位数 $n=8$ 时，对 $y=f(x)$ 进行均匀量化时的量化间隔为 $\Delta=2/256$，此时 $f(x)$ 的量化噪声功率可以

根据公式

$$D_q = \frac{1}{12}\int_{x_1}^{x_{n+1}} \Delta^2(x)p(x)\mathrm{d}x,$$

将计算结果与均匀量化时的结果相比,信噪比大于 25dB 的动态范围从 25dB 扩大到了 52dB. 对小信号来说,信噪比增加了约 24dB.

(2) μ 律对数压缩器

$$f(x) = \frac{\ln(1+\mu|x|)}{\ln(1+\mu)},$$

式中,μ 为压缩参数,表示压缩程度. μ 越大压缩效果越明显. $\mu=0$ 时,μ 律对数压缩对应于均匀量化. 国际标准中 μ 一般取 255. 在小信号电平时 $\mu \ll 1$,$f(x)$ 接近于线性. 而在大信号电平情况下,$\mu \gg 1$,$f(x)$ 近似于对数关系. 另外,当输入信号为正弦波,量化电平数 $m=256$ 时,对小信号的信噪比改善值为 33.5dB.

(3) 对数压缩特性的折线近似

随着集成电路和数字技术的迅速发展,精度和稳定性更好的一种压扩技术得到了广泛应用. 这种技术的原理主要是利用数字电路形成许多折线来近似非线性压缩曲线. 实际采用的有 A 律 13 折线($A=87.6$)和 μ 律 15 折线($\mu=225$)等. μ 律15 折线主要用于美国、加拿大和日本等国家. A 律 13 折线主要用于英国、法国、德国等欧洲各国以及我国. ITU-T 建议 G711 中规定上述两种折线近似压缩律为国际标准,并且在国际通信中都采用 A 律.

下面分别介绍 A 律 13 折线和 μ 律 15 折线,如图 2.4 和图 2.5 所示. x 和 y 分别表示归一化的输入和输出信号幅度,将 x 轴的区间(0,1)按照下列规定,不均匀地分为 8 段,其规则是:每次以 1/2 取段,然后每段再分为 16 等份,每一等份作为一个量化分层,即将区间(0,1)分为 128 个量化分层. 而将 y 轴上的区间(0,1)均匀地分为 8 段,每段再均分为 16 份. 因此,y 轴上的(0,1)区间也被分为 128 个量化层,但 y 轴上的量化层是均匀的. 将 x 轴和 y 轴相应段的交点连接起来,得到 8 个折线段. 由于第 1 段和第 2 段的折线斜率相同,可以将它们连接成一条直线,因此实际上得到 7 段不同斜率的折线. 再考虑到原点上下各有 7 段折线,负方向的第 1 段和第 2 段与正方向的第 1 段和第 2 段的斜率均相同,因此可连在一起作为一段,于是共得到 13 段折线. 过原点的折线的斜率等于 16,而由式(2.16)可以求得 A 律曲线在原点的斜率为 $\frac{A}{1+\ln A}$,令 $A=87.6$ 时,两者相等. 因此,13 折线逼近 $A=87.6$ 的对数压缩特性.

4. 脉冲编码调制(PCM)

将抽样、量化后的信号变换成代码,这个过程称为编码,其相反的过程称为译码. PCM 编码是实现模拟信号数字化传输的重要方法之一.

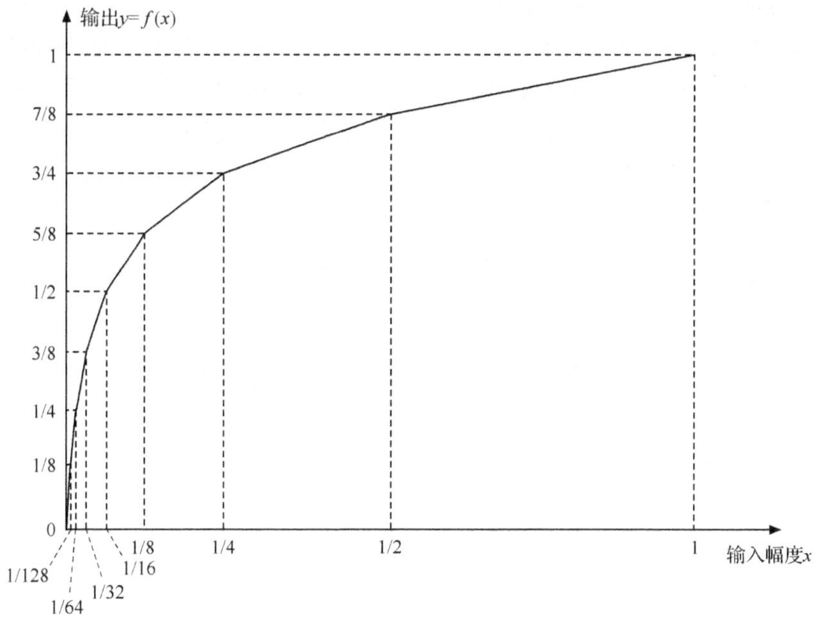

图 2.4　*A* 律 13 折线

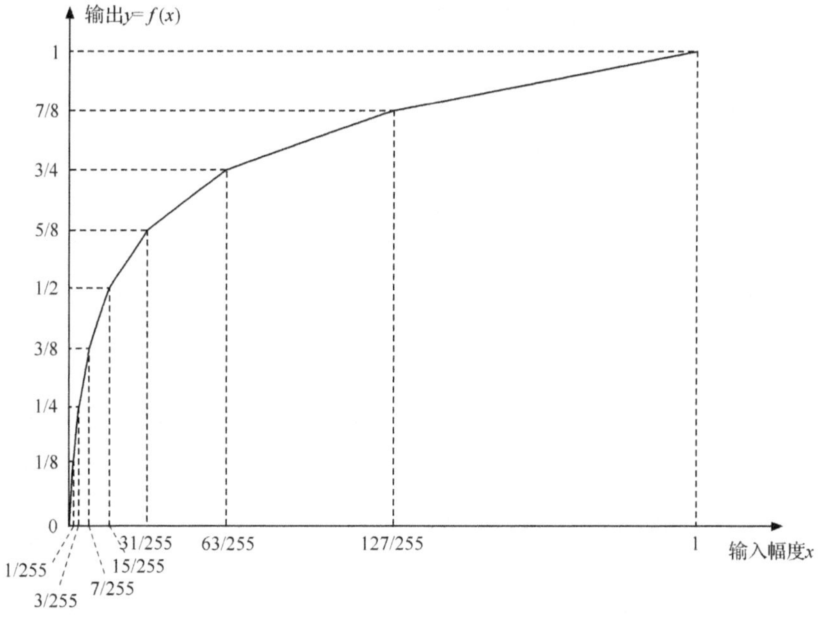

图 2.5　μ 律 15 折线

(1) 脉冲编码

代码的形式通常采用二进制. 在 PCM 中的二进码通常有 3 种:即自然二进码、折叠二进码和循环二进码(也称格雷码). 表 2.1 列出了 4 位码(对应于 16 种量化电平)时这 3 种码字的编码情况. 其中自然二进码与普通的二进制数相对应. 这种编码的特点是简单方便. 但对于双极性信号(称为极性码)来说,自然二进码不如折叠二进码方便.

表 2.1　三种码组

电平序号	自然码				折叠码				格雷码			
	b_1	b_2	b_3	b_4	b_1	b_2	b_3	b_4	b_1	b_2	b_3	b_4
15	1	1	1	1	1	1	1	1	1	0	0	0
14	1	1	1	0	1	1	1	0	1	0	0	1
13	1	1	0	1	1	1	0	1	1	0	1	1
12	1	1	0	0	1	1	0	0	1	0	1	0
11	1	0	1	1	1	0	1	1	1	1	1	0
10	1	0	1	0	1	0	1	0	1	1	1	1
9	1	0	0	1	1	0	0	1	1	1	0	1
8	1	0	0	0	1	0	0	0	1	1	0	0
7	0	1	1	1	0	0	0	0	0	1	0	0
6	0	1	1	0	0	0	0	1	0	1	0	1
5	0	1	0	1	0	0	1	0	0	1	1	1
4	0	1	0	0	0	0	1	1	0	1	1	0
3	0	0	1	1	0	1	0	0	0	0	1	0
2	0	0	1	0	0	1	0	1	0	0	1	1
1	0	0	0	1	0	1	1	0	0	0	0	1
0	0	0	0	0	0	1	1	1	0	0	0	0

循环二进码(格雷码)的特点是相邻两个量化级的码字之间只有 1 位码发生变化,即相邻码字的码距恒为 1,为单位距离码. 在传输或判决有误时,量化电平的误差小. 另外,这种码除极性外,当正、负信号的绝对值相等时,其幅度码相同,故又称反射二进码. 但这种码不能逐比特进行译码,需先转换成自然二进码后再译码.

折叠二进码除最高位(极性码)外,其上、下、正、负码呈折叠关系. 对于语音这样的双极性信号,在用第 1 位码表示其极性后,只要正、负极性信号的绝对值相同,其幅度码相同,即可采用单极性编码的方法,使编码过程大大简化.

从以上 3 种码型的比较可以看出,折叠码比自然二进码和循环二进码优越. A

律 13 折线编码一般采用折叠二进码.

在 A 律 13 折线编码中,因为 A 律 13 折线有正负对称的 16 个非均匀量化段,每一量化段均匀分为 16 等份,因此共有量化级为

$$m = 8(\text{段}) \times 16(\text{等份}) \times 2(\text{正、负极性}) = 256.$$

按照编码位数与量化级的关系 $2^n = m$,算得 $n = 8$,即编码的码长为 8. 这 8 位码的码位安排如表 2.2 所示.

表 2.2　A 律 13 折线编码中的码位安排

码　位	特　征
M_1	极性码:1 表示样值为正极性,0 表示负极性
$M_2 \sim M_4$	段落码:对正、负样值各分为 8 个非均匀大量化段,分别用 3 位码表示 8 个段落的起始电平
$M_5 \sim M_8$	段内码:表示任意段落内的 16 个量化级

在进行编码时,注意到 A 律 13 折线中,虽然各段落内采用的是均匀量化,但因段落长度不等,因此不同段落间的量化级是非均匀的. 低电平信号落在段落短的区域,量化间隔小;高电平信号落在相应的长段落内,量化间隔大. 表 2.3 以归一化值 1 分成 4096 为例,列出了各码位的电平值.

表 2.3　A 律 13 折线编码表

段号	段码			段码对应的起始电平	段内电平码对应的电平				段内量化间隔
	M_2	M_3	M_4		M_5	M_6	M_7	M_8	
1	0	0	0	0	16	8	4	2	2
2	0	0	1	32	16	8	4	2	2
3	0	1	0	64	32	16	8	4	4
4	0	1	1	128	64	32	16	8	8
5	1	0	0	256	128	64	32	16	16
6	1	0	1	512	256	128	64	32	32
7	1	1	0	1024	512	256	128	64	64
8	1	1	1	2048	1024	512	256	128	128

(2) 译码原理简介

译码的目的是将编码进行 D/A(数字/模拟)变换,以还原 PAM 信号,常用的这类译码器有 3 种类型:加权网络型、级联型和混合型. 例如,加权网络型译码器原

理将 PCM 串行码输入串/并变换电路,以便将该 PCM 串行码变换成并行码,并将该并行码记下来,然后 7/12 变换电路根据 7 位非线性幅度码的状态,产生 12 个恒流源电流,这 12 个恒流源电流分别为:$\Delta/2,\Delta,2\Delta,4\Delta,8\Delta,16\Delta,\cdots,1024\Delta$. 这些恒流源在逻辑控制脉冲的控制下,在输出端产生相应的 PAM 信号. 最后根据接收到的 PCM 极性码的状态判断 PAM 信号的极性,以便恢复译码后的 PAM 信号极性.

2.2.4 复用技术及其应用

实际上大多数传输信号占用的带宽远小于信道带宽,为了充分利用信道的带宽,可以采用所谓复用技术. 复用技术是指通信线路利用一条信道同时传输多路信号的一种技术,一般可分为频分复用、时分复用和码分复用.

1. 频分多路复用

频分复用是指用不同的频率同时传送多路信息,以实现多路通信. 这种方法也叫频分多路复用(FDM). 频分多路复用分为单级和多级调制复用系统. 下面以单级频分复用系统为例说明其原理. 设有 n 路基带信号,为了限制已调信号带宽,各路信号首先由低通滤波器(LPF)进行限带,限带后的信号分别对不同频率的载波进行调制,形成频带不同的已调信号. 为了避免已调信号的频谱交叠,各路已调信号由带通滤波器(BPF)进行限带,相加形成频分复用信号后送往信道传输. 在接收端首先用带通滤波器将多路信号分开,各路信号由各自的解调器进行解调,再经低通滤波器滤波,恢复为原始的基带信号.

频分多路复用中的主要问题是各路信号之间的相互干扰,这一干扰被称为串扰. 引起串扰的主要原因是系统非线性所造成的已调信号频谱的展宽. 串扰可以部分地由发送带通滤波器消除,但信道传输中非线性造成的串扰则无法消除,因而在频分多路复用中对系统线性的要求很高. 合理选择载波频率,并在各路已调信号频谱之间留有一定的保护间隔,是减少串扰的有效措施.

频分多路复用广泛应用于长途载波电话、立体声调频、电视广播和空间遥测等方面. 对于电磁波而言,波长和频率是一一对应的,因此在光纤通信中,通常使用波分复用(WDM)而不是频分复用的表述方式.

2. 时分多路复用

在以上介绍的脉冲调制方法中,信号脉冲只占用有限的时间. 因此,为了提高信道的利用率,可以再调制的信号脉冲之间的间隔内插入其他路信号脉冲,以充分利用信道. 将多路信号在时间轴上互不重叠地穿插排列就可以在同一条公共信道上进行传输. 这种按照一定的时间次序依次循环地传输各路消息,以实现多路通信的方式叫做时分多路通信，这种方法称为时分多路复用(TDM).

由前述的抽样理论可知，抽样的一个重要特点是将时间上连续信号变成时间上的离散信号，其在信道上占用时间的有限性，为多路信号在同一信道上传输提供了条件，具体地说，就是把时间分成一些均匀的时间间隙，将各路信号的传输时间分配在不同的时间间隙内，以达到相互分开，互不干扰的目的.

作为时分多路复用多路数字电话通信，ITU-T 推荐了两种制式，即按 A 律编码的 PCM30/32 路和按 μ 律编码的 PCM 30/32 路系统. 我国采用 PCM24 路制式，其结构可以参见相关书籍.

3. 码分多路复用

码分多路复用也是一种共享信道的方法，每个用户可在同一时间使用同样的频带进行通信，但使用的是基于码型的分割信道的方法，即每个用户分配一个地址码. 这个地址码用于区别每一个用户，不同用户的地址码之间是互不相关的，因此通信各方之间不会相互干扰，且抗干扰能力强. 接收方只要使用特定的地址码就可以使用相干检测器分离出特定用户的信号. 码分多路复用技术主要用于无线通信系统，特别是移动通信系统. 它不仅可以提高通信的话音质量和数据传输的可靠性以及减少干扰对通信的影响，而且增大了通信系统的容量.

2.3　数字信号的基带传输

数字通信的主要目的是将数字信号从通信系统的发送端，经过信道传输至接收端. 在数字通信系统中传输的对象一般是二元数字信息，它可以用数字序列来表示，数字序列在传输过程表示为离散波形. 将这种脉冲数字序列信号直接送到信道进行传输的系统称为基带传输系统. 用普通市话电缆传输数字信号的系统就是这种系统.

为了使脉冲数字基带信号在带通信道中进行传输，必须用数字基带信号对载波进行调制. 这种通信方式称为数字信号的载波传输. 连续载波的数字调制主要包括幅度键控、频移键控和相移键控. 这种调制技术在微波或卫星通信中都有很广泛的应用. 本节介绍数字信号的基带传输技术. 2.4 节介绍数字信号的载波传输技术[5,6].

2.3.1　数字基带信号的时域波形

基带信号的频带一般都处在低频段. 例如，话音基带信号的下限频率通常取为 200Hz 或 300Hz，而上限频率一般取为 3000Hz 或 4000Hz. 不同类型的信号所具有的基带频率范围可以很不相同，但是其下限频率都接近或等于零频.

基带数字信号通常都用矩形脉冲来表示,在理论上,其频谱可以从零频一直延伸到无限远. 但在实际中,由于考虑到高频分量的幅度很快衰减,通常将脉冲宽度的倒数作为数字信号的上限频率,而将 0 频作为下限频率. 基带数字信号的波形又成为码型,码型可以分为二元码和多元码等,其中二元码主要有:单极性非归零码、单极性归零码、双极性非归零码、双极性归零码等. 为了对其进行介绍,将数字信息表示为序列 $\{a_n\}_{-\infty}^{\infty}$,其中 a_n 称为码元. 当 a_n 可取值为 0,1,2,…,$m-1$ 等 m 个值时,称相应的数字信息波形为 m 进制波形. $m=2$ 也即是二进制波形,是常用到的数字信号波形,原因是可以用电信号的有无来表示.

并非所有的原始基带数字信号都能在基带传输系统的信道中传输,那么什么样的信号形式适宜在基带传输系统中传输呢? 如何确定这些信号的码元脉冲波形及码元序列的格式(码型)呢?

首先,为了在传输信道中获得优良的传输性能,应该对信号码元进行变换,这种变换称为码型编码或码型变换,在通信信道中实际传输的数字基带信号称为传输码型或线路码型. 将码型还原成数字信息称为码型译码.

不同的码型具有不同的频率特性,需要根据信道的传输特性选择适当的传输码型. 选择传输码型时,主要考虑以下几点:

1) 传输码型频谱中的低频,高频分量要尽量地少;

2) 传输码型中应包含定时信息,以便于提取位定时;

3) 传输码型的编译码设备应尽量简单可靠;

4) 传输码型的抗干扰能力强,具有一定的检错能力.

数字基带信号的传输码型很多,并不是所有的码型都能满足以上要求. 这里主要介绍几种常用的码型,它们的优缺点以及用途.

1. 二元码

数字基带信号的波形只以两种电平幅度来表示的码称为二进制码或二元码,二元码又分为单极性归零码、双极性归零码、单极性非归零码、双极性非归零码、差分码等. 图 2.6 显示了几种常见的二元码波形.

(1) 单极性非归零码

从图 2.6 中可以知道,单极性非归零码(NRZ)是一种与单极性非归零码相似的二元码,但码脉冲之间无间隔. 这是一种最常用的码型. 单极性非归零码的特点是:有直流成分,因此很难在低频传输特性比较差的有线信道进行传输,并且接收单极性非归零码的判决电平一般取为 1 码电平的一半,因此在信道特性发生变化时,容易导致接收波形的振幅和宽度变化,是的判决电平不能稳定在最佳电平,从而引起噪声. 此外,单极性非归零码还不能直接提取同步信号,并且传输时必须将信道一端接地,从而对传输线路有一定要求. 一般由终端送来的单极性非归零码要

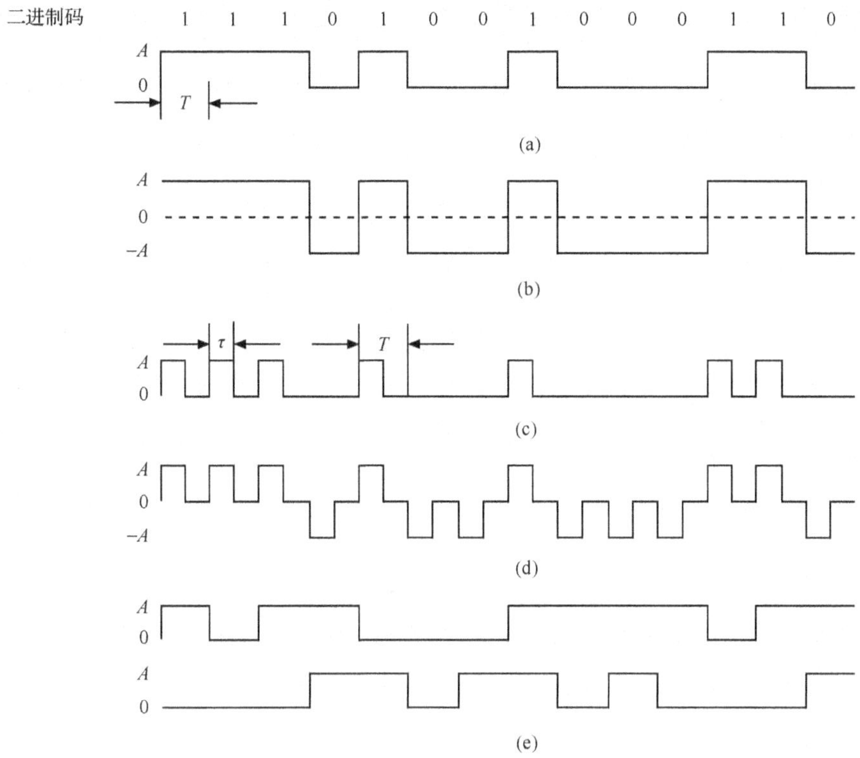

图 2.6　几种常见的二元码波形

(a) 单极性非归零码；(b) 双极性非归零码；(c) 单极性归零码；
(d) 双极性归零码；(e) 差分码的两种形式

通过码型变换变成适合信道传输的码型.

(2) 双极性非归零码

双极性非归零码是用正电平和负电平分别表示二进制码 1 和 0 的码型，它与双极性归零码类似，单双极性非归零码的波形在整个码元持续期间电平保持不变. 双极性非归零码的特点是：从统计平均来看，该码型信号在 1 和 0 的数目各占一半时无直流分量，并且接收时判决电平为 0，容易设置并且稳定，因此抗干扰能力强. 此外，可以在电缆等无接地的传输线上传输，因此双极性非归零码应用极广. 双极性非归零码常用于低速数字通信. 双极性码的主要缺点是：与单极性归零码一样，不能直接从双极性非归零码中提取同步信号，并且 1 码和 0 码不等概率时，仍有直流成分.

(3) 单极性归零码

单极性归零码(RZ)即是以高电平和零电平分别表示二进制码 1 和 0，而且在发送码 1 时高电平在整个码元期间 T 只持续一段时间 τ，其余时间返回零电平. 在单极性归零码中，τ/T 称为占空比. 单极性归零码的主要优点是可以直接提取同步信号，因此单极性归零码常常用作其他码型提取同步信号时的过渡码型，也就是说其他适合信道传输但不能直接提取同步信号的码型，可先变换为单极性归零码，然后再提取同步信号.

(4) 双极性归零码

双极性归零码是二进制码 0 和 1 分别对应于正负电平的波形的编码，在每个码之间都有间隙产生. 这种码既具有双极性特性，又具有归零的特性. 双极性归零码的特点是：接收端根据接收波形归于零电平就可以判决 1 比特的信息已接收完毕，然后准备下一比特信息的接收，因此发送端不必按一定的周期发送信息. 可以认为正负脉冲的前沿起了启动信号的作用，后沿起了终止信号的作用. 因此可以经常保持正确的比特同步，即收发之间无需特别的定时，且各符号独立地构成起止方式，此方式也叫做自同步方式. 由于这一特性，双极性归零码的应用十分广泛.

(5) 差分码

以上 4 种码型是最常用的二元码型，除此之外，差分码也是经常用到的码型. 所谓差分码，即是将二进制码 0 和 1 分别用电平的相对变化表示的码型. 比如，以相邻码元的电平改变来表示 1，以电平不改变表示 0. 这种码型的特点是，即使接收端收到的码元极性与发送端的完全相反，也能正确地进行判决.

2. 三元码

若用信号幅度的 3 种取值来表示一个二进制信息，则这种码型称为三元码，比如取波形电平的 3 种幅度为 $-E$，0，$+E$.

(1) 信号交替反转码

常用的三元码是所谓的信号交替反转码. 这种码型以零电平表示二进制 0，而二进制信息 1 则用交替地变换为 $+E$ 和 $-E$ 电平的归零码表示. 传号交替反转码也称为 AMI 码. 传号交替反转码的特点是：即使在 1 码和 0 码不等概条件下也无直流成分，且零频附近低频分量小，这一特性使得传号交替反转码不易受到诸如具有变压器或其他交流耦合的传输信道的隔直特性的影响，并且在接收端收到的码元极性与发送端发送的码元极性完全相反的情况下也能进行正确判决. 传号交替反转码还可以方便地通过全波整流变成单极性码，如果传号交替反转码是归零的，则变成单极性归零码后就可以提取同步信号. 传号交替反转码的这些优点使得它成为最常用的码型之一.

(2) n 阶高密度双极性码

AMI 码有一个缺点：由于在连 0 码时 AMI 输出均为零电平，因此在这段时间内无法提取同步信号，而前面非连 0 码时提取的位同步信号又不能保持足够的时间，所以连 0 码过多时很难提取位定时信号. 为了克服这一缺点，通常采用将发送序列先经过一扰码器将输入的码序列按一定规律进行扰乱，使得输出码序列不再出现一长串的连 0 码或连 1 码等规则序列，在接收端通过解扰恢复原始的发送序列. 另一种通用的解决办法是采用 n 阶高密度双极性码，记为 HDB_n. HDB_n 中最常用的是 HDB_3，其原理是：先把消息代码变成 AMI 码，然后检查 AMI 码中的连 0 码数量，当 HDB_3 中无 3 个以上的连 0 码时，该 AMI 就是 HDB_3 码，否则要对该 AMI 码进行变换，变换规律是：每当 AMI 码中出现 4 个连 0 码时，将这 4 个连 0 小段的第 4 个 0 码变成 1 码. 由 0 码改变来的 1 码成为破坏脉冲，用符合 V 表示，而原来的二进制码元序列中所有的 1 码称为信码，用符号 B 表示. 在信码序列中加入破坏脉冲进行变换后必须满足如下两个条件：

1) B 码和 V 码各自应始终保持极性交替的变化规律，以便确保编码中没有直流成分；

2) V 码必须与前一个码(信码 B)同极性，以便与正常的 AMI 码进行区别，如果这个条件得不到满足，那么应该在 4 个连 0 码的第一个 0 码位置上加一个与 V 码(4 个连 0 码的第 4 个 0 码位置上)同极性的补信码，用符号 B′表示. 此时 B 码和 B′码合起来保持条件 1)中信码极性交替变化的规律.

是否添加补信码 B′还可根据这样的规律来决定：即当 HDB_3 中两个 V 码间的信码 B 的数量是偶数时，在后面这个 V 码的前 3 个码位上加一个补信码 B′，而当两个 V 码之间的信码 B 的数量是奇数时，不再添加补信码 B′.

在对 HDB_3 码进行译码时，根据两个相邻同极性码中的后面那个码就是 V 码，找出 V 码；根据 V 码向前数第三个码，如果不是零码，它就是补信码 B′，然后将 V 码和 B′码去掉后留下的码作为信码. 对这些信码进行全波整流后得到单极性码.

从以上可以看出，HDB_3 码无直流成分，低频成分少，频带比较宽，即使有长连 0 码时也能提取位同步信号，但是 HDB_3 码的编译码电路比较复杂.

3. 多元码

多元码是一个将多个二进制码对应于一个脉冲的码型. 所对应的波形一定具有多种电平. 例如，将二进制码组 00 对应于波形电平 $+3E$，01 对应于波形电平 $+E$，10 对应于波形电平 $-E$，而 11 对应于波形电平 $-3E$，则该波形是具有 4 个电平的波形. 从这个例子中，波形的每种电平表示 4 个二进制码组中的一种，共有 4 种电平，因而成为四元码. 一般地，当信号序列中有 m 组码元时，或为 m 元码.

由于在 m 元码中，每个波形脉冲代表了 m 个二进制码，与二元码相比，在传输带宽相同的情况下，m 元码传输的自信息是二元码传输的自信息的 $\log_2 m$ 倍，所以 m 元码在高速数据传输系统中得到了广泛应用.

2.3.2　数字基带信号的频谱特性

设二进制的随机序列 1 码的基本波形为 $g_1(t)$，0 码的基本波形为 $g_2(t)$，T_s 为码元的重复周期. 在前后码元统计独立的前提下，出现 $g_1(t)$ 和 $g_2(t)$ 的概率分别为 P 和 $1-P$，则该随机序列 $g(t)$ 可以表示为

$$g(t)=\sum_{n=-\infty}^{\infty}g_n(t),$$

式中

$$g_n(t)=\begin{cases}g_1(t-nT_s), & (\text{概率为 } P),\\ g_2(t-nT_s), & (\text{概率为 } 1-P).\end{cases}$$

将 $g(t)$ 截短成 $g_T(t)$，使其长度为 $T=(2N+1)T_s$，则截短波形 $g_T(t)$ 为

$$g_T(t)=\sum_{n=-N}^{N}g_n(t),$$

所以信号 $g(t)$ 的平均功率密度为

$$P_g(\omega)=\lim_{N\to\infty}\frac{\overline{|\hat{g}_T(\omega)|^2}}{(2N+1)T_s}.$$

为了计算上式，将截短信号分解为两部分，一部分成为稳态分量，也就是截短信号的平均分量，记为 $s_T(t)$；另一部分成为随机分量，记为 $r_T(t)$. 由于 $s_T(t)$ 是 $g_T(t)$ 的平均分量，$s_T(t)$可由下式求出

$$s_T(t)=P\sum_{n=-N}^{N}\Big[g_1(t-nT_s)+(1-P)\sum_{n=-N}^{N}g_2(t-nT_s)\Big],$$

因此

$$r_T(t)=g_T(t)-s_T(t)=\sum_{n=-N}^{N}r_n(t).$$

式中

$$r_n(t)=g_1(t-nT_s)-Pg_1(t-nT_s)-(1-p)g_2(t-nT_s),$$

以概率 P 出现，而

$$r_n(t)=g_2(t-nT_s)-Pg_1(t-nT_s)-(1-p)g_2(t-nT_s),$$

以概率 $1-P$ 出现. 为了方便，将 $r_n(t)$ 表示成

$$r_n(t)=a_n[g_1(t-nT_s)-g_2(t-nT_s)],$$

式中

$$a_n=\begin{cases}1-P, & \text{以概率 } P \text{ 出现；}\\ -P, & \text{以概率 } 1-P \text{ 出现.}\end{cases}$$

下面计算截短信号 $g_T(t)$ 的功率谱密度. 首先，计算 $s_T(t)$ 的功率谱密度. 注意

$$\lim_{T\to\infty}s_T(t)=\sum_{n=-\infty}^{\infty}[Pg_1(t-nT_s)+(1-P)g_2(t-nT_s)]=s(t)\qquad(2.17)$$

是以 T_s 为周期的周期信号. 将 $s(t)$ 表示为傅里叶级数

$$s(t)=\sum_{n=-\infty}^{\infty}C_n\mathrm{e}^{-\mathrm{j}2\pi nf_s t},\quad (f_s=1/T_s).$$

式中, C_n 为指数形式的傅里叶级数的系数,

$$C_n=\frac{1}{T_s}\int_{-T_s/2}^{T_s/2}s(t)\mathrm{e}^{-\mathrm{j}2\pi nf_s t}\,\mathrm{d}t\ . \tag{2.18}$$

将式(2.17)代入式(2.18)可得

$$\begin{aligned}C_n&=f_s\int_{-T_s/2}^{T_s/2}[Pg_1(t-nT_s)+(1-P)g_2(t-nT_s)]\mathrm{e}^{-\mathrm{j}2\pi nf_s t}\,\mathrm{d}t\\&=f_s[P\hat{g}_1(nf_s)+(1-P)\hat{g}_2(nf_s)].\end{aligned}$$

因此, $s(t)$ 的功率谱密度 $P_s(f)$ 为

$$P_s(f)=\sum_{n=-\infty}^{\infty}|f_s[P\hat{g}_1(nf_s)-(1-P)\hat{g}_2(nf_s)]|^2\delta(f-nf_s). \tag{2.19}$$

下面计算随机分量 $r_T(t)$ 的功率谱密度 $P_r(\omega)$. 根据功率密度的定义

$$P_r(\omega)=\lim_{T\to\infty}\overline{\frac{|\hat{r}_T(\omega)|^2}{T}}\ , \tag{2.20}$$

而

$$\begin{aligned}\hat{r}_T(\omega)&=\sum_{n=-N}^{N}a_n\int_{-\infty}^{\infty}[g_1(t-nT_s)-g_2(t-nT_s)]\mathrm{e}^{-\mathrm{j}2\pi ft}\,\mathrm{d}t\\&=\sum_{n=-N}^{N}a_n[\hat{g}_1(f)-\hat{g}_2(f)]\mathrm{e}^{-\mathrm{j}2\pi nfT_s}.\end{aligned}$$

由于

$$\omega=2\pi f,$$

于是 $r_T(t)$ 的能量谱的统计平均值为

$$\begin{aligned}\overline{|r_T(\omega)|^2}&=E\Big[\sum_{n=-N}^{N}\sum_{n=-N}^{N}a_m a_n\exp[\mathrm{j}2\pi(n-m)fT_s]\\&\quad\times[\hat{g}_1(\omega)-\hat{g}_2(\omega)][\hat{g}_1^*(\omega)-\hat{g}_2^*(\omega)]\Big]\\&=\sum_{n=-N}^{N}\sum_{n=-N}^{N}E[a_m a_n]\exp[\mathrm{j}2\pi(n-m)fT_s]\\&\quad\times[\hat{g}_1(\omega)-\hat{g}_2(\omega)][\hat{g}_1^*(\omega)-\hat{g}_2^*(\omega)].\end{aligned} \tag{2.21}$$

式中, g^* 表示 g 的共轭. 当 $m=n$ 时,

$$a_m a_n=a_n^2=\begin{cases}(1-P)^2, & \text{以概率 } P \text{ 出现;}\\ P^2, & \text{以概率 } 1-P \text{ 出现.}\end{cases}$$

因此

$$E(a_n^2)=P(1-P)^2+(1-P)P^2=P(1-P). \tag{2.22}$$

而当 $m \neq n$ 时，

$$a_m a_n = a_n^2 = \begin{cases} (1-P)^2, & \text{以概率 } P^2 \text{ 出现;} \\ P^2, & \text{以概率}(1-P)^2 \text{ 出现;} \\ -P(1-P), & \text{以概率 } 2P(1-P)\text{出现;} \end{cases}$$

因此

$$E(a_m a_n) = P^2(1-P)^2 + (1-P)^2 P^2 - 2P(1-P)P(1-P) = 0; \tag{2.23}$$

将式(2.22)、式(2.23)代入式(2.21)，则得

$$\overline{|\hat{r}_T(\omega)|^2} = \sum_{n=-N}^{N} P(1-P)|\hat{g}_1(\omega) - \hat{g}_2(\omega)|^2.$$

$$= (2N+1)(1-P)P|\hat{g}_1(\omega) - \hat{g}_2(\omega)|^2. \tag{2.24}$$

将式(2.24)代入式(2.20)，可得 $r_T(t)$ 的功率谱密度为

$$P_r(f) = (1-P)P|\hat{g}_1(f) - \hat{g}_2(f)|^2/T_s. \tag{2.25}$$

由式(2.19)和式(2.25)可得信号 $g(t)$ 的功率谱密度

$$P_g(f) = \sum_{n=-\infty}^{+\infty} |f_s[P\hat{g}_1(nf_s) - (1-P)\hat{g}_2(nf_s)]|^2 \delta(f - nf_s)$$

$$+ f_s(1-P)P|\hat{g}_1(f) - \hat{g}_2(f)|^2. \tag{2.26}$$

式中，$P_r(f)$ 为信号的连续谱部分，$P_s(f)$ 为其离散谱部分. $P_r(f)$ 是由于 $g_1(t)$ 和 $g_2(t)$ 不完全相同引起的，一般总是存在的. 而离散谱 $P_s(f)$ 不是总存在. 例如，当概率 P 为等于 $1-g_1(t)/g_2(t)$ 的倒数且与时间无关时，由式(2.17)确定的 $g(t)$ 的稳态成分为

$$s(t) = \sum_{n=-\infty}^{\infty} Pg_1(t-nT_s) - (1-P)g_2(t-nT_s) = 0.$$

所以，$P_g(\omega)$ 不含离散谱. 但是离散谱是从脉冲序列中直接提取的离散分量的最重要因素. 以上所讨论的信号未限制其波形，因此 $g_1(t)$ 和 $g_2(t)$ 可以是基带波形，也可以是数字载波调制波形. 只要满足信号 $g(t)$ 要求的波形的功率密度都可以用本节的方法进行分析.

2.3.3　无码间串扰的基带传输

在如图 2.7 所示的基带数字通信系统中，信源经过码型编码后，再由信道进行传输. 在接收端，数字信号还要进行再生和码型译码，而数字信号都是矩形脉冲波形，其频谱范围是无限延伸的. 因此在基带数字通信系统传输过程中，数字信号经过发送滤波器和信道时，都会使信号产生畸变，所以接收端输入的波形普遍与信号差别较大，若对其直接进行抽样判决可能产生较大的误判，因此在抽样判决之前先经过一个接收滤波器进行畸变矫正，这种滤波器既要能滤除带外噪声，还要能对失

真波形进行均衡. 在接收端还要有抽样和判决电路，以使数字信号得到再生，并改善输出信号的质量.

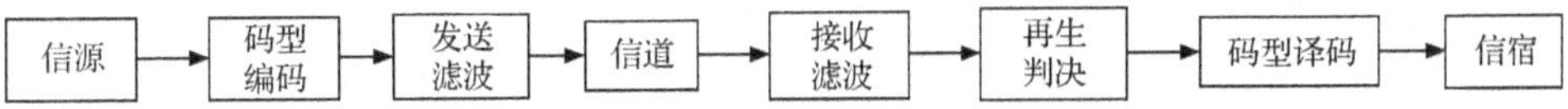

图 2.7　基带数字通信系统

由于任何信号的频域受限和时域受限不能同时出现，数字信号在经过滤波器限制频带后，其波形在时域上必定是延伸的，因此在传输过程中，前面的码元对后面的码元就会产生影响，并造成收端判决错误. 这种现象称为码间串扰或码间干扰. 一般来说，基带脉冲序列通过系统时，系统的滤波作用使脉冲拖宽，使它们重叠到邻近脉冲中. 因此，若接收端在图 2.7 所示的各点进行抽样时，以抽样时刻测定的信号幅度为依据进行判决来恢复原脉冲的消息，以使在可能最小的传输带宽的条件下，大大减小或消除这种干扰.

为此，注意到数字信号的码元波形在传输过程中是按一定间隔发送的，其信息携带在幅度上. 只要接收端能够准确地恢复出幅度信息，就能再现原始信码. 因此，只要知道特定时刻的样值无串扰，就能再现原始信码，而不用关心波形是否在时间上延伸，即接收端的波形满足抽样值无串扰的条件，是仅在本码元的抽样时刻上有最大值，而对其他码元的抽样时刻信号值无影响.

根据码间串扰的特性，在抽样点无码间串扰的典型信号波形 $f(t)$，除了在 $t=0$ 时的抽样值为 A_0 外，在 $t=kT_s$ 的其他抽样值均为 0，因而不会影响其他抽样值. 用公式表示为

$$f(kT_s)=A_0\delta(t),$$

式中

$$\delta(t)=\begin{cases}0, & t\neq 0;\\ 1, & t=0.\end{cases}$$

按照傅里叶逆变换的原理

$$f(t)=\frac{1}{2\pi}\int_{-\infty}^{\infty}\hat{f}\mathrm{e}^{\mathrm{j}\omega t}\mathrm{d}\omega.$$

下面计算这个函数在 $t=kT_s$ 时的值. 为此将积分区间以节点 $(2n+1)\pi/T_s$ 进行分段，其中，n 为整数. 因此，

$$f(kT_s)=\frac{1}{2\pi}\sum_{n=-\infty}^{\infty}\int_{(2n-1)\pi/T_s}^{(2n+1)\pi/T_s}\hat{f}(\omega)\mathrm{e}^{\mathrm{j}kT_s\omega}\mathrm{d}\omega.$$

对其进行变量替换并交换求和与求积分顺序，可得

$$f(kT_s)=\frac{1}{2\pi}\sum_{n=-\infty}^{\infty}\int_{-\pi/T_s}^{\pi/T_s}\hat{f}\left(\omega+\frac{2n\pi}{T_s}\right)\mathrm{e}^{\mathrm{j}kT_s\omega}\mathrm{d}\omega$$

$$= \frac{1}{2\pi}\int_{-\pi/T_s}^{\pi/T_s}\sum_{n=-\infty}^{\infty}\int_{-\pi/T_s}^{\pi/T_s}\hat{f}\left(\omega+\frac{2n\pi}{T_s}\right)e^{jkT_s\omega}\,d\omega,$$

因此无码间串扰的信号波形应满足

$$A_0\delta(t) = \frac{1}{2\pi}\int_{-\pi/T_n}^{\pi/T}\sum_{n=-\infty}^{\infty}\hat{f}\left(\omega+\frac{2n\pi}{T}\right)e^{jkT_s\omega}\,d\omega.$$

按照傅里叶变换的原理

$$A_0 T_s = \frac{1}{2\pi}\sum_{-\infty}^{\infty}\hat{f}\left(\omega+\frac{2n\pi}{T_s}\right), \quad -\frac{\pi}{T_s}\leqslant\omega\leqslant\frac{\pi}{T_s}.$$

此条件称为奈奎斯特第一准则,是无码间串扰的信号波形必须满足的条件. 满足这种条件的传递函数有很多,可以证明,只要传递函数在 $\pm\pi/T_s$ 处满足奇对称性,都可以消除码间串扰. 满足奈奎斯特第一准则的最简单的一种滤波器是

$$\hat{f}(\omega) = \begin{cases} 0, & |\omega| > \dfrac{\pi}{T_s}; \\ A_0 T_s, & |\omega| \leqslant \dfrac{\pi}{T_s}, \end{cases}$$

称为理想低通滤波器,其冲激函数可以写成

$$f(t) = A_0\,\frac{\sin(\pi t/T_s)}{\pi t/T_s}.$$

由这种滤波器的传递函数和冲激函数的性质可知,当发端发送码元波形的时间周期为 T_s,而接收端在 $t = nT_s$ 进行抽样时,无码间干扰出现.

虽然理想低通滤波器特性能够达到基带传输系统的极限性能,但是这种特性实际上是无法实现的. 原因是理想低通滤波器的冲激函数衰减缓慢,拖尾很长,因此要求抽样点定时必须精确同步,否则只要信号速率、截止频率或抽样时刻稍有偏差,仍然会产生码间串扰. 因此需要一种既能使数字信号波形的拖尾收敛得比较快,又能使相邻码元间保证没有码间串扰的方法. 实际中广泛使用的升余弦滚降信号能达到这种目的.

升余弦滚降信号系统的传递函数为

$$\hat{f}_a(\omega) = \begin{cases} 0, & |\omega| > \dfrac{\pi(1+\alpha)}{T_s}; \\ A_0 T_s, & |\omega| < \dfrac{\pi(1-\pi)}{T_s}; \\ \dfrac{A_0 T_s}{2}\left\{1-\sin\left[\dfrac{T_s}{2\alpha}\left(\omega-\dfrac{\pi}{T_s}\right)\right]\right\}, & \dfrac{\pi(1-\alpha)}{T_s} \leqslant |\omega| \leqslant \dfrac{\pi(1+\alpha)}{T_s}. \end{cases}$$

式中,α 称为滚降系数,$0\leqslant\alpha\leqslant 0$,其冲激函数为

$$f(t) = A_0\,\frac{\sin(\pi t/T_s)\cos(\alpha\pi t/T_s)}{\pi t(T_s^2 - 4\alpha^2 t^2)/T_s}.$$

从上式可以看出,经滚降后的冲激响应波形受因子 α 的影响,α 越大,衰减越快,传

输可靠性越高，但所需频带也越宽，单位带宽可传输的信号速率降低（即频带利用率降低）. 因此，提高传输可靠性是以增加传输带宽或降低传输速率为代价的. 实践中，根据具体要求来选取适当的 α 值. 通常称 $\alpha = 0.5$ 为 50%滚降特性，称 $\alpha = 1$ 为 100%滚降特性. $\alpha = 0$ 就是上述理想低通滤波器特性.

2.3.4　无码间串扰基带传输系统的抗噪声性能

在基带传输系统中，所传输的单个信号波形是已知的，只是具体在每个码元间隔内传输是哪个信号波形未知. 基带信号接收机的任务就是从收到的信号中，正确判断每个码元间隔内被发送的是哪个波形，而波形本身的形状是已知的，可以正确地进行恢复. 基带信号在传输过程中由于受到信道噪声的干扰，会使接收端做出错误的判决. 设数字信息 a_n 经发送滤波器滤波后得到的基带信号 $g(t)$ 为单极性脉冲，无脉冲表示 0 码，脉冲幅度 A 的脉冲表示 1 码，$g(t)$ 经传输后接收端接收到的波形为 $f(t)$. 在传输系统中噪声干扰会使接收端有可能在发送 1 码时，在抽样判决时刻噪声正好为负值与信号抵消，使接收端判决为 0 码；也有可能在发送 0 码时，在抽样时刻噪声幅度正好为正值超过判决门限，使接收端错判为 1 码. 为了简化分析，下面讨论无码间串扰时信道噪声的影响.

一般情况下，为了确定传输系统的误码率，可以假定在信道传输过程中叠加了均值为 0 的限带高斯白噪声 $n_c(t)$，因此接收端滤波器输出的信号是混合波形：

$$x(t) = f(t) + n_c(t).$$

也就是说接收端的再生判决器将对 $x(t)$ 进行抽样判决，以确定接收到的信号. 由于高斯噪声 $n_c(t)$ 的均值为 0，而且其概率密度为

$$p(n) = \frac{1}{\sqrt{2\pi}\delta}\exp\left(-\frac{n^2}{2\delta^2}\right),$$

式中，δ^2 为高斯噪声的均方差，当发送 0 码和 1 码概率相同时，接收机判决门限设在两个传送电平的算术平均值处，显然可以使误码率最小. 因此，对于 0 和 A 二种电平判决门限应设为 $A/2$.

在这种情况下，当发送 0 码时，接收端收到的信号就是噪声，此时 $x(t)$ 的概率分布为噪声 $n_c(t)$ 的分布，因此其概率密度函数为

$$p_0(x) = \frac{1}{\sqrt{2\pi}\sigma}\exp\left(-\frac{x^2}{2\sigma^2}\right).$$

当 $x(t)$ 的抽样电压大于判决门限 $A/2$ 时，就会发生错误判决. 因此发 0 码错判为发 1 码的概率为

$$P_{b0} = \int_{A/2}^{\infty}\frac{1}{\sqrt{2\pi}\delta}\exp\left(-\frac{x^2}{2\delta^2}\right)\mathrm{d}x.$$

当发 1 码时，接收端接收到的信号应为信号加噪声之和，而信号是幅度为 A 的脉

冲,因此 $x(t)$ 波形的幅度概率密度函数为

$$p_1(x)=\frac{1}{\sqrt{2\pi}\delta}\exp\left[-\frac{(x-A)^2}{2\delta^2}\right].$$

此时,当 $x(t)$ 的抽样值小于 $A/2$ 时,接收机会发生错判,因此发 1 码而错判为 0 码的概率为

$$P_{b1}=\int_{-\infty}^{A/2}\frac{1}{\sqrt{2\pi}\delta}\exp\left(-\frac{(x-A)^2}{2\delta^2}\right)\mathrm{d}x.$$

若信源发送 1 码和 0 码的概率分别为 P_1 和 P_0,则系统总的误码率为

$$P_b=P_0P_{b0}+P_1P_{b1}.$$

由高斯分布的对称性,P_{b0} 和 P_{b1} 相等,如果发 1 码和发 0 码的概率也相等,即 $P_0=P_1$,则总误码率 P_b 就等于 P_{b0} 或 P_{b1},即

$$\begin{aligned}P_b&=\int_{A/2}^{\infty}\frac{1}{\sqrt{2\pi}\sigma}\exp\left(-\frac{x^2}{2\sigma^2}\right)\mathrm{d}x\\&=\int_{A/(2\delta)}^{\infty}\frac{1}{\sqrt{2\pi}\sigma}\exp\left(-\frac{x^2}{2}\right)\mathrm{d}x.\end{aligned}$$

为了方便,令

$$Q(y)=\int_{y}^{\infty}\frac{1}{\sqrt{2\pi}}\exp\left(-\frac{x^2}{2}\right)\mathrm{d}x,$$

称其为 Q 函数. 此时,

$$P_b=Q\left(\frac{A}{2\sigma}\right). \tag{2.27}$$

由此可看出,基带传输系统的误码率只与 A/σ 有关,也就是说只与信号峰值与噪声均方差的平方根的比,即信噪比有关. 因 $Q(y)$ 是单值递减函数,故 A/σ 增加,P_b 下降,公式(2.27)是在单极性情况下导出的. 若 0 码和 1 码采用双极性,其中 0 码用振幅为 $-A/2$ 的脉冲表示,1 码用振幅为 $A/2$ 的脉冲表示,而判决门限设在零,经过计算同样可以得到式(2.27).

2.4 数字信号的频带传输

由于数字基带信号的功率谱集中在低频段,只适合在低通型信道中传输,为了在诸如无线信道、限定频率范围的同轴电缆这样的带通型信道中传输数字信息,必须用数字基带信号对载波进行调制,将基带信号的功率谱搬移到较高的载波频率上,这种将基带信号的功率谱搬移到较高的载波频率上的方法称为数字载波调制,与之对应的传输方式称为数字信号的载波传输,也称为频带传输.

数字调制所采用的载波与模拟调制采用的载波相似,一般是连续的正弦或余

弦信号，只是数字调制的调制信号为数字基带信号. 与模拟调制相比，由于数字信息是离散的，所以调制后的载波参量只具有几个有限数值. 此外，数字调制的过程就像控制开关一样，用数字信息去控制载波来从几个具有不同参量的独立振荡源中选择参量. 因此数字调制也称为"键控". 根据调制参量的不同方式，数字调制分为 3 种基本方式：幅度键控(ASK)、频移键控(FSK)和相移键控(PSK)，分别对应于模拟调制中的幅度调制、频率调制和相位调制[2,6].

2.4.1　二进制数字调制

下面分别介绍数字调制的 3 种基本方式：幅度键控、频移键控和相移键控的基本原理，并介绍它们所对应的已调制信号的解码方法.

1. 二进制幅度键控

以数字基带信号来控制载波的幅度，使载波幅度随着数字信号 1 和 0 在两个电平之间转换的调制称为二进制幅度键控 ASK.

数字调制信号可以表示成

$$B(t) = \sum_{n=-\infty}^{\infty} a_n g(t - nT_s),$$

式中，T_s 为调制信号间隔即码元周期，$g(t)$ 为单极性脉冲信号的时域表示，a_n 为二进制数字信息：

$$a_n = \begin{cases} 0, & \text{以概率 } P \text{ 出现;} \\ 1, & \text{以概率 } 1-P \text{ 出现.} \end{cases}$$

因此，当载波为余弦波 $\cos\omega_c t$ 时，所产生的二进制幅度键控信号的时域表示为

$$s_{\text{ASK}}(t) = \sum_{n=-\infty}^{\infty} a_n g(t - nT_s)\cos(\omega_c t). \tag{2.28}$$

当数字调制信号 $B(t) = a_n$ 时，式(2.28)可以简化成

$$s_{\text{ASK}}(t) = s_{\text{OOK}}(t) = a_n\cos(\omega_c t),\ (n-1)T_s \leqslant t \leqslant nT_s,$$

即当发送 0 时，$s_{\text{ASK}}(t) = 0$；当发送 1 时，$s_{\text{ASK}}(t) = a_n\cos(\omega_c t)$. 这种情况下的二进制幅度键控形象地被称为通-断键控(OOK)，记为 $s_{\text{OOK}}(t)$.

对 ASK 信号主要有两种解调方式，分别称为相干解调和非相干解调，他们分别类似于模拟常规调制信号的解调. 但与模拟常规调制信号的解调不同，ASK 信号的解调需要的解调器之后增加一抽样判决器，目的在于调高接收机性能. 由于相干解调要在接收端产生一个本地相干载波，从而使得解调设备很复杂，因此在 ASK 系统中很少使用相干解调法.

ASK 信号的功率谱可以计算如下：若二进制数字序列 $B(t) = \sum_{n=-\infty}^{\infty} a_n g(t - nT_s)$

的功率密度为 $P_B(\omega)$，则由式(2.28)知，ASK 信号

$$s_{\mathrm{ASK}}(t)=\sum_{n=-\infty}^{\infty}a_n g(t-nT_s)\cos(\omega_c t)=B(t)\cos(\omega_c t)$$

的功率谱密度为

$$P_{\mathrm{ASK}}(f)=[P_B(f+f_c)+P_B(f-f_c)]/4.$$

当 $B(t)$ 为 1 和 0 等概率出现单极性矩形随机脉冲序列，且码元间隔为 T_s 时，由于 $g_1(t)=0, g_2(t)=g(t)=\begin{cases}1, & |t|\leqslant T_s/2\\ 0, & 其他\ t\end{cases}$，$P=1/2$，由式(2.26)知，该随机脉冲序列的功率谱密度为

$$P_B(f)=\frac{1}{4}f_s|\hat{g}_2(f)|^2+\frac{1}{4}|f_s\hat{g}_2(0)|^2+\delta(f).$$

注意到

$$\hat{g}_2(f)=\hat{g}(f)=T_s\left(\frac{\sin\pi fT_s}{\pi fT_s}\right),$$

则可以计算到

$$P_B(f)=\frac{T_s}{4}\left(\frac{\sin\pi fT_s}{\pi fT_s}\right)^2+4^{-1}\delta(f).$$

综上所述，ASK 信号的功率谱密度为

$$P_{\mathrm{ASK}}(f)=\frac{T_s}{16}\left[\left|\frac{\sin\pi(f+f_c)T_s}{\pi(f+f_c)T_s}\right|^2+\left|\frac{\sin\pi(f-f_c)T_s}{\pi(f-f_c)T_s}\right|^2\right]+\frac{1}{16}[\delta(f+f_c)+\delta(f-f_c)], \tag{2.29}$$

式中，$f_c=\omega_c/(2\pi)$. 由此可知，二进制 ASK 信号的带宽是调制信号带宽的两倍，如果只看基带脉冲波形频谱密度的主瓣，则其宽度为 $W_s=2/T_s$.

2. 二进制频移键控

二进制信号的频移键控(FSK)是用二进制数字信号控制载波的频率变化来传递数字信息，二进制频移键控将 0 和 1 分别用不同的载波频率谱表示，频移键控本身是调频信号，因此具有调频信号抗干扰性能好的优点，如果二进制的 1 和 0 分别对应于载波频率 f_1 和 f_2，则频移键控信号的时域表示可以写成

$$s_{\mathrm{FSK}}(t)=\sum_{n=-\infty}^{\infty}a_n g(t-nT_s)\cos(2\pi f_1 t)+\sum_{n=-\infty}^{\infty}\bar{a}_n g(t-nT_s)\cos(2\pi f_2 t), \tag{2.30}$$

式中，T_s 为调制信号的间隔，函数 $g(t)$ 为单极性脉冲信号的时域表示，a_n 为二进制数字信息，$\bar{a}_n$ 为 a_n 的反码，a_n 和 $\bar{a}_n$ 分别定义为

$$a_n=\begin{cases}0, & 以概率\ P\ 出现;\\ 1, & 以概率\ 1-P\ 出现,\end{cases}$$

$$\bar{a}_n = \begin{cases} 1, & \text{以概率 } P \text{ 出现;} \\ 0, & \text{以概率 } 1-P \text{ 出现.} \end{cases}$$

从式(2.30)可以看出，二进制频移键控信号可以看成是两个不同载频的 ASK 信号的和. 从这两个不同载频的 ASK 信号的频率 f_1 和 f_2 的选择，可以确定二进制频移键控信号的性能.

FSK 信号的解调也分为相干解调和非相干解调两种. FSK 信号是由两个频率源交替传输所得到的信号，因此 FSK 信号接收机由两个并联的 ASK 接收机组成，其原理与 ASK 的信号解调相同. 除此而外，还有其他解调方法，如鉴频法、过零检测法等.

由于相位不连续的 FSK 信号可看作两个 ASK 信号的叠加，其功率谱是两个 ASK 信号功率谱的和. 由式(2.29)可知，在基带信号不含直流的情况下，FSK 信号的功率谱为

$$P_{\mathrm{FSK}}(f) = \left[\frac{T_s}{16}\left|\frac{\sin\pi(f+f_1)T_s}{\pi(f+f_1)T_s}\right|^2 + \left|\frac{\sin\pi(f-f_1)T_s}{\pi(f-f_1)T_s}\right|^2 + \left|\frac{\sin\pi(f+f_2)T_s}{\pi(f+f_2)T_s}\right|^2 + \left|\frac{\sin\pi(f-f_2)T_s}{\pi(f-f_2)T_s}\right|^2\right].$$

该功率谱是以频率 f_1 和 f_2 的中心频率为中心的对称分布，并且当 f_1 和 f_2 之间的距离较小时，该功率谱分布为单峰的，而当 f_1 和 f_2 之间的距离变大时，该功率谱分布出现双峰，其带宽约为 $W_{\mathrm{PSK}} = 2W_B + |f_2 - f_1|$，其中 W_B 为二进制信号 B 的带宽.

3. 二进制相移键控

相移键控调制是用二进制数字信号控制载波的相位变化来传递数字信息. 相移键控调制分为绝对相移键控和相对(差分)相移键控两种方式. 二进制绝对相移键控是利用载波初始相位的绝对值来表示数字信号. 例如，1 码用 0 相位表示，而 0 码用相位 π 表示，记为 PSK. 差分相移键控则是利用相邻码元的载波相位的相对变化来表示数字信号. 相对相位指本码元载波初始相位与前一码元载波终相的相位的差. 例如，1 码载波相位变化 π，即与前一码元载波终相相位相差 π，0 码载波相位不变化，即与前一码元载波终相相位相同，记为 DPSK. 绝对相移键控调制的信号的时域表示为

$$s_{\mathrm{PSK}}(t) = \sum_{n=-\infty}^{\infty} a_n g(t-nT_s)\cos(2\pi f_c t),$$

其中，a_n 为双极性二进制数字信息，定义为

$$a_n = \begin{cases} 1, & \text{以概率 } P \text{ 出现;} \\ -1, & \text{以概率 } 1-P \text{ 出现.} \end{cases}$$

差分相移键控调制的过程是：首先对数字基带信号进行所谓的差分编码，然后再进行绝对相移键控调制.

差分编码规则是

$$b_n = a_n \oplus b_{n-1},$$

式中，$\oplus$ 表示模 2 加，b_n 和 b_{n-1} 为相邻的两个相对码元，也称为差分码元，其中 b_{n-1} 可以任意选定. a_n 为绝对码元，表示二进制信息，其定义如上.

从前面的讨论知，PSK 信号是双极性不归零码的双边带调制信号，因此 PSK 信号具有恒定的包络. 由于这个原因而不能采用包络解调 PSK 信号，要采用相干解调，以便恢复原数字信号. 这里的判决准则为：抽样值大于 0，判为 1；抽样值小于 0，判为 0.

对于 DPSK 信号来说，当将 DPSK 信号的波形作为 PSK 波形来看时，所对应的序列是 $\{b_n\}$，该序列满足 $b_n = a_n \oplus b_{n-1}$，以基带信号码元电平相对于前一码元电平有无变化来表示数字信息. 因此，DPSK 信号也可采用相干解调的方法恢复调制信号，但必须在 PSK 解调器之后再接一码元变换器，才能得到绝对码元序列 $\{a_n\}$.

此外，还可采用差分相干解调法解调 DPSK 信号，其原理是通过比较前后码元的初相位来完成 DPSK 信号的解调. 具体地说，用前一码元的载波相位作为解调后一码元的参考相位，此时解调器的输出就是所需要的绝对码元，无需再进行码变换.

由于 PSK 信号是双极性不归零码的双边带调制信号，其功率谱为

$$P_{\mathrm{PSK}}(f) = \frac{T_s}{4}\left[\left|\frac{\sin\pi(f+f_c)T_s}{\pi(f+f_c)T}\right|^2 + \left|\frac{\sin\pi(f-f_c)T_s}{\pi(f-f_c)T}\right|^2\right],$$

其带宽与 ASK 信号的带宽相同.

2.4.2　二进制数字调制的抗噪性能

下面分别介绍上述三种二进制数字调制的抗噪性能.

1. ASK 系统的抗噪性能

先假设以相干解调方式接收信号. 在没有信道传输损耗的情况下，信道的高斯白噪声经过滤波器后形成的窄带高斯噪声为

$$n_i(t) = n_I(t)\cos\omega_c t - n_Q(t)\sin\omega_c t,$$

因此带通滤波器的输出，即 ASK 信号和窄带高斯噪声的叠加为

$$x(t) = [A + n_I(t)]\cos\omega_c t - n_Q(t)\sin\omega_c t.$$

由相干解调的原理可知，解调器的输出是信号，$s(t)$ 与相干载波相乘，然后由低通滤波器滤掉高频分量后的信号为

$$y = A + n_I(t).$$

为了方便,上式右边去掉了系数 1/2. 这是一基带信号. 由于 $n_I(t)$ 是均值为 0 的窄带高斯噪声,平均功率为其均方差 σ^2,所以 $s_o(t)$ 是均值为 A 的高斯随机过程,其概率密度为正态分布函数

$$p_1(y) = \frac{1}{\sigma\sqrt{2\pi}}\exp\left[-\frac{(y-A)^2}{2\sigma^2}\right].$$

将上式中 $A = 0$ 的情况下的概率密度记为 $p_0(y)$.

当发送 0 而错判为 1,发送 1 而错判为 0 都会产生误码. 因此当两种发送信号等概率时,平均误码率为

$$p_b = \frac{1}{2}\int_{V_T}^{\infty} p_0(y)\mathrm{d}y + \frac{1}{2}\int_{-\infty}^{V_T} p_1(y)\mathrm{d}y, \tag{2.31}$$

式中,V_T 为将信号判断为 1 或 0 的判决门限,一般取为 $p_0(y)$ 和 $p_1(y)$ 的交点,因此 $V_T = A/2$. 将 $p_0(y)$ 和 $p_1(y)$ 的值代入式(2.31)可得

$$p_b = \frac{1}{\sigma\sqrt{2\pi}}\int_{A/2}^{\infty}\exp\left(-\frac{y^2}{2\sigma^2}\right)\mathrm{d}y = \frac{1}{\sqrt{2\pi}}\int_{A/2\sigma}^{\infty}\exp\left(-\frac{y^2}{2}\right)\mathrm{d}y,$$

下面讨论非相干 ASK 信号的误比特率. 在非相干解调的情况下,高斯白噪声先经过带通滤波器,将其变成窄带高斯噪声,然后用包络检波器对所述窄带高斯噪声进行处理. 输入包络检波器的信号为窄带高斯噪声信号与余弦信号的叠加,即

$$\begin{aligned} x(t) &= A\cos\omega_c t + n_I(t)\cos\omega_c t - n_Q(t)\sin\omega_c t \\ &= R\cos[\omega_c t + \varphi(t)], \end{aligned}$$

其中,包络 R 的概率密度函数为

$$p_1(R) = \frac{R}{\sigma^2}\exp\left[-\frac{R^2+A^2}{2\sigma^2}\right]I_0\left(\frac{AR}{\sigma^2}\right), \quad R \geqslant 0,$$

即莱斯分布. 式中 σ^2 为噪声平均功率,$I_0(\cdot)$ 为第一类零阶修正贝塞尔函数. 发送信号为 0 时,包络 R 的概率密度函数为

$$p_0(R) = \frac{R}{\sigma^2}\exp\left[-\frac{R^2}{2\sigma^2}\right], \quad R \geqslant 0,$$

即瑞利分布. 当发送 0 信号和发送 1 信号的概率相同时,平均误码率为

$$p_b = \frac{1}{2}\int_{V_T}^{\infty} p_0(y)\mathrm{d}y + \frac{1}{2}\int_{-\infty}^{V_T} p_1(y)\mathrm{d}y,$$

式中,V_T 为将信号判断为 1 或 0 的判决门限,一般取为 $p_0(R)$ 和 $p_1(R)$ 的交点,因此

$$V_T \approx \frac{A}{2}\left(1 + \frac{8\sigma^2}{A^2}\right)^{1/2}.$$

从这里可以知道,V_T 与解调器的输入的信噪比和输入信号的幅度有关. 当信噪比很高时,V_T 接近于 $A/2$. 此时

$$I_0(R) = e^R/\sqrt{2\pi R}, \quad R \gg 1.$$

因此在这种情况下,平均误码率为

$$P_b \approx \frac{1}{2}\exp\left(-\frac{A^2}{8\sigma^2}\right)+\frac{1}{2\sqrt{2\pi}}\int_{A/\sigma}^{\infty}\exp\left(-\frac{s^2}{2}\right)\mathrm{d}s.$$

与相干解调系统相比,非相干解调系统的性能不如相干解调系统的性能,这是由于相干解调时利用了载波与信号的相关性,这种用法增强了信号,抑制了噪声.但相干解调系统的设备比非相干解调系统的设备要复杂得多.因此,一般在大信噪比情况下采用非相干解调,而在只有小信噪比的情况下才采用相干解调.

2. FSK 系统的抗噪性能

FSK 系统的抗噪性能分析与 ASK 系统的抗噪性能类似.先将 FSK 信号表示成

$$s_{\mathrm{FSK}}(t)=\begin{cases}A\cos(2\pi f_1 t), & a_n=1,\\ A\cos(2\pi f_0 t), & a_n=0,\end{cases}$$

那么在以相干解调方式接收信号并且假定没有信道传输损耗的情况下,当发送 1 时,信号通过上支路带通滤波器后的输出信号是

$$x_1(t)=A\cos f_1 t+n_{I1}(t)\cos 2\pi f_1 t-n_{Q1}(t)\sin 2\pi f_1 t.$$

由相干解调的原理,解调器的输出是该信号与相干载波相乘,然后由低通滤波器滤掉高频分量后的信号,因此为

$$x_{1o}(t)=A+n_{I1}(t).$$

为了方便,上式右边去掉了系数 1/2.

信号通过下支路带通滤波器后的输出

$$x_2(t)=n_{I2}(t)\cos 2\pi f_2 t-n_{Q2}(t)\sin 2\pi f_2 t,$$

其低通滤波后的输出为

$$x_{2o}=n_{I2}(t).$$

上式右边也去掉了系数 1/2.

信号 x_{1o} 和 x_{2o} 的概率密度函数分别为

$$P(x_{1o})=\frac{1}{\sqrt{2\pi}\sigma}\exp\left[-\frac{(x_{1o}-A)^2}{2\sigma^2}\right]$$

和

$$P(x_{2o})=\frac{1}{\sqrt{2\pi}\sigma}\exp\left[-\frac{x_{2o}^2}{2\sigma^2}\right].$$

显然,当发送 1 时,如果 x_{1o} 的抽样值比 x_{2o} 的抽样值小,则会产生错误判决,其错误概率为 $x_{1o}<x_{2o}$ 的概率.又由于 $n_{I1}(t)$ 和 $n_{I2}(t)$ 的均值为 0,均方差为 σ^2 的窄带高斯噪声,所以 $x_{1o}-x_{2o}$ 的均值为 A 的高斯随机过程,其概率密度为正态分布函数

$$p_1(x_{1o}-x_{2o})=\frac{1}{2\sigma\sqrt{\pi}}\exp\left[-\frac{(n_{I1}-n_{I2})^2}{4\sigma^2}\right],$$

而当发送 0 时,信号通过上支路带通滤波器后的输出信号是

$$x_1(t)=n_{I1}(t)\cos 2\pi f_1 t-n_{Q1}\sin 2\pi f_1 t.$$

由于相干解调的原理,解调器的输出是该信号与相干载波相乘,然后由低通滤波器滤掉高频分量后的信号 $x_{1o}=n_{I1}(t)$,其中右边去掉系数 1/2. 信号通过下支路带通滤波器后的输出

$$x_1(t)=A\cos 2\pi f_2 t+n_{I2}(t)\cos 2\pi f_2 t-n_{Q2}\sin 2\pi f_2 t,$$

其低通滤波后的输出为 $x_{2o}=A+n_{I2}(t)$. 显然,如果 x_{1o} 的抽样值比 x_{2o} 的抽样值大,则会产生错误判决,其错误概率为 $x_{1o}>x_{2o}$ 的概率. 因此可类似地得到 $x_{1o}-x_{2o}$ 的概率密度为

$$p_2(x_{1o}-x_{2o})=\frac{1}{2\sigma\sqrt{\pi}}\exp\left[-\frac{(n_{I1}-n_{I2})^2}{4\sigma^2}\right].$$

由于当发送 0 而错判为 1,发送 1 而错判为 0 都会引起产生误码. 因此当这两种发送信号等概率时,平均误码率为

$$P_b=\frac{1}{2}\int_{V_T}^{\infty}p_1(s)\mathrm{d}s+\frac{1}{2}\int_{-\infty}^{V_T}p_2(s)\mathrm{d}s,$$

式中,V_T 为将信号判断为 1 或 0 的判决门限,最佳判决门限为 0.

下面讨论非相干 FSK 信号的误比特率. 非相干解调的情况可以参照 ASK 的非相干解调分析法进行. 根据前面的讨论可知:当发送 1 时,包络检波器 1 的输入端的包络服从莱斯分布;发送 0 时,包络检波器 2 的输入端为瑞利分布. 其中,莱斯分布和瑞利分布分别为

$$p(R_1)=\frac{R_1}{\sigma^2}\exp\left[-\frac{(R_1^2+A^2)}{2\sigma^2}\right]I_0\left(\frac{AR_1}{\sigma^2}\right),\quad R_1\geqslant 0$$

和

$$p(R_2)=\frac{R_2}{\sigma^2}\exp\left(-\frac{R_2^2}{2\sigma^2}\right),\quad R_2\geqslant 0.$$

收到传号信息时,若 $R_1<R_2$,则会发生错误判断. 因此在发送 0 信号和发送非零信号的概率相同的情况下,平均误码率为

$$\begin{aligned}P_b&=\int_0^{\infty}\left[p_1(R_1)\int_{R_1}^{\infty}p_2(s)\mathrm{d}s\right]\mathrm{d}R_1\\&=\int_0^{\infty}\frac{R_1}{\sigma^2}\exp\left[-\frac{(R_1^2+A^2)}{2\sigma^2}\right]I_0\left(\frac{AR_1}{\sigma^2}\right)\exp\left(-\frac{R_1^2}{2\sigma^2}\right)\mathrm{d}R_1\\&=\frac{1}{2}\exp\left(-\frac{A^2}{4\sigma^2}\right).\end{aligned}$$

根据以上的分析可以看出,相干解调的性能比非相干解调的性能要好,但随着

$\frac{A^2}{4\sigma^2}$ 的增大,二者的差别变小. 单相干解调电路复杂,非相干解调电路简单,因此在大信噪比情况下一般采用非相干解调,只有小信噪比时才采用相干解调.

3. PSK 和 DPSK 系统的抗噪性能

假定信道噪声为高斯白噪声,将 PSK 信号表示成

$$s_{\text{PSK}}(t)=\begin{cases}A\cos(w_c t), & a_n=1;\\ -A\cos(w_c t), & a_n=0.\end{cases}$$

那么在以相干解调方式接收信号并且假定没有信道传输损耗的情况下,当发送 1 时,带通滤波器的输出信号是

$$x_1(t)=A\cos w_c t+n_I(t)\cos w_c t-n_Q(t)\sin w_c t.$$

由于相干解调的原理,解调器的输出是该信号与相干载波相乘,然后由低通滤波器滤掉高频分量后的信号后为

$$x_{1o}=A+n_I(t).$$

当发送 0 时,带通滤波器的输出信号是

$$x_2(t)=-A\cos w_c t+n_I(t)\cos w_c t-n_Q(t)\sin w_c t$$

其低通滤波后的输出为

$$x_{2o}=n_I(t)-A.$$

根据前面的讨论,信号 x_{1o} 和 x_{2o} 的概率密度函数分别为

$$p_1(x_{1o})=\frac{1}{\sqrt{2\pi}\sigma}\exp\left[-\frac{(x_{10}-A)^2}{2\sigma^2}\right]$$

和

$$p_2(x_{2o})=\frac{1}{\sqrt{2\pi}\sigma}\exp\left[-\frac{(x_{20}-A)^2}{2\sigma^2}\right].$$

根据以上的讨论,当以等概率的方式发送 1 和 0 时,发送 0 而错判为 1,发送 1 而错判为 0 的平均误码率为

$$P_b=\frac{1}{2}\int_{-\infty}^{0}p_1(s)\mathrm{d}s+\frac{1}{2}\int_{0}^{\infty}p_2(s)\mathrm{d}s=\frac{1}{\sqrt{2\pi}}\int_{A/\sigma}^{\infty}\exp\left(-\frac{s^2}{2}\right)\mathrm{d}s.$$

DPSK 系统的抗噪性能分析如下. 首先若假设提供给乘法器的混有噪声的前后两码元信号分别为

$$x_1(t)=A\cos w_c t+n_{I1}(t)\cos w_c t-n_{Q1}(t)\sin w_c t$$

和

$$x_2(t)=-A\cos w_c t+n_{I2}(t)\cos w_c t-n_{Q2}(t)\sin w_c t.$$

前者为无延时支路的输出信号,而后者为有延时的输出信号,则该乘法器的输出为

$$\begin{aligned}y_{1o}(t) = &[A+n_{I1}(t)][A+n_{I2}(t)]\cos^2 w_c t \\ &-\{[A+n_{I1}(t)]n_{Q2}(t)+[A+n_{I2}(t)]n_{Q1}(t)\}\sin w_c t\cos w_c t \\ &+n_{Q1}(t)n_{Q2}(t)\sin^2 w_c t.\end{aligned}$$

因此将其进行低通滤波后，所得的输出信号为

$$y_{1o}(t) = \{[A+n_{I1}(t)][A+n_{I2}(t)]+n_{Q1}(t)n_{Q2}(t)\}/2.$$

根据前面的讨论，这里所用的判决规则是：当 $y_{1o}(t)>0$ 时判决为 1，否则判决为 0. 发送 1 而错误判决为 0 的概率

$$\begin{aligned}P_{1o} &= P(\{[A+n_{I1}(t)][A+n_{I2}(t)]+n_{Q1}(t)n_{Q2}(t)\}<0) \\ &= P(\{[2A+n_{I1}(t)+n_{I2}(t)]^2+[n_{Q1}(t)+n_{Q2}(t)]^2 \\ &\quad -[n_{I1}(t)-n_{I2}(t)]^2-[n_{Q1}(t)-n_{Q2}(t)]^2\}<0).\end{aligned}$$

令

$$\begin{aligned}R_1 &= [2A+n_{I1}(t)+n_{I2}(t)]^2+[n_{Q1}(t)+n_{Q2}(t)]^2, \\ R_2 &= [n_{I1}(t)-n_{I2}(t)]^2+[n_{Q1}(t)-n_{Q2}(t)]^2,\end{aligned}$$

则 R_1 和 R_2 分别服从莱斯分布和瑞利分布，因此，

$$\begin{aligned}P_{1o} &= \int_0^\infty \left[p_1(R_1)\int_{R_1}^\infty p_2(s)\mathrm{d}s\right]\mathrm{d}R_1 \\ &= \int_0^\infty \frac{R_1}{\sigma^2}\exp\left[-\frac{R_1^2+A^2}{2\sigma^2}\right]I_0\left(\frac{AR_1}{\sigma^2}\right)\exp\left(-\frac{R_1^2}{2\sigma^2}\right)\mathrm{d}R_1 \\ &= \frac{1}{2}\exp\left(-\frac{A^2}{4\sigma^2}\right).\end{aligned}$$

同理，发送 0 而错判决为 1 的概率也为

$$P_{2o} = \frac{1}{2}\exp\left(-\frac{A^2}{2\sigma^2}\right).$$

所以在等概率地发送 0 和 1 的情况下，该系统的平均误码率为

$$P_b = \frac{1}{2}\exp\left(-\frac{A^2}{2\sigma^2}\right).$$

将此式与 PSK 系统的平均误码率相比可知，差分相干 DPSK 系统的性能劣于相干 PSK 系统.

2.5　评述与展望

现代通信的信息传输手段已经从传统的地面模拟通信手段，发展到具有超大容量、抗干扰能力强的光纤通信，适宜于远距离、大范围覆盖且其成本较为低廉的卫星通信，综合了计算机和自动交换的最新成果的数字程控交换技术，以及无处不在的蜂窝移动通信. 通信技术的发展为数字通信的传输奠定坚实的基础，使得数字

通信得以蓬勃发展. 本节简要介绍几种重要的现代通信技术,并展望现代通信的未来发展.

2.5.1 现代通信技术概要

1. 蜂窝移动通信

蜂窝移动通信系统即我们熟悉的移动电话网络. 采用类似蜂窝的无线小区组网,在用户终端和网络设备之间通过无线通道连接起来,进而实现用户在移动中可相互通信. 用户终端可以在信号覆盖区内自由移动,并具有越区切换和跨本地网自动漫游功能. 蜂窝移动通信网已经历了三个阶段的发展,可以提供话音、数据、视频图像等多种业务.

第一代蜂窝移动通信系统是模拟制式的 FDMA 系统,包括美国的先进移动电话业务(AMPS)系统、英国的 ETACS 系统、北欧的 NMT-450 系统等. 1978 年,美国贝尔实验室开发了 AMPS 系统,这是第一种真正意义上的具有随时随地通信能力的大容量的蜂窝移动通信系统. AMPS 采用频率复用技术,可以保证移动终端在整个服务覆盖区域内自动接入公用电话网,很好地解决了公用移动通信系统所面临的大容量要求与频谱资源限制的矛盾.

第二代蜂窝移动通信系统主要包括 GSM 系统和 IS-95 CDMA 系统,可以提供窄带的双向话音、移动消息、移动数据业务. GSM 数字蜂窝移动通信系统的无线接口采用 TDMA 技术,核心网移动性管理协议采用 MAP 协议. CDMA 移动通信的无线接口采用窄带码分多址 CDMA 技术,核心网移动性管理协议采用 IS-41 协议.

第三代数字蜂窝移动通信(简称 3G)的主要特征是可提供移动宽带多媒体业务,其中高速移动环境下支持 144kb/s 速率,步行和慢速移动环境下支持 384kb/s 速率,室内环境支持 2Mb/s 速率数据传输,并保证高可靠服务质量.

2. 光纤通信

光纤通信是利用光波作为载波来传送信息,而以光纤作为传输介质实现信息传输的一种通信技术,也即在发送端把传送的信息(如话音)变成电信号,然后调制到激光器发出的激光束上,使光的强度随电信号的幅度(频率)变化而变化,并通过光导纤维发送出去;在接收端,检测器收到光信号后把它变换成电信号,经解调后恢复原信息.

光纤通信的通信容量大、传输距离远,一根光纤的潜在带宽可达 20THz,目前 400Gbit/s 系统已经投入商业使用. 首先,光纤的损耗极低,无中继传输距离可达几十、甚至上百公里;其次,光纤通信信号串扰小、保密性能好且抗电磁干扰;最后,光纤生产原材料来源丰富,成本低廉. 光纤通信技术已成为现代通信的主要支柱之一，在现代通信网中起着举足轻重的作用.

3. 微波通信

微波的频段从 300MHz 一直延伸到 300GHz，所以广义的微波通信囊括了移动通信、雷达、微波遥感、卫星通信等技术范畴. 狭义的微波通信专门指微波中继通信，即在微波频段利用视距和中继的方法传输信息的一种无线通信手段. 微波信号的传播是直线传播，也就是说传播路径上不能有障碍物的阻挡. 同时，微波信号会随着传输距离的增加而不断衰减，所以必须每隔一段距离(约 50 公里)建立中继站，实现信号的再生放大，这就是“微波接力”. 为了把电波聚集起来成为波束，送至远方，一般都采用抛物面天线，其聚焦作用可大大增加传送距离. 为了获得较大的通信能力，数字微波系统通常采用多进制调制，如 4PSK 和正交调幅(QAM).

微波通信曾经是干线通信的主要方式，随着光纤等大容量干线传输技术的普及，微波通信作为一种通信手段仍然有不可替代的地位. 当发生地质灾害或洪水造成干线光纤中断时，微波设备可以快速到达，快速建立宽带通信. 对于高山峡谷，岛屿荒漠，有线网的建设成本很高，而使用微波可以降低成本并灵活扩容. 在城市环境中，短距离微波支线连接可以在两个大楼间建立宽带链路，且无需复杂施工，这对于局域网连接，基站数据回传等都具有重要的意义.

4. 卫星通信

通常所说的卫星通信指的是通过太空中卫星的转发或反射进行的地球站之间的通信，即卫星中继通信. 若以 120°的等间隔在赤道上空的静止轨道上配置三颗卫星，则地球表面除了两极区未被卫星波束覆盖外，其他区域均在覆盖范围之内，因此只要用三颗等间隔配置的静止卫星就可以实现全球通信，这一特点是其他任何通信方式所不具备的.

卫星通信的工作频段如表 2.4 所示，不同的频段由于信号的传播损耗差异而适应于不同的业务应用. 例如 Ku 波段适合电视直播到户，而 C 波段在适合节点接收处理后再通过有线网分发的电视转播方式.

表 2.4　不同工作频段卫星业务的划分

C 波段	Ku 波段	Ka 波段
6.0/4.0GHz	14.0/12.0GHz，14.0/11.0GHz	30/20GHz
固定通信、声音广播	固定通信、电视直播	固定通信、移动通信

卫星通信的通信距离远，覆盖面积大，且通信频带宽，传输容量大，通信线路稳定可靠，通信质量高. 因此，卫星通信已经融入到我们的日常生活中，如电视转播，GPS 导航，卫星电话等. 但是，卫星发射和控制技术比较复杂. 大型通信卫星的成

本通常需要研发 10 年以上,卫星成本在 20 亿人民币左右,发射成本约 1 亿人民币,且服务时间只有 5～10 年,另外,卫星通信信号传播延迟较大.

VSAT(very small aperture terminal,甚小口径终端)是国外 20 世纪 80 年代发展起来的一个卫星通信新领域. 所谓 VSAT,是指一类具有甚小口径天线的智能化小型或微型地球站,通常终端天线口径在 0.3～2.4m 左右. 与传统卫星通信网相比,VSAT 与用户设备直接通信而不是如传统卫星通信网中那样中间经过地面电信网络后再与用户设备进行通信;操作智能,安装方便. VSAT 产品在金融信息传递、新闻直播等方面有广泛的应用.

5. 短波通信

短波通信是指利用波长为 100～10m(频率为 3～30MHz)的电磁波进行的无线电通信. 实际使用中,也把中波的 1.5～3MHz 波段归到短波波段中去. 自 1924 年实验发现电离层和实现了短波通信以后,在很长的一段时期内,用电离层传输的短波通信在远距离通信方面一直占据重要地位. 短波通信具有经济、灵活、简便,"抗毁"等特点,使其成为军事通信中重要手段.

由于短波波段很窄,频段占用率非常高,这就使得短波信号很容易受到同频电台和相邻频率电台的干扰. 此外短波接收还容易受到本地大功率发射台的杂散辐射和带外辐射的干扰,因此电台干扰就成为影响短波通信顺畅的主要干扰源,特别是军事通信,电台干扰更为严重,因而短波通信效果同电磁兼容水平密切相关.

2.5.2 现代通信理论的未来

近年来,数字通信在理论上和技术上都有了飞速的发展. 这除了得益于计算机应用和大规模集成电路的高速发展外,与其本身所具有的特点是分不开的[6]. 数字信号的特点决定了在今后一段时期内,通信理论和技术的研究和应用必将围绕数字通信来展开. 为了适应数字通信的需要,以下几点比较重要.

第一,要完善数字信号处理理论及技术、编码理论及技术、调制理论及技术、数字通信的理论及技术和微电子技术等,它们已经或即将得到前所未有的重视.

第二,为了适应宽带信号的大量采用,虽然数码率为 Gb 级的超大容量的数字通信系统已经投入使用,进行大容量数字通信系统的研究和应用是十分必要的.

第三,由于数字通信占用了较宽的信道频带,而所需信道宽度与传输码率成正比,为了降低频带占用宽度,就需要设法降低系统传输速率,所以,压缩编码技术也会成为人们日益感兴趣的研究课题.

第四,随着数字通信系统中功能电路的芯片化,系统的小型化已经比较完善,但随之而来的是研究通信系统的智能化. 例如,系统自动控制、故障自动诊断等.

第五,随着芯片处理速度的提高,数字通信处理技术在通信中的应用日益广泛,对数字通信系统中应用数字信号处理技术的研究,会极大地影响通信系统的灵活性、兼容性、可靠性和经济性等各种性能,是目前通信中的重要研究方向.

第六,为了兼容目前大量使用的模拟通信网,也在进行在模拟信道中传输数字信号的研究,并已经取得较好的成绩.

第七,随着计算机的普及,各种新业务日益增多,研究如何实现端到端的数字连接,使得不同业务的信号均以数字信号形式进网,同一网络承载多种业务,已经成为刻不容缓的课题. 在今天的通信中,视频点播(VOD)、电子数据交换、文件传输、电子邮件(E-mail)、图文电视,遥测遥控等业务日渐普及. 这些业务的开展都离不开数据通信,但目前的通信网由于历史和技术的原因而由各个行业独立建立起来的,虽然已经形成诸如公共电话网、计算机网以及有线电视网等比较完善的网络,但这种分割的网络导致网络资源利用率低和用户的不便,为了解决这个问题,就是要实现网络的综合化,也就是将各种通信业务,如电话、数据和图像等业务综合于同一数字网中,这就是综合业务数字网(ISDN). 宽带综合业务数字网(B-ISDN)将为多媒体通信提供宽带分配能力和实时传输能力. 此外,随着人类社会向信息社会迈进、电子技术迅速发展、计算机与通信技术紧密集合,计算机网络空前繁荣,从而促进网络互联技术得到迅速发展. 网络互联是指不同子网之间的相互连接. 网络互联的目的主要是在地理位置不同的网络之间建立通信链路. 它已覆盖了世界上绝大多数国家和地区. 如今在世界范围内掀起了一股竞相与 Internet 联网的热潮.

习　题

2.1　设调制信号为 $20\cos(6.28t) + 50\cos(12.56t)$,载波信号为 $\cos(2\pi \times 10^6 t)$,试画出其抑制载波双边带调幅信号在一个周期内的包络图形,并画出已调信号的频谱;求已调信号的总平均功率和边带功率.

2.2　设一 DSB 信号为 $s(t)\cos(\omega_c t)$,用相干解调恢复 $s(t)$ 信号. 若本地载波周期为 n/ω_0 的周期信号 $p(t)$,其中 n 为整数,并假设 $s(t)$ 的频谱范围为 0～5kHz,$\omega_0 = 1\text{MHz}$,试求使得不失真恢复 $s(t)$ 的最大值 n.

2.3　已知信号频带为 300～3400Hz,用滤波法实现单边带调制,载频为 60MHz. 假设带通滤波器过渡带只能做到载波频率的 1%,画出单边带调制系统的方框图,并画出各点频谱.

2.4　试问能否用包络检波器解调调制信号 $(1 + A\cos\omega_m t)\cos\omega_c t$,其中 $\omega_m = 2\pi \times 5\text{kHz}$,$\omega_c = 2\pi \times 100\text{kHz}$,$A = 15$. 给出包络检波器的输出,并求包络检波器输出的频谱.

2.5　已知调幅信号 $0.125\cos 2\pi 10^4 t + 4 \times \cos 2\pi(1.1 \times 10^4)t - 0.125\cos 2\pi(1.2 \times$

$10^4)t$，试求：

(1) 载频是什么？

(2) 调幅指数为多少？

(3) 调制频率是多少？

2.6 对双边带信号和单边带进行相干解调，接收信号功率为 2mW，噪声双边功率谱密度为 $2\times10^{-3}\mu W/Hz$，调制信号是最高频率为 4kHz 的低通信号. 试比较解调器输入以及输出信噪比.

2.7 已知角调制信号为 $\cos(\omega_c t+100\cos\omega_m t)$，

(1) 如果它是 $K_{PM}=2$ 的调相信号，试求调制信号；

(2) 如果它是 $K_{FM}=2$ 的调频信号，试求调制信号；

(3) 试求以上两种已调信号的最大频偏.

2.8 设有 16Hz 的载波，受 10kHz 正弦信号调频，最大频偏 10kHz，试求：

(1) FM 信号的近似带宽；

(2) 调制信号幅度加倍时的带宽；

(3) 调制信号频率加倍时的带宽；

(4) 调制信号的幅度和频率都加倍时的带宽；

2.9 将频分多路复用系统用于传送 40 路相同幅度的电话，采用副载波单边带调制，主载波采用调频，每路电话最高频率为 3.4kHz，信道间隔为 0.6kHz.

(1) 若最大频偏为 800kHz，试求传输带宽；

(2) 第 40 路电话与第 1 路相比信噪比下降了多少 dB？

2.10 信号 $f(t)$ 的最高频率为 f_HHz. 由矩形脉冲进行平顶抽样. 矩形脉冲宽度为 τ，幅度为 A_0 抽样频率 $A=2.5f_H$. 求已抽样信号的时间表示式和频谱表示式.

2.11 13 折线 A 律与 μ 律的压缩特性有何不同？当 $P=100$ 时，较小信号的信噪比改善量近似等于多少？

2.12 简单比较各种码字码型的特点，折叠码有何优点？今设一般二进制码为 0101 时，其所对应的折叠码、循环码的码字如何？

2.13 采用 13 折线 A 律编码，设最小的量化级为 1 个单位，已知抽样值为 +635 单位.

(1) 试求所得编码输出码组，并计算量化误差；

(2) 写出对应该 7 位码(不包括极性码)的均匀量化 11 位码.

2.14 已知某信号经抽样后，用 13 折线法编码，得到 8 位代码为 01110101，求该代码的量化电平，并说明译码后最大可能的量化误差是多少？

2.15 对 5 个信道抽样并按时分组合，再使组合后的信号通过一个低通滤波器. 其中 3 个信道的传输频率范围为 300 至 3300Hz，其余两个信道传输 50Hz 至

10kHz 范围的频率，

(1) 可用的最小抽样速率是多少？

(2) 对于这个抽样速率，低通滤波器的最小带宽为多少？

(3) 若 5 个信号，各按其本身最高频率的二倍作为抽样频率能否进行时分复用？

2.16　已知增量调制系统中低通法滤波器的截止频率为 300～3400Hz，求在不过载条件下，该增量调制系统输出的最大信噪比 SNR，假定 f_s =10、16、32、48、64kHz.

2.17　一个理想的低通滤波器特性信道的截止频率为 1MHz. 问下列情况下的最高传输速率：

(1) 采用 2 电平基带信号；

(2) 采用 8 电平基带信号；

(3) 采用 2 电平 M=0.5 升余弦滚降频谱信号.

2.18　设采用预编码的变型双二进制形成网络的输入序列 a_k 为 00011110101001011. 试求预编码后序列 b_k 和输出序列 c_k.

2.19　在 FSK 信号中，发送端的电压幅度为 2V，信道衰减是 105dB，$\sigma^2=4.0\times10^{-12}$W，试求

(1) 在 FSK 相干接收和非相干接收时的误码率，并比较何者为大；

(2) 在绝对相移键控相干接收时，从误码率的准确式和信噪比很大时误码率的近似式内分别求出误码率.

2.20　如果发送端的电压幅度为 2V，信道衰减是 105dB，$\sigma^2=4.0\times10^{-12}$W，试求在 ASK 相干接收和信噪比很大时，处于最佳阈值条件下的误码率.

2.21　在相对相移键控中，假设传输的差分码是 01111001000110101011，试求出下列两种情况下原来的数字信号：

(1) 规定遇到数字信号为 1 时，差分码保持前位信号不变，否则改变前位信号.

(2) 规定遇到数字信号为 0 时，差分码保持前位信号不变，否则改变前位信号.

设差分码的第一位规定为 0.

2.22　已知二元信息序列为 10011000001100000101，画出它所对应的单极性归零码、AM 码和 HDB_3 码的波形.

2.23　设八进制 FSK 系统的频率配置使得功率谱主瓣恰好不重叠，求传码率为 200 波特时系统的传输带宽及信息速率.

2.24　已知接收机的输入信噪比为 10dB，试求四进制 FSK 相干解调和非相干解调的系统的误码率.

参考文献

[1] 曹志刚,钱亚生.现代通信原理.北京:清华大学出版社,1992.
[2] 樊昌信,等.通信原理.北京:国防工业出版社,1995.
[3] 南利平.通信原理简明教程.北京:清华大学出版社,2000.
[4] 冯重熙,等.现代数字通信技术.北京:人民邮电出版社,1987.
[5] 欧阳长月.数字通信.北京:北京航空航天大学出版社,1998.
[6] 王钦笙,等.数字通信原理.北京:北京邮电大学出版社,1995.

第3章 时频分析

3.1 引　　论

信号分析与处理是信息科学的重要理论基础和分析手段. 近二十多年来，非平稳信号时频分析的理论、方法取得了迅速的发展，已在实际信号的处理中获得了十分广泛的应用. 本章对时频分析的基本问题和方法做简要介绍.

3.1.1 时频分析的意义

信号的表示是信号分析与处理领域理论和应用的核心问题之一. 在信号分析中，最重要和最基本的变量是时间和频率. 信号一般用时间作自变量来表示，通过傅里叶变换，信号也可以使用频率作自变量来表示，这就是传统的信号分析中众所周知的信号的时域表示和频域表示.

对能量有限信号 $f(t) \in L^2(R)$，它的傅里叶变换定义为

$$\hat{f}(\omega) = \int_{-\infty}^{\infty} f(t) e^{-j\omega t} dt, \tag{3.1}$$

式(3.1)的逆变换，即傅里叶反变换可表示为

$$f(t) = \frac{1}{2\pi}\int_{-\infty}^{\infty} \hat{f}(\omega) e^{j\omega t} d\omega. \tag{3.2}$$

在实际应用中，信号的频域表示通常比时域表示更加直观和方便. 为了进一步地理解频域分析的重要性，这里考虑一个简单的例子. 考虑含噪信号

$$f(t) = \sin(100\pi t) + \sin(600\pi t) + n(t),$$

式中，$n(t)$ 是均值为零的高斯白噪声. 图 3.1 (a)和图 3.1 (b)分别给出了该信号及其对应的功率谱 $|\hat{f}(\omega)|^2$. 显然，从图 3.1 (a)中，看不出任何明显的信息特征. 但从图3.1(b)中，可以明显看出该信号是由频率为 50Hz 和 300Hz 的两个正弦信号以及频率分布广泛的白噪声组成的.

傅里叶分析是分析与处理平稳信号最常用也是最主要的方法，它在传统信号分析和处理的发展史上发挥了极其重要的作用. 但是，傅里叶变换是一种全局的变换，它表明了在信号总的持续时间内存在哪些频率成分以及各成分的相对比例如何，但并不能告诉我们信号中各频率分量出现在什么时间及其变化情况.

然而，在很多实际应用场合，信号是非平稳的，即信号的频率成分是时变的，这时人们最希望得到的是信号频谱随时间变化的特征，即信号的时频局部化特征. 例

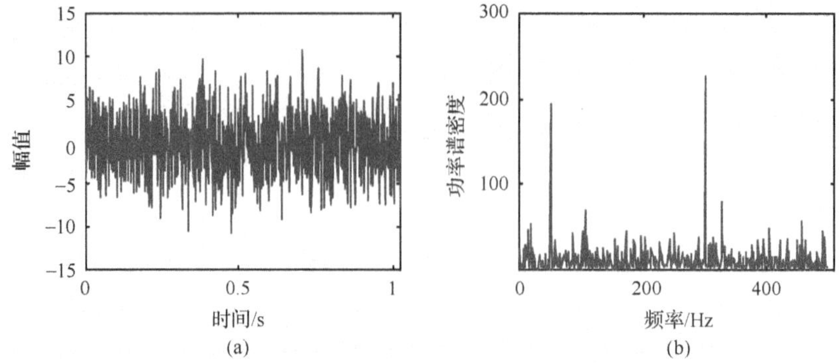

图 3.1　原始信号及其对应的功率谱图

(a) 原始信号;(b) 信号功率谱图

如,对于音乐和语音信号,人们关心的是什么时刻演奏什么音符,发出什么样的音节;图像识别中的边缘检测关心的是信号的突变部分的位置;对地震波的记录人们关心的是什么位置出现什么样的反射波.

因此,对于非平稳信号,它需要使用时间和频率局部化的联合函数来表示,这种表示称为信号的时频表示,基于信号时频表示的信号分析称为信号的时频分析.时频分析的任务是:描述信号的频谱是如何随时间变化的,通过构造合适的时频表示,并进行相应的处理来达到不同的信号处理目的.

图 3.2 的左边给出了一段鲸鱼声音的时域波形,它只清楚地告诉我们这个声

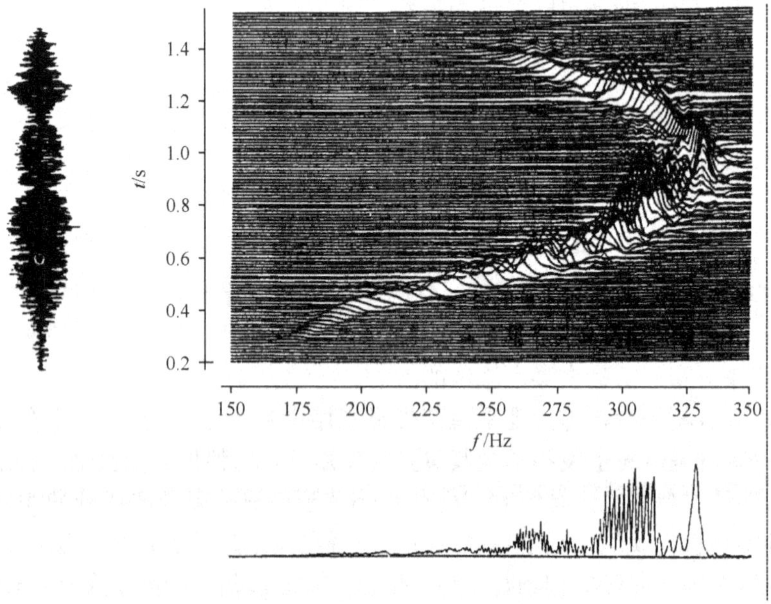

图 3.2　鲸鱼声音的时频曲线[1]

音的强度是怎样随时间而变化的，看不出更多的内容. 在主图下面是其功率谱，它表明了哪些频率存在，以及它们的相对强度大小，从此图中可看出，频率范围大约从 175Hz 到 325Hz，这个信息是有意义而且重要的，但它并不能显示出这些频率成分什么时候存在. 例如，频率为 300Hz 的声音在什么时候产生、持续的时间以及产生多少次，我们都不能确切知道. 上方的主图是鲸鱼声音信号时频域的能量分布，从该图可以清楚地看出信号的频率成分的时变特征：频率大约从 175Hz 开始，大体上在 0.5s 左右的时间内线性地增加到大约 325Hz，然后停在那里约 0.3s 的时间，并且频率为 300Hz 的声音，大约在 0.6s 和 1.3s 出现过两次，等等.

从上述例子可以看出，信号的频谱和时频表示之间的不同之处在于：频谱使我们能够确定哪些频率存在，而时频分析则使我们能够确定在某一特定时间哪些频率存在. 时频分析使我们能够更好地理解信号产生的内在机理.

3.1.2 信号的时频表示

信号的时频表示方法基本上可分为如下三大类：线性时频表示、双线性时频表示（又称为时频分布）和非线性时频表示[2]. 这里，我们仅介绍广泛研究和应用的线性时频表示和时频分布. 下面，用 $T_f(t,\omega)$ 记为信号 $f(t)$ 的线性时频表示，用 $P_f(t,\omega)$ 表示 $f(t)$ 的时频分布.

1. 线性时频表示

满足线性叠加原理的时频表示称为线性时频表示. 属于这类的时频表示主要有如下几种.

(1) 短时傅里叶变换

为了描述信号随时间变化的频谱，可采用加窗技术将信号在时间上分成许多段，然后对每个小段求傅里叶变换，从而得到对应于不同时间段中的信号频谱，这就是短时傅里叶变换. 信号 $f(t)\in L^2(R)$ 的短时傅里叶变换定义为

$$\mathrm{STFT}_f(t,\omega)=\int_{-\infty}^{\infty} f(\tau)g(\tau-t)\mathrm{e}^{-\mathrm{j}\omega\tau}\mathrm{d}\tau, \tag{3.3}$$

式中，$g(t)$ 为窗函数. 如果窗函数满足 $\int_{-\infty}^{+\infty}|g(t)|^2\mathrm{d}t=1$，则有重构公式

$$f(t)=\int_{-\infty}^{\infty}\int_{-\infty}^{\infty}\mathrm{STFT}_f(\tau,\omega)g(t-\tau)\mathrm{e}^{\mathrm{j}\omega\tau}\mathrm{d}\tau\mathrm{d}\omega. \tag{3.4}$$

(2) Gabor 展开

重构公式(3.4)给出的信号表示是极度冗余的. 通常仅需要 $\mathrm{STFT}_f(t,\omega)$ 在时频平面上一些网格点的值就可以完全重构信号 $f(t)$，这就是 Gabor 展开，其定义为

$$f(t)=\sum_{m\in Z}\sum_{n\in Z}c_{m,n}g_{m,n}(t), \tag{3.5}$$

式中

$$g_{m,n}(t)=g(t-mT)e^{jn\Omega t},$$

式中，$g(t)$ 为窗函数，T 和 Ω 分别为时间和频率采样间隔，Z 表示整数集.

通常情况下，基函数 $g_{m,n}(t)$ 的值集中在 mT 附近，它的傅里叶变换 $\hat{g}_{m,n}(\omega)$ 的值集中于 $n\Omega$ 附近. Gabor 系数 $c_{m,n}$ 的值大致反映了信号 $f(t)$ 在时刻 mT 时，频率为 $n\Omega$ 的“信号成分”的相对含量.

(3) 小波变换

在短时傅里叶变换中，一旦窗函数 $g(t)$ 取定，其时频窗口(详见 3.1.3 节)的大小也随之确定，故短时傅里叶变换是用相同的时频分辨率来观察信号. 然而，在很多实际应用中，希望时频窗口可根据信号的变化自动调节，即用不同的时频分辨率来观察信号. 小波变换就是能满足这种要求的一种变换. 若 $\psi(t)$ 是小波函数，则信号 $f(t)\in L^2(R)$ 的连续小波变换定义为

$$WT_f(u,s)=\langle f,\psi_{u,s}\rangle=\frac{1}{\sqrt{s}}\int_{-\infty}^{\infty}f(t)\psi^*\left(\frac{t-u}{s}\right)dt,\quad s>0, \tag{3.6}$$

式中，小波基函数

$$\psi_{u,s}(t)=\frac{1}{\sqrt{s}}\psi\left(\frac{t-u}{s}\right)$$

由小波函数 $\psi(t)$ 经过尺度伸缩 s 和时间平移 u 得到.

2. 时频分布

这类时频表示是由功率谱演化而来. 众所周知，功率谱 $S(\omega)$ 是傅里叶变换的平方，它描述了信号能量在频域中的分布. 根据维纳-辛钦定理，功率谱为自相关函数

$$R(\tau)=\int_{-\infty}^{\infty}f(t)f(t-\tau)dt \tag{3.7}$$

的傅里叶变换，即

$$S(\omega)=|\hat{f}(\omega)|^2=\int_{-\infty}^{\infty}R(\tau)e^{-j\omega\tau}d\tau. \tag{3.8}$$

由式(3.7)知，一种描述频谱随时间变化的方法是使自相关函数与时间变量相关，即构造与时间相关的自相关函数 $R(t,\tau)$. 因此，可得到时间相关的功率谱

$$P_f(t,\omega)=\int_{-\infty}^{\infty}R(t,\tau)e^{-j\omega\tau}d\tau. \tag{3.9}$$

这种关于信号 $f(t)$ 的时频表示称为时频分布. Wigner-Ville 分布是所有时频分布中最为重要的一种分布，它是取时间相关的自相关函数为

$$R(t,\tau)=f\left(t+\frac{\tau}{2}\right)f^{*}\left(t-\frac{\tau}{2}\right).$$

因此，信号 $f(t)$ 的 Wigner-Ville 分布定义为

$$W_{f}(t,\omega)=\int_{-\infty}^{\infty}f\left(t+\frac{\tau}{2}\right)f^{*}\left(t-\frac{\tau}{2}\right)\mathrm{e}^{-\mathrm{j}\omega\tau}\mathrm{d}\tau. \tag{3.10}$$

除 Wigner-Ville 分布外，人们还给出了许多其他形式的时频分布，它们中的大多数都可以用 Cohen 类进行统一表示[1].

3.1.3 时频基函数

线性时频表示把信号 $f(t)$ 与一组具有良好时频局部化特征的波形

$$\{\phi_r(t)\}_{r\in\Gamma}\subset L^2(R),\ \|\phi_r\|=1,\ \gamma\in\Gamma$$

联系在一起，其中 Γ 表示指标集，r 为参数集合，这些波形称为时频基函数.

对于给定时频基函数 $\phi_r(t)$，$\|\phi_r\|=1$，其时频局部化特征常用时间中心、频率中心、时宽和带宽等描述，它们可利用概率论中有关概念来定义.

$\phi_r(t)$ 的时间中心 t^* 和时宽 σ_t 分别定义为

$$t^{*}=\int_{-\infty}^{\infty}t\,|\phi_{\gamma}(t)|^{2}\mathrm{d}t \tag{3.11}$$

和

$$\sigma_t^2=\int_{-\infty}^{\infty}(t-t^{*})^2\,|\phi_{\gamma}(t)|^{2}\mathrm{d}t, \tag{3.12}$$

时间中心给出了 $\phi_r(t)$ 能量集中的位置；时宽表示 $\phi_r(t)$ 的持续时间，即 $\phi_r(t)$ 的大部分能量集中在 t^* 的 σ_t 邻域内. 同理，$\phi_r(t)$ 的频率中心 ω^* 和带宽 σ_ω 分别定义为

$$\omega^{*}=\frac{1}{2\pi}\int_{-\infty}^{\infty}\omega\,|\hat{\phi}_{\gamma}(\omega)|^{2}\mathrm{d}\omega \tag{3.13}$$

和

$$\sigma_\omega^2=\frac{1}{2\pi}\int_{-\infty}^{\infty}(\omega-\omega^{*})^2\,|\hat{\phi}_{\gamma}(\omega)|^{2}\mathrm{d}t. \tag{3.14}$$

基函数 $\phi_r(t)$ 的时频分辨率可用时频窗口来描述，$\phi_r(t)$ 的时频窗口（也称为 Heisenberg 箱）是时频平面上以 (t^*,ω^*) 为中心的矩形，其定义为

$$\lfloor t^{*}-\sigma_t,t^{*}+\sigma_t\rfloor\times\lfloor\omega^{*}-\sigma_\omega,\omega^{*}+\sigma_\omega\rfloor,$$

该矩形平行于时轴和平行于频轴的宽度分别为 $2\sigma_t$ 和 $2\sigma_\omega$，如图 3.3 所示. 由 $\phi_r(t)$ 的时频窗口的定义知，在时频平面 (t,ω) 上，$\phi_r(t)$ 的能量主要集中于 $[t-\sigma_t,t+\sigma_t]\times[\omega-\sigma_\omega,\omega+\sigma_\omega]$ 内.

在实际信号分析与处理中，基函数的选择通常起着关键的作用. 用窄时宽的基函数，可以得到高的时间分辨率. 同样，选择窄带宽的基函数，可以获得高的频率分辨率. 但是，下面的测不准原理告诉我们，同时具有任意小时宽和带宽的基函数是

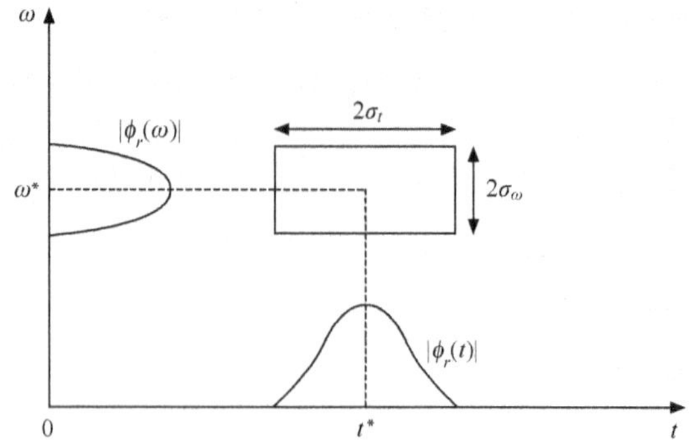

图 3.3　基函数 $\phi_r(t)$ 的时频窗口

根本不存在的.

定理 3.1[3](测不准原理)　设 $f(t)\in L^2(R)$, $\|f\|=1$, 则 $f(t)$ 的时宽与带宽的积满足

$$\sigma_t\sigma_\omega \geqslant \frac{1}{2}, \tag{3.15}$$

并且等式成立的充要条件是存在 $(u,\xi,a,b)\in R\times C$, 使 $f(t)=a\mathrm{e}^{\mathrm{j}\xi t}\mathrm{e}^{-b(t-u)^2}$, 其中 C 表示复数集, u,ξ 分别为 $f(t)$ 的时间中心和频率中心.

证明　为了证明的简洁性,假定 $\lim\limits_{|t|\to\infty}\sqrt{|t|}f(t)=0$. 但是,这个定理对任意 $f(t)\in L^2(R)$ 均成立.

不妨设 $u=\xi=0$. 由式(3.12)和式(3.14)得

$$\sigma_t^2\sigma_\omega^2=\frac{1}{2\pi}\int_{-\infty}^{\infty}|tf(t)|^2\mathrm{d}t\int_{-\infty}^{\infty}|\omega\hat{f}(\omega)|^2\mathrm{d}\omega.$$

由于 $f'(t)$ 的傅里叶变换为 $j\omega\hat{f}(\omega)$, 故上式可以写成

$$\sigma_t^2\sigma_\omega^2=\int_{-\infty}^{\infty}|tf(t)|^2\mathrm{d}t\int_{-\infty}^{\infty}|f'(t)|^2\mathrm{d}t.$$

根据施瓦兹(Schwarz)不等式,有

$$\sigma_t^2\sigma_\omega^2\geqslant\left[\int_{-\infty}^{\infty}|tf'(t)f^*(t)|^2\mathrm{d}t\right]^2\geqslant\left\{\int_{-\infty}^{\infty}\frac{t}{2}[f'(t)f^*(t)+f'^*(t)f(t)]\mathrm{d}t\right\}^2$$
$$=\frac{1}{4}\left\{\int_{-\infty}^{\infty}t[|f(t)|^2]'\mathrm{d}t\right\}^2.$$

从分部积分公式和条件 $\lim\limits_{|t|\to\infty}\sqrt{|t|}f(t)=0$ 可得到

$$\int_{-\infty}^{\infty}t(|f(t)|^2)'\mathrm{d}t=t|f(t)|^2\Big|_{t=-\infty}^{\infty}-\int_{-\infty}^{\infty}|f(t)|^2\mathrm{d}t=-|f|^2=-1,$$

故 $\sigma_t^2\sigma_\omega^2\geqslant 1/4$.

3.2 短时傅里叶变换

短时傅里叶变换是最早广泛使用的一种时频分析方法,它是非平稳信号分析与处理的一个标准的和强有力的工具.

3.2.1 短时傅里叶变换的定义与性质

为了描述信号随时间变化的频谱,最简单和最直接的处理方法是采用加窗技术将信号分成许多小段,然后对每个小段求傅里叶变换,这就是短时傅里叶变换.设信号 $f(t) \in L^2(R)$,$f(t)$ 的短时傅里叶变换定义为

$$\mathrm{STFT}_f(t,\omega) = \int_{-\infty}^{\infty} f(\tau) g(\tau - t) \mathrm{e}^{-\mathrm{j}\omega\tau} \mathrm{d}\tau, \tag{3.16}$$

式中,$g(t)$ 通常是一个时间宽度很短的函数,称为窗函数.因此,短时傅里叶变换又称为窗口傅里叶变换.

信号 $f(t)$ 的谱图定义为短时傅里叶变换模的平方,即

$$P_f(t,\omega) = |\mathrm{STFT}_f(t,\omega)|^2 = \left| \int_{-\infty}^{\infty} f(\tau) g(\tau - t) \mathrm{e}^{-\mathrm{j}\omega\tau} \mathrm{d}\tau \right|, \tag{3.17}$$

它大致度量了信号 $f(t)$ 在时频域中的能量分布.谱图法又称为短时傅里叶变换法,它在很长时间内成了非平稳信号分析与处理的一种标准化的工具.

短时傅里叶变换具有下列性质.

(1) 时移性

设 $\tilde{f}(t) = f(t - t_0)$,则

$$\mathrm{STFT}_{\tilde{f}}(t,\omega) = \mathrm{STFT}_f(t - t_0,\omega) \mathrm{e}^{-\mathrm{j}\omega t_0}. \tag{3.18}$$

(2) 频移性

设 $\tilde{f}(t) = f(t) \mathrm{e}^{\mathrm{j}\omega_0 t}$,则

$$\mathrm{STFT}_{\tilde{f}}(t,\omega) = \mathrm{STFT}_f(t,\omega - \omega_0). \tag{3.19}$$

(3) 重构公式

设 $f(t) \in L^2(R)$,$\| g \| = 1$,则

$$f(t) = \frac{1}{2\pi} \int_{-\infty}^{\infty} \int_{-\infty}^{\infty} \mathrm{STFT}_f(\tau,\omega) g(t - \tau) \mathrm{e}^{\mathrm{j}\omega t} \mathrm{d}\tau \mathrm{d}\omega \tag{3.20}$$

和

$$\int_{-\infty}^{\infty} |f(t)|^2 \mathrm{d}t = \frac{1}{2\pi} \int_{-\infty}^{\infty} \int_{-\infty}^{\infty} |\mathrm{STFT}(t,\omega)|^2 \mathrm{d}t \mathrm{d}\omega. \tag{3.21}$$

由式(3.21)知,除一个常数因子 $1/2\pi$ 外,短时傅里叶变换保持信号的能量不变.这正是人们把谱图视为时频域中信号能量密度的原因.

3.2.2 短时傅里叶变换的时间分辨率与频率分辨率

在时刻 t 的短时傅里叶变换是信号 $f(\tau)$ 通过加窗 $g(\tau-t)$ 后得到,位于窗函数里的信号特征都会在 $\mathrm{STFT}_f(t,\omega)$ 上显示出来. 自然地人们希望使用短的时间窗函数 $g(\tau)$,以获得好的时间分辨率.

利用 Parseval 恒等式,有

$$\mathrm{STFT}_f(t,\omega)=\frac{1}{2\pi}\mathrm{e}^{-\mathrm{j}\omega t}\int_{-\infty}^{\infty}\hat{f}(\omega)\hat{g}(\xi-\omega)\mathrm{e}^{\mathrm{j}\xi t}\,\mathrm{d}\xi. \tag{3.22}$$

这表明,在频率 ω 处的短时傅里叶变换本质上是信号 $f(\tau)$ 通过中心频率为 ω 的带通滤波器 $\hat{g}(\xi-\omega)$ 的滤波的结果. 为了获得高的频率分辨率,必须要求这个带通滤波器有窄的带宽. 根据测不准原理,这显然与时间分辨率的提高相矛盾. 这就意味着,只能牺牲时间分辨率以换取更高的频率分辨率,或反过来用频率分辨率的牺牲换取时间分辨率的提高.

设窗函数 $g(t)$ 的时间中心位于 $t=0$,频率中心位于 $\omega=0$,时宽和带宽分别为 σ_t 和 σ_ω. 令

$$g_{t,\omega}(\tau)=\mathrm{e}^{\mathrm{j}\omega\tau}g(\tau-t),$$

则

$$\hat{g}_{t,\omega}(\xi)=\mathrm{e}^{-\mathrm{j}t(\xi-\omega)}\hat{g}(\xi-\omega).$$

易知,$g_{t,\omega}(\tau)$ 的时间中心为 t,频率中心为 ω,时宽和带宽分别为 σ_t 和 σ_ω. 因此,$g_{t,\omega}(\tau)$ 的时频窗口为

$$[t-\sigma_t,t+\sigma_t]\times[\omega-\sigma_\omega,\omega+\sigma_\omega].$$

从而,由短时傅里叶变换的定义(3.16)式及其频域表示(3.22)式知,$\mathrm{STFT}_f(t,\omega)$ 反映了信号 $f(\tau)$ 在这个时频窗口内的时频局部化特征.

由上可见,当窗函数 $g(\tau)$ 确定后,$g_{t,\omega}(\tau)$ 的时频窗口的大小和形状就随之确定,t,ω 只能改变窗口在时频平面上的位置,而不能改变窗口的大小和形状,如图 3.4所示. 因此,短时傅里叶变换实质上是一种具有单一时频分辨率的时频分析方法.

短时傅里叶变换的时频分辨率用时频窗口的面积 $S=4\sigma_t\sigma_\omega$ 衡量. 这个面积越小,时频分辨率就越高. 在实际应用中,窗函数的选择与待分析信号时频特征有关[2],一种常用的选取是高斯函数

$$g(t)=(\pi\sigma^2)^{-1/4}\mathrm{e}^{-\frac{t^2}{2\sigma^2}}, \tag{3.23}$$

这时 Heisenberg 不等式(3.15)中等号成立. 从而,高斯窗函数使时频窗口的面积 $S=4\sigma_t\sigma_\omega$ 达到了最小值的窗函数. 在此意义下,高斯窗函数为最佳.

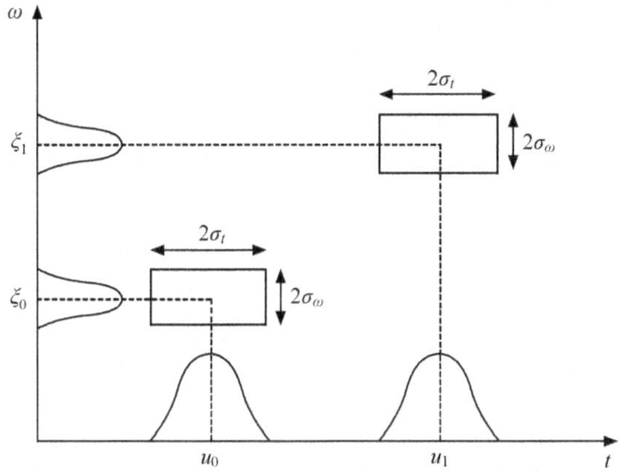

图 3.4 短时傅里叶变换的时频窗口

3.2.3 离散短时傅里叶变换

连续信号的短时傅里叶变换在对信号进行理论分析时具有重要意义.然而,在实际信号处理中,信号往往是离散时间信号.类似于离散傅里叶变换的基本思想,可以定义离散短时傅里叶变换.

设 $f[n]$ 是周期为 N 的离散时间信号, $g[n]$ 是周期为 N 的实对称的窗序列,且 $\|g\|=1$, 那么 $f[n]$ 的离散短时傅里叶变换定义为[3,4]

$$\mathrm{STFT}[m,k]=\sum_{n=0}^{N-1}f[n]g[n-m]\exp\left(-\mathrm{j}\,\frac{2\pi kn}{N}\right),\quad 0\leqslant m,k<N,\tag{3.24}$$

这时有重构公式

$$f[n]=\frac{1}{N}\sum_{m=0}^{N-1}\sum_{k=0}^{N-1}\mathrm{STFT}[m,k]g[n-m]\exp\left(\mathrm{j}\,\frac{2\pi kn}{N}\right).\tag{3.25}$$

由离散短时傅里叶变换定义(3.24)式知,对于任意给定的 $0\leqslant m<N$, $\mathrm{STFT}[m,k]$ 是 $f[n]g[n-m]$ 的离散傅里叶变换.从而,可用 FFT 来计算 $\mathrm{STFT}[m,k]$,这时运算工作量为 $O(N^2\log_2N)$. 另一方面,重构公式(3.29)可重写为

$$f[n]=\frac{1}{N}\sum_{k=0}^{N-1}g[n-m]\sum_{k=0}^{N-1}\mathrm{STFT}[m,k]\exp\left(\mathrm{j}\,\frac{2\pi kn}{N}\right).$$

因此,对任意给定的 $0\leqslant m<N$, 同样可用 FFT 来计算 $\sum_{k=0}^{N-1}\mathrm{STFT}[m,k]\cdot\exp\left(\mathrm{j}\,\frac{2\pi kn}{N}\right)$.

在下面的几个例子中,取窗函数 $g(t)$ 为式(3.23)定义的高斯窗函数.

例 3.1　正弦信号

$$f(t)=\mathrm{e}^{\mathrm{j}\omega_0 t}.$$

短时傅里叶变换为

$$\mathrm{STFT}_f(t,\omega)=\left(\frac{\sigma^2}{\pi}\right)^{1/4}\mathrm{e}^{-\mathrm{j}t(\omega-\omega_0)}\exp\left[-\frac{\sigma^2(\omega-\omega_0)^2}{2}\right],$$

这时相应的谱图是

$$P_f(t,\omega)=|\mathrm{STFT}_f(t,\omega)|^2=\frac{\sigma}{\sqrt{\pi}}\exp[-\sigma^2(\omega-\omega_0)^2].$$

例 3.2　线性调频信号

$$f(t)=\mathrm{e}^{\mathrm{j}at^2}.$$

通过一个冗长的计算可得到它的谱图为

$$P_f(t,\omega)=|\mathrm{STFT}_f(t,\omega)|^2=\left(\frac{4\pi\sigma^2}{1+4a^2\sigma^4}\right)^{1/2}\exp\left[-\frac{\sigma^2(\omega-2at)^2}{1+4a^2\sigma^4}\right].$$

例 3.3　信号 $f(t)$ 是由一个线性调频信号、一个二次调频信号以及两个调制的高斯信号组成，如图 3.5(a) 所示. 图 3.5 (b) 给出了该信号谱图 $P_f(t,\omega)$ 的灰度图，$P_f(t,\omega)$ 被计算使用式(3.23)定义的高斯窗函数，其中 $\sigma=50$. 从谱图可以清楚地看出，信号的各个分量成分.

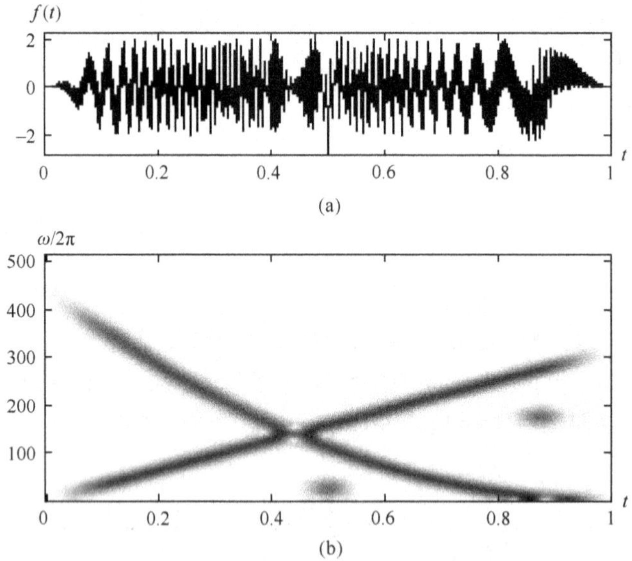

图 3.5　原始信号和它的谱图

(a) 原始信号；(b) 原始信号的谱图

3.3 Gabor 展开

1946 年,D. Gabor 提出了一种同时使用时间和频率两个变量表示一个非平稳信号的方法,这就是著名的 Gabor 展开. 它是采用由一个母函数(后来称为窗函数) $g(t)$ 的时移和频移产生的一组基函数对信号进行分解. 目前,Gabor 展开已被公认是通信和信号处理中信号表示尤其是图像表示的最好方法之一.

3.3.1 连续 Gabor 展开

设信号 $f(t)\in L^2(R)$,$f(t)$ 的连续 Gabor 展开定义为

$$f(t)=\sum_{m=-\infty}^{\infty}\sum_{n=-\infty}^{\infty}c_{m,n}g_{m,n}(t), \tag{3.26}$$

其中

$$g_{m,n}(t)=g(t-mT)\exp(\mathrm{j}n\Omega t),\quad m,n=0,\pm1,\pm2,\cdots \tag{3.27}$$

称为 Gabor 基函数,系数 $c_{m,n}$ 称为 Gabor 展开系数,T 和 Ω 分别表示时间和频率采样步长.

Gabor 展开之所以具有重要的实际意义与应用价值是因为:如设窗函数 $g(t)$ 的时间中心位于 $t=0$,频率中心位于 $\omega=0$,时宽和带宽分别为 σ_t 和 σ_ω,则 Gabor 基函数 $g_{m,n}(t)$ 的时频窗口为

$$[mT-\sigma_t,mT+\sigma_t]\times[n\Omega-\sigma_\omega,n\Omega+\sigma_\omega].$$

因此,展开系数 $c_{m,n}$ 就刻画了信号 $f(t)$ 在时频平面上该时频窗口内的时频特性.

在 Gabor 展开中必须解决以下三个基本问题:①窗函数 $g(t)$ 的选择;②时频网格大小的选择;③Gabor 展开系数的计算.

当时 Gabor 选择了高斯函数

$$g(t)=(\pi\sigma^2)^{-1/4}\mathrm{e}^{-\frac{t^2}{2\sigma^2}}$$

作为窗函数,这是因为根据测不准原理,高斯函数在时频平面中的能量最为集中. 事实上,对于大多数的函数 $g(t)$ 均可用作 Gabor 展开的窗函数[3],但高斯函数是最为广泛使用的窗函数之一.

在 Gabor 展开式(3.26)中,如果采样网格(图 3.6)过于稀疏,可能会失去信息,从而不能恢复原信号;反之,过密的采样会导致信号表示的冗余. 可以证明[4],Gabor 展开存在的一个必要条件是

$$T\Omega\leqslant 2\pi.$$

通常,当 $T\Omega=2\pi$ 时,称为临界采样 Gabor 展开;当 $T\Omega<2\pi$ 时,称为过采样 Gabor 展开;当 $T\Omega>2\pi$ 时,称为欠采样 Gabor 展开.

虽然 Gabor 早在半个世纪前就提出了 Gabor 展开,但由于计算展开系数 $c_{m,n}$

的困难,使其应用一直受到限制. 在 Gabor 展开中,基函数 $\{g_{m,n}(t)\}$ 一般不构成正交基,因此不能用通常的内积规则来计算 $c_{m,n}$. 当时 Gabor 只给出了一种近似计算 $c_{m,n}$ 的迭代算法,但是如何确定 Gabor 展开系数却迟迟没有好的方法. 直到 20 世纪 80 年代初,计算 $c_{m,n}$ 的方法才有所突破,相继提出了双正交法、Zak 变换法、神经网络法和框架法等[5,6].

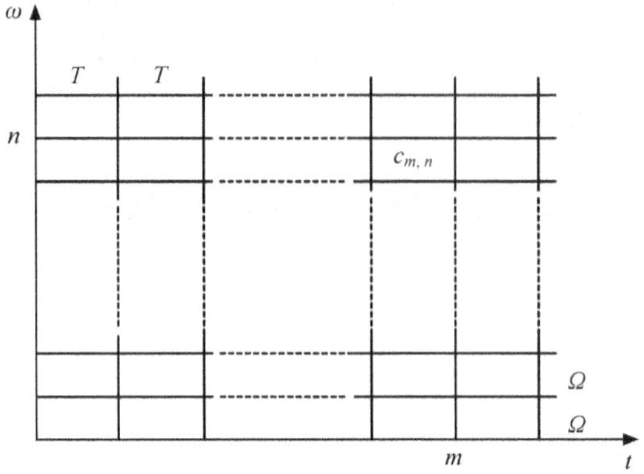

图 3.6　Gabor 展开的采样网格

下面介绍双正交法,人们也常称它为 Bastinaans 解析法,这是一种计算 Gabor 展开系数的简单而有效的方法,它使用一个辅助函数 $\gamma(t)$ 来计算 $c_{m,n}$, 即

$$c_{m,n} = \langle f, \gamma_{m,n} \rangle = \int_{-\infty}^{\infty} f(t)\gamma_{m,n}^{*}(t)\mathrm{d}t, \tag{3.28}$$

其中

$$\gamma_{m,n}(t) = \gamma(t - mT)\exp(-\mathrm{j}n\Omega t), \quad m,n = 0, \pm 1, \pm 2, \cdots.$$

可以证明[4]:当 $T\Omega \leqslant 2\pi$ 时,辅助函数 $\gamma(t)$ 和窗函数 $g(t)$ 满足如下双正交条件

$$\frac{T_0\Omega_0}{2\pi}\int_{-\infty}^{\infty} g(t)\gamma_{m,n}^{0^*}(t)\mathrm{d}t = \delta(m)\delta(n), \tag{3.29}$$

其中

$$\gamma_{m,n}^{0}(t) = \gamma(t - mT_0)\exp(\mathrm{j}n\Omega_0 t),$$

T_0 和 Ω_0 是为了表示方便而引入的一对常数,其定义为

$$T_0 = \frac{2\pi}{\Omega}, \quad \Omega_0 = \frac{2\pi}{T}.$$

辅助函数 $\gamma(t)$ 满足双正交条件,故称 $\gamma(t)$ 是窗函数 $g(t)$ 的双正交函数(对偶函数). 特别是,在临界采样 $T\Omega = 2\pi$ 的情况下,有 $T_0\Omega_0 = 2\pi$, 从而 $\gamma_{m,n}^{0}(t) = \gamma_{m,n}(t)$. 这时双正交条件式(3.29)可简化为

$$\int_{-\infty}^{\infty} g(t)\gamma_{m,n}^{*}(t)\mathrm{d}t = \delta(m)\delta(n) \tag{3.30}$$

综上所述,在选择了合适的 Gabor 基函数之后,确定 Gabor 展开系数的方法

如下：首先求解方程式(3.29)或(3.30)得到双正交函数 $\gamma(t)$，然后用式(3.28)内积规则来计算 Gabor 展开系数 $c_{m,n}$. 对某些特殊的窗函数，如高斯窗函数、单边与双边指数窗函数，可求得双正交函数 $\gamma(t)$ 的解析解，但对于一般窗函数，其解析解难于求得，需借助数值方法求解.

需要指出的是，将函数 $g(t)$ 和 $\gamma(t)$ 互换后，双正交条件式(3.29)仍然成立，因此 Gabor 展开可以表示成如下两种形式

$$f(t)=\sum_{m=-\infty}^{\infty}\sum_{n=-\infty}^{\infty}\langle f,\gamma_{m,n}\rangle g_{m,n}(t)=\sum_{m=-\infty}^{\infty}\sum_{n=-\infty}^{\infty}\langle f,g_{m,n}\rangle\gamma_{m,n}(t). \tag{3.31}$$

在实际应用中，究竟用 $g(t)$ 还是 $\gamma(t)$ 计算 Gabor 展开系数取决于信号分析的目的. 若仅对 Gabor 系数本身感兴趣，那么可以用 $g_{m,n}(t)$ 来计算 $c_{m,n}$. 这是因为 $g_{m,n}(t)$ 是预先选定的，它的性能容易满足实际要求.

3.3.2 离散 Gabor 展开

在连续 Gabor 展开中，对于一般窗函数，其对应的双正交函数的求解是极其困难的. 另一方面，在实际信号处理中，信号大多是离散时间信号. 因此，定义离散 Gabor 展开具有十分重要的实际意义.

1990 年，Wexler 和 Raz 应用采样定理和离散 Poisson 求和公式，导出了周期离散时间信号的离散 Gabor 展开[3,4].

设 $f[k]$ 是周期为 L 的离散时间信号，周期信号的离散 Gabor 展开定义为

$$f[k]=\sum_{m=0}^{M-1}\sum_{n=0}^{N-1}c_{m,n}g[k-m\Delta M]W_L^{n\Delta Nk}, \tag{3.32}$$

其中，窗序列 $g[k]$ 具有周期 L，且满足能量归一条件 $\sum_{k=1}^{L-1}|g[k]|^2=1, W_L=\mathrm{e}^{\mathrm{j}\frac{2\pi}{L}}$，正整数 ΔM 和 ΔN 分别是时域和频域采样步长，M 和 N 分别是时域和频域采样点数.

若定义采样率 α 为

$$\alpha=\frac{L}{\Delta M\Delta N}, \tag{3.33}$$

那么为了获得数值稳定的 Gabor 表示，采样率 α 必须满足 $\alpha\geqslant 1$. 当 $\alpha=1$ 时，称为临界采样；当 $\alpha>1$ 时，称为过采样.

为了便于使用 FFT 计算离散 Gabor 展开，通常取

$$\Delta MM=\Delta NN=L,$$

这时采样率 α 可表示为

$$\alpha=\frac{MN}{L}.$$

因此，采样率 α 是 Gabor 展开系数的总数同信号单周期内的点的个数 L 的比. 临界

采样意味着 Gabor 展开系数的总数等于信号单周期内的点的个数 L；过采样意味着 Gabor 展开系数的总数大于信号单周期内的点的个数，在这种情况下，Gabor 展开是冗余的.

类似于连续 Gabor 展开，使用一个周期为 L 的辅助序列(称为双正交序列或对偶序列) $\gamma[k]$ 来计算离散 Gabor 展开系数 $c_{m,n}$，即

$$c_{m,n} = \sum_{k=0}^{L-1} f[k]\gamma^*[k - m\Delta M]W_L^{-n\Delta Nk}. \tag{3.34}$$

可以证明：当 $\alpha \geqslant 1$ 时，辅助序列 $\gamma[k]$ 满足如下离散双正交条件

$$\sum_{k=0}^{L-1} g[k + qN]\gamma^*[k]W_{\Delta M}^{-pk} = \frac{\Delta M}{N}\delta[p]\delta[q], \quad 0 \leqslant p < \Delta M, \quad 0 \leqslant q < \Delta N. \tag{3.35}$$

双正交条件式(3.35)可写成矩阵形式

$$\boldsymbol{H\gamma}^* = \boldsymbol{\mu} \tag{3.36}$$

式中，$\boldsymbol{H}$ 为 $\Delta M\Delta N \times L$ 矩阵，其元素定义为

$$g_{p\Delta M+q,k} = g[k + qN]W_{\Delta M}^{-pk}, \tag{3.37}$$

$\boldsymbol{\mu}$ 是 $\Delta M\Delta N$ 维向量，$\boldsymbol{\gamma}$ 是 L 维向量，并且

$$\boldsymbol{\mu} = \left(\frac{\Delta M}{N}, 0, \cdots, 0\right)^{\mathrm{T}}, \quad \boldsymbol{\gamma} = \left(\gamma[0], \gamma[1], \cdots, \gamma[N-1]\right)^{\mathrm{T}}.$$

式(3.36)表明，双正交序列 $\gamma[k]$ 是线性方程组的解. 当临界采样时，$\Delta M\Delta N = L$，这时 $\boldsymbol{H}$ 是 $L \times L$ 方阵，因此式(3.36)有唯一解；当过采样时，式(3.36)有无穷多个解，通常取最小范数解 $\boldsymbol{\gamma}_{\mathrm{opt}}^* = \boldsymbol{H}^{\mathrm{T}}(\boldsymbol{HH}^{\mathrm{T}})^{-1}\boldsymbol{\mu}$.

需要指出的是，在许多实际应用中，信号是非周期的，而且长度往往较长(极端情况可能无限长)，上述方法需要信号、窗序列和双正交序列有相同的长度，这需要非常大的计算量和内存. 因此，希望使用短的窗序列和双正交序列处理任意长度的信号，这就导出了非周期离散时间信号的离散 Gabor 展开，详细内容见文献[4].

3.4 Wigner-Ville 分布

Wigner 分布于 1932 年由 E. Wigner 在量子热力学中提出，1948 年 J. Ville 将其引入信号处理领域，提出了另一类型的非平稳信号的时频表示方法，即 Wigner-Ville 分布(简记为 WVD)，其基本思想是：设计一个时间和频率的联合函数，用它表示在时频平面上信号的能量密度分布. 与谱图相比，WVD 具有更高的时频分辨率和很多吸引人的数学性质，已成为分析与处理非平稳信号极其有用的工具.

由于多分量信号的 WVD 出现交叉项干扰，从而阻碍了它的进一步应用. 为了克服 WVD 的这一缺陷，人们提出了许多改进形式，特别是进入 20 世纪 80 年代

后，对时频分布理论和方法的研究形成了热潮，出现了很多新的时频分布. 1986 年，L. Cohen 将它们用统一的形式表示. 在这种统一的表示里，不同的时频分布只是体现在不同核函数的选择上，只要设计合适的核函数，就能获得所期望性质的时频分布. 这种统一的时频分布称为 Cohen 类时频分布.

3.4.1　连续时间信号的 Wigner-Ville 分布

信号 $f(t)$ 的 WVD 定义为

$$W_f(t,\omega)=\int_{-\infty}^{\infty}f\left(t+\frac{\tau}{2}\right)f^*\left(t-\frac{\tau}{2}\right)\mathrm{e}^{-\mathrm{j}\omega\tau}\mathrm{d}\tau. \tag{3.38}$$

根据 Parseval 恒等式，其频域表示为

$$W_f(t,\omega)=\frac{1}{2\pi}\int_{-\infty}^{\infty}\hat{f}\left(\omega+\frac{\xi}{2}\right)\hat{f}^*\left(\omega-\frac{\xi}{2}\right)\mathrm{e}^{\mathrm{j}\xi t}\mathrm{d}\xi. \tag{3.39}$$

两个信号 $f(t)$ 和 $g(t)$ 的互 WVD 定义为

$$W_{f,g}(t,\omega)=\int_{-\infty}^{\infty}f\left(t+\frac{\tau}{2}\right)g^*\left(t-\frac{\tau}{2}\right)\mathrm{e}^{-\mathrm{j}\omega\tau}\mathrm{d}\tau. \tag{3.40}$$

同理，有

$$W_{f,g}(t,\omega)=\frac{1}{2\pi}\int_{-\infty}^{\infty}\hat{f}\left(\omega+\frac{\xi}{2}\right)\hat{g}^*\left(\omega-\frac{\xi}{2}\right)\mathrm{e}^{\mathrm{j}\xi t}\mathrm{d}\xi.$$

WVD 具有很多良好的数学性质，熟悉 WVD 的这些数学性质，对于全面了解该时频分布是十分重要的. 这里仅给出一些该分布的最基本性质.

性质 1（实值性）

$$W_f^*(t,\omega)=W_f(t,\omega). \tag{3.41}$$

性质 2（边缘特性）

1）时间边缘特性

$$\frac{1}{2\pi}\int_{-\infty}^{\infty}W_f(t,\omega)\mathrm{d}\omega=|f(t)|^2; \tag{3.42}$$

2）频率边缘特性

$$\int_{-\infty}^{\infty}W_f(t,\omega)\mathrm{d}t=|\hat{f}(\omega)|^2. \tag{3.43}$$

证明　1）由 WVD 的定义式(3.38)，有

$$\begin{aligned}&\frac{1}{2\pi}\int_{-\infty}^{\infty}W_f(t,\omega)\mathrm{d}\omega\\&=\int_{-\infty}^{\infty}f\left(t+\frac{\tau}{2}\right)f^*\left(t-\frac{\tau}{2}\right)\left[\frac{1}{2\pi}\int_{-\infty}^{\infty}\mathrm{e}^{-\mathrm{j}\omega\tau}\mathrm{d}\omega\right]\mathrm{d}\tau\\&=\int_{-\infty}^{\infty}f\left(t+\frac{\tau}{2}\right)f^*\left(t-\frac{\tau}{2}\right)\delta(\tau)\mathrm{d}\tau=|f(t)|^2.\end{aligned}$$

从而，时间边缘特性式(3.42)得证.

2) 由 WVD 的定义式(3.38),有

$$\begin{aligned}&\int_{-\infty}^{\infty} W_f(t,\omega)\mathrm{d}t\\&=\int_{-\infty}^{\infty} \mathrm{e}^{-\mathrm{j}\omega\tau}\left[\int_{-\infty}^{\infty} f\left(t+\frac{\tau}{2}\right)f^*\left(t-\frac{\tau}{2}\right)\mathrm{d}t\right]\mathrm{d}\tau\\&=\int_{-\infty}^{\infty} \mathrm{e}^{-\mathrm{j}\omega\tau}\left[\int_{-\infty}^{\infty} f(t)f^*(t-\tau)\mathrm{d}t\right]\mathrm{d}\tau=\int_{-\infty}^{\infty} R(\tau)\mathrm{e}^{-\mathrm{j}\omega\tau}\mathrm{d}\tau,\end{aligned}$$

其中

$$R(\tau)=\int_{-\infty}^{\infty} f(t)f^*(t-\tau)\mathrm{d}t$$

是 $f(t)$ 的自相关函数. 根据 Wiener-Khinchin 定理,得

$$\int_{-\infty}^{\infty} R(\tau)\mathrm{e}^{-\mathrm{j}\omega\tau}\mathrm{d}\tau=|\hat{f}(\omega)|^2,$$

故时间边缘特性式(3.43)得证. □

由时间边缘特性与频率边缘特性知,

$$\frac{1}{2\pi}\int_{-\infty}^{\infty}\int_{-\infty}^{\infty} W_f(t,\omega)\mathrm{d}t\mathrm{d}\omega=\int_{-\infty}^{\infty} |f(t)|^2\mathrm{d}t, \tag{3.44}$$

故 WVD 是信号能量在时频平面上的分布.

性质 3(时移不变性和频移不变性)

设信号 $f(t)$ 的 WVD 为 $W_f(t,\omega)$, 则

1) 时移信号 $\tilde{f}(t)=f(t-t_0)$ 的 WVD 为

$$W_{\tilde{f}}(t,\omega)=W_f(t-t_0,\omega); \tag{3.45}$$

2) 调频信号 $\tilde{f}(t)=f(t)\mathrm{e}^{\mathrm{j}\omega_0 t}$ 的 WVD 为

$$W_{\tilde{f}}(t,\omega)=W_f(t,\omega-\omega_0). \tag{3.46}$$

性质 4(瞬时频率保持特性)

设 $f(t)=A(t)\mathrm{e}^{\mathrm{j}\phi(t)}$, 其中 $A(t)$ 为幅值, $\phi(t)$ 为相位,则

$$\phi'(t)=\frac{\int_{-\infty}^{\infty}\omega W_f(t,\omega)\mathrm{d}\omega}{\int_{-\infty}^{\infty} W_f(t,\omega)\mathrm{d}\omega}. \tag{3.47}$$

证明 根据 WVD 的定义,有

$$\begin{aligned}&\int_{-\infty}^{\infty}\omega W_f(t,\omega)\mathrm{d}\omega\\&=\int_{-\infty}^{\infty}\int_{-\infty}^{\infty}\omega f\left(t+\frac{\tau}{2}\right)f^*\left(t-\frac{\tau}{2}\right)\mathrm{e}^{-\mathrm{j}\omega\tau}\mathrm{d}\omega\mathrm{d}\tau\\&=\int_{-\infty}^{\infty} f\left(t+\frac{\tau}{2}\right)f^*\left(t-\frac{\tau}{2}\right)\left[\int_{-\infty}^{\infty}\omega\mathrm{e}^{-\mathrm{j}\omega\tau}\mathrm{d}\omega\right].\end{aligned}$$

注意到

$$\int_{-\infty}^{\infty}\omega e^{-j\omega\tau}d\omega=-j2\pi\delta'(\tau),\quad \int_{-\infty}^{\infty}\delta'(\tau)g(\tau)d\tau=-g'(0),$$

上式可写为

$$\int_{-\infty}^{\infty}\omega W_f(t,\omega)d\omega$$
$$=-j2\pi\int_{-\infty}^{\infty}\delta'(\tau)f\left(t+\frac{\tau}{2}\right)f^*\left(t-\frac{\tau}{2}\right)d\tau=2\pi A^2(t)\phi'(t),$$

故由式(3.56)知,式(3.60)得证. □

上述性质表明,WVD的一阶矩给出了信号的瞬时频率,并且对于给定的任何时间 t, $W_f(t,\omega)$ 是瞬时频率 $\phi'(t)$ 的中心.

性质5(有限支撑特性)

1) 若 $f(t)=0$, $\forall t\in[t_1,t_2]$, 则

$$W_f(t,\omega)=0,\quad \forall t\in[t_1,t_2],\quad \omega\in R;$$

2) 若 $\hat{f}(\omega)=0$, $\forall\omega\in[\omega_1,\omega_2]$, 则

$$W_f(t,\omega)=0,\quad \forall\omega\in[\omega_1,\omega_2],\quad t\in R.$$

性质6(反演性)

$$f^*(0)f(t)=\frac{1}{2\pi}\int_{-\infty}^{\infty}W_f\left(\frac{t}{2},\omega\right)e^{j\omega t}dt. \tag{3.48}$$

证明 由于 $W_f(t,\omega)$ 是 $f\left(t+\frac{\tau}{2}\right)f^*\left(t-\frac{\tau}{2}\right)$ 关于 τ 的傅里叶变换,故有

$$f\left(t+\frac{\tau}{2}\right)f^*\left(t-\frac{\tau}{2}\right)=\frac{1}{2\pi}\int_{-\infty}^{\infty}W_f(t,\omega)e^{j\omega\tau}d\omega.$$

取 $\tau=2t$, 然后再以 t 代换 $2t$, 式(3.48)得证. □

下面给出几个典型信号的WVD,进一步说明WVD的特性.

例3.4 正弦信号

$$f(t)=e^{j\omega_0 t}$$

的WVD为

$$W_f(t,\omega)=\int_{-\infty}^{\infty}e^{j\omega_0\left(t+\frac{\tau}{2}\right)}e^{-j\omega_0\left(t-\frac{\tau}{2}\right)}e^{-j\omega\tau}d\tau$$
$$=\int_{-\infty}^{\infty}e^{-j(\omega-\omega_0)\tau}d\tau=2\pi\delta(\omega-\omega_0).$$

上式表明,正弦信号的WVD是沿直线 $\omega=\omega_0$ 分布的冲激线谱,这正是人们所期望的.

例3.5 线性调频信号

$$f(t)=e^{j\left(\omega_0 t+\frac{1}{2}\beta t^2\right)}$$

的WVD为

$$W_f(t,\omega)=\int_{-\infty}^{\infty}e^{j[\omega_0(t+\frac{\tau}{2})+\frac{1}{2}\beta(t+\frac{\tau}{2})^2]}e^{-j[\omega_0(t-\frac{\tau}{2})+\frac{1}{2}\beta(t-\frac{\tau}{2})^2]}e^{-j\omega\tau}d\tau$$

$$=\int_{-\infty}^{\infty}e^{-j[\omega-(\omega_0+\beta t)\tau]}d\tau=2\pi\delta[\omega-(\omega_0+\beta t)].$$

由上式可见,线性调频信号的 WVD 为沿直线 $\omega=\omega_0+\beta t$ 分布的冲激线谱,即分布的幅值集中出现在表示信号的瞬时频率变化律的直线上. 因此,从最佳展现线性调频信号的频率调制律这一意义上讲,WVD 具有理想的时频聚集性. 线性调频信号常用来判别一个分布的时频聚集性能. 一个公认的观点是:任何一种时频分布如果对线性调频信号不能提供好的时频聚集性,那么它便不适合用作非平稳信号时频分析的工具.

例 3.6 高斯信号

$$f(t)=\left(\frac{\alpha}{\pi}\right)^{1/4}e^{-\frac{\alpha}{2}t^2}$$

的 WVD 为

$$W_f(t,\omega)=2e^{-[\alpha t^2+\frac{1}{\alpha}\omega^2]}.$$

由上式可见,高斯信号的 WVD 是二维高斯函数,它在时频平面上只有一个单独的峰. $W_f(t,\omega)$ 的时频中心位于(0,0)点,参数 α 控制着 $W_f(t,\omega)$ 在时频域中的分布,α 变大则意味着时域分布变窄,同时频域分布变宽,反之则情况正好相反.

设信号 $f(t)$ 是两个信号的之和,即

$$f(t)=f_1(t)+f_2(t),$$

那么 $f(t)$ 的 WVD 为

$$W_f(t,\omega)=W_{f_1}(t,\omega)+W_{f_2}(t,\omega)+2\mathrm{Re}W_{f_1,f_2}(t,\omega).$$

因此,由两个信号叠加而成的合成信号的 WVD 并不等于每个信号的 WVD 之和,它还包含一个交叉项 $W_{f_1,f_2}(t,\omega)$. 下面通过一个实例具体说明交叉项的干扰.

例 3.7 两个调频高斯信号之和

$$f(t)=\left(\frac{\alpha}{\pi}\right)^{1/4}e^{-\frac{\alpha}{2}(t-t_1)^2+j\omega_1 t}+\left(\frac{\alpha}{\pi}\right)^{1/4}e^{-\frac{\alpha}{2}(t-t_2)^2+j\omega_2 t}$$

的 WVD 为

$$W_f(t,\omega)=2e^{-\alpha(t-t_1)^2-\frac{1}{\alpha}(\omega-\omega_1)^2}+2e^{-\alpha(t-t_2)^2-\frac{1}{\alpha}(\omega-\omega_2)^2}$$
$$+4e^{-\alpha(t-t_u)^2-\frac{1}{\alpha}(\omega-\omega_u)^2}\cos[(t-t_u)\omega_d+(\omega-\omega_u)t_d],$$

式中

$$t_u=\frac{t_1+t_2}{2},\quad t_d=t_1-t_2,$$

$$\omega_u=\frac{\omega_1+\omega_2}{2},\quad \omega_d=\omega_1-\omega_2.$$

上式中的前两项分别对应于两个调频高斯信号的信号项,最后一项为交叉项,它位

于两信号项的中间，中心在 (t_u, ω_u) 点处，交叉项是振荡的，它的振荡速率正比于 (t_1, ω_1) 与 (t_2, ω_2) 间的距离 $\sqrt{t_d^2 + \omega_d^2}$，如图 3.7 所示.

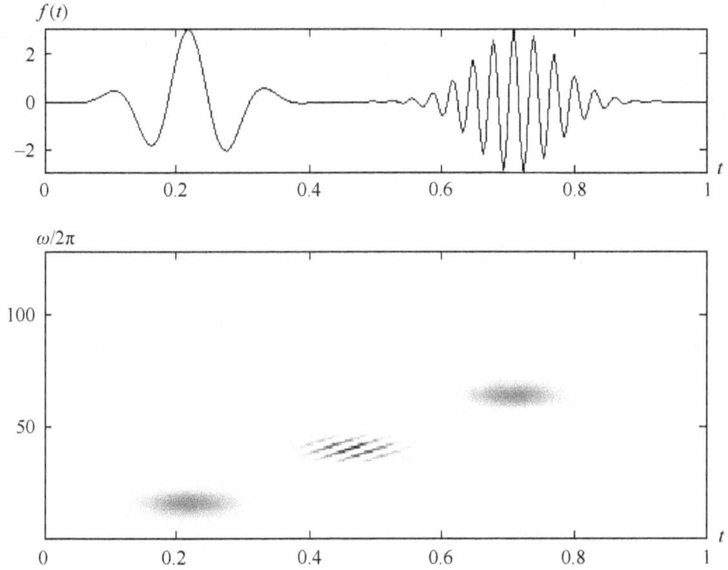

图 3.7　两个调频高斯信号和的 WVD

WVD 的交叉项干扰一般是比较严重的. 上述例子表明，即使两个信号分量在时频平面上相距足够远(使得两者的支撑区域基本不重叠)，它们的 WVD 的交叉项仍会出现. 对于这种简单的信号，交叉项的干扰容易识别，但对于一般多分量信号，特别是实际信号，交叉项的模式相当复杂，它们通常叠加在信号项上，使 WVD 不能反映真实信号的时频谱图，这正是 WVD 的应用受到限制的原因.

3.4.2　Wigner-Ville 分布的变型

如前所述，多分量信号的 WVD 为自项和交叉项的线性组合. 交叉项的存在是这种时频分布的主要缺陷. 因此，如何抑制交叉项干扰就成了 WVD 性能改进的主要目标. 下面给出 WVD 经过改造后的几种分布.

(1) 伪 Wigner-Ville 分布(PWVD)

通常情况下，WVD 中的自项相对而言较光滑，而交叉项高度振荡，因此容易想到，减少 WVD 交叉项干扰的最简单的做法是只对变量 τ 加窗函数 $h(\tau)$，这种改造的 WVD 称为伪 Wigner-Ville 分布，定义为

$$PW_f(t,\omega) = \int_{-\infty}^{\infty} f\left(t+\frac{\tau}{2}\right) f^*\left(t-\frac{\tau}{2}\right) h(\tau) \mathrm{e}^{-\mathrm{j}\omega\tau} \mathrm{d}\tau. \tag{3.49}$$

据乘积函数傅里叶变换的性质，上式可以改写成

$$PW_f(t,\omega)=\frac{1}{2\pi}W_f(t,\omega)\overset{\omega}{*}\hat{h}(\omega),\tag{3.50}$$

式中，$\overset{\omega}{*}$ 表示对频率的卷积，$\hat{h}(\omega)$ 是一低通函数.

式(3.50)说明，伪 Wigner-Ville 分布 $PW_f(t,\omega)$ 是 Wigner-Ville 分布 $W_f(t,\omega)$ 在频域上与 $\hat{h}(\omega)$ 的卷积，故加窗的结果是在频域上对 $W_f(t,\omega)$ 起到平滑作用.

(2) 平滑 Wigner-Ville 分布(SWVD)

减少 WVD 交叉项干扰的最直接的做法是应用二维低通滤波器 $H(t,\omega)$ 对 $W_f(t,\omega)$ 进行滤波，这就是平滑 Wigner-Ville 分布，其定义为

$$\begin{aligned}SW_f(t,\omega)&=\int_{-\infty}^{\infty}\int_{-\infty}^{\infty}W_f(p,q)H(t-p,\omega-q)\mathrm{d}p\mathrm{d}q\\&=W_f(t,\omega)\overset{t}{*}\overset{\omega}{*}H(t,\omega),\end{aligned}\tag{3.51}$$

式中，$\overset{t}{*}\overset{\omega}{*}$ 表示对时间和频率的二维卷积. 因为低通滤波相当于进行平滑操作，故称为平滑 Wigner-Ville 分布.

应当指出，由于低通滤波的作用，PWVD 和 SWVD 可以有效地抑制交叉项干扰，但另一方面，平滑会对信号项产生拉平的负面作用，导致它们的分辨率低于 WVD，同时会丧失 WVD 的一些有效的特性.

在 SWVD 的定义式(3.51)中，若取 $H(t,\omega)$ 为短时傅里叶变换中分析窗函数 $\gamma(t)$ 的 WVD，可得到谱图与 WVD 的如下关系

$$|\mathrm{STFT}_f(t,\omega)|^2=\int_{-\infty}^{\infty}\int_{-\infty}^{\infty}W_f(p,q)W_\gamma(t-p,\omega-q)\mathrm{d}p\mathrm{d}q.\tag{3.52}$$

下面证明这个结论. 由 WVD 的定义式(3.51)，得

$$\begin{aligned}&\int_{-\infty}^{\infty}\int_{-\infty}^{\infty}W_f(t,\omega)W_\gamma(t-p,\omega-q)\mathrm{d}p\mathrm{d}q\\=&\int_{-\infty}^{\infty}\int_{-\infty}^{\infty}\int_{-\infty}^{\infty}\int_{-\infty}^{\infty}f\left(p+\frac{u}{2}\right)f^*\left(p-\frac{u}{2}\right)\gamma\left(t-p+\frac{v}{2}\right)\gamma^*\left(t-p-\frac{v}{2}\right)\mathrm{e}^{-\mathrm{j}q(u-v)-\mathrm{j}v\omega}\cdot\\&\mathrm{d}u\mathrm{d}v\mathrm{d}p\mathrm{d}q\\=&\int_{-\infty}^{\infty}\int_{-\infty}^{\infty}\int_{-\infty}^{\infty}f\left(p+\frac{u}{2}\right)f^*\left(p-\frac{u}{2}\right)\gamma\left(t-p+\frac{v}{2}\right)\gamma^*\left(t-p-\frac{v}{2}\right)\mathrm{e}^{-\mathrm{j}v\omega}\delta(u-v)\cdot\\&\mathrm{d}u\mathrm{d}v\mathrm{d}p\\=&\int_{-\infty}^{\infty}\int_{-\infty}^{\infty}f\left(p+\frac{v}{2}\right)f^*\left(p-\frac{v}{2}\right)\gamma\left(t-p+\frac{v}{2}\right)\gamma^*\left(t-p-\frac{v}{2}\right)\mathrm{e}^{-\mathrm{j}v\omega}\mathrm{d}v\mathrm{d}p.\end{aligned}\tag{3.53}$$

令

$$a=p+\frac{v}{2},\quad b=p-\frac{v}{2},$$

则有

$$p=\frac{a+b}{2},\quad v=a-b.$$

从而,有

$$J=\begin{vmatrix}\dfrac{\partial p}{\partial a} & \dfrac{\partial p}{\partial b}\\ \dfrac{\partial v}{\partial a} & \dfrac{\partial v}{\partial b}\end{vmatrix}=\begin{vmatrix}\dfrac{1}{2} & \dfrac{1}{2}\\ 1 & -1\end{vmatrix}=-1.$$

由于 $\mathrm{d}p\mathrm{d}v=|J|\mathrm{d}a\mathrm{d}b=\mathrm{d}a\mathrm{d}b$,故式(3.53)可写成

$$\begin{aligned}&\int_{-\infty}^{\infty}\int_{-\infty}^{\infty}W_f(t,\omega)W_\gamma(t-p,\omega-q)\mathrm{d}p\mathrm{d}q\\ &=\int_{-\infty}^{\infty}\int_{-\infty}^{\infty}f(a)f^*(b)\gamma(t-b)\gamma^*(t-a)\mathrm{e}^{-\mathrm{j}(a-b)\omega}\mathrm{d}a\mathrm{d}b\\ &=\int_{-\infty}^{\infty}f(a)\gamma^*(t-a)\mathrm{e}^{-\mathrm{j}\omega a}\mathrm{d}a\int_{-\infty}^{\infty}f^*(b)\gamma(t-b)\mathrm{e}^{\mathrm{j}\omega b}\mathrm{d}b\\ &=|\mathrm{STFT}_f(t,\omega)|^2.\end{aligned}$$

由式(3.52)知,谱图相当于对WVD进行了平滑.因此,谱图的分辨率比WVD的分辨率低.同时,谱图还丧失了诸如时域边缘特性、频域边缘特性和瞬时频率特性等WVD的一些有效特性.

(3) 解析信号的Wigner-Ville分布

一般情况下,信号为实值函数,从而信号的幅值谱具有对称性,即

$$|\hat{f}(\omega)|^2=|\hat{f}(-\omega)|^2,$$

此时,负频率成分不仅导致信息的冗余,而且还会产生交叉项干扰.为了降低交叉项干扰,1988年,Boashash首先提出了采用解析信号的WVD.若记实信号 $f(t)$ 的解析信号为 $f_a(t)$,则解析信号 $f_a(t)$ 的傅里叶变换 $\hat{f}_a(\omega)$ 为

$$\hat{f}_a(\omega)=\begin{cases}2\hat{f}(\omega), & \omega>0;\\ \hat{f}(\omega), & \omega=0;\\ 0, & \omega<0.\end{cases}$$

由于解析信号为半频带函数,故所获得的WVD避免了出现与负频率有关的交叉项干扰.

下面给出实值信号 $f(t)$ 的WVD和它对应的解析信号 $f_a(t)$ 的WVD的关系.由WVD的频域表示式(3.39),有

$$\begin{aligned}W_{f_a}(t,\omega)&=\frac{1}{2\pi}\int_{-\infty}^{\infty}\hat{f}_a\left(\omega+\frac{\xi}{2}\right)\hat{f}_a^*\left(\omega-\frac{\xi}{2}\right)\mathrm{e}^{\mathrm{j}\xi t}\mathrm{d}\xi\\ &=\frac{1}{2\pi}\int_{-2\omega}^{2\omega}\hat{f}\left(\omega+\frac{\xi}{2}\right)\hat{f}^*\left(\omega-\frac{\xi}{2}\right)\mathrm{e}^{\mathrm{j}\xi t}\mathrm{d}\xi\end{aligned}$$

$$= \frac{1}{2\pi}\int_{-\infty}^{\infty} H(\xi)\hat{f}\left(\omega+\frac{\xi}{2}\right)\hat{f}^*\left(\omega-\frac{\xi}{2}\right)e^{j\xi t}d\xi,$$

式中，$H(\xi)$ 是截止频率为 2ω 的理想低通滤波器. 由卷积定理，上式可写为

$$W_{f_a}(t,\omega) = 2\int_{-\infty}^{\infty} \frac{\sin(2\omega\tau)}{\tau} W_f(t-\tau,\omega)d\tau. \tag{3.54}$$

因此，$f_a(t)$ 的 WVD 是 $f(t)$ 的 WVD 同一个与频率相关的低通滤波器 $\sin(2\omega t)/t$ 的卷积.

3.4.3 离散 Wigner-Ville 分布

连续时间信号的 WVD 在分析和获取信号的特性时具有重要的价值. 对于离散信号而言，定义其 WVD 时一方面需要考虑保留连续 WVD 的性质，同时又要便于计算和应用. 至今为止，还没有一个公认的定义能同时兼顾这两个需要. 下面介绍 1980 年由 Classen 等人提出的定义，这个定义目前应用较广.

在连续 WVD 的定义式(3.51)中，令 $u=\tau/2$，有

$$W_f(t,\omega) = 2\int_{-\infty}^{\infty} f(t+u)f^*(t-u)e^{-j2\omega u}du. \tag{3.55}$$

设式(3.55)中的积分间隔为 Δt，可得到该积分的求和估计式

$$\widetilde{W}_f(t,\omega) = 2\Delta t\sum_{p=-\infty}^{\infty} f(t+p\Delta t)f^*(t-p\Delta t)e^{-j2\omega p\Delta t}.$$

若以采样周期 Δt 对信号 $f(t)$ 进行等间隔采样，可得离散时间信号的 WVD

$$\widetilde{W}_f(n\Delta t,\omega) = 2\Delta t\sum_{p=-\infty}^{\infty} f((n+p)\Delta t)f^*((n-p)\Delta t)e^{-j2\omega p\Delta t}. \tag{3.56}$$

显然

$$\widetilde{W}_f\left(n\Delta t,\omega+\frac{\pi}{\Delta t}\right) = \widetilde{W}_f(n\Delta t,\omega), \tag{3.57}$$

故 $\widetilde{W}_f(n\Delta t,\omega)$ 在频域中的周期是 $\pi/\Delta t$ 而不是 $2\pi/\Delta t$. 因此，为了防止离散 WVD 出现混叠，采样频率必须大于四倍的信号最高频率成分，即 $f_s > f_{\max}$.

不失一般性，令 $\Delta t = 1$，则式(3.56)化简为

$$W_f(n,\omega) = 2\sum_{p=-\infty}^{\infty} f[n+p]f^*[n-p]e^{-jp\omega}. \tag{3.58}$$

式(3.58)的求和区间为从 $-\infty$ 到 ∞，实际中不便应用. 如果采用活动窗函数 $w[p]$，则式(3.58)变为

$$W_f(n,\omega) = 2\sum_{p=-\infty}^{\infty} w[p]f[n+p]f^*[n-p]e^{-j2p\omega}. \tag{3.59}$$

为简便起见，设 $w[p]$ 为

$$w[p] = \begin{cases} 1, & |p| < L; \\ 0, & |p| \geqslant L, \end{cases}$$

将其代入式(3.59),得

$$W_f(n,\omega)=2\sum_{p=-L+1}^{L-1}w[p]f[n+p]f^*[n-p]\mathrm{e}^{-\mathrm{j}2p\omega}. \tag{3.60}$$

进一步地,为了能用 FFT 来计算式(3.60),需要对频率 ω 进行离散化处理. 由于 $W_f(n,\omega)$ 在频域中的重复周期为 π,则采样间隔 $\Delta\omega=\pi/2L$. 令

$$G[n,p]=\begin{cases}f[n+p], & 0\leqslant p<L;\\ 0, & p=L;\\ f[n+(p-2L)]f^*[n-(p-2L)], & L<p<2L,\end{cases}$$

有

$$W_f[n,k]=W_f(n,k\pi/2L)=2\sum_{p=0}^{2L-1}G[n,p]\mathrm{e}^{-\mathrm{j}2\pi kp/2L}, \tag{3.61}$$

式(3.61)即为用 FFT 计算式(3.60)的公式.

3.5 小波分析

1984 年法国地球物理学家 D. Morlet 在研究地震信号时提出了小波分析的概念. 他在分析地震波时发现,短时傅里叶变换在时频分辨率方面的矛盾使得固定窗宽的加窗方法并非对所有非平稳信号都合适,从而提出了用一个函数的时移和尺度的组合表示信号的新思想,并建立了连续小波变换的理论体系.

1985 年法国数学家 Y. Meyer 构造了 $L^2(R)$ 中的第一个具有一定衰减性的光滑正交小波基,从而掀起了小波理论的研究热潮. 1989 年 S. Mallat 提出了对于小波分析理论具有突破意义的多分辨分析的概念,给出了构造正交小波的一般方法,统一了在此之前的各种具体正交小波的构造,并由此导出了小波分解与重构的快速算法,即 Mallat 算法[3]. 与此同时,遵循 S. Mallat 的工作,I. Daubechies 构造了具有紧支撑的光滑正交小波簇,这就是著名的 Daubechies 小波[7]. 1990 年,I. Daubechies 建立了小波框架的基本理论[7],至此小波分析的系统理论得到初步建立.

小波分析是近二十年多来迅速发展起来的一个新兴应用数学分支,从它诞生时就与工程技术问题密切联系在一起,它的研究不仅在理论上取得了丰硕成果,并且已广泛地应用到信号处理、图像处理、地球物理和电子与通信等众多工程领域.

3.5.1 连续小波变换

设 $\psi(t)\in L^2(R)$,如果

$$\int_{-\infty}^{\infty}\psi(t)\,\mathrm{d}t=0, \tag{3.62}$$

则称 $\psi(t)$ 为小波. $\psi(t)$ 也常称为母小波或基本小波.

因为只有取值正负交替的函数的积分才能为零,所以小波函数 $\psi(t)$ 具有波动性. 另外,由于 $\hat{\psi}(0)=\int_{-\infty}^{\infty}\psi(t)\mathrm{d}t=0$, 故 $\psi(t)$ 是个带通滤波器.

对小波 $\psi(t)$ 进行伸缩和平移,可得到一簇小波函数

$$\psi_{u,s}(t)=\frac{1}{\sqrt{|s|}}\psi\left(\frac{t-u}{s}\right),\quad s\in R\backslash\{0\},\quad u\in R, \tag{3.63}$$

式中, s 称为尺度参数或伸缩参数, u 称为平移参数. 式(3.36)中的系数 $1/\sqrt{|s|}$ 是为了使 $\psi_{u,s}(t)$ 保持能量不变,即 $\|\psi_{u,s}(t)\|=\|\psi(t)\|$.

设 $f(t)\in L^2(R)$, $f(t)$ 的连续小波变换定义为

$$WT_f(u,s)=\langle f,\psi_{u,s}\rangle=\frac{1}{\sqrt{|s|}}\int_{-\infty}^{\infty}f(t)\psi^*\left(\frac{t-u}{s}\right)\mathrm{d}t. \tag{3.64}$$

对于连续小波变换而言,如果采用的小波函数满足"容许条件"

$$C_\psi=\int_{-\infty}^{\infty}\frac{|\hat{\psi}(\omega)|^2}{|\omega|}\mathrm{d}\omega<\infty, \tag{3.65}$$

那么反变换存在,这时信号 $f(t)$ 可以通过 $WT_f(u,s)$ 进行重构.

定理 3.2 设小波函数 $\psi(t)$ 满足"容许条件",则对任意 $f(t),g(t)\in L^2(R)$,有

$$\int_{-\infty}^{\infty}\int_{-\infty}^{\infty}WT_f(u,s)WT_g^*(u,s)\mathrm{d}u\frac{\mathrm{d}s}{s^2}=C_\psi\langle f,g\rangle, \tag{3.66}$$

并且 $f(t)$ 可以通过下式进行重构

$$f(t)=\frac{1}{C_\psi}\int_{-\infty}^{\infty}\int_{-\infty}^{\infty}WT_f(u,s)\psi_{u,s}(t)\mathrm{d}u\frac{\mathrm{d}s}{s^2}. \tag{3.67}$$

证明 根据 Parseval 恒等式,有

$$WT_f(u,s)=\langle f,\psi_{u,s}\rangle=\frac{1}{2\pi}\langle\hat{f},\hat{\psi}_{u,s}\rangle=\frac{\sqrt{|s|}}{2\pi}\int_{-\infty}^{\infty}\hat{f}(\omega)\mathrm{e}^{\mathrm{j}\omega u}\hat{\psi}^*(s\omega)\mathrm{d}\omega.$$

从而,有

$$\begin{aligned}
&\int_{-\infty}^{\infty}\int_{-\infty}^{\infty}WT_f(u,s)WT_g^*(u,s)\mathrm{d}u\frac{\mathrm{d}s}{s^2}\\
&=\frac{1}{2\pi}\int_{-\infty}^{\infty}\int_{-\infty}^{\infty}\left(\int_{-\infty}^{\infty}\hat{f}(\omega)\mathrm{e}^{\mathrm{j}\omega u}\hat{\psi}^*(s\omega)\mathrm{d}\omega\int_{-\infty}^{\infty}g^*(t)\psi\left(\frac{t-u}{s}\right)\mathrm{d}t\right)\mathrm{d}u\frac{\mathrm{d}s}{s^2}\\
&=\frac{1}{2\pi}\int_{-\infty}^{\infty}\int_{-\infty}^{\infty}\int_{-\infty}^{\infty}\left(\int_{-\infty}^{\infty}\psi\left(\frac{t-u}{s}\right)\mathrm{e}^{\mathrm{j}\omega u}\mathrm{d}u\right)\hat{\psi}^*(s\omega)\hat{f}(\omega)g^*(t)\mathrm{d}\omega\mathrm{d}t\frac{\mathrm{d}s}{s^2}\\
&=\frac{1}{2\pi}\int\int\int|\hat{\psi}(s\omega)|^2\mathrm{e}^{\mathrm{j}\omega t}\hat{f}(\omega)g^*(t)\mathrm{d}\omega\mathrm{d}t\frac{\mathrm{d}s}{|s|}\\
&=\frac{1}{2\pi}\int_{-\infty}^{\infty}\int_{-\infty}^{\infty}\int_{-\infty}^{\infty}\left(|\hat{\psi}(s\omega)|^2\frac{\mathrm{d}s}{|s|}\right)\hat{f}(\omega)g^*(t)\mathrm{e}^{\mathrm{j}\omega t}\mathrm{d}\omega\mathrm{d}t
\end{aligned}$$

$$=\int_{-\infty}^{\infty}\frac{|\hat{\psi}(\xi)|^2}{|\xi|}\mathrm{d}\xi\int_{-\infty}^{\infty}\left(\frac{1}{2\pi}\int_{-\infty}^{\infty}\hat{f}(\omega)\mathrm{e}^{\mathrm{j}\omega t}\mathrm{d}\omega\right)g^*(t)\mathrm{d}t$$
$$=\int_{-\infty}^{\infty}\frac{|\hat{\psi}(\xi)|^2}{|\xi|}\mathrm{d}\xi\int_{-\infty}^{\infty}f(t)g^*(t)\mathrm{d}t$$
$$=C_\psi\langle f,g\rangle,$$

故式(3.66)得证. □

在式(3.66)中,取

$$g(t)=(2\pi)^{-1/4}\sigma^{-\frac{1}{2}}\mathrm{e}^{-\frac{t^2}{4\sigma^2}},$$

并且令 $\sigma\to 0$,有式(3.67)成立.

在实际应用中,通常选取 $\psi(t)$ 为实值函数,这时有 $|\hat{\psi}(-\omega)|=|\hat{\psi}(\omega)|$,于是

$$C_\psi=\int_{-\infty}^{\infty}\frac{|\hat{\psi}(\omega)|^2}{|\omega|}\mathrm{d}\omega=2\int_0^{\infty}\frac{|\hat{\psi}(\omega)|^2}{\omega}\mathrm{d}\omega=2C_\psi^+.$$

在这种情况下,式(3.67)变为

$$f(t)=\frac{1}{C_\psi^+}\int_0^{\infty}\int_{-\infty}^{\infty}WT_f(u,s)\psi_{u,s}(t)\mathrm{d}u\frac{\mathrm{d}s}{s^2}. \tag{3.68}$$

下面考虑连续小波变换的物理意义和时频特征.由于小波 $\psi(t)$ 是个带通函数,故一般采用双窗函数来描述 $\psi(t)$ 的时频聚集性能.为简单起见,下面只就正频轴加以讨论.这时 $\psi(t)$ 的频率中心和带宽分别定义为

$$\omega_0^+=\int_0^{\infty}\omega|\hat{\psi}(\omega)|^2\mathrm{d}\omega/\|\hat{\psi}\|,$$

$$\sigma_\omega^+=\int_0^{\infty}(\omega-\omega_0^+)|\hat{\psi}(\omega)|^2\mathrm{d}\omega/\|\hat{\psi}\|.$$

不失一般性,若记 $\psi(t)$ 的时间中心和时宽分别为 $t_0=0$ 和 σ_t,那么 $\psi(t)$ 所确定的时频窗口为

$$[-\sigma_t,\sigma_t]\times[\omega_0^+-\sigma_\omega^+,\omega_0^++\sigma_\omega^+].$$

这就推出,$\psi_{u,s}(t)$ 所确定的时频窗口为

$$[u-s\sigma_t,u+s\sigma_t]\times\left[\frac{\omega_0^+}{s}-\frac{1}{s}\sigma_\omega^+,\frac{\omega_0^+}{s}+\frac{1}{s}\sigma_\omega^+\right].$$

由此可见,$\psi_{u,s}(t)$ 所确定的时频窗口的面积与 $\psi(t)$ 相同,其值为 $4\sigma_t\sigma_\omega^+$,矩形窗口的形状随尺度参数 s 的改变而改变,并且尺度参数 s 决定了 $\psi_{u,s}(t)$ 频率中心、带宽和时宽.当 s 的值小时,频率中心变大,$\psi_{u,s}(t)$ 的时频窗口为一时宽窄而带宽大的高频窗;当 s 的值大时,频率中心变小,$\psi_{u,s}(t)$ 的时频窗口为一时宽大而带宽窄的低频窗,如图 3.8 所示.

因此,用不同的尺度 s 作小波变换,相当于用一系列频率中心和带宽各异的带通滤波器对信号进行滤波处理.这表明连续小波变换不同于短时傅里叶变换,其时

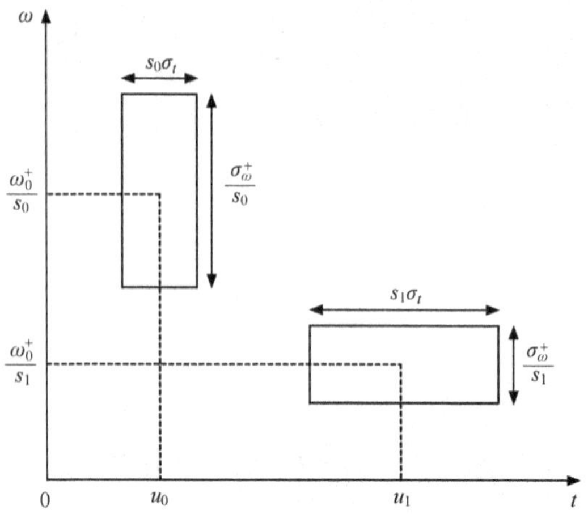

图 3.8 小波的时频窗口

频窗口的大小可根据信号成分的变化快慢自动调整,它是一种多分辨的时频分析方法.

下面是两个常用的母小波函数.

例 3.8 Mexican 帽小波

$$\psi(t)=\frac{2}{\sqrt{3}}\pi^{-1/4}(1-t^2)e^{-\frac{t^2}{2}},$$

其频域表达式为

$$\hat{\psi}(\omega)=\sqrt{\frac{8}{3}}\pi^{1/4}\omega^2e^{-\frac{\omega^2}{2}},$$

图 3.9 分别给出了它的时域和频域中的波形.

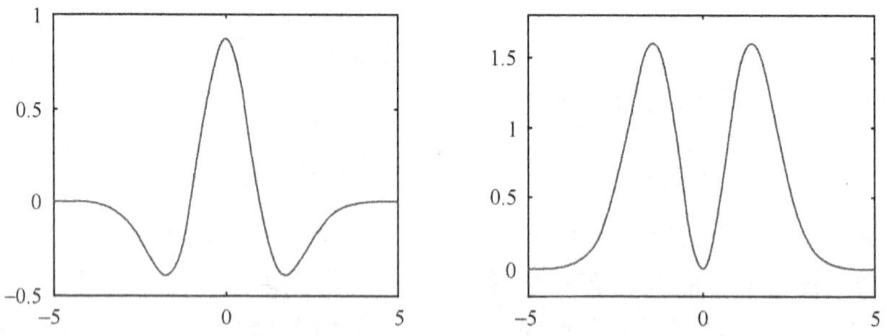

图 3.9 Mexican 帽小波及其傅里叶变换

例 3.9 Morlet 小波

$$\psi(t)=\pi^{-1/4}(e^{-j\omega_0t}-e^{-\frac{j\omega_0^2}{2}})e^{-\frac{t^2}{2}},$$

Morlet 小波是最常用的复值小波，其频域表达式为

$$\hat{\psi}(\omega) = \pi^{-1/4}\left[e^{-\frac{(\omega-\omega_0)^2}{2}} - e^{-\frac{(\omega_0^2+\omega^2)}{2}}\right].$$

顺便指出，实值小波只能提取被分析信号的幅值信息，而复值小波则可提取被分析信号的幅值与相位信息.

3.5.2 小波框架

信号的连续小波变换是一种冗余的表示. 在实际应用中，需将尺度参数 s 和平移参数 u 离散化，以进行数值处理. 一个常用的形式是对 s 和 u 做如下的离散采样

$$\begin{cases} s = a^j \\ u = nba^j \end{cases}, \quad a > 1, \quad b > 0, \quad j, n \in Z.$$

这时小波函数 $\psi_{u,s}(t)$ 就变成

$$\psi_{j,n}(t) = a^{-j/2}\psi(a^{-j}t - nb), \tag{3.69}$$

相应的小波变换记作

$$WT_f(j,n) = \langle f, \psi_{j,n}\rangle = \int_{-\infty}^{\infty} f(t)\psi_{j,n}(t)\,\mathrm{d}t.$$

下面将围绕着 a 和 b 的选择来讨论下述问题：$WT_f(j,n) = \langle f, \psi_{j,n}\rangle$ 能否完整地表征信号 $f(t)$？更进一步地说，能不能由 $\langle f, \psi_{j,n}\rangle$ 数值稳定地完全重构信号 $f(t)$？

小波框架的理论给出了上述问题的答案. 由于小波框架是建立在所谓的"框架理论"基础上，故先介绍 Hilbert 空间中框架的基本概念.

定义 3.1 设 H 为 Hilbert 空间，$\{\phi_n\}_{n\in\Gamma} \subset H$，$\Gamma$ 为指标集. 如果存在常数 $A, B, 0 < A \leqslant B < \infty$，使

$$A\|f\|^2 \leqslant \sum_{n\in\Gamma} |\langle f, \phi_n\rangle|^2 \leqslant B\|f\|^2, \quad \forall f \in H, \tag{3.70}$$

称 $\{\phi_n\}_{n\in\Gamma}$ 为 H 中的框架，A 和 B 为框架界. 特别地，如果 $A = B$，称 $\{\phi_n\}_{n\in\Gamma}$ 为 H 中的紧凑框架.

框架通常是一组"冗余的基集". 这是因为，由上述定义和 Hahn-Banach 定理，易知 $\{\phi_n\}_{n\in\Gamma}$ 在 H 中稠，即 $\overline{span\{\phi_n\}_{n\in\Gamma}} = H$. 框架一般不一定是正交基. 例如，设

$$\phi_1 = (0,1), \quad \phi_2 = \left(-\frac{\sqrt{3}}{2}, -\frac{1}{2}\right), \quad \phi_3 = \left(\frac{\sqrt{3}}{2}, -\frac{1}{2}\right),$$

那么对任意 $x \in R^2$，有

$$\sum_{i=1}^{3} |\langle x, \phi_i\rangle|^2 = \frac{3}{2}\|x\|^2.$$

可见 ϕ_1, ϕ_2, ϕ_3 构成 R^2 中的一个紧凑框架，它们显然不是正交基. 但是，不难证明[7]：当 $\|\phi_n\| = 1$ 时，框架 $\{\phi_n\}_{n\in\Gamma}$ 构成 H 中正交基的充要条件是 $A = B$.

从框架系数 $\{\langle f,\phi_n\rangle\}_{n\in\Gamma}$ 重构 f，可通过框架算子来计算. 框架算子的定义为

$$Tf=\sum_{n\in\Gamma}\langle f,\phi_n\rangle\phi_n,\quad \forall f\in H. \tag{3.71}$$

框架算子具有如下性质：

性质 1 T 是 H 到 H 上的有界线性算子，并且有

$$AI\leqslant T\leqslant BI, \tag{3.72}$$

式中，I 是恒等算子.

性质 2 T 是有界可逆的，并且有

$$B^{-1}I\leqslant T^{-1}\leqslant A^{-1}I \tag{3.73}$$

上述性质 2 不难由性质 1 推出，故只需对性质 1 加以证明. 任取 $f\in H$，有

$$\begin{aligned}\langle Tf,f\rangle&=\Big\langle\sum_{n\in\Gamma}\langle f,\phi_n\rangle\phi_n,f\Big\rangle\\&=\sum_{n\in\Gamma}\langle f,\phi_n\rangle\langle\phi_n,f\rangle=\sum_{n\in\Gamma}|\langle f,\phi_n\rangle|^2.\end{aligned}$$

因此，再由框架的定义式(3.70)得

$$A\langle f,f\rangle\leqslant\langle Tf,f\rangle\leqslant B\langle f,f\rangle,$$

即 $AI\leqslant T\leqslant BI$，故性质 1 得证. □

若定义

$$\tilde{\phi}_n=T^{-1}\phi_n,\quad n\in\Gamma, \tag{3.74}$$

则 $\{\tilde{\phi}_n\}_{n\in\Gamma}$ 是框架，其框架界为 B^{-1} 和 A^{-1}，称为框架 $\{\phi_n\}_{n\in\Gamma}$ 的对偶框架，并且有

$$B^{-1}\|f\|^2\leqslant\sum_{n\in\Gamma}|\langle f,\tilde{\phi}_n\rangle|^2\leqslant A^{-1}\|f\|^2,\quad\forall f\in H. \tag{3.75}$$

我们有如下重构定理.

定理 3.3 设 $\{\phi_n\}_{n\in\Gamma}$ 为 H 中的框架，$\{\tilde{\phi}_n\}_{n\in\Gamma}$ 是它的对偶框架框架. 对任意 $f\in H$，则 f 可由下式进行重构

$$f=\sum_{n\in\Gamma}\langle f,\phi_n\rangle\tilde{\phi}_n=\sum_{n\in\Gamma}[f,\tilde{\phi}_n]\phi_n. \tag{3.76}$$

特别地，当 $\{\phi_n\}_{n\in\Gamma}$ 为紧凑框架时，有 $\tilde{\phi}_n=\frac{1}{A}\phi_n$，这时

$$f=\frac{1}{A}\sum_{n\in\Gamma}\langle f,\phi_n\rangle\phi_n. \tag{3.77}$$

证明 对任意 $f\in H$，有

$$\begin{aligned}f&=T^{-1}Tf=T^{-1}\Big(\sum_{n\in\Gamma}\langle f,\phi_n\rangle\phi_n\Big)\\&=\sum_{n\in\Gamma}\langle f,\phi_n\rangle T^{-1}\phi_n=\sum_{n\in\Gamma}\langle f,\phi_n\rangle\tilde{\phi}_n.\end{aligned}$$

对任意 $g\in H$，根据上式有

$$\langle f,g\rangle=\sum_{n\in\Gamma}\langle f,\phi_n\rangle\langle\tilde{\phi}_n,g\rangle=\Big\langle f,\sum_{n\in\Gamma}\langle g,\tilde{\phi}_n\rangle\phi_n\Big\rangle.$$

因此 $g=\sum_{n\in\Gamma}\langle g,\tilde{\phi}_n\rangle\phi_n$.

当 $\{\phi_n\}_{n\in\Gamma}$ 为紧凑框架时,由式(3.73)知,$T^{-1}=\frac{1}{A}I$,故 $\tilde{\phi}_n=\frac{1}{A}\phi_n$,从而重构公式(3.76)变为

$$f=\frac{1}{A}\sum_{n\in\Gamma}\langle f,\phi_n\rangle\phi_n,$$

故定理得证. □

上述定理表明可以从框架系数 $\{\langle f,\phi_n\rangle\}_{n\in\Gamma}$ 数值稳定地完全重构 f,并且有重构公式

$$f=\sum_{n\in\Gamma}\langle f,\phi_n\rangle\tilde{\phi}_n.$$

可以证明[7]:

1) 若令 $R=I-\frac{2}{A+B}T$,则

$$\tilde{\phi}_n=\frac{2}{A+B}\sum_{k=0}^{\infty}R^k\phi_n; \tag{3.78}$$

2) 若令 $\tilde{\phi}_n^N=\frac{2}{A+B}\sum_{k=0}^{N}R^k\phi_n,r=B/A-1$,则

$$\left\|f-\sum_{n\in\Gamma}\langle f,\phi_n\rangle\tilde{\phi}_n^N\right\|\leqslant\left(\frac{r}{2+r}\right)^{N+1}\|f\|. \tag{3.79}$$

下面给出从框架系数 $\{\langle f,\phi_n\rangle\}_{n\in\Gamma}$ 重构 f 的一个有效的迭代算法,即所谓的"框架算法".

定理 3.4 设 $g\in H,f=T^{-1}g$. 令

$$\begin{cases}f_n=f_{n-1}+\lambda(g-Tf_{n-1})\\ f_0=0\end{cases},n=1,2,\cdots. \tag{3.80}$$

如果 $\lambda>0$ 满足

$$\delta=\max\{|1-\lambda A|,|1-\lambda B|\}<1,$$

则

$$\|f-f_n\|\leqslant\delta^n\|f\|.$$

因此 $\lim_{n\to\infty}f_n=f$.

证明 由式(3.80),有

$$f-f_n=f-f_{n-1}-\lambda T(f-f_{n-1}).$$

令 $L=I-\lambda T$,则上式可写成

$$f-f_n=L(f-f_{n-1})=L^n(f-f_0)=L^nf. \tag{3.81}$$

根据式(3.72),有

$$A\|f\|^2\leqslant\langle Tf,f\rangle\leqslant B\|f\|^2.$$

这就推出

$$|\langle Lf,f\rangle|\leqslant\delta\|f\|^2.$$

由于 L 是对称的,故 $\|L\|\leqslant\delta$, 从而,根据式(3.81)有

$$\|f_n-f\|\leqslant\delta^n\|f\|,$$

故定理得证.

下面介绍小波框架. 为简单起见,假定 $\psi(t)$ 为实值函数.

定义 3.2 设 $\psi(t)\in L^2(R)$ 为小波函数, $a>1,b>0$. 令

$$\psi_{j,n}(t)=a^{-j/2}\psi(a^{-j}t-nb).$$

如果 $\{\psi_{j,n}(t)\}_{j,n\in Z}$ 构成 $L^2(R)$ 中的框架,即

$$A\|f\|^2\leqslant\sum_{j,n\in Z}|\langle f,\psi_{j,n}\rangle|^2\leqslant B\|f\|^2,\quad\forall f(t)\in L^2(R),$$

称 $\{\psi_{j,n}(t)\}_{j,n\in Z}$ 为小波框架.

前面给出的框架理论表明,当 $\{\psi_{j,n}(t)\}_{j,n\in Z}$ 构成小波框架时,可以从 $\{WT_f(j,n)=\langle f,\psi_{j,n}\rangle\}_{j,n\in Z}$ 完全地和数值稳定地重构 $f(t)$, 并且给出了重构 $f(t)$ 的两个数值算法.

显然,要使 $\{\psi_{j,n}(t)\}_{j,n\in Z}$ 能构成小波框架,必须对 a,b 和小波函数 $\psi(t)$ 强加某些约束条件. Daubechies 经过繁长的数学推导,得到下述关于 $\{\psi_{j,n}(t)\}_{j,n\in Z}$ 构成小波框架的一个必要条件和一个充分条件[3,7].

定理 3.5 设 $\{\psi_{j,n}(t)\}_{j,n\in Z}$ 是小波框架,则

$$A\leqslant\frac{\int_0^\infty\omega^{-1}|\hat{\psi}(\omega)|^2\mathrm{d}\omega}{b\ln a}\leqslant B \tag{3.82}$$

和

$$A\leqslant\frac{1}{b}\sum_{j\in Z}|\hat{\psi}(a^j\omega)|^2\leqslant B. \tag{3.83}$$

定理 3.6 设 $\psi(t)\in L^2(R)$ 为小波函数, $a>1$, 且满足

(1) $\inf\limits_{1\leqslant|\omega|\leqslant a}\sum\limits_{j\in Z}|\hat{\psi}(a^j\omega)|^2>0$;

(2) $\sup\limits_{1\leqslant|\omega|\leqslant a}\sum\limits_{j\in Z}|\hat{\psi}(a^j\omega)|^2<\infty$;

(3) 存在 $\varepsilon>0$, 使

$$\sup_{\xi\in\mathbf{R}}[(1+|\xi|)^{-(1+\varepsilon)}\beta(\xi)]<\infty,$$

其中

$$\beta(\xi)=\sup_{1\leqslant|\omega|\leqslant a}\sum_{j\in Z}|\hat{\psi}(a^j\omega)||\hat{\psi}(a^j\omega+\xi)|,$$

则存在 $b_0>0$, 使当 $0<b<b_0$ 时, $\{\psi_{j,n}(t)\}_{j,n\in Z}$ 构成 $L^2(R)$ 中的框架,并且有框架界估计

$$A = \frac{2\pi}{b}\left\{\inf_{1\leqslant|\omega|\leqslant a}\sum_{j\in Z}|\hat{\psi}(a^j\omega)|^2 - \sum_{\substack{k\in Z\\k\neq 0}}\left[\beta\left(\frac{2\pi}{b}k\right)\beta\left(-\frac{2\pi}{b}k\right)\right]^{1/2}\right\}, \quad (3.84)$$

$$B = \frac{2\pi}{b}\left\{\sup_{1\leqslant|\omega|\leqslant a}\sum_{j\in Z}|\hat{\psi}(a^j\omega)|^2 + \sum_{\substack{k\in Z\\k\neq 0}}\left[\beta\left(\frac{2\pi}{b}k\right)\beta\left(-\frac{2\pi}{b}k\right)\right]^{1/2}\right\}. \quad (3.85)$$

值得指出的是,如果

$$|\hat{\psi}(\omega)| \leqslant C|\omega|^{\alpha}(1+|\omega|)^{-\lambda},\ \alpha > 0,\ \lambda > 1+\alpha,$$

那么定理3.6中的全部条件能得到满足.

从重构误差公式(3.79)知,重构误差强烈依赖于框架界 A 和 B 的比值 $r = B/A - 1$. 因此,为了保证 $\{\psi_{j,n}(t)\}_{j,n\in Z}$ 能构成一个重构误差较小的小波框架,则希望其接近于紧凑框架,即 $r = B/A - 1 \ll 1$. 定理3.6告诉我们,可以从式(3.84)和式(3.85)数值求解框架界 A 和 B.

对于 Mexican 帽小波

$$\psi(t) = \frac{2}{\sqrt{3}}\pi^{-1/4}(1-t^2)e^{-\frac{t^2}{2}}$$

的特殊情形,可以证明:对任意 $a > 1$,存在 $b_0 > 0$,使当 $0 < b < b_0$ 时,$\{\psi_{j,n}(t)\}_{j,n\in Z}$ 构成小波框架. Daubechies 在当 $a = 2, \sqrt{2}, 2^{1/3}, 2^{1/4}$ 时,对不同的 b 值给出了框架界 A,B 和 B/A 的估值[7].

3.5.3 多分辨分析

众所周知,正交基是 Hilbert 空间中最理想的基集. 特别地,人们最希望构造一个小波函数 $\psi(t)$,使其经过二进制伸缩和平移后生成的小波函数簇

$$\{\psi_{j,n}(t) = 2^{-j/2}\psi(2^{-j}t - n)\}_{j,n\in Z} \quad (3.86)$$

构成 $L^2(R)$ 空间中的标准正交基. 当 $\{\psi_{j,n}(t)\}_{j,n\in Z}$ 是 $L^2(R)$ 空间中的标准正交基时,称 $\psi(t)$ 为正交小波,称

$$WT_f(j,n) = \langle f, \psi_{j,n}\rangle = \int_{-\infty}^{\infty} f(t)\psi_{j,n}(t)\mathrm{d}t \quad (3.87)$$

为 $f(t)$ 的正交小波变换. 这时有重构公式

$$f(t) = \sum_{j,n\in Z} WT_f(j,n)\psi_{j,n}(t) = \sum_{j,n\in Z}\langle f, \psi_{j,n}\rangle\psi_{j,n}(t). \quad (3.88)$$

正交小波的构造是小波分析的基本问题之一. 正是寻找具有各种不同性能正交小波的驱动才掀起了小波理论的研究热潮,架起了应用数学通往信号处理领域的桥梁,把数字信号处理和调和分析两个不同领域的科研工作者紧密地联系在一起.

1989年 S. Mallat 提出了多分辨分析的概念,使小波分析的理论研究产生了突破性的进展. 在多分辨分析的基础上,S. Mallat 给出了构造正交小波的一般理

论和方法，统一了在此之前的各种具体正交小波的构造，并由此导出了小波分解与重构的快速算法，即 Mallat 算法. Mallat 算法在小波分析中的地位极其重要，相当于快速傅里叶变换在经典傅里叶分析中的地位.

多分辨分析 $\{V_j\}_{j\in z}$ 是 $L^2(R)$ 空间中满足一定条件的子空间列，通过它可以计算出信号在各种不同分辨率下的逼近. 信号 $f(t)$ 分辨率为 2^{-j} 的逼近定义为 $f(t)$ 在 V_j 上的正交投影 $P_{V_j}f$，而子空间 V_j 表示能以 2^{-j} 分辨率逼近 $L^2(R)$ 空间任意元的函数集合.

定义 3.3 设 $\{V_j\}_{j\in z}$ 是 $L^2(R)$ 空间中的闭子空间列，如果它满足下列性质

1) 单调性

$$V_{j+1}\subset V_j,\quad \forall j\in Z; \tag{3.89}$$

2) 伸缩性

$$f(t)\in V_j\Leftrightarrow f\left(\frac{t}{2}\right)\in V_{j+1},\quad \forall j\in Z; \tag{3.90}$$

3) 平移不变性

$$f(t)\in V_j\Leftrightarrow f(t-2^jk)\in V_j,\quad \forall j,k\in Z; \tag{3.91}$$

4) 逼近性

$$\lim_{j\to\infty}V_j=\bigcap_{j\in Z}V_j=\{0\}, \tag{3.92}$$

$$\lim_{j\to-\infty}V_j=\overline{\bigcup_{j\in Z}V_j}=L^2(R); \tag{3.93}$$

5) 正交基存在性

存在 $\phi(t)\in V_0$，使得 $\{\phi(t-n)\}_{n\in Z}$ 构成 V_0 的标准正交基，称 $\{V_j\}_{j\in z}$ 是 $L^2(R)$ 空间中的一个多分辨分析. 通常称 ϕ 为尺度函数，称 V_j 为逼近空间.

下面对定义中的条件说明如下：

1) 单调性式(3.89)说明，子空间列 $\{V_j\}_{j\in z}$ 是一个嵌套空间列，信号高分辨率 (2^{-j}) 的逼近包含了计算低分辨率 $(2^{-(j+1)})$ 逼近所需的所有信息.

2) 伸缩性式(3.90)蕴涵着逼近空间 V_{j+1} 可由 V_j 导出，V_{j+1} 中的信号为 V_j 中信号的伸缩，其伸缩比是 2.

3) 平移不变性(3.91)意味着逼近空间 V_j 对任意同 2^j 成比例的平移是平移不变的.

4) 信号 $f(t)$ 投影到逼近空间 V_j（分辨率 2^{-j}）会损失一部分信息，当分辨率 $2^{-j}\to 0$ 时，逼近性质(3.92)表明，将失去的信号 $f(t)$ 的全部信息，即

$$\lim_{j\to\infty}\|P_{V_j}f\|=0.$$

当分辨率 $2^{-j}\to\infty$ 时，逼近性质(3.93)表明，逼近信号 $P_{V_j}f$ 收敛到原信号，即

$$\lim_{j\to-\infty}\|f-P_{V_j}f\|=0.$$

5) 正交基的存在性这一条件可以放宽到 Riesz 基的存在性. 因为从 Riesz 基可构造出标准正交基[3].

下面的定理表明,逼近空间 V_j 的标准正交基可以通过尺度函数 $\phi(t)$ 的伸缩和平移得到.

定理 3.7 设 $\{V_j\}_{j\in z}$ 是 $L^2(R)$ 的多分辨分析, $\phi(t)$ 是对应的尺度函数,则

$$\{\phi_{j,n}(t)=2^{-j/2}\phi(2^{-j}t-n)\}_{n\in Z} \tag{3.94}$$

构成 V_j 的标准正交基.

证明 对任意函数 $f(t)\in V_j$, 由多分辨分析定义 3.3 的条件(2)知, $f(2^jt)\in V_0$, 从而 $f(2^jt)$ 可由 V_0 的标准正交基 $\{\phi(t-n)\}_{n\in Z}$ 线性表出. 再用 t 代替 2^jt 知, $f(t)$ 可由 $\{\phi_{j,n}(t)\}_{n\in Z}$ 线性表出. 另一方面,由于

$$\begin{aligned}\langle\phi_{j,k},\phi_{j,n}\rangle &= 2^{-j}\int_{-\infty}^{+\infty}\phi(2^{-j}t-k)\phi(2^{-j}t-n)\,\mathrm{d}t\\ &=\int_{-\infty}^{+\infty}\phi(t-k)\phi(t-n)\,\mathrm{d}t=\delta(k-n),\end{aligned}$$

故 $\{\phi_{j,n}(t)\}_{n\in Z}$ 是标准正交的. 综合上述,定理得证. □

从多分辨分析的定义可以推出[3]: $\hat{\phi}(0)=1$, 即 $\int_{-\infty}^{\infty}\phi(t)\,\mathrm{d}t=1$. 因此,尺度函数 $\phi(t)$ 是一个低通滤波器. 根据定理 3.7 知,一个多分辨分析可由尺度函数唯一确定,即

$$V_j=\overline{span}\{\phi_{j,n}(t)=2^{-j/2}\phi(2^{-j}t-n)\mid n\in Z\},\quad j\in Z.$$

若已知多分辨分析的尺度函数,对任意 $f(t)\in L^2(R)$, 那么 $f(t)$ 的 2^{-j} 分辨率的逼近可以从下式计算

$$P_{V_j}f(t)=\sum_{n\in Z}\langle f,\phi_{j,n}\rangle\,\phi_{j,n}(t). \tag{3.95}$$

下述例 3.10 和例 3.11 给出了两个简单的多分辨分析.

例 3.10 Harr 多分辨分析.

子空间 V_j 定义为

$$V_j=\{g(t)\in L^2(R)\mid g(t)\equiv 常数,\quad t\in[n2^j,(n+1)2^j),\ n\in Z\},\quad \forall j\in Z,$$

相应的尺度函数为

$$\phi(t)=\begin{cases}1, & t\in[0,1];\\ 0, & 其他.\end{cases}$$

易知, $\{V_j\}_{j\in z}$ 是 $L^2(R)$ 的多分辨分析.

Harr 多分辨分析是由 $L^2(R)$ 中分段常数函数构成. 对任意 $f(t)\in L^2(R)$, $f(t)$ 分辨率为 2^{-j} 的逼近 $P_{V_j}f$ 是一个在区间 $[n2^j,(n+1)2^j)$, $n\in Z$ 上为常数的分段常数函数.

例 3.11　Shannon 多分辨分析.

子空间 V_j 定义为

$$V_j = \{g(t) \in L^2(R) \mid \hat{g}(\omega) = 0,\ \omega \notin [-2^{-j}\pi, 2^{-j}\pi]\},$$

即在频域中具有紧支集 $[-2^{-j}\pi, 2^{j}\pi]$ 的 $L^2(R)$ 中函数的全体,其尺度函数为

$$\phi(t) = \frac{\sin\pi t}{\pi t}.$$

不难证明,$\{V_j\}_{j\in z}$ 是 $L^2(R)$ 的多分辨分析.

对于 Shannon 多分辨分析,任取 $f(t) \in L^2(R)$,不难证明

$$\hat{P}_{V_j} f(\omega) = \hat{f}(\omega) I_{[-2^{-j}\pi, 2^{j}\pi]}(\omega), \tag{3.96}$$

其中

$$I_{[-2^{-j}\pi, 2^{j}\pi]}(\omega) = \begin{cases} 1, & \omega \in [-2^{-j}\pi, 2^{-j}\pi]; \\ 0, & 其他. \end{cases}.$$

由式(3.96)可见,$f(t)$ 分辨率为 2^{-j} 的逼近 $P_{V_j} f$ 是 $f(t)$ 通过带宽为 $[-2^{-j}\pi, 2^{j}\pi]$ 的理想低通滤波器后的输出.

从定理 3.7 可知,尺度函数完全刻画了一个多分辨分析.下面讨论尺度函数的构造理论和方法,证明任意尺度函数均可以通过一个离散低通滤波器 $H(\omega)$ 产生.首先,给出多分辨分析中的一个重要公式,即尺度函数的双尺度方程.

根据多分辨分析的单调性,有

$$\phi(t) \in V_0 \subset V_{-1}.$$

由于 $\{\phi(2t-n)\}_{n\in Z}$ 是 V_{-1} 空间的标准正交基,故尺度函数满足双尺度方程

$$\phi(t) = \sqrt{2} \sum_{n\in Z} h[n] \phi(2t-n), \tag{3.97}$$

其中

$$h[n] = \langle \phi(t), \sqrt{2}\phi(t-n) \rangle = \sqrt{2} \int_{-\infty}^{+\infty} \phi(t)\phi(2t-1)\,\mathrm{d}t.$$

通常称 $\{h[n]\}_{n\in Z}$ 为尺度函数 $\phi(t)$ 所对应的低通滤波器或尺度滤波器.

对式(3.97)两边作傅里叶变换,得

$$\hat{\phi}(\omega) = H(\omega/2)\hat{\phi}(\omega/2), \tag{3.98}$$

其中,$H(\omega)$ 是离散序列 $\left\{\frac{1}{\sqrt{2}} h[n]\right\}_{n\in Z}$ 的傅里叶变换,即

$$H(\omega) = \frac{1}{\sqrt{2}} \sum_{n\in Z} h[n] \mathrm{e}^{-\mathrm{j}n\omega}. \tag{3.99}$$

由式(3.98)知,$H(0) = 1$. 这意味着 $H(\omega)$ 是一个离散的低通滤波器.反复使用式(3.98),对任意正整数 P,有

$$\hat{\phi}(\omega) = \left(\prod_{p=1}^{P} H(2^{-p}\omega)\right)\hat{\phi}(2^{-P}\omega).$$

如果 $\hat{\phi}(\omega)$ 在 $\omega=0$ 点连续，那么 $\lim\limits_{P\to\infty}\hat{\phi}(2^{-P}\omega)=\hat{\phi}(0)=1$，故

$$\hat{\phi}(\omega)=\Big(\prod_{p=1}^{\infty}H(2^{-p}\omega)\Big)\hat{\phi}(0)=\prod_{p=1}^{\infty}H(2^{-p}\omega). \tag{3.100}$$

式(3.100)表明，对任意尺度函数，它完全可以由离散低通滤波器函数 $H(\omega)$ 所确定. 进一步地，下面的定理 3.8 指出，为保证式(3.100)所定义的无穷乘积是某个尺度函数 $\phi(t)$ 的傅里叶变换，$H(\omega)$ 应满足的必要条件和充分条件.

定理 3.8　设 $\phi(t)$ 为尺度函数，$H(\omega)$ 是由式(3.99)定义的离散滤波器，则 $H(\omega)$ 满足

1) $|H(\omega)|^2+|H(\omega+\pi)|^2=1,\quad \forall\omega\in R,$ (3.101)

2) $H(\pi)=0.$ (3.102)

反之，设 $H(\omega)$ 为在 $\omega=0$ 的某个邻域内连续可微的 2π 周期函数，且

$$\inf_{|\omega|\leqslant\frac{\pi}{2}} H(\omega)>0. \tag{3.103}$$

如果 $H(\omega)$ 满足式(3.101)和式(3.102)，则

$$\hat{\phi}(\omega)=\prod_{p=1}^{\infty}H(2^{-p}\omega) \tag{3.104}$$

所确定的函数 $\phi(t)$ 是尺度函数，$H(\omega)$ 是相应的低通滤波器.

满足式(3.101)的离散滤波器通常称为正交镜像滤波器，它在数字信号处理中扮演着极其重要的角色. 因此，对于给定的满足式(3.102)和式(3.103)的正交镜像滤波器，可以按式(3.104)计算相应的尺度函数. 根据不同的实际需要，可以通过选择 $H(\omega)$ 以使构造的尺度函数具有希望的良好性质.

S. Mallat 建立多分辨分析的最终目标是构造正交小波 $\psi(t)$. 正交小波 $\psi(t)$ 的构造与尺度函数 $\phi(t)$ 密切相关，下面将从尺度函数 $\phi(t)$ 导出正交小波的构造，为此需要考虑小波空间 W_{j+1}，即 V_{j+1} 在 V_j 中的正交补.

令 W_{j+1} 为 V_{j+1} 在 V_j 中的正交补，则

$$V_j=V_{j+1}\oplus W_{j+1}. \tag{3.105}$$

图 3.10 给出了这一剖分的示意图. 根据式(3.105)，对任意 $L<J$，有

$$V_L=V_J\bigoplus_{j=L+1}^{J}W_j.$$

令 $L\to-\infty$，由多分辨分析的逼近性质(3.93)，有

$$L^2(R)=V_J\bigoplus_{j=-\infty}^{J}W_j. \tag{3.106}$$

再令 $J\to+\infty$，由多分辨分析的逼近性质(3.92)，有

$$L^2(R)=\bigoplus_{j=-\infty}^{+\infty}W_j. \tag{3.107}$$

信号 $f(t)$ 的分辨率为 2^{-j} 的逼近 $P_{V_j}f$ 和分辨率为 $2^{-(j+1)}$ 的逼近 $P_{V_{j+1}}f$ 之间

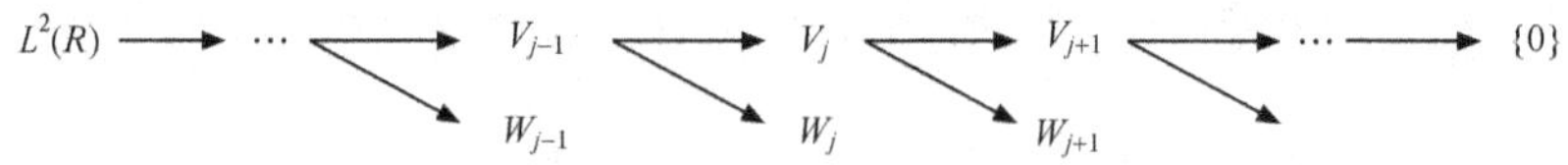

图 3.10　函数空间的二剖分

的差的信息称为 $f(t)$ 属于分辨率 2^{-j} 的细节信号. 根据式(3.105)和正交分解定理,有

$$P_{V_j}f = P_{V_{j+1}}f + P_{W_{j+1}}f, \tag{3.108}$$

故信号 $f(t)$ 的分辨率为 2^{-j} 的细节信号是它在空间 W_{j+1} 上的正交投影 $P_{W_{j+1}}f$.

下述定理 3.9 证明了从尺度函数 $\phi(t)$ 出发,可以构造一个小波函数 $\psi(t)$ 以使它的二进制伸缩和平移 $\{\psi_{j,n}(t) = 2^{-j/2}\psi(2^{-j}t-n)\}_{n\in Z}$ 构成 W_j 的标准正交基. 根据式(3.107),从而 $\{\psi_{j,n}(t) = 2^{-j/2}\psi(2^{-j}t-n)\}_{j,n\in Z}$ 构成 $L^2(R)$ 的标准正交基. 因此, $\psi(t)$ 是正交小波函数.

定理 3.9　设 $\{V_j\}_{j\in z}$ 为多分辨分析, $\phi(t)$ 为尺度函数, $H(\omega)$ 为相应的正交镜像滤波器,令 $\psi(t)$ 满足

$$\hat{\psi}(\omega) = G\left(\frac{\omega}{2}\right)\hat{\phi}\left(\frac{\omega}{2}\right), \tag{3.109}$$

其中

$$G(\omega) = e^{j\omega}H^*(\omega+\pi), \tag{3.110}$$

则

$$\{\psi_{j,n}(t) = 2^{-j/2}\psi(2^{-j}t-n)\}_{n\in Z}$$

为空间 W_j 的标准正交小波基,进而

$$\{\psi_{j,n}(t) = 2^{-j/2}\psi(2^{-j}t-n)\}_{j,n\in Z}$$

为空间 $L^2(R)$ 的标准正交小波基.

对式(3.110)两边作离散傅里叶变换,得到离散滤波器 $G(\omega)$ 的冲激响应为

$$g[n] = (-1)^{1-n}h[1-n], \tag{3.111}$$

它称为小波函数所对应的高通滤波器或小波滤波器,它在正交小波分解与重构的算法中起着极其重要的作用. 这时式(3.109)的时域表示,即小波函数 $\psi(t)$ 的双尺度方程为

$$\psi(t) = \sqrt{2}\sum_{n\in Z}g[n]\phi(2t-n). \tag{3.112}$$

如同尺度函数的双尺度方程,小波函数的双尺度方程也是多分辨分析中的一个重要公式.

因为

$$|H(\omega)|^2 + |H(\omega+\pi)|^2 = 1,$$

以及 $H(0) = 1$, 所以 $H(\pi) = 0$. 根据式(3.110),推出 $G(0) = 0$, 从而由

式(3.109)知 $\hat{\psi}(0)=0$. 因此,小波函数 $\psi(t)$ 是一个带通滤波器.

对任意信号 $f(t)\in L^2(R)$,它的正交小波分解为

$$f(t)=\sum_{j,n\in Z}\langle f,\psi_{j,n}\rangle\psi_{j,n}(t).$$

这就意味着正交小波分解把信号分解到一系列相对独立的频带,分辨率 2^{-j} 反映了频带的位置和带宽.

例 3.12 Harr 小波.

Harr 多分辨分析的尺度函数为

$$\phi(t)=\begin{cases}1, & 0\leqslant t\leqslant 1;\\ 0, & \text{其他}.\end{cases}$$

根据 $h[n]=\left\langle\frac{1}{\sqrt{2}}\phi\left(\frac{t}{2}\right),\phi(t-n)\right\rangle$ 推出

$$h[n]=\begin{cases}1/\sqrt{2}, & n=0,1,\\ 0, & \text{其他}.\end{cases}$$

从而

$$g[n]=(-1)^{1-n}h[1-n]=\begin{cases}-1/\sqrt{2}, & n=0;\\ 1/\sqrt{2}, & n=1;\\ 0, & \text{其他}.\end{cases}$$

根据小波函数的双尺度方程式(3.112),可得到 Harr 小波的表达式

$$\psi(t)=\begin{cases}1, & 0\leqslant t<1/2;\\ -1, & 1/2\leqslant t<1;\\ 0, & \text{其他}.\end{cases}$$

Harr 小波是不连续的,并且在频域中的聚集性不好,因此不适合用作时频分析.

例 3.13 Shannon 小波.

Shannon 小波是一个频域特征与 Harr 小波形成互补的正交小波,它的尺度函数 $\phi(t)$ 在频域中的表达式为

$$\hat{\phi}(\omega)=\begin{cases}1, & -\pi\leqslant\omega\leqslant\pi;\\ 0, & \text{其他}.\end{cases}$$

从尺度函数双尺度方程的频域表示 $\hat{\phi}(\omega)=H\left(\frac{\omega}{2}\right)\hat{\phi}\left(\frac{\omega}{2}\right)$ 可计算出

$$H(\omega)=\begin{cases}1, & -\pi/2\leqslant\omega\leqslant\pi/2;\\ 0, & \text{其他}.\end{cases}$$

根据上式以及小波函数双尺度方程的频域表示式(3.109),得

$$\hat{\psi}(\omega)=\begin{cases}e^{-j\frac{\omega}{2}}, & -\pi\leqslant|\omega|\leqslant\pi;\\ 0, & \text{其他}.\end{cases}$$

于是,Shannon 小波的表达式为

$$\psi(t)=\frac{\sin 2\pi\left(t-\frac{1}{2}\right)}{2\pi\left(t-\frac{1}{2}\right)}-\frac{\sin\pi\left(t-\frac{1}{2}\right)}{\pi\left(t-\frac{1}{2}\right)}.$$

由于 Shannon 小波在时域的衰减性为 $|t|^{-1}$,也不适于做时频分析.

在实际应用中,对尺度函数和小波函数而言,最基本的要求是具有良好的时频局部化性质,这些性质取决于低通滤波器 $H(\omega)$ 的选择.

为构造小波函数 $\psi(t)$,可以选定满足定理 3.8 中条件式(3.101)~式(3.103)的滤波器函数 $H(\omega)$,然后分别按照式(3.104)和式(3.109)与式(3.110)计算出相应的尺度函数 $\phi(t)$ 和小波函数 $\psi(t)$. 应当指出,在实际中除少数情况外,对给定的 $H(\omega)$,$\phi(t)$ 和 $\psi(t)$ 的解析解一般并不存在,而只能得到数值解.

例 3.14 Daubechies 小波系[3,7].

Daubechies 小波系是一族正交小波函数,其中的任意一个小波称为 Daubechies 小波. 在实际应用中,Daubechies 小波是最为广泛使用的小波函数,它们(除 Harr)的主要特点是光滑并且在时域中具有紧支撑. 在 Matlab 小波工具箱中,Daubechies 小波被记为 db$N$,其中 N 为正整数,db1 即为 Harr 小波. 除 db1 外,所有的 Daubechies 小波都不具有解析表达式,图 3.11 分别给出了 db2 、db4 和 db8 小波及其相应的尺度函数. 从图 3.11 中可看出,随着 N 的增加,Daubechies 小波的光滑度增大,但同时相应小波函数的支撑区域也增大.

下面给出离散信号小波分解与重构的 Mallat 算法. Mallat 算法在小波分析中的地位类似于 FFT 在经典傅里叶分析中的地位.

设 $\{a_0[n]\}_{n\in Z}$ 为离散信号,它是信号 $f(t)$ 的均匀采样. 在实际应用中,通常置

$$f(t)=\sum_{n\in Z}a_0[n]\phi(t-n)\in V_0.$$

设 $f(t)$ 第 j 层分解的尺度系数和小波系数分别为

$$a_j[n]=\langle f,\phi_{j,n}\rangle,\quad j\geqslant 0,\ n\in Z$$

与

$$d_j[n]=\langle f,\psi_{j,n}\rangle,\quad j\geqslant 0,\ n\in Z,$$

记

$$\bar{x}[n]=x[-n],\quad \breve{x}[n]=\begin{cases}x[k], & n=2k,\\ 0, & n=2k+1,\end{cases}$$

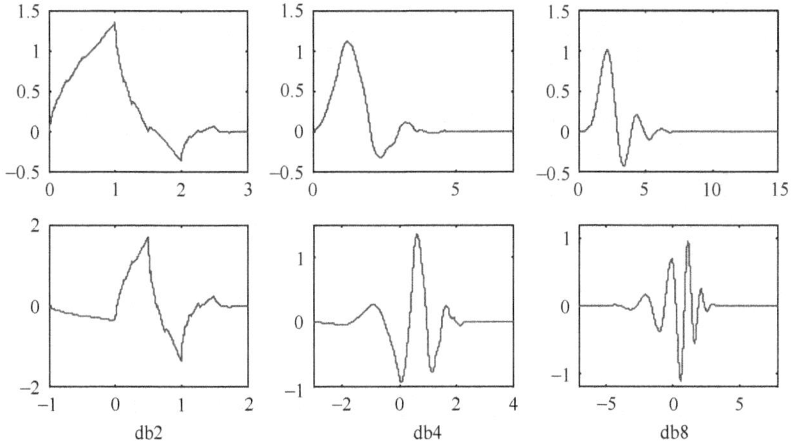

图 3.11 Daubechies 小波及尺度函数

则 Mallat 算法可描述为定理 3.10.

定理 3.10 分解公式：

$$a_{j+1}[k] = \sum_{n\in Z} h[n-2k]a_j[n] = a_j * \bar{h}[2k], \quad j \geqslant 0, \tag{3.113}$$

$$d_{j+1}[k] = \sum_{n\in Z} g[n-2k]a_j[n] = a_j * \bar{g}[2k], \quad j \geqslant 0. \tag{3.114}$$

重构公式：

$$\begin{aligned} a_j[k] &= \sum_{n\in Z} h[k-2n]a_{j+1}[n] + \sum_{n\in Z} g[k-2n]d_{j+1}[n] \\ &= \breve{a}_{j+1} * h[k] + \breve{d}_{j+1} * g[k]. \end{aligned} \tag{3.115}$$

证明 首先证明分解公式(3.113).

因为 $\phi_{j+1,k}(t) \in V_{j+1} \subset V_j$， $\{\phi_{j,n}(t)\}_{n\in Z}$ 是空间 V_j 的标准正交基，所以

$$\phi_{j+1,k}(t) = \sum_{n\in Z} \langle \phi_{j+1,k}, \phi_{j,n} \rangle \phi_{j,n}(t). \tag{3.116}$$

由于

$$\begin{aligned} \langle \phi_{j+1,k}, \phi_{j,n} \rangle &= \int_{-\infty}^{\infty} 2^{-(j+1)/2} \phi\left(\frac{t-2^{j+1}k}{2^{j+1}}\right) 2^{-j/2} \phi^*\left(\frac{t-2^j n}{2^j}\right) \mathrm{d}t \\ &= \int_{-\infty}^{\infty} \frac{1}{\sqrt{2}} \phi\left(\frac{t}{2}\right) \phi^*(t-n+2k)\mathrm{d}t = \left\langle \frac{1}{\sqrt{2}}\phi\left(\frac{t}{2}\right), \phi(t-n+2k) \right\rangle \\ &= h[n-2k], \end{aligned}$$

故式(3.116)可重写为

$$\phi_{j+1,k}(t) = \sum_{n\in Z} h[n-2k]\phi_{j,n}(t). \tag{3.117}$$

用 $f(t)$ 对式(3.117)两边做内积,得

$$a_{j+1}[k]=\langle f,\phi_{j+1,k}\rangle=\left\langle f(t),\sum_{n\in Z}h[n-2k]\phi_{j,n}(t)\right\rangle$$
$$=\sum h[n-2k]\langle f,\phi_{j,n}\rangle=\sum_{n\in Z}h[n-2k]a_j[n].$$

其次证明分解公式(3.114).

由于 $\psi_{j+1,k}(t)\in W_{j+1}\subset V_j$, $\{\phi_{j,n}(t)\}_{n\in Z}$ 是空间 V_j 的标准正交基,那么

$$\psi_{j+1,k}(t)=\sum_{n\in Z}\langle\psi_{j+1,k},\phi_{j,n}\rangle\phi_{j,n}(t).\tag{3.118}$$

注意到

$$\langle\psi_{j+1,k},\phi_{j,n}\rangle=\left\langle\frac{1}{\sqrt{2}}\psi\left(\frac{t}{2}\right),\phi(t-n+2k)\right\rangle=g[n-2k],$$

于是,式(3.118)变为

$$\psi_{j+1,k}(t)=\sum_{n\in Z}g[n-2k]\phi_{j,n}(t).\tag{3.119}$$

用 $f(t)$ 对式(3.119)两边做内积,得

$$d_{j+1}[k]=\langle f,\psi_{j+1,k}\rangle=\sum_{n\in Z}g[n-2k]a_j[n].$$

最后证明重构公式(3.115).

由于

$$V_j=V_{j+1}\oplus W_{j+1}$$

以及 $\{\psi_{j+1,n}(t)\}_{n\in Z}$ 和 $\{\phi_{j+1,n}(t)\}_{n\in Z}$ 分别为 W_{j+1} 与 V_{j+1} 的标准正交基,故

$$\{\psi_{j+1,n}(t)\}_{n\in Z}\cup\{\phi_{j+1,n}(t)\}_{n\in Z}$$

为 V_j 的标准正交基.从而,根据 $\phi_{j,k}\in V_j$ 知

$$\phi_{j,k}(t)=\sum_{n\in Z}\langle\phi_{j,k},\phi_{j+1,n}\rangle\phi_{j+1,n}(t)+\sum_{n\in Z}\langle\phi_{j,k},\psi_{j+1,n}\rangle\psi_{j+1,n}(t)$$
$$=\sum_{n\in Z}h[k-2n]\phi_{j+1,n}(t)+\sum_{n\in Z}g[k-2n]\psi_{j+1,n}(t).$$

因此

$$a_j[k]=\langle f,\phi_{j,n}\rangle$$
$$=\sum_{n\in Z}h[k-2n]\langle f,\phi_{j+1,n}\rangle+\sum_{n\in Z}g[k-2n]\langle f,\psi_{j+1,n}\rangle$$
$$=\sum_{n\in Z}h[k-2n]a_{j+1}[n]+\sum_{n\in Z}g[k-2n]d_{j+1}[n].$$

综上所述,定理得证. □

小波分解与重构的 Mallat 算法可用图 3.12 表示.

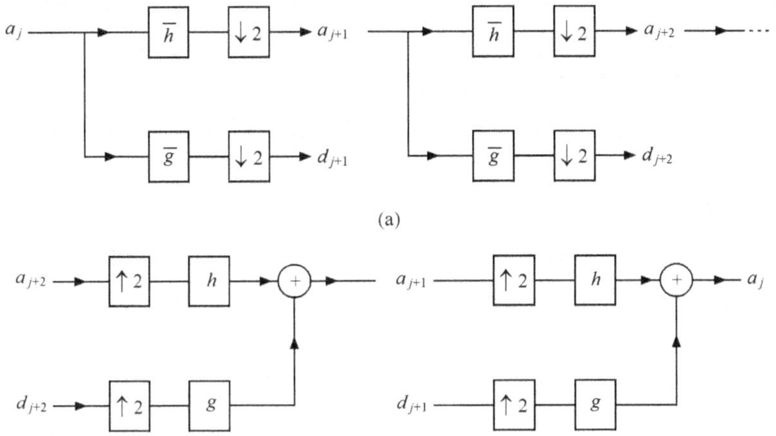

图 3.12 Mallat算法
(a) 分解算法；(b) 重构算法

3.6 评述与展望

时频分析的思想始于 20 世纪 40 年代. 1946 年 D. Gabor 提出了著名的 Gabor 展开,这为此后在时间和频率联合域内分析与处理信号奠定了理论基础. 几乎与此同时,为了更好地分析与理解语音信号,R. K. Patter 等人提出了短时傅里叶变换,它在很长时间内成了非平稳信号分析的一种标准的和强有力的工具. 1948 年 J. Ville 将 E. P. Wigner 在 1932 年建立的 Wigner 分布引入信号处理领域. 因此,时频分析的基础理论应该说早在 50 年前就已经建立.

由于计算展开系数的困难,Gabor 展开的应用在很长时间内一直受到限制. 20 世纪 80 年代初期,求解 Gabor 展开系数 Bastiaans 解析法的提出使得 Gabor 展开的理论及应用得到快速发展. 在 Bastiaans 解析法中,求解 Gabor 展开系数的关键问题是如何从双正交条件式(3.30)求出双正交函数 $\gamma(t)$. 但是,除对很少的几个窗函数在临界采样下可以求出 $\gamma(t)$ 的解析解外,在一般情况下,式(3.30)的解析解是不存在的,这就激起人们对离散 Gabor 展开的研究. 自从 20 世纪 90 年代以来,很多学者在 Gabor 展开的离散化和有限化方面做了大量的研究工作,内容颇为丰富,取得了一系列的重要研究成果. 在 Gabor 展开中,基函数的带宽是固定的,而在许多实际信号处理应用中,需要使用灵活可变带宽的基函数,以适应于待分析信号的各种成分,为此人们发展了自适应 Gabor 表示,由其导出的自适应 Gabor谱图是一种不含交叉项干扰的高分辨时频分布[3].

自从 1948 年 Wigner-Ville 分布出现后，它在许多领域得到了实际应用，时频分布成为时频分析中最引人注目的一个研究领域. 虽然 Wigner-Ville 分布具有很高的时频分辨率以及很多吸引人的优良性质，但交叉项干扰是其应用中的瓶颈问题. 交叉项干扰的存在严重地干扰了人们对 Wigner-Ville 分布的解释，特别当信号变得复杂时，Wigner-Ville 分布甚至变得毫无意义. 时频分析的历史表明，Wigner-Ville 分布已经成了这个学科的“会下金蛋的母鸡”(Hilbert 语). 正是在保持 Wigner-Ville 分布的优良特性并克服其缺陷的各种努力下，时频分析得到了快速发展. 针对不同的实际需要，相继提出了很多其他形式的时频分布. 20 世纪 60 年代中期，L. Cohen 发现众多的时频分布只是 Wigner-Ville 分布的变形，它们可以用统一的形式表示，这就是 Cohen 类双线性时频分布，其定义为

$$\mathrm{TFR}_f(t,\omega)=\int_{-\infty}^{\infty}\int_{-\infty}^{\infty}\phi(\tau,\theta)\mathrm{WVD}_f(t-\tau,\omega-\theta)\mathrm{d}\tau\mathrm{d}\theta,$$

其中 $\phi(\tau,\theta)$ 称为核函数. 这是一个重大的转折点，它可以产生无数个新的分布. 概括地讲，在这种统一的表示里，不同的时频分布只是体现在不同的核函数的选择上，只要正确地设计核函数，就可以获得期望性质的时频分布. 特别是进入 20 世纪 80 年代后，对时频分布理论和方法的研究形成热潮，出现了很多新的时频分布，属于 Cohen 类的双线性时频分布，除了在 3.4 节中已介绍的几个分布外，还包括著名的 Coi-Williams 分布、锥形核分布、Butterworth 分布和 Margenau-Hill 分布等. 不同于 Cohen 类的分布，仿射类时频分布则是通过对 Wigner-Ville 分布进行时间-尺度平滑来抑制交叉项的干扰，这一类分布可表示为

$$\mathrm{TSR}_f(t,a)=\int_{-\infty}^{\infty}\int_{-\infty}^{\infty}\phi\left(\frac{\tau-t}{a},a\theta\right)\mathrm{WVD}_f(\tau,\theta)\mathrm{d}\tau\mathrm{d}\theta.$$

仿射类中最著名的分布当推尺度图、有 Bertrand 分布和 D-Flandrin 分布等. 为了进一步提高这两类时频分布的性能，人们提出了重排类双正交线性时频分布和自适应最优核函数类时频分布等.

小波理论从它诞生时就与工程技术问题联系在一起，它的研究不仅在理论上取得了丰硕成果，而且在众多科学领域得到了广泛的应用. 随着小波理论和实际应用日益密切的结合，20 世纪 90 年代初期和中期，小波性能指标和小波设计方法多样性的研究广泛受到重视. 在小波分析的大部分应用中，依赖于小波基可为广泛的信号类提供紧凑的表示，这种紧凑的表示主要依靠小波函数的正则度、支撑的大小、消失矩和线性相位等性质. 这些要求在正交小波中无法兼容，一种新型的小波双正交小波系统由 I. Daubechies 等人提出，这类小波系统的分析和综合采用两种不同的滤波器组，这使得它们同时具有多种良好的性质. C. K. Chui 等人将它推广到有限冲激响应和无限冲激响应互为对偶的非正交的滤波器组形式，进而构造了具有最小支撑和线性相位的样条小波. 这个时期，小波理论的另一重要的发现是

Wickerhauser 和 Coifman 提出的小波包的概念，它突破了正交小波对频带的等 Q 划分的限制，拓宽了小波分析的应用范围. 1993 年 T. N. T. Goodman 等人提出了多小波的概念，这是一种由多个尺度函数和多个小波函数构成的正交小波系统，它可以同时具有短支撑、高正则度和线性相位，这对于单个正交小波是不可能的. 1995 年 W. Swelden 提出了通过提升方法构造的第二代小波的新思想. 提升方法是一个简单和实用的工具，使得小波的构造摆脱了对傅里叶变换的依赖，更具有灵活性，并且包容了已有小波的构造方法. 由于一维小波张成的可分离的高维小波只具有有限的方向，故小波变换并不能充分利用数据本身特有的几何特征，"最稀疏"地表示含线或者面奇异的二维图像或者更高维的数据. 因此，在小波分析的理论基础上，人们创立了多尺度几何分析的理论[8]. 近十多年来，人们提出的多尺度几何分析方法主要包括：Y. Meyer 和 R. Coifman 提出的 Brushlet 变换（1997 年），E. J. Candes 和 D. L. Donoho 提出的 Ridgelet 变换（1998 年）和 Curvelet 变换（1999 年），E. L. Pennec 和 S. Mallat 提出的 Bandelet 变换（2000 年）和第二代 Bandelet 变换（2005 年），M. Vetterli 等人提出的 Contourlets 变换（2002 年）和 Directionlets变换（2006 年），以及 Y. Lu 和 M. N. Do 提出的 Surfacelet 变换（2007 年）等，这些变换也通称为 Xlet. 今天，喧嚣的小波尘埃已经落定，小波分析不再是研究的中心问题，但它已成为继傅里叶分析之后众多学科领域科研工作者所必备的又一重要的分析工具. 稀疏表示与处理的理论和方法是当前研究的中心和热点，特别是压缩传感理论的出现，把这一研究推向了高潮[9].

时频分析的意义早在 20 世纪 60 年前就已为人们所认识，但在此后相当长的时期内，时频分析的研究仅限于学术界和语音分析领域，应用范围很小. 近二十多年来，随着研究的不断深入以及普通微机计算能力的迅速提高，时频分析的应用越来越多. 目前，时频分析在信号处理、图像处理、电子与通信、地球物理以及模式识别等众多学科领域得到了广泛的应用. 但相对于经典信号分析方法而言，时频分析的研究与应用仍在成熟和发展之中. 时频分析面临着众多的难题需要解决，新的问题也将不断地涌现，涉及这一领域的研究者逐渐增多，它是一个充满机遇与挑战、大有发展前途的研究领域.

习　题

3.1　简述时频分析的意义、主要研究方法及其特点.

3.2　设高斯函数 $f(t)=\mathrm{e}^{-\alpha t^2}$，$\alpha>0$，试求 $f(t)$ 的时宽和带宽，并验证测不准原理.

3.3　设帽函数

$$f(t)=\begin{cases} t, & 0\leqslant t\leqslant 1; \\ 2-t, & 1\leqslant t\leqslant 2; \\ 0, & \text{其他}, \end{cases}$$

试求 $f(t)$ 的时频窗口.

3.4 试证明例 3.1 中的结论.

3.5 试证明例 3.6 和例 3.6 中的结论.

3.6 设 $\{g_n(t)\}_{n\in Z}$ 为 $L^2(R)$ 中的标准正交基,证明 $\sum_{n=-\infty}^{+\infty} W_{g_n}(t,\omega)=1, \forall (t,\omega)\in R^2$.

3.7 设 H 为 Hilbert 空间,$\{\phi_n\}_{n=1}^{N}\subset H$,$V=\mathrm{span}\{\phi_n \mid 1\leqslant n\leqslant N\}$,证明 $\{\phi_n\}_{n=1}^{N}$ 为 H 中的框架.

3.8 设 $K\in Z-\{0\}$,证明 $\{\phi_p[n]=\mathrm{e}^{i2\pi pn/(KN)}\}_{0\leqslant p<KN}$ 是 C^N 中的紧框架,并求框架界.

3.9 设 $K\in Z-\{0\}$,证明 $\{\phi_p(t)=\mathrm{e}^{i2\pi pt/K}\}_{p\in z}$ 是 $L^2[0,1]$ 中的紧框架,并求框架界.

3.10 设 $\{\psi_{j,n}(t)\}_{j,n\in Z}$ 为 $L^2(R)$ 中的标准正交基,证明 $\sum_{j=-\infty}^{+\infty}|\hat{\psi}(2^j\omega)|^2=1, \forall \omega\in R-\{0\}$.

3.11 设 $\phi(t)$ 是一个多分辨分析的尺度函数,证明 $\sum_{n=-\infty}^{+\infty}\phi(t-n)=1$.

3.12 证明高斯 $\phi(t)=\mathrm{e}^{-t^2}$ 不是一个多分辨分析的尺度函数.

3.13 设 $\phi(t)$ 和 $\psi(t)$ 分别为一个多分辨分析的尺度函数和小波函数,证明

$$\sum_{n=-\infty}^{+\infty}(|\hat{\phi}(\omega-2n)|^2+|\hat{\psi}(\omega-2n)|^2)=1.$$

3.14 设 $\hat{\psi}(\omega)=\begin{cases}1, & \frac{4\pi}{7}\leqslant|\omega|\leqslant\pi,\quad 4\pi\leqslant|\omega|\leqslant 4\pi+\frac{4\pi}{7};\\ 0, & \text{其他.}\end{cases}$ 证明 $\{\psi_{j,n}(t)\}_{j,n\in Z}$ 为 $L^2(R)$ 中的标准正交基.

参考文献

[1] L.科恩.时频分析:理论与应用.白居宪译.西安:西安交通大学出版社,1999.

[2] Qian S, Chen D. Joint time-frequency analysis. IEEE Signal Processing Magazine, 1999, 16(2): 75~86.

[3] Mallat S. A Wavelet Tour of Signal Processing. 3rd Edition. Boston: Academic, 2009.

[4] Qian S, Chen D. Time-Frequency Analysis. Englewoods Cliffs, NJ: Prentice-Hall, 2002.

[5] 张贤达,保铮.非平稳信号分析与处理.北京:国防工业出版社,1998.

[6] 王宏禹.非平稳随机信号分析与处理.北京:国防工业出版社,1999.

[7] Daubecgies I. Ten Lecture on Wavelets. Philadephia: SIAM, 1992.

[8] 焦李成,谭山.图像的多尺度几何分析:回顾和展望.电子学报,2003,31(12):1975~1981.

[9] Candes E J, Micheal B W. An introduction to compressive sampling. IEEE Signal Processing Magazine, 2008, 25(2): 21~30.

第 4 章　数字图像处理概述

图像处理根据所处理图像的类型分为模拟图像处理和数字图像处理．前者处理的对象是模拟图像，其优点是处理速度快，但灵活性差，难以进行数学处理．后者则是基于计算机对数字图像进行运算与分析，具有较高的灵活性，便于进行各种复杂的计算处理，其缺点是处理速度较慢．

图像处理的目的之一是改善图像视觉质量，以便使人们能从图像中学习或获得准确的信息，从而做出判断．在该意义下，它与计算机视觉技术有着密切的联系．但图像处理作为一门独立的学科，它强调对图像本身数据的处理与分析，目标的判断作为进一步的高级处理．

一般而言，数字图像处理包括 3 种典型的处理：低级、中级和高级处理．低级处理是以输入与输出都是图像为特点的处理，如图像恢复、增强和锐化等．中级处理以输入为图像，输出为从图像中提取的特征为特点，涉及到图像分割以及目标物的描述，以便其更适合计算机处理及对不同目标的识别．而高级处理则是在图像分析的基础上，执行与视觉相关的判断，给出目标的理解和解释．

本章介绍数字图像处理的基本内容，主要包括数字图像的基本概念、图像复原、图像增强及图像压缩编码的基本原理与方法．

4.1　数字图像的基本概念

图像是当光辐射能量照在客观存在的物体上，经过反射或透射或由发光物体本身发出光能量，在人的视觉器官中重现出的物体的视觉信息．以反射图像为例，如果用 $i(x,y,t)$ 表示 t 时刻对物体的入射光的亮度，$r(x,y,t)$ 表示反射系数，那么人的视觉器官中所感受到的光的亮度为

$$f(x,y,t)=i(x,y,t)r(x,y,t).$$

这是对单色二维图像的描述．如果是一幅三维空间的彩色图像，则可表示为

$$f(x,y,z,\lambda,t)=i(x,y,z,\lambda,t)r(x,y,z,\lambda,t),$$

式中，t 表示时间，λ 为波长（不同颜色的光具有不同的波长）．如果是静止图像，上式中的时间参数 t 可消除．

因此平面上一幅黑白静止图像是定义在区域

$$I^2=\{(x,y):0\leqslant x\leqslant L_x,0\leqslant y\leqslant L_y\}$$

上的函数 $f(x,y)$ 的图，这里 L_x，L_y 分别是图像的宽和高，$f:R^2\to R$. 通常把 f

的值称为图像的亮度，其取值范围为 $0 \leqslant f(x,y) \leqslant a$，0 表示黑色的亮度值，$a$ 表示白色的亮度值.

注意到，位置变量 x 与 y 在其定义域内是连续变化的，函数 f 的取值也是连续变化的(这里连续是指 f 在给定的支撑区域 I^2 内可取区间 $[0,a]$ 内的任意值，而非函数的连续性)，因此这种图像称为连续图像，或模拟图像．这类图像可通过光学成像系统获取，如照片、光学遥感图像以及电视图像．一幅连续图像经过数字化过程才能成为数字图像.

4.1.1 模拟图像的数字化

模拟图像数字化包括三个步骤：离散化、量化和编码．设模拟图像为 $f(x,y)$，$(x,y) \in I^2$，坐标系选取如图 4.1 所示．首先用一些水平线与垂直线将物理图像分割成许多小的区域，然后让每个小区域对应一个反映图像亮度的数值，该值由连续图像信号抽样得到，仍用 $f(i,j)$ 表示，这就是连续图像的空间离散化，其中每个小区域称为像素，$f(i,j)$ 称为灰度值或像素值．图像经过离散化后，每一个像素对应的 f 值仍在一个连续范围内取值，因此必须把它转化为有限个离散值，这一过程称为量化．量化的具体方法是先将 f 的取值范围划分为有限个等级，划分可以是均匀的也可以是非均匀的，然后让 f 的值与划分的等级对应．例如，若将 f 的取值范围划分为 256 个等级，那么 $f(i,j)$ 按一预先给定的对应关系取 0～255 之间的某一个整数．经量化后，像素值为一非负整数，因而可用一个二进字符串(通常称为码字)来代替，这就是编码.

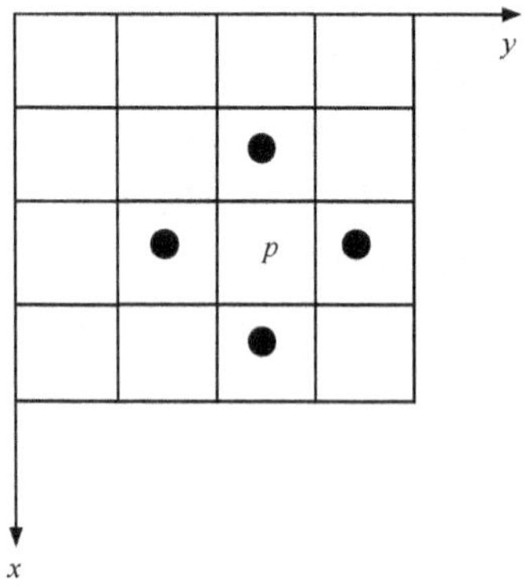

图 4.1 像素 p 的 4 邻域

经过以上这些步骤，一幅模拟图像便转化为数字图像．这样一个从物理图像到数字图像的转化过程就称为数字化.

显然，数字图像可用一个矩阵来表示，其大小表示图像的大小，元素为取非负整数的灰度值，取值范围与 f 的量化等级有关．根据人们对精度的要求，图像的大小有 256×256，352×288，720×480，512×512 等．而 f 的值通常量化为 256 级(范围为 0 至 255)，即 8 比特编码，这样的量化人眼看不出图像有失真．在对图像质量要求较高的场合，量化等级会更高.

在以下讨论中，一幅数字图像记为 $(f(i,j))_{M\times N}$，或 $f(i,j)(i=1,2,\cdots,M, j=1,2,\cdots,N)$.

4.1.2　邻域、距离

设 $f(i,j)(i=1,2,\cdots,M,j=1,2,\cdots,N)$ 为一幅数字图像，$p(i,j)$ 是位于 (i,j) 的像素，则称像素集 $\{(i-1,j),(i,j+1),(i+1,j),(i,j-1)\}$ 为 p 的 4 邻域，用 $N_4(p)$ 表示，如图 4.1 中黑点所示．$N_4(p)$ 与像素集 $\{(i-1,j-1),(i-1,j+1),(i+1,j+1),(i+1,j-1)\}$ 的并称为 p 的 8 邻域，用 $N_8(p)$ 表示．

两像素 $p(i,j)$ 和 $q(k,l)$ 之间的距离常用如下 3 种方式度量：

1) 欧氏距离：其定义为 $D_e(p,q)=[(i-k)^2+(j-l)^2]^{1/2}$；

2) 城市街区距离：$D_4=|i-k|+|j-l|$；

3) 棋盘距离：$D_8=\max\{|i-k|,|j-l|\}$.

在上述定义下，$N_4(p)$ 中像素与 p 的距离 $D_e=D_4=D_8=1$. 但对于 $N_8(p)$ 中的像素没有此性质，如对于 p 的 4 个对角相邻像素：$D_e=\sqrt{2}$，$D_4=2$，而 $D_8=1$.

4.1.3　连通性

首先考虑两个像素的邻接性．它包含两个含义，一是两像素是否相邻，二是两像素的灰度值是否满足某种给定的相似性准则．这种相似性准则通常用一集合 U 表示，如对于 8 比特编码的灰度图像，U 可取为 0 到 255 的整数中的一个子集．对于给定的 U，两像素有以下 3 种邻接类型：

1) 如果像素 p 和 q 的灰度值都属于 U，且 $q\in N_4(p)$，则称 p 和 q 是 4 邻接的．

2) 如果像素 p 和 q 的灰度值都属于 U，且 $q\in N_8(p)$，则称 p 和 q 是 8 邻接的．

3) 如果像素 p 和 q 的灰度值都属于 U，且满足条件：$q\in N_4(p)$，或者 $q\in N_8(p)/N_4(p)$，但 $N_4(p)\cap N_4(q)$ 中没有灰度值属于 U 的像素，这时称 p 和 q 是混合邻接的．

例如，若 $U=\{2,3\}$，则 4.2(a)所示子图的 4 邻接、8 邻接与混合邻接分别如图 4.2(b)～(d)所示．

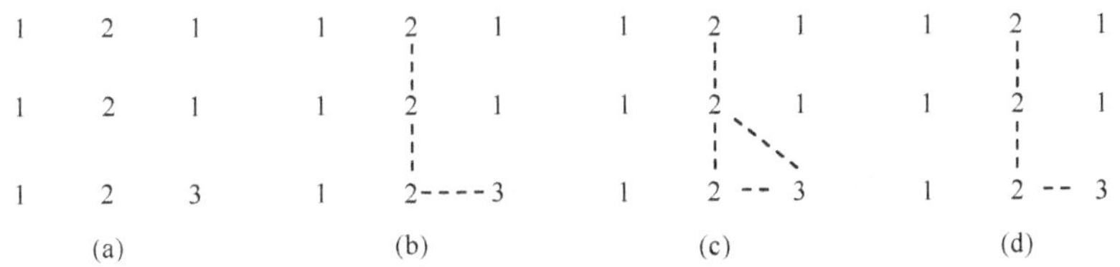

图 4.2　像素的邻接示例

(a)子图；(b) 4 邻接；(c) 8 邻接；(d) 混合邻接

显而易见，像素的 8 邻接可能出现二重连接的情况，如 4.2(c)所示．混合邻接就是为了消除这种情况而提出的一种改进的邻接．

有了邻接性定义,我们现在就可以给出像素连通性概念．给定一列像素 $(x_i,y_i)(i=0,1,2,\cdots,n)$,若 (x_i,y_i) 与 (x_{i-1},y_{i-1}) 按某一种邻接类型相邻接,则称该列像素为图像中一条通路(或曲线),n 称为通路的长度．若进一步满足 $(x_0,y_0)=(x_n,y_n)$,则称该通路是闭通路．

设 S 为一图像的像素子集．如果存在 S 中的一条通路连接像素 p 和 q,则称 p 和 q 在 S 中是连通的．在 S 中与 p 连通的像素组成的集合称为 S 的一个连通分量．如果 S 中任意两个像素都是连通的,则称 S 是连通的．

邻接的概念可推广到图像子集．如果图像子集 S_1 中的某像素与 S_2 中的某个像素邻接,则称这两个子集是邻接的．子集邻接的形式按像素间的邻接类型分为三种,即 4 邻接、8 邻接与混合邻接．

4.2　图像增强

图像增强是一种面向问题的数字图像处理技术,目的是使其比原图像更适合特定应用,为后续处理改善图像质量．但它并不(当然也不可能)增加图像的信息,而是按照需要突出图像中的某些信息,同时削弱或去除某些不需要的信息,使处理后的图像更适合人类视觉或机器识别系统．

基于增强的这种目的,图像质量的评价是一种高度主观的过程．在这种评价过程中,图像的特定应用场合起着非常重要的作用．当图像为视觉解释而进行处理时,由观察者判定特定增强方法的效果;而当图像用于机器感知处理时,图像增强效果可由机器识别结果来判定．

图像增强方法分为空域处理法和频域处理法两大类．前者对图像像素直接进行运算处理,通过改变灰度值达到所需要的效果．后者则通过图像变换(如傅里叶变换)系数的修改来增强图像,有兴趣的读者可参阅相关的数字图像处理教科书[1],这里不作介绍．

空域处理法可由下式定义:

$$g(i,j)=T[f(i,j)],\tag{4.1}$$

式中,$f(i,j)$ 是输入图像,$g(i,j)$ 是增强后的图像,T 是对 f 的一种操作．为了确定 (i,j) 处的输出灰度,T 可以定义为对该点邻域内灰度值的操作,也可以是对多图像的操作．简单的情况是对 (i,j) 单点处灰度值进行变换,即

$$s=T(r).$$

这时,称 T 为强度映射(或变换),其中 r 和 s 分别为变换前后的灰度值．

强度变换可根据实际需要借助于直方图来确定,这是因为直方图提供了对多种空域处理技术(包括图像增强)有用的图像统计信息．以下我们将从直方图概念开始介绍几种典型的图像空域增强方法．

4.2.1　直方图

首先考虑模拟图像，用 $r \in [0,1]$ 表示归一化灰度．在每一像素处，r 的取值是随机的，因而可视为一连续的随机变量．这样一来，一幅图像的灰度分布情况就可用 r 的概率密度函数(PDF) $p_r(r)$ 表示．在 $r-p_r$ 直角坐标系中，人们可以通过曲线 $p_r(r)$ 清楚地观察到图像灰度的统计信息．

模拟图像的这种灰度分布描述方法容易引入到数字图像之中．在概率论中就是连续随机变量与离散随机变量的特征刻画问题．

设图像灰度级范围是 $[0,L-1]$，r_k 表示第 k 级灰度，则 r_k 在图像中出现的频数可表示为

$$P(r_k)=\frac{n_k}{n}, \tag{4.2}$$

式中，n_k 为图像中出现灰度 r_k 的像素数，n 为图像中像素总数．如果用 r 表示取值为灰度的随机变量，那么 $P(r_k)$ 就是灰度级 r_k 出现的概率估计值，它反映了图像的灰度分布情况．我们称 $P(r_k)$ 的图形为图像的直方图，其中水平轴对应灰度值 r_k，纵轴为 $P(r_k)$.

图 4.3 给出了两个极端的直方图例子．左上方的图像偏暗，其直方图的柱线主要集中在低灰度级的一侧，而左下方图像的直方图柱线则倾向于灰度级高的一侧，直观上图像整体偏亮．这两幅图像的视觉效果均不理想，亮度变化范围小，缺乏层次感．反映在直方图上，柱线集中在一个窄的范围，而在其他区域上则很少出现．由此可以看出：①通过直方图分析，人们不仅可以掌握图像的一些统计信息，而且可以理解图像的视觉效果；②通过直方图修改可改善图像视觉效果．一般而言，适当增加直方图覆盖范围，可使图像有较高的对比度和多变的灰度色调．

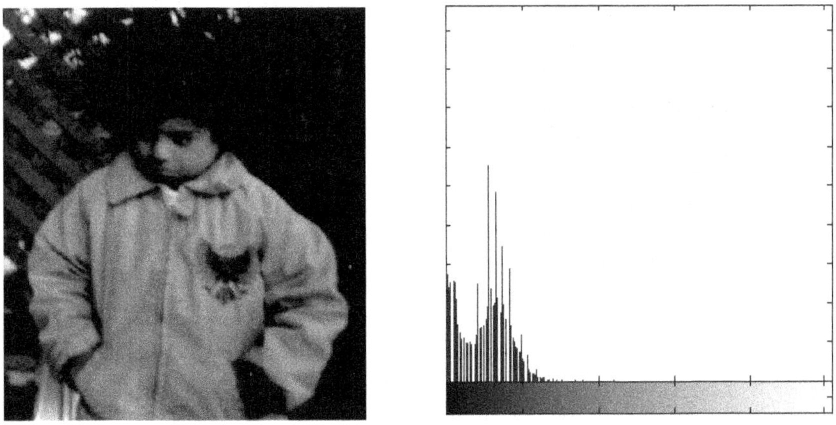

图 4.3　直方图示例．右边直方图分别与左边图像对应

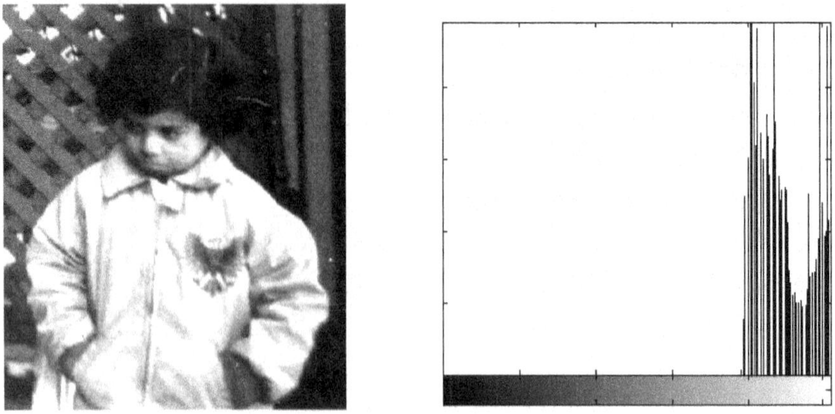

图 4.3　直方图示例．左边直方图分别与右边图像对应(续)

4.2.2　基本强度变换

1. 图像反转

图像反转是较为简单的一种图像增强方法．假设图像灰度级范围为 $[0,L]$，则图像反转变换定义为

$$s = T(r) = L - r. \tag{4.3}$$

显而易见，翻转变换并不改变图像的灰度范围，只是改变了灰度的大小次序．

图 4.4 给出了反转变换(4.3)的具体例子．显见，这种处理将图像中黑色变为白色，而白色变为黑色，因此它适合于增强图像中暗色区域的灰色细节．

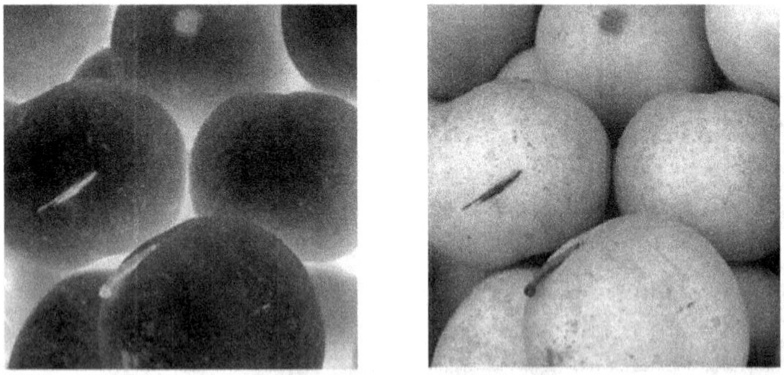

图 4.4　反转变换示例．右边图像为左边图像经反转变换后得到的图像

2. 分段线性变换

分段线性变换是指 $T(r)$ 为分段线性函数．这类变换的形式可根据需要任意确定，具有操作简单的特点．

图 4.5 给出的是一类典型的分段线性变换，其中点 (r_1,s_1) 与 (r_2,s_2) 可根据需要进行组合，根据不同的组合可得到不同的变换．一般假定 $T(r)$ 是单调增加函数，以保持灰度级的次序不变．在 $r_1>s_1$ 的情况下，这类变换将低于 r_1 的灰度进行压缩，而对 $[r_1,r_2]$ 中的灰度作拉伸处理，使图像对比度得以增强．这种具有增大对比度性质的变换称为对比拉伸变换．

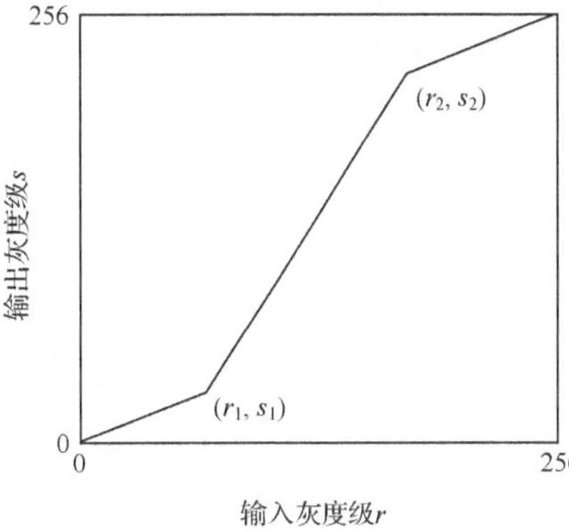

图 4.5　对比度拉伸变换

实际中，由于照明不足，或成像传感器动态范围太小，或在图像获取过程中设置错误等原因，都会造成图像对比度较低，视觉质量下降．这时对比拉伸变换可有效改变这一状况，它可提高图像灰度级的动态范围，增强图像的层次感和清晰度．

4.2.3　直方图处理技术

直方图处理技术通过原图像直方图修改实现图像增强，包括直方图规定化与直方图均衡化两类方法．前者是根据应用要求，预先给定处理后图像所具有的直方图，使原图像经灰度变换后具有所希望的特殊直方图，因此也称直方图匹配．后者则是通过灰度变换，使原图像的直方图变为均匀分布或接近均匀分布的一种图像处理技术．经直方图均衡化处理后，图像的灰度级较均匀地覆盖整个灰度级范围，从而具有高对比度和多变的灰度色调．直观上经直方图均衡化的图像较为清晰，许多细节被凸显出来．

以下仅介绍直方图均衡化技术．

将图像灰度作归一化处理，使 $r\in[0,1]$. 考虑如下变换：

$$s=T(r),\quad r\in[0,1], \tag{4.4}$$

并假定该变换满足条件：

1) $T(r)$ 为$[0,1]$上的单值且单调的增函数；

2) 当 $r\in[0,1]$ 时，$0\leqslant T(r)\leqslant 1$.

条件 1)保证输入图像与输出图像具有相同的从小到大的灰度级次序．条件 2)意味着输入图像与输出图像具有同样的灰度级范围．

为分析方便起见,先假定 r 是连续取值的,并视其为区间 [0,1] 上的随机变量,其概率密度函数为 $p_r(r)$. 我们定义

$$s = T(r) = \int_0^r p_r(t)\,\mathrm{d}t. \tag{4.5}$$

该函数称为累积分布函数. 注意到 $p_r(r) \geqslant 0$, 所以 $T(r)$ 满足条件 1)与 2).

由概率论理论知,当 $p_r(r)$ 与 $T^{-1}(r)$ 已知时,输出灰度 s 的概率密度函数 $p_s(s)$ 可由下式计算:

$$p_s(s) = p_r(r)\left|\frac{\mathrm{d}r}{\mathrm{d}s}\right|. \tag{4.6}$$

根据式(4.5)

$$\frac{\mathrm{d}s}{\mathrm{d}r} = \frac{\mathrm{d}T(r)}{\mathrm{d}r} = \frac{\mathrm{d}}{\mathrm{d}r}\int_0^r p_r(t)\,\mathrm{d}t = p_r(r),$$

从而 $p_s(s) = 1$. 这表明,经式(4.5)变换后,输出灰度级 s 服从均匀分布.

对于数字图像, r 为离散随机变量,变换(4.5)式可表示为

$$s_k = T(r_k) = \sum_{i=0}^{k} P_r(r_i), \tag{4.7}$$

式中, $P_r(r_i)$ 按式(4.2)定义. 由式(4.7)计算得到的 s_k 称为原始图像的累积直方图. 应用变换(4.7)式的图像增强技术称为直方图均衡化,或直方图线性化.

根据以上讨论,图像的直方图均衡化处理步骤如下:

1) 列出原始图像的灰度级 f_i (未归一化的灰度级),并统计各灰度级像素数n_i.

2) 按式(4.2)计算原始直方图 $P_r(r_i)$.

3) 按式(4.7)计算累积直方图 s_k.

4) 计算变换后的输出图像的灰度级 g_k. 由于 s_k 是归一化灰度,因而需作去归一化处理,即扩展取整使其映射为 g_k.

5) 按 f_k 与 g_k 的对应关系对原始图像进行变换.

注意到,在上述离散变换中需要作近似处理,如 s_k 的取整扩展处理,因而变换后的图像不一定具有均匀分布的直方图,但直方图均衡化确实能将窄的直方图展开,使图像灰度级较为均匀地分布于灰度范围.

图 4.6 给出了直方图均衡化的例子,原始图像(左上)的灰度用 8bit 编码. 由直方图可以看出,原图像的灰度值集中在一个较窄的区间内,经直方图均衡化处理后,灰度值覆盖了整个灰度级范围,灰度分布近似于均匀分布. 这说明,直方图均衡化处理增加了图像灰度动态范围和对比度. 在主观视觉上,原来难以区分或不易察觉的细节现在变得清晰可辨.

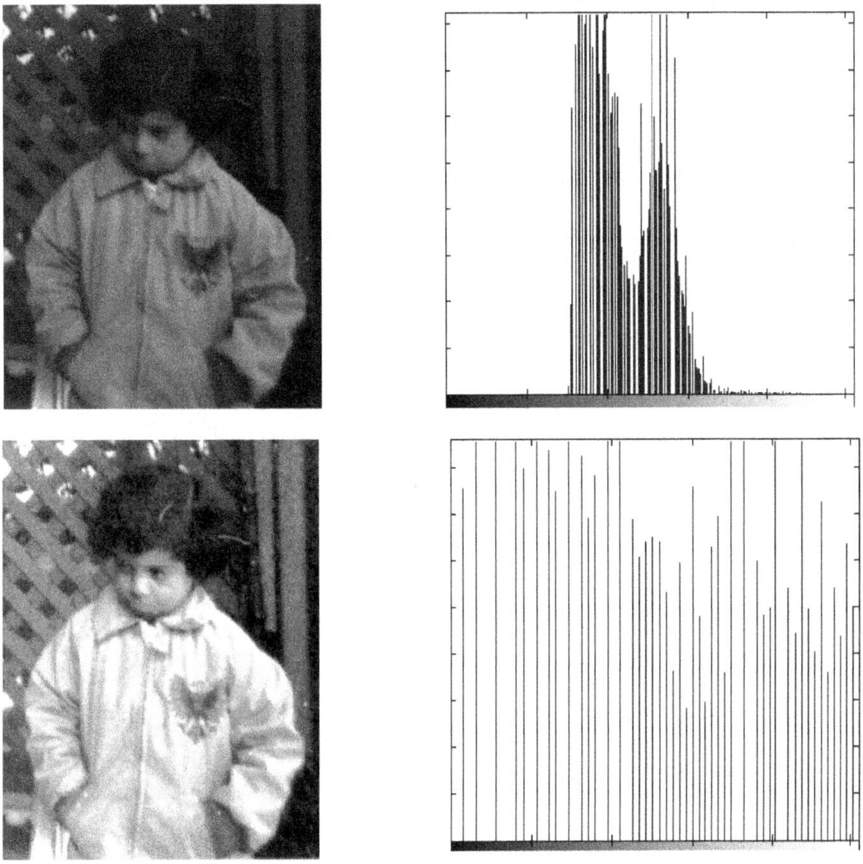

图 4.6　直方图均衡化示例。左上方为均衡化前图像；
左下方为均衡化后图像；右边直方图与左边图像相对应

4.3　图像恢复

图像在获取与传输过程中会受到许多因素影响，如环境条件、光学系统中的衍射、传感元器件和胶片产生的非线性畸变以及传输信道中的噪声干扰等，这些因素使图像产生退化(或降质)，因此人们为改善图像质量建立了相应的图像恢复技术．具体地说，图像恢复(也称图像复原)就是利用引起退化的一些先验知识和退化模型恢复原始的图像．和图像增强一样，处理的最终目的都是要改进输入图像质量．但图像增强是一个主观过程，根据人类视觉系统的生理接受特点对图像进行处理，而图像恢复则是一个与退化过程相反的处理过程，试图得到原始图像．

4.3.1 图像退化与恢复模型

设 $f(x,y)$ 为连续的原始图像,则其退化模型如下:

$$g(x,y)=\hat{H}[f(x,y)]+n(x,y), \tag{4.8}$$

式中,$n(x,y)$ 为加性噪声,$\hat{H}$ 是描述图像退化过程的变换.如图 4.7 所示,退化图像 $g(x,y)$ 被视为 $\hat{H}$ 和 $n(x,y)$ 共同作用的结果.图像恢复(或复原)就是根据退化图像 $g(x,y)$ 和一些关于 $\hat{H}$ 和 $n(x,y)$ 的信息给出 $f(x,y)$ 的估计 $\hat{f}(x,y)$,该过程称为恢复滤波,这里用 $m(x,y)$ 表示.一般假定噪声与图像是不相关的.

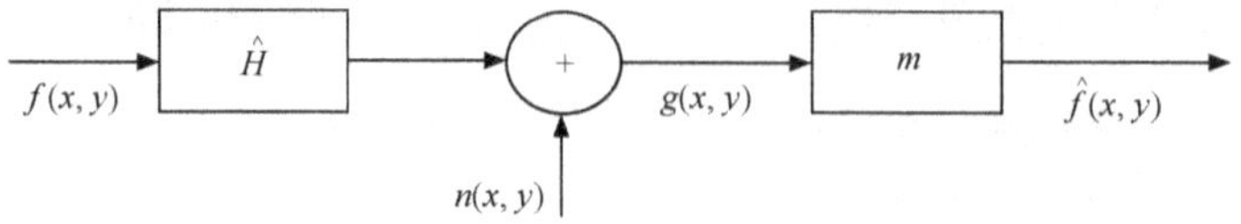

图 4.7 图像退化与恢复模型

如果 $\hat{H}$ 是线性位移不变的系统,即满足如下两个条件:

1) 线性性质:对任意实数 α 和 β,有

$$\hat{H}[\alpha f_1(x,y)+\beta f_2(x,y)]=\alpha\hat{H}[f_1(x,y)]+\beta\hat{H}[f_2(x,y)], \tag{4.9}$$

2) 移不变性:若 $\tilde{g}(x,y)=\hat{H}[f(x,y)]$,则

$$\tilde{g}(x-x_0,y-y_0)=\hat{H}[f(x-x_0,y-y_0)], \tag{4.10}$$

那么退化模型(4.8)可表示为

$$g(x,y)=h*f(x,y)+n(x,y), \tag{4.11}$$

式中,"$*$"表示卷积运算,$h(x,y)$ 是退化系统的空间描述,也就是退化系统的单位脉冲响应.对式(4.8)两端作傅里叶变换,可得频域内退化模型的如下表达式:

$$G(u,v)=H(u,v)G(u,v)+N(u,v). \tag{4.12}$$

公式中大写字母是式(4.11)中相应项的傅里叶变换.这里函数 $f(x,y)$ 的傅里叶变换定义为 $F(u,v)=\int_{R^2}f(x,y)\mathrm{e}^{-\mathrm{j}(xu+yv)}\mathrm{d}x\mathrm{d}y$.

噪声是引起图像灰度变化的随机变量,由概率密度函数(PDF)描述.以下我们给出几种常见的噪声.

1) 高斯噪声.这是一种较容易处理的噪声,常产生于电子电路和传感器,其 PDF 如下:

$$p(z)=\frac{1}{\sqrt{2\pi}\sigma}\mathrm{e}^{-(z-\mu)^2/(2\sigma^2)},$$

式中，μ 表示 z 的平均值(即期望值)，σ 表示 z 的标准差．

2) 瑞利噪声，其 PDF 如下：

$$p(z)=\begin{cases}\dfrac{2}{b}(z-a)\mathrm{e}^{-(z-b)^2/b}, & z\geqslant a;\\ 0, & z<a.\end{cases}$$

直接计算可得 z 的平均值与方差分别为

$$\mu=a+\sqrt{\pi b/4},$$

$$\sigma^2=\frac{b(4-\pi)}{4},$$

3) 椒盐噪声．这类噪声又称脉冲噪声，其 PDF 如下：

$$p(z)=\begin{cases}P_a, & z=a;\\ P_b, & z=b;\\ 0, & z\neq a,z\neq b.\end{cases}$$

若 P_a 和 P_b 均不为零，称脉冲噪声为双脉冲噪声；若其中之一为零，称噪声为单脉冲噪声．与图像的强度相比，脉冲干扰通常较大，因此脉冲噪声总是数字化为最大值．例如，对于一个 8bit 编码图像，可取 $a=0$ (黑)，$b=255$ (白)，在图像中表现为黑色和白色的斑点，因此称为椒盐噪声．这类噪声常含于医学图像(如核磁共振图像)与微波图像之中．

4.3.2 算术均值滤波器

考虑只存在加性噪声的情况．这时观察图像(数字图像)为

$$g(i,j)=f(i,j)+n(i,j). \tag{4.13}$$

算术均值滤波的基本思想就是用像素周围的像素值估计该像素值．图像中任意一点 (i,j) 的响应由下式给出：

$$\hat{f}(i,j)=\frac{1}{mn}\sum_{(k,l)\in S(i,j)}g(k,l), \tag{4.14}$$

式中，$S(i,j)$ 表示中心在 (i,j)，大小为 $m\times n$ 的矩形子图像的坐标集．

根据式(4.14)，可定义如图 4.8 所示的 $m\times n$ 子图像，并给其每个像素赋予一个系数 $w(s,t)=1/(mn)$，这样定义的子图像称为模板．假定 $m=2a+1,n=2b+1$，则式(4.14)可表示为

$$\hat{f}(i,j)=\sum_{s=-a}^{a}\sum_{t=-b}^{b}w(s,t)g(i+s,j+t).$$

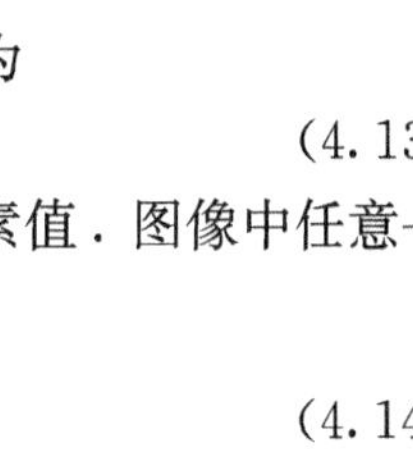

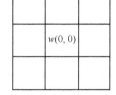

图 4.8　3×3 模板

即在将模板的中心对准点 (i,j) 时，模板的系数与输入图像中相应像素值的乘积之和就是恢复图像在 (i,j) 的灰度值 $\hat{f}(i,j)$．

因此,算术均值滤波可通过模板在图像中的移动来实现.

显然,均值操作对观察图像具有平滑作用,它可以减少图像中的噪声,但同时也模糊了图像的边缘,这是均值滤波的固有缺陷.

图 4.9 给出了用算术均值滤波器处理图像的实际效果. 原始图像是一幅土星照片,给其添加高斯白噪声后如图 4.9(b)所示. 我们看到,算术滤波器对高斯噪声有明显的衰减作用,但它同时模糊了图像中细小的边缘,而且窗口越大模糊得越厉害,如土星及其光环的纹理在图 4.9(d)中已变得无法识别.

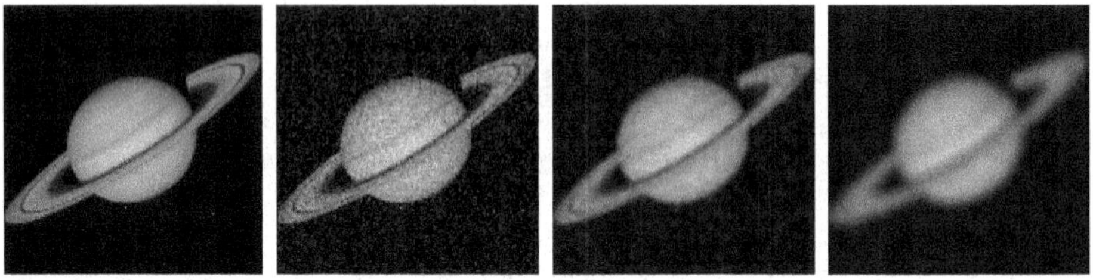

(a) (b) (c) (d)

图 4.9 用算术均值滤波器处理图像的实际效果

(a) 原始图像;(b) 由方差为 0.005 的加性高斯白噪声污染的图像;

(c) 3×3 的算术均值滤波器处理的结果;(d) 7×7 的算术均值滤波器处理的结果

4.3.3 中值滤波器

给定 n 个数组成的数组 $f_1,f_2,\cdots,f_n$,不妨假定 $f_1\leqslant f_2\leqslant\cdots\leqslant f_n$,则这组数的中值定义为

$$\hat{f}=\mathrm{Med}\{f_1,f_2,\cdots,f_n\}=\begin{cases}f_{(n+1)/2}, & n\text{ 为奇数};\\(f_{n/2}+f_{n/2+1})/2, & n\text{ 为偶数}.\end{cases}$$

例如,$\hat{f}=\mathrm{Med}\{4,1,1,2,2,0,3\}=2$.

考虑退化模型(4.13). 在作图像滤波时,首先选取一个具有一定大小和形状的邻域,称其为窗口. 例如,由一点和其 4 邻域形成的窗口,共包含 5 个像素值,常称为十字窗;由一点和其 8 邻域形成的窗口(3×3 矩形窗)包含 9 个像素值。然后让窗口在图像中滑动,用窗口内像素值的中值代替中心处的像素值,即作为滤波结果.

图 4.10 给出了利用十字窗与 5×5 窗的中值滤波例子. 由输出图像可见,中值滤波器对于椒盐噪声的去除非常有效. 在图像 4.10(c)中残留有极少的噪声,但在图 4.10(d)中已看不出有噪声存在,而且图像的边缘得到了很好的保护. 这是中值滤波器优于均值滤波器的显著特点.

我们注意到,中值滤波器是非线性的,它以窗口内灰度值的中值作为滤波输出,对于亮或暗的灰度没有特别"偏好"的倾向. 从统计学的角度来将,人们还可以

(a)　(b)　(c)　(d)

图 4.10　中值滤波例子

(a) 原始图像；(b) 由概率 $P_a=P_b=0.1$ 的椒盐噪声污染的图像；(c) 3×3 的中值滤波器处理的结果；(d) 5×5 的中值滤波器处理的结果

考虑多种可能的输出．例如，可以将最大值作为滤波输出，即

$$\hat{f}=\mathrm{Max}\{f_1,f_2,\cdots,f_n\}.$$

这就是所谓的最大值滤波器．这种滤波器对于发现图像中的亮点与去除暗点（如“胡椒”噪声）非常有效．

应当指出，中值滤波器是使用最为广泛的统计滤波器，对于很多种随机噪声，它都有良好的去噪能力，特别是对椒盐噪声非常有效．

4.3.4　维纳滤波

考虑退化模型(4.11)，并假设 $m(x,y)$ 是线性移不变系统，则

$$\hat{f}(x,y)=g(x,y)*m(x,y).$$

该式表明，估计 $\hat{f}(x,y)$ 的关键是寻找 $m(x,y)$.

我们在均方误差

$$e^2 = E\{[f(x,y) - \hat{f}(x,y)]^2\}$$

最小意义下求 $m(x,y)$，其中 $E[\ ]$ 表示数学期望．根据正交化原理，对任意 (x,y) 与 (s,t)，有

$$E\{[f(x,y) - \hat{f}(x,y)]g(s,t)\} = 0. \tag{4.15}$$

又因为

$$\hat{f}(x,y) = g(x,y) * m(x,y) = \int_{R^2} m(x-\alpha, y-\beta) g(\alpha,\beta) \mathrm{d}\alpha \mathrm{d}\beta,$$

所以式(4.15)可写为

$$E[f(x,y)g(s,t)] - \int_{R^2} m(x-\alpha, y-\beta) E[g(\alpha,\beta)g(s,t)] \mathrm{d}\alpha \mathrm{d}\beta = 0,$$

或

$$\int_{R^2} m(x-\alpha, y-\beta) R_{gg}(\alpha,\beta,s,t) \mathrm{d}\alpha \mathrm{d}\beta = R_{fg}(x,y,s,t), \tag{4.16}$$

式中，R_{gg} 是 $g(x,y)$ 的自相关函数，R_{fg} 是 $f(x,y)$ 与 $g(x,y)$ 的互相关函数．

再假定所考虑的图像随机场是平稳的，则式(4.16)可化为

$$\int_{R^2} m(x-\alpha, y-\beta) R_{gg}(\alpha-s, \beta-t) \mathrm{d}\alpha \mathrm{d}\beta = R_{fg}(x-s, y-t).$$

对上式左端积分作变量替换，并记 $\tau_1 = x-s$，$\tau_2 = y-t$，则有

$$\int_{R^2} m(\tau_1-\alpha, \tau_2-\beta) R_{gg}(\alpha,\beta) \mathrm{d}\alpha \mathrm{d}\beta = R_{fg}(\tau_1,\tau_2).$$

注意到，左端是 m 与 R_{gg} 的卷积．对上式两端关于 τ_1 与 τ_2 作傅里叶变换，可得

$$M(u,v) S_{gg}(u,v) = S_{fg}(u,v), \tag{4.17}$$

式中，$S_{gg}(u,v)$ 是 $R_{gg}(\alpha,\beta)$ 的傅里叶变换，称为 $g(x,y)$ 的谱密度；而 $S_{fg}(u,v)$ 是 $R_{fg}(\tau_1,\tau_2)$ 的傅里叶变换，称为 $g(x,y)$ 与 $f(x,y)$ 的互谱密度．

注意到图像与噪声不相关，所以

$$\begin{aligned} R_{gg}(\alpha,\beta) &= E\{g(x,y)g(x+\alpha,y+\beta)\} \\ &= E\{[h*f(x,y)+n(x,y)][h*f(x+\alpha,y+\beta)+n(x+\alpha,y+\beta)]\} \\ &= E\{[h*f(x,y)][h*f(x+\alpha,y+\beta)]+n(x,y)n(x+\alpha,y+\beta)\} \\ &= E\{\int_{R^4} h(x-s,y-t)f(s,t)h(x+\alpha-s',y+\beta-t')f(s',t')\mathrm{d}s\mathrm{d}t\mathrm{d}s'\mathrm{d}t' \\ &\quad + n(x,y)n(x+\alpha,y+\beta)\}. \end{aligned}$$

对上式两端关于 (α,β) 作傅里叶变换，可得

$$S_{gg}(u,v) = S_{ff}(u,v) \mid H(u,v) \mid^2 + S_{nn}(u,v). \tag{4.18}$$

同理可得

$$S_{fg}(u,v) = S_{ff}(u,v) H^*(u,v). \tag{4.19}$$

将式(4.18)与式(4.19)代入式(4.17),可得

$$M(u,v)=\frac{S_{ff}(u,v)H^*(u,v)}{S_{ff}(u,v)\mid H(u,v)\mid^2+S_{nn}(u,v)}$$
$$=\frac{1}{H(u,v)}\cdot\frac{\mid H(u,v)\mid^2}{\mid H(u,v)\mid^2+S_{nn}(u,v)/S_{ff}(u,v)}. \tag{4.20}$$

由式(4.20)给出的滤波器由 N. Wiener(1942 年)首先提出,故称为维纳滤波器.它是在均方误差最小意义下导出的,因此也称最小均方误差滤波器,或最小二乘方误差滤波器.

在应用维纳滤波器时,需要知道 S_{ff} 和 S_{nn},但在很多情况下无法给出这两项的估计.因此在实际应用中,人们将噪声近似为白噪声(这时 S_{nn} 为常数),并经常使用如下近似表达式:

$$M(u,v)=\frac{1}{H(u,v)}\frac{\mid H(u,v)\mid^2}{\mid H(u,v)\mid^2+K}, \tag{4.21}$$

式中,K 是预先给定的常数.当 $K=0$ 时,$M(u,v)=1/H(u,v)$,称其为逆滤波器.在 K 给定时,还需估计图像的退化系统 $H(u,v)$ (或 $h(s,t)$).

退化系统 H 的估计主要有如下 3 种方法:

1) 观察法.在只有退化图像,而没有 H 的知识的情况下,根据退化图像自身的信息给出 H 的估计.

2) 实验法.如果我们有与获取退化图像设备相似的装置,那么就可应用该方法.因为对于线性移不变系统来说,H 是单位脉冲的频率响应,因此可通过成像一个脉冲(小亮点)得到退化系统 H 的近似估计.

3) 数学建模方法.该方法根据引起图像退化的环境(或系统)因素,估计退化函数.例如,大气湍流模型为

$$H(u,v)=\mathrm{e}^{-k(u^2+v^2)^{5/6}},$$

式中,k 为常数,它与湍流的性质有关.在研究由图像作相对运动而引起的模糊时,退化函数为

$$H(u,v)=\frac{T}{\pi(au+bv)}\sin[\pi(au+bv)]\mathrm{e}^{-\mathrm{j}\pi(au+bv)}, \tag{4.22}$$

式中,T 为曝光时间,a 和 b 分别为图像在水平方向和垂直方向运动的距离.

图 4.11 给出了维纳滤波的例子.这里假定引起图像退化的原因有两个:一是由原始图像沿与水平线夹角 11 度的方向运动了 30 个像素而引起的模糊,二是受到标准方差为 0.01 的高斯白噪声干扰,结果如图 4.11(b)所示.为了说明滤波效果,首先根据准确的运动距离估计(4.22)式中的 a 与 b,利用式(4.21)对退化图像做维纳滤波,结果较为理想,如图 4.11(c)所示;然后,假定运动距离为 35 个像素,应用维纳滤波器(4.21)做图像滤波,结果如图 4.11(d)所示,恢复图像存在严重的失真.由此可见,维纳滤波有很强的消除模糊的能力,但退化函数的估计必须尽量

准确，否则难以得到好的恢复图像质量．

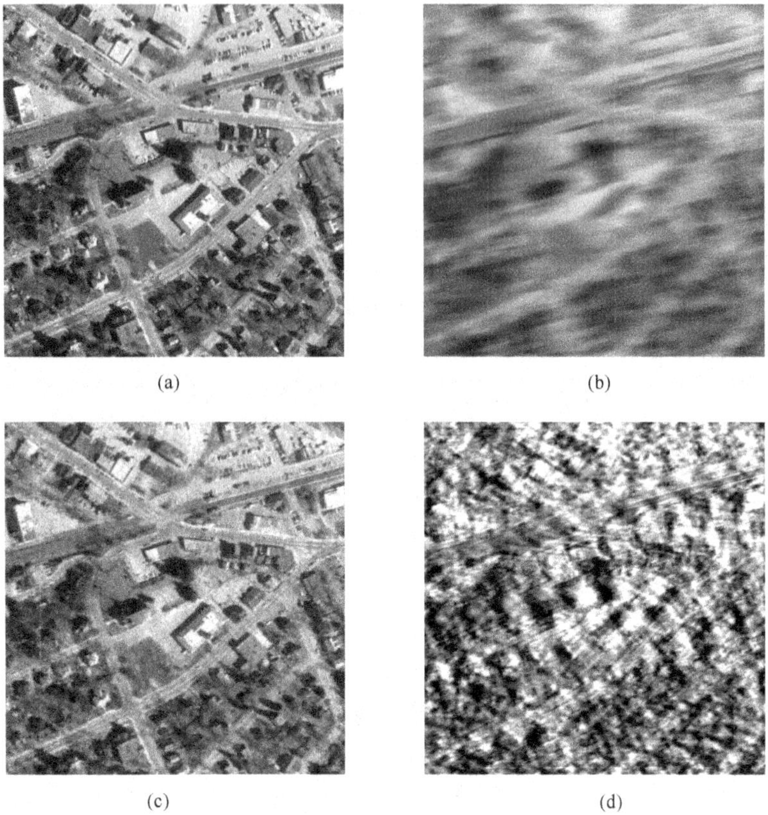

图 4.11　维纳滤波的例子

(a) 原始图像；(b) 由运动模糊及加性噪声污染的图像；(c) 维纳滤波的结果；
(d) 在运动距离估计不准确情况下的维纳滤波结果

4.4　图 像 分 割

在实际应用中，人们往往对一些特定的目标(其余部分称为背景)感兴趣，如军事侦察图像中的军事目标，为了进一步识别和分析，需要将其从图像中提取出来．图像分割就是实现这一目的的处理技术．具体地说，分割就是根据一些给定的准则，将图像细分为一些互不相交的子区域或对象．这些子区域具有各自不同的特性，如颜色的不同，灰度及纹理分布的不同等．分割的程度取决于要解决的问题，当感兴趣的对象已经被分离出来时，就停止分割．

对于灰度图像而言，图像分割基于灰度的两个基本性质：一是在区域边界处灰度通常是不连续的，二是在同一个区域内的灰度具有相似性．据此，分割算法也分为基于边界检测的算法和基于区域相似性的算法．

4.4.1　边缘检测

图像中的一个连通子集称为区域．一条边缘是位于两个相邻区域之间边界上的一组相连的像素集合．理想的边缘和灰度剖面如图 4.12 所示，边缘点位于灰度跃变的台阶上．但实际中，由于光学系统及采样的不完善性，边缘总有一些模糊，使得垂直上下的边缘具有斜坡的剖面，如图 4.13(a)所示．也就是说，模糊使得边缘变粗，边缘的宽度取决于斜坡的长度．这时，边缘点被认为是斜坡上的任意点．

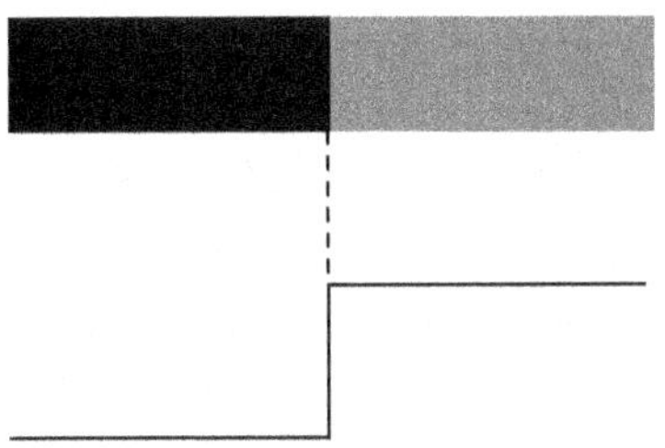

图 4.12　理想阶跃型边缘

除阶跃型边缘之外，常见的还有脉冲边缘和屋脊边缘，分别如图 4.13(b)、(c)所示．脉冲边缘模拟细条状灰度值突变区域，而屋脊边缘两边的灰度值变化较为缓慢，可认为是脉冲边缘的展宽．

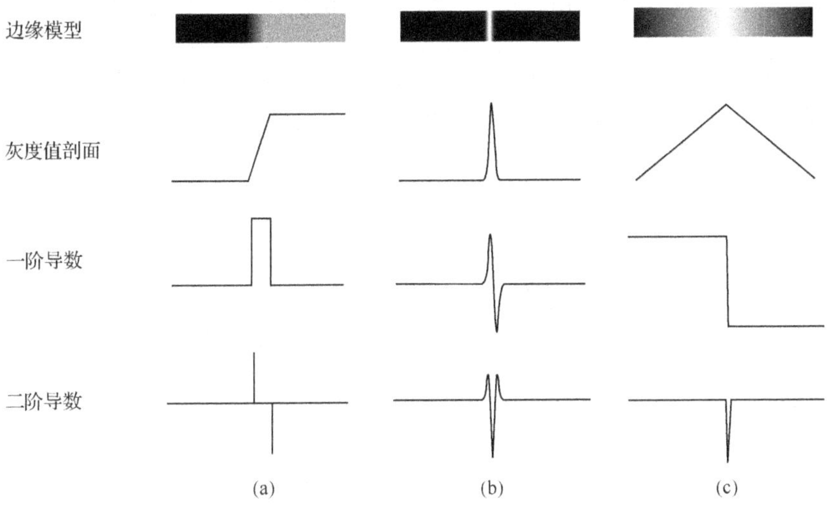

图 4.13　边缘、垂直边缘的灰度剖面及其一阶与二阶导数
(a) 阶跃型边缘；(b) 脉冲边缘；(c) 屋脊边缘

由图 4.13 可以看出，边缘点与灰度值剖面的一阶导数及二阶导数有如下对应关系：

1) 对于斜坡边缘，边缘点与一阶导数的局部极值点对应，和二阶导数的零交叉点对应；

2) 对于脉冲边缘,上升边缘点与下降边缘点与一阶导数的局部极值点对应,和二阶导数的零交叉对应;

3) 对于屋脊型边缘,屋脊点与一阶导数的过零点对应,和二阶导数的极值点对应.

因此,人们常用导数检测图像边缘.以下介绍常用的微分算子.

1. 梯度算子

图像 $f(x,y)$ 的梯度定义为

$$\mathrm{grad}f(x,y)=[f_x(x,y)\quad f_y(x,y)]^{\mathrm{T}}. \tag{4.23}$$

我们知道,梯度的方向表示函数 $f(x,y)$ 增加率最大的方向,梯度的模表示 $f(x,y)$ 的变化率.因此,在边缘处梯度指向与边缘垂直的方向,而模反映了垂直边缘的灰度值剖面的倾斜程度.

梯度模用如下两种方法定义.

$$\|\mathrm{grad}f(x,y)\|=[(f_x(x,y))^2+(f_y(x,y))^2]^{1/2}, \tag{4.24}$$

或

$$\|\mathrm{grad}f(x,y)\|=|f_x(x,y)|+|f_y(x,y)|. \tag{4.25}$$

前者是欧氏模,后者用绝对值定义,具有计算简单的特点.为叙述方便起见,以后经常称梯度模为梯度.梯度方向为

$$\varphi(x,y)=\arctan\frac{f_y(x,y)}{f_x(x,y)}. \tag{4.26}$$

在数字图像处理时,导数常用差分近似,如

$$f_x(x,y)\approx f(x+1,y)-f(x,y),$$
$$f_y(x,y)\approx f(x,y+1)-f(x,y).$$

显然,这种方法并不是最有效的,因为它仅用到了点 (x,y) 与其附近一点处的灰度信息.为了准确估计梯度,人们常采用较为复杂的差分模式,而这些模式通过模板定义,如图 4.14 所示,具体表述如下:

Roberts(罗伯特)交叉算子.这是一种交叉算子,定义为

$$f_x(x,y)=f(x+1,y+1)-f(x,y), \tag{4.27}$$

$$f_y(x,y)=f(x+1,y)-f(x,y+1). \tag{4.28}$$

Prewitt(蒲瑞维特)算子.$f(x,y)$ 在中心点 (x,y) 处的导数定义为图 4.14(b)所示的模板系数与对应灰度值的乘积之和:

$$\begin{aligned}f_x(x,y)=&f(x+1,y-1)+f(x+1,y)+f(x+1,y+1)\\&-f(x-1,y-1)-f(x-1,y)-f(x-1,y+1),\end{aligned} \tag{4.29}$$

$$\begin{aligned}f_y(x,y)=&f(x-1,y+1)+f(x,y+1)+f(x+1,y+1)\\&-f(x-1,y-1)-f(x,y-1)-f(x+1,y-1).\end{aligned} \tag{4.30}$$

(a)

−1	0
0	1

0	−1
1	0

(b)

−1	−1	−1
0	0	0
1	1	1

−1	0	1
−1	0	1
−1	0	1

(c)

−1	−2	−1
0	0	0
1	2	1

−1	0	1
−2	0	2
−1	0	1

图 4.14　图像导数计算模板,其中第 1 行模板用于计算 $f_x(x,y)$,第 2 行模板用于计算 $f_y(x,y)$
(a) Roberts 交叉算子;(b) Prewitt 算子;(c) Sobel 算子

Prewitt 算子利用了点 (x,y) 的 8 邻域内的灰度级信息,具有较强的抗噪能力.

Sobel(索贝尔)算子.该算子类似于 Prewitt 算子,定义如下:

$$\begin{aligned} f_x(x,y) = & f(x+1,y-1)+2f(x+1,y)+f(x+1,y+1) \\ & -f(x-1,y-1)-2f(x-1,y)-f(x-1,y+1), \end{aligned} \tag{4.31}$$

$$\begin{aligned} f_y(x,y) = & f(x-1,y+1)+2f(x,y+1)+f(x+1,y+1) \\ & -f(x-1,y-1)-2f(x,y-1)-f(x+1,y-1). \end{aligned} \tag{4.32}$$

Sobel 算子对点 (x,y) 的 8 邻域与 4 邻域内的灰度值赋予了不同的权,更强调 4 邻域内信息,其效果在检测垂直与水平边缘时是显而易见的.

应当指出,以上所给出的几种模板系数之和均为零,这意味着在灰度值为常数的区域导数为零.

2. 边缘检测算法

图像边缘检测采用门限方法,其基本步骤如下:

步骤 1　计算图像梯度模 $M(x,y)$;

步骤 2　给定门限 T,若 $M(x,y) \geqslant T$,置 $g(x,y)=M(x,y)$;否则置 $g(x,y)=0$;

步骤 3　显示图像 $g(x,y)$.

图 4.15 给出了利用上述 3 种微分算子对图像 Boat 的边缘检测结果.检测结果依赖于门限 T,T 越小检测的细小边缘越多;反之检测较强的边缘.由图可见,Robert 算子对背景的波动较敏感,而且边缘的间断点也较多,Sobel 算子和Prewitt 算子具有相对较好的效果.后两种算子是实际中应用较多的边缘检测算子.

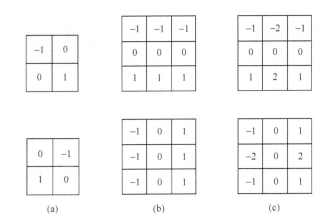

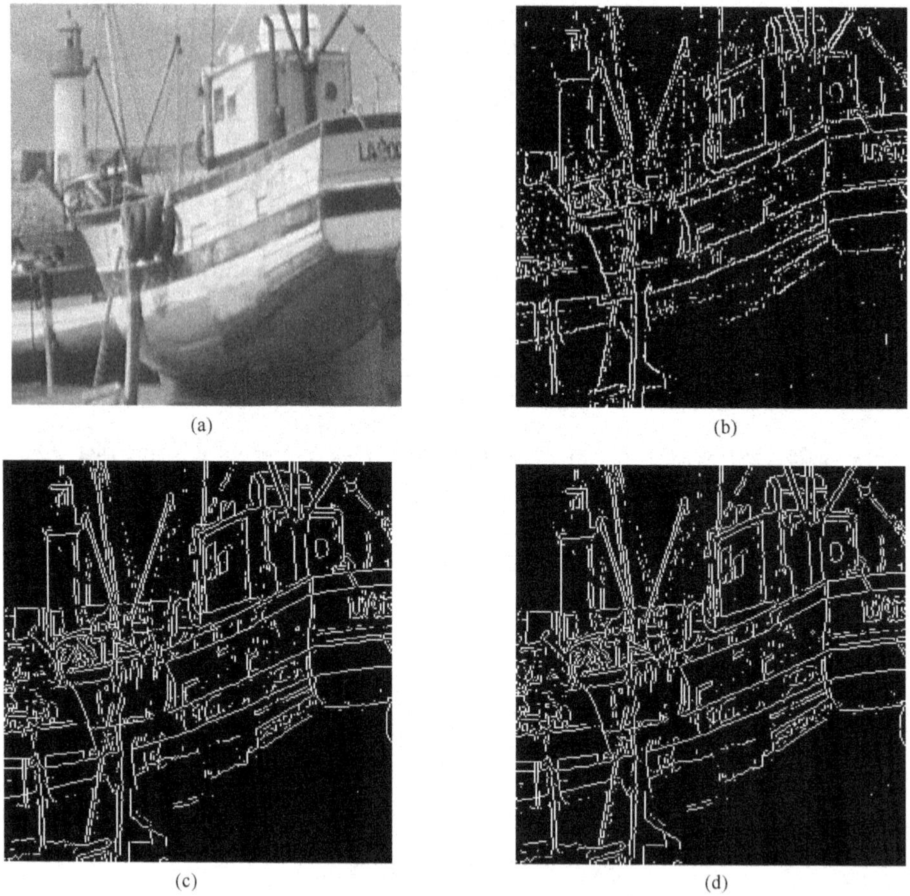

图 4.15 边缘检测

(a) 原始图像；(b) Robert 交叉算子；(c) Prewitt 特算子；(d) Sobel 算子

3. 拉普拉斯算子

拉普拉斯算子基于二阶导数，其定义如下：

$$\nabla^2 f=\frac{\partial^2 f}{\partial x^2}+\frac{\partial^2 f}{\partial y^2}. \tag{4.33}$$

拉普拉斯算子的计算借助于模板实现，常用的两种模板如图 4.16 所示．计算时，在图像中移动模板，输出(模板系数与对应图像灰度值乘积之和)作为中心点处的拉普拉斯算子值．

由图 4.13 所描述的边缘与二阶导数对应关系知，若利用拉普拉斯算子幅值检测图像，可能产生双边缘，这是人们所不希望的．此外，拉普拉斯算子对噪声较为敏感，因此在实际应用中，需先对图像作高斯预滤波处理，以减少噪声的影响，然后

0	-1	0
-1	4	-1
0	-1	0

(a)

-1	-1	-1
-1	8	-1
-1	-1	-1

(b)

图 4.16　Laplacian 算子模板

(a) Laplacian 算子模板一；(b) Laplacian 算子模板二

再用零交叉性质进行边缘定位．

考虑高斯函数

$$h(r) = -e^{-r^2/2\sigma^2},$$

式中，$r^2 = x^2 + y^2$，σ 是标准方差．由于 $h(r)$ 具有"磨光"性质，用它与图像作卷积时，输出的是一幅被模糊了的图像，平滑程度取决于 σ 的大小．注意到

$$\nabla^2(f * h) = f * \nabla^2 h(r), \tag{4.34}$$

而

$$\nabla^2 h(r) = -\frac{r^2 - \sigma^2}{\sigma^4} \mathrm{e}^{-r^2/(2\sigma^2)}. \tag{4.35}$$

因此实际检测边缘时，先作函数 $\nabla^2 h(r)$ 与图像的卷积，然后通过正负号变化确定零交叉点的位置，实现边缘检测．该方法称为零交叉边缘检测．由于采用了高斯预滤波，这种边缘检测方法能提供较为可靠的边缘位置．

函数 $\nabla^2 h(r)$ 称为 LoG (Laplacian of a Gaussian) 函数，由 Marr 和 Hildreth 提出，被誉为最佳边缘检测器之一．

图 4.17 是用零交叉边缘检测方法对图 4.15(a) 进行边缘检测的结果．应当注意，检测结果与参数 σ 的选择有关．

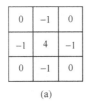

图 4.17　利用 LoG 算子的边缘检测结果

4.4.2 边缘连接

在实际边缘检测时，由于噪声、不均匀光照等原因，人们用各种算子检测的边缘像素并不连续(如图 4.15 与图 4.17 所示)，因此在得到边缘点集后还需进行边缘连接(这一过程也称为边缘闭合).

假设 (s,t) 是已检测到的边缘点，而它的 8 邻域内的其他点均不是边缘点，这时就有可能产生边缘间断．所谓边缘连接就是对其 8 邻域内的点作特征分析，并按预先给定的准则进行连接，以产生有意义的目标边缘．

边缘连接准则依赖于边缘点的内在联系．譬如，在边缘点处图像梯度与梯度方向常具有连接性，其变化幅度较小．基于这一性质，我们可以建立如下准则．

假设点 (x,y) 属于 (s,t) 的 8 邻域．若条件

$$|\nabla f(x,y)-\nabla f(s,t)|\leqslant T, \tag{4.36}$$

$$|\varphi(x,y)-\varphi(s,t)|\leqslant A, \tag{4.37}$$

均成立，就将 (s,t) 与 (x,y) 连接，其中 T 与 A 是预先给定的阈值．移动点 (s,t)，并重复连接过程，直到处理完边缘点集为止．

4.4.3 阈值分割方法

1. 阈值分割基本方法

假设图像 $f(x,y)$ 的直方图如图 4.18 所示，具有两个分离的单峰．在此假设下，图像由相对亮的目标和暗背景组成，直方图中两个陡峭的波峰表明在目标或背景内部灰度值高度相关，而较深的波谷则表明目标与背景的明显差异．这时，从背景中提取目标的一个明显方法是在波谷选择一个合适的阈值 T，将两个波峰分离：若 $f(x,y)>T$，称 (x,y) 为目标点；否则称为背景点．分割后的图像定义为

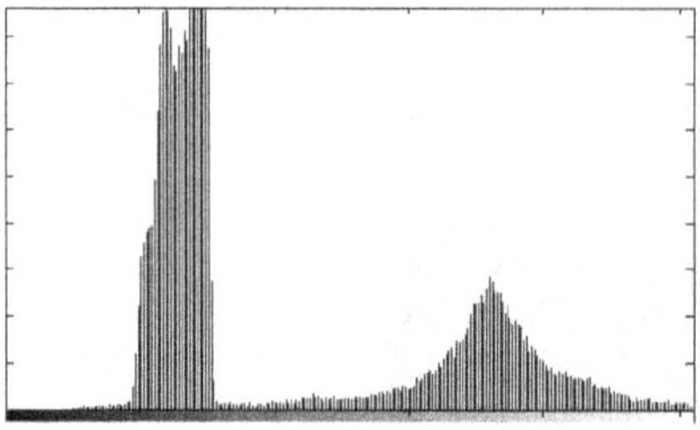

图 4.18 双峰直方图

$$g(x,y)=\begin{cases}1, & f(x,y)>T;\\ 0, & f(x,y)\leqslant T.\end{cases} \tag{4.38}$$

这种通过选择阈值从图像中提取目标的方法称为阈值分割方法．

图 4.19 给出了单阈值分割示例．该例中，原始图像直方图较明显的显示了两个波峰，分别与月亮及背景对应．在波谷底选择阈值 T，其分割结果如图 4.19(b) 所示，图中白色显示目标，黑色显示背景．

阈值分割方法可推广到直方图包含多个分离的波峰的情况．例如，当直方图

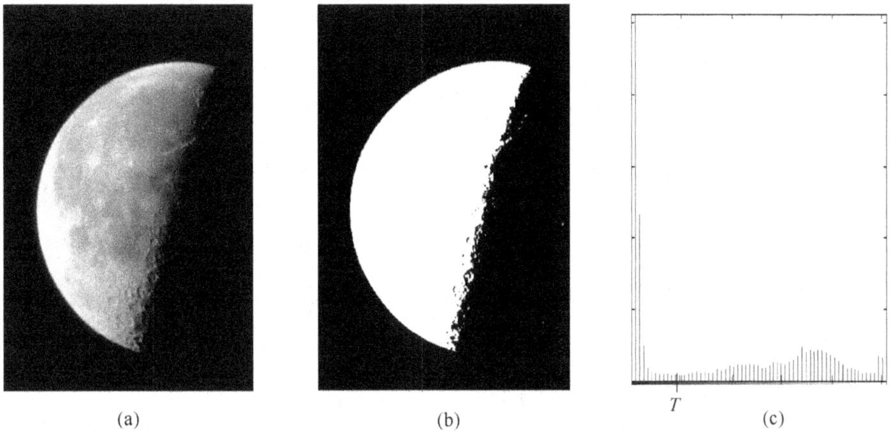

(a)　(b)　(c)

图 4.19　单阈值分割示例

(a) 原始图像；(b) 基于单阈值的分割结果；(c) 原始图像直方图

含有 3 个波峰时，可在波峰间的两个波谷中各选择一个阈值 T_1 和 $T_2(T_1 < T_2)$，若 $f(x,y) < T_1$ 时，将 (x,y) 归为背景点；若 $T_1 \leqslant f(x,y) < T_2$ 时，将 (x,y) 归为一个目标点；若 $f(x,y) \geqslant T_2$ 时，将 (x,y) 归为另一个目标点．

显然，阈值分割方法的关键是如何选择合适的阈值 T. 一般而言，T 可视为如下的函数：

$$T = T[x,y,p(x,y),f(x,y)], \tag{4.39}$$

式中，$p(x,y)$ 表示点 (x,y) 的局部性质，如点 (x,y) 的某个邻域的平均灰度值．

如果 T 仅依赖于 $f(x,y)$，称其为全局阈值；如果 T 仅依赖于 $f(x,y)$ 与 $p(x,y)$，则称其为局部阈值；如果 T 仅依赖于 (x,y)，则称其为动态的或自适应阈值．

2. 最佳全局阈值选择方法

我们现在来考虑全局最佳阈值的确定方法．

假设图像 $f(x,y)$ 包含单个目标，目标区域(亮的区域)灰度的概率密度函数为 $p_1(z)$，背景(暗的区域)灰度的概率密度函数为 $p_2(z)$，如图 4.20 所示，则图像灰度的混合概率密度函数为

$$p(z) = P_1 p_1(z) + P_2 p_2(z), \tag{4.40}$$

式中，P_1 和 P_2 分别是目标点与背景点出现的概率．显然，$P_2 = 1 - P_1$. 对于模拟图像来说，$p(z)$ 就是直方图所显示的曲线，即 $p_1(z)$ 与 $p_2(z)$ 的叠加，在两个波峰之间难免出现混叠．我们希望所选择的阈值 T，使得在决定一个像素属于目标或背景时的平均出错概率最小．

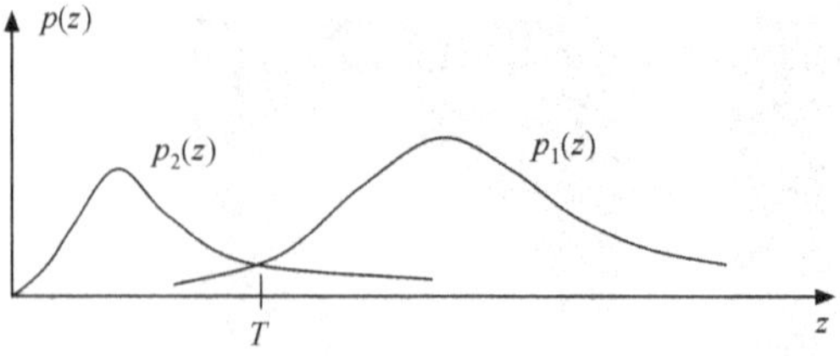

图 4.20 图像目标与背景的概率密度函数

由概率理论知,将目标点错分为背景点的概率为 T 的左则位于曲线 $p_1(z)$ 下方的区域面积,即

$$E_1(T) = \int_{-\infty}^{T} p_1(z)\mathrm{d}z. \tag{4.41}$$

而将背景点错分为目标点的概率为

$$E_2(T) = \int_{T}^{\infty} p_2(z)\mathrm{d}z. \tag{4.42}$$

于是对图像进行分割时,总的出错概率为

$$E(T) = P_1E_1(T) + P_2E_2(T). \tag{4.43}$$

令 $E'(T) = 0$,则有

$$P_1p_1(T) = P_2p_2(T). \tag{4.44}$$

如果知道 $p_1(z)$ 与 $p_2(z)$ 的解析表达式,便可根据式(4.44)求出最佳阈值 T.

由于概率密度函数 $p_1(z)$ 与 $p_2(z)$ 的表达式并不容易估计,因此实际中常采用如下高斯型函数:

$$p_i(z) = \frac{1}{\sqrt{2\pi}\sigma_i}\mathrm{e}^{-\frac{(z-\mu_i)^2}{2\sigma_i^2}}, \quad i = 1,2, \tag{4.45}$$

式中,参数 μ_1(或 μ_2)与 σ_1^2(或 σ_2^2)分别表示目标(或背景)灰度的均值与方差.

将 $p_i(z)$ 代入方程(4.44),并在两边取对数,可得

$$(\sigma_1^2-\sigma_2^2)T^2 + 2(\sigma_2^2\mu_1-\sigma_1^2\mu_2)T - \sigma_2^2\mu_1^2 + \sigma_1^2\mu_2^2 + 2\sigma_1^2\sigma_2^2\ln\frac{P_1\sigma_2}{P_2\sigma_1} = 0.$$

当 $\sigma_1^2 \neq \sigma_2^2$ 时,可解得两个最佳阈值;当 $\sigma_1^2 = \sigma_2^2$ 时,可解得一个最佳阈值:

$$T = \frac{1}{2(\mu_1-\mu_2)}\left(\mu_1^2-\mu_2^2-2\sigma_1^2\ln\frac{P_1}{P_2}\right). \tag{4.46}$$

在应用时人们只需对式(4.46)中的参数进行估计即可.

阈值分割方法具有直观和易于实现的性质,因此在图像分割技术中占有重要位置.人们对于阈值的研究也给予了充分的关注,进一步的研究可参阅有关数字图像处理的书籍[1].

4.5 数字图像压缩编码基础

对数字图像压缩编码就是给图像建立一种有效的数字化表示，即以尽量少的比特数表征图像，同时保持复原图像的质量，使它符合预定应用场合的要求．图像压缩编码简称为图像编码，它是一种信源编码．

4.5.1 图像压缩的必要性

数字图像易于存储处理和远距离传输，可以多次中继而不致引起噪声的严重累积，可获得比模拟传输更高的通信质量．这是数字图像的优点，也是图像数字化的原因之一．但数字图像需要更多的比特数去存储或传输．特别是对高质量的彩色图像与活动图像，如果不作压缩，不仅会造成高成本，而且会对处理工作造成很大的困难．考虑表 4.1 列出的几种重要信源信号的原始数据速率(未经压缩)．如用容量大约为 650M 字节的 CD-ROM(只读光盘)，或容量大约为 40 千兆比特的 DVD-5(多层数字化光视频盘)进行存储，那么对于未压缩的电视信号来说，CD-ROM仅可存储 23.5 秒的节目；而 DVD-5 也仅可存储大约 3 分钟的节目．这是人们难以接受的．

表 4.1 几种未压缩信源的大致比特率

图像类别	图像比特率
图像	512×512 像素彩色图像×24 比特/像素＝6.3Mb/图像
视频	640×480 像素彩色图像×24 比特/像素×30 图像/s=221Mb/s
高清晰度电视	1280×720 像素彩色图像×24 比特/像素×60 图像/s=1.3Gb/s

人们对图像的存储与传输的需求趋于无限．例如，互联网上的信息交流、3G 手机、电子商务、医疗成像、传真以及远距离车辆驾驶等，许多信息是以图片的形式存储的．不断扩大的应用领域使图像压缩方法具有越来越大的实用价值和商业价值．

总之，为保持数字图像在易于远距离传输和存储的优点，人们必须对图像数据进行压缩编码．

图像之所以能够压缩基于两个原因：一是原始图像数据存在一定的冗余度．研究表明，图像数据冗余有多种形式．譬如，一幅图像内相邻像素之间有较大的相关性，这称为空间冗余度．活动图像前后帧之间具有较大的相关性，这称为时间冗余度．此外，冗余度还包括信息熵冗余(单位数据量大于熵)、心理视觉冗余(指在正常的视觉处理过程中那些不十分重要的信息，这是因为各种信息相对重要程度不同)、知识冗余(在某些特定的场合，编码对象的某些特性可预先知道，如可视电话，编码对象为人的头肩像)等．只要消除这些冗余中的一种或多种，就可以减少表示给定图像的数据量，从而达到数据压缩的目的．

二是在许多应用场合，允许图像编码有一定的失真．例如，电视、可视电话等，人们并不要求复原图像与原图像完全相同，允许有少量的失真．这是因为，人类的视觉系统(HVS)对复原图像的失真并不特别敏感，一种图像编码方法如果能充分利用这些视觉特性，就可取得较好的效果，即在复原图像主观质量较好的前提下得到较高的压缩比．

4.5.2 图像压缩编码方法的分类

根据复原图像是否与原图像一致，编码方法可分为两大类：无失真编码和限失真编码．无失真编码指复原图像与原图保持一致，没有失真，又称信息保持编码或熵保持编码．限失真编码又称非信息保持编码，解压后的复原图像有失真，但失真控制在一定的限度内，不致影响使用效果．

1. *无失真编码*

无失真编码是利用符号冗余度进行图像数据压缩的．一般来说，信源符号出现的概率是不同的，如果采用可变长编码技术，对出现概率高的符号用短码字表示，对出现概率低的符号用长码字，就可消除符号冗余度，达到提高编码效率的目的．

假设信源的符号表为$\{x_1, x_2, \cdots, x_q\}$，各符号出现的概率为$\{p(x_1), p(x_2), \cdots, p(x_q)\}$.若某个位置出现某符号的概率与其他位置上出现符号的概率无关，则称此信源是独立信源或无记忆信源，其熵定义为

$$H(x) = -\sum_{i=1}^{q} p(x_i)\log p(x_i), \quad x = \{x_1, x_2, \cdots, x_q\}. \tag{4.47}$$

显然熵为每个符号的编码期望值，就是每个符号的平均信息量．通常取对数的底为 2，这时熵的单位是：比特数/字符(bit/字符)．为了说明熵的意义，我们需要如下几个概念：

定义 4.1 设 $\overline{L}(x)$ 为实际编码的平均码长，$H(x)$ 为原始图像的熵，则定义

编码效率：$\eta = \dfrac{H(x)}{\overline{L}(x)}$；

冗余度：$\gamma = 1 - \eta = \dfrac{\overline{L}(x) - H(x)}{\overline{L}(x)}$；

比特率：传输或存储一个像素值平均需要的比特数；

压缩比：$C = \dfrac{N}{N_c}$.

式中，N 为原始图像的总比特数，N_c 为压缩后图像的总比特数．

例 4.1　设有 4 个相互独立的符号：$x=\{x_1,x_2,x_3,x_4\}$. 若各符号以等概率出现，则 $H(x)=2$，表明信源熵为 2bit/符号，此时用等长自然二进制码编码，即可达到最高编码效率 $\eta=1$，冗余度 $\lambda=0$. 若各符号以不等概率出现，出现的概率分别为 $\frac{1}{2},\frac{1}{4},\frac{1}{8},\frac{1}{8}$，则 $H(x)=1.75$. 此时，如果仍用等长二进制编码，则效率 $\eta=0.875$，冗余度 $\lambda=0.125$. 这说明等长自然二进制码不是一种好的编码方法，编码效率仍需提高．事实上，对 x_1,x_2,x_3,x_4 用不等长编码：0，10，110，111，则平均编码长度 $\overline{L}(x)=\frac{1}{2}\times1+\frac{1}{4}\times2+\frac{1}{8}\times3+\frac{1}{8}\times3=1.75$ bit，这时可得最高编码效率 $\eta=1$.

根据香农(Shannon)无干扰编码定理，在无干扰条件下，存在一种无失真编码方法，使编码的平均长度 $\overline{L}(x)$ 与信源熵 $H(x)$ 任意地接近，即无失真编码的平均码长存在一个下限 $H(x)$，因此无失真编码可以达到的最大压缩比为

$$C_{\max}=\frac{L(x)}{H(x)},\tag{4.48}$$

式中，$L(x)$ 为原始图像的平均码长．式(4.48)也称为无失真编码条件．

无失真编码条件表明，无失真编码受限于信源自身的熵，不能达到较高的压缩比．但它是一种较重要的编码技术，常用于如医学图像、遥感图像等一些不希望在编码过程中丢失信息的场合．

2. 限失真编码

如果允许复原图像有少量失真，则压缩比可得到大幅度提高．基于这一原因，人们开发了限失真编码方法，它是平衡失真与压缩比的一种重要手段．一般而言，限失真编码对图像的压缩效果是显著的．一幅单色图像在视觉上没有明显失真的情况下，压缩比可达 20～60 倍，而无失真编码的压缩比一般不超过 3 倍．

对于许多应用来说，在一定的保真度下接收图像，已能满足对图像的理解乃至欣赏方面的要求，因此限失真编码受到了广泛关注，它是图像通信的核心技术之一．常用的方法有：变换编码、预测编码、矢量量化与模型编码．

4.5.3　图像质量评价

经限失真编码后，复原图像相对于原图像来说有了失真．图像质量评价实际上就是对这种失真给出一种评判，具体分为主观评价与客观评价两种．主观评价由观察者对图像的优劣作出主观评定．这时所评价出的图像质量不仅与图像本身特性有关，而且还与观察者以及现实条件有关．在很多通信系统中，图像的最终接受对象是人，因此主观评价更符合人的视觉效果，比较实用，是一种重要的方法．在制定国际标准时需采用主观评价．而客观评价建立在复原图像与原始图像之间

的误差上,用具体的指标评判图像质量,应用比较方便,故常在论文中采用.

1. 主观评价

为了保证图像主观评价在统计上有意义,参加评分的观察者至少应有 20 名,其中包括专业人员与非专业人员. 专业人员对图像质量评价有丰富的经验,能够对图像提出严格的判断,能注意到图像某些细小的降质,而非专业观察者代表了一般观众的平均感觉.

主观评价大体上分为两类:绝对评价和相对评价. 绝对评价是由观察者根据一些事先规定的评价尺度或自己的经验,对被评价图像提出质量判断. 以下是国际上采用的一种 5 级标准.

非常好	5 分
好	4 分
中等	3 分
差	2 分
非常差	1 分

在相对评价中,由观察者对一批图像由好到坏进行比较分类,经互相比较后评出分数.

最好	7 分
好于平均水平	6 分
稍好于平均水平	5 分
平均水平	4 分
稍次于平均水平	3 分
次于平均水平	2 分
最差	1 分

最终评价结果可用一定数量的观察者的平均分数得出.

2. 客观评价

假设原始图像为 $f(i,j), i=1,2,\cdots,N, j=1,2,\cdots,M$, 灰度等级为 P 级,解压后的复原图像为 $f'(i,j), i=1,2,\cdots,N, j=1,2,\cdots,M$, 则客观评价常采用如下几种指标.

均方误差:

$$\mathrm{MSE}=\frac{1}{MN}\sum_{i=1}^{N}\sum_{j=1}^{M}[f(i,j)-f'(i,j)]^2. \tag{4.49}$$

规范化均方误差:

$$\mathrm{NMSE} = \frac{\mathrm{MSE}}{\delta_f^2}, \tag{4.50}$$

其中

$$\delta_f^2 = \frac{1}{MN}\sum_{i=1}^{N}\sum_{j=1}^{M} f^2(i,j).$$

对数信噪比：

$$\mathrm{SNR} = 10\log\frac{\delta_f^2}{\mathrm{MSE}} = -10\log\mathrm{NMSE}\quad(\mathrm{dB}). \tag{4.51}$$

峰值信噪比：

$$\mathrm{PSNR} = 10\log\frac{(P-1)^2}{\mathrm{MSE}}\quad(\mathrm{dB}). \tag{4.52}$$

其中 log 以 2 为底．

上述各种指标客观地反映了原始图像与复原图像的误差，容易计算，在主观感觉上也有较好的参考意义．最常用的指标是 PSNR，当 PSNR 超过 30dB 时，人的眼睛一般感觉不出图像的失真，但这些指标不能完全反映人的主观感觉，常需要与主观评价结合使用．

4.6　图像变换编码

变换编码不是直接在空间域对图像编码，而是将图像进行变换，对变换系数进行量化与编码．该方法基于两个事实：一是粗量化小幅度的变换系数对图像不致发生大的影响；二是适当的变换可以减少数据之间的相关性，改变信号的能量分布．一个好的变换可使大多数变换系数的幅度较小，具有较小的能量，图像的能量主要集中在少数几个幅度较大的系数上，这正是编码所希望的数据性质．目前已有许多基于不同变换的变换编码方法，本节只介绍 K-L 变换、离散余弦变换(DCT)．

4.6.1　K-L 变换

K-L 变换是 Karhunen-Loève 变换的简称，也称 Hotelling 变换．它是基于图像统计特性的一种正交变换．

设 $\boldsymbol{X} = \{X_1, X_2, \cdots, X_M\}^{\mathrm{T}}$ 是一矢量信号，其斜方差矩阵定义为

$$\boldsymbol{C}_X = E[(\boldsymbol{X} - \boldsymbol{m}_X)(\boldsymbol{X} - \boldsymbol{m}_X)^{\mathrm{T}}],$$

其中 $\boldsymbol{m}_X = E[\boldsymbol{X}]$，$E$ 为数学期望．斜方差阵 $\boldsymbol{C}_X$ 是 $M\times M$ 实对称矩阵，它反映了矢量信号各分量之间的相关性．根据线性代数的知识，$\boldsymbol{C}_X$ 可以对角化．

假设 λ_i 和 $\boldsymbol{e}_i$，$i = 1,2,\cdots,M$ 分别是 $\boldsymbol{C}_X$ 的特征值和对应的正交归一化特征向量，即

$$\boldsymbol{C}_X\boldsymbol{e}_i = \lambda_i\boldsymbol{e}_i,$$

$$\boldsymbol{e}_i^{\mathrm{T}}\boldsymbol{e}_j = \begin{cases}1, & i=j;\\ 0, & i\neq j.\end{cases}$$

则以 $\boldsymbol{e}_i$ 的转置为行构成的矩阵 $\boldsymbol{T}$ 是正交矩阵,且使 $\boldsymbol{C}_X$ 对角化,即

$$\boldsymbol{T}\boldsymbol{C}_X\boldsymbol{T}^{\mathrm{T}} = \mathrm{diag}\{\lambda_1,\lambda_2,\cdots,\lambda_M\}.$$

以 $\boldsymbol{T}$ 为变换矩阵的正交变换称为 K-L 变换,可表示为

$$\boldsymbol{Y} = \boldsymbol{T}(\boldsymbol{X}-\boldsymbol{m}_X). \tag{4.53}$$

该变换与 $\boldsymbol{X}$ 的统计特性有关,变换矩阵随信号 $\boldsymbol{X}$ 的不同而改变. 变换后 $\boldsymbol{Y}$ 的平均值向量为

$$\boldsymbol{m}_Y = E[\boldsymbol{Y}] = E[\boldsymbol{T}(\boldsymbol{X}-\boldsymbol{m}_X)] = \boldsymbol{T}(E[\boldsymbol{X}]-\boldsymbol{m}_X) = \boldsymbol{0},$$

$\boldsymbol{Y}$ 的斜方差阵为

$$\begin{aligned}\boldsymbol{C}_Y &= E[\boldsymbol{Y}\boldsymbol{Y}^{\mathrm{T}}] = E[\boldsymbol{T}(\boldsymbol{X}-\boldsymbol{m}_X)(\boldsymbol{X}-\boldsymbol{m}_X)^{\mathrm{T}}\boldsymbol{T}^{\mathrm{T}}]\\ &= \boldsymbol{T}\boldsymbol{C}_X\boldsymbol{T}^{\mathrm{T}}\\ &= \mathrm{diag}\{\lambda_1,\lambda_2,\cdots,\lambda_M\}.\end{aligned}$$

这表明,经 K-L 变换后,$\boldsymbol{Y}$ 的各分量是不相关的,第 i 个分量的方差就是 $\boldsymbol{C}_X$ 的第 i 个特征值.

K-L 反变换为

$$\boldsymbol{X} = \boldsymbol{T}^{\mathrm{T}}\boldsymbol{Y} + \boldsymbol{m}_X. \tag{4.54}$$

由式(4.54)可完全重构原信号.

由式(4.54)知,经过 K-L 变换后,矢量信号的分量个数并未减少. 为了达到压缩数据的目的,必须删去一些能量较小的分量,因此需要对上述变换做一些适当的改变. 假定 $\boldsymbol{C}_X$ 的特征值是从大到小排列的,即 $\lambda_1\geqslant\lambda_2\geqslant\cdots\geqslant\lambda_M$. 在数据压缩时,取前 K 个最大的特征值对应的 K 个特征向量构成新的变换矩阵 $\boldsymbol{T}_K=(\boldsymbol{e}_1,\boldsymbol{e}_2,\cdots,\boldsymbol{e}_K)^{\mathrm{T}}$, 作一新的变换

$$\boldsymbol{Y}_K = \boldsymbol{T}_K(\boldsymbol{X}-\boldsymbol{m}_X), \tag{4.55}$$

这里用 $\boldsymbol{Y}_K$ 代替原来的矢量 $\boldsymbol{Y}$.

通过反变换,则可由 $\boldsymbol{Y}_K$ 得到矢量信号 $\boldsymbol{X}$ 的近似 $\hat{\boldsymbol{X}}$

$$\hat{\boldsymbol{X}} = \boldsymbol{T}_K^{\mathrm{T}}\boldsymbol{Y}_K + \boldsymbol{m}_X, \tag{4.56}$$

由于 $\boldsymbol{Y}_K$ 具有较小的维数,所以对 $\boldsymbol{Y}_K$ 进行编码即可实现对原数据的压缩.

现在计算上述方法所引入的误差. 以补 0 的方式将 $\boldsymbol{Y}_K$ 扩充为 M 维向量 $\boldsymbol{Y}'$:

$$\boldsymbol{Y}' = \begin{bmatrix}\boldsymbol{Y}_K\\ \boldsymbol{0}\end{bmatrix},$$

则

$$\hat{\boldsymbol{X}} = \boldsymbol{T}^{\mathrm{T}}\boldsymbol{Y}' + \boldsymbol{m}_X.$$

均方误差为

$$\begin{aligned}\varepsilon &= E[\,|\boldsymbol{X}-\hat{\boldsymbol{X}}|^2] = E[\,|\boldsymbol{T}^{\mathrm{T}}(\boldsymbol{Y}-\boldsymbol{Y}')|^2] \\ &= E\{[\boldsymbol{T}^{\mathrm{T}}(\boldsymbol{Y}-\boldsymbol{Y}')]^{\mathrm{T}}[\boldsymbol{T}^{\mathrm{T}}(\boldsymbol{Y}-\boldsymbol{Y}')]\} \\ &= E[(\boldsymbol{Y}-\boldsymbol{Y}')^{\mathrm{T}}(\boldsymbol{Y}-\boldsymbol{Y}')].\end{aligned}$$

注意到 $\boldsymbol{Y}$ 的各分量是不相关的，所以

$$\varepsilon = \sum_{i=K+1}^{M} \lambda_i.$$

由于 $\lambda_i, i = K+1, \cdots, M$ 是 $M-K$ 个最小的特征值，所以由 $\boldsymbol{Y}_K$ 重建 $\boldsymbol{X}$ 引入的误差最小．

由上述讨论可以看出，K-L 变换可以完全去除信号分量之间的相关性．在变换域中，能量几乎集中在少数变换系数上，与其他正交变换相比，编码效率最高，误差最小．

但应注意，K-L 变换用斜方差矩阵计算变换矩阵，其计算量是比较大的，且无快速算法. 此外，对于不同的图像要重新计算变换矩阵．因此 K-L 变换并不实用，其价值主要体现在理论方面，常作为各种变换编码效果的比较基准．

4.6.2　离散余弦变换(DCT)

离散余弦变换(DCT)是实际中常用的一种正交变换，它有快速算法，且其压缩性能与 K-L 变换非常接近．在计算机多媒体技术中，如 JPEG、MPEG、H.263 等压缩标准，DCT 被广泛用于图像编码．

给定由 M 个信号样本 $\{x(0), x(1), \cdots, x(M-1)\}$ 组成的信号块，则其一维离散余弦变换定义为

$$y(k) = \sqrt{\frac{2}{M}}C(k)\sum_{n=0}^{M-1} x(n)\cos\frac{2n+1}{2M}k\pi, \quad k = 0, 1, \cdots, M-1 \tag{4.57}$$

其中

$$C(k) = \begin{cases} 1/\sqrt{2}, & k = 0; \\ 1, & k = 1, 2, \cdots, M-1. \end{cases}$$

为方便起见，常将式(4.57)表示成向量形式．记 $\boldsymbol{X} = \{x(0), x(1), \cdots, x(M-1)\}^{\mathrm{T}}$，$\boldsymbol{Y} = \{y(0), y(1), \cdots, y(M-1)\}^{\mathrm{T}}$，并令

$$\boldsymbol{T}=\sqrt{\frac{2}{M}}\begin{bmatrix} \frac{1}{\sqrt{2}} & \frac{1}{\sqrt{2}} & \cdots & \frac{1}{\sqrt{2}} \\ \cos\frac{\pi}{2M} & \cos\frac{3\pi}{2M} & \cdots & \cos\frac{(2M-1)\pi}{2M} \\ \vdots & \vdots & & \vdots \\ \cos\frac{(M-1)\pi}{2M} & \cos\frac{3(M-1)\pi}{2M} & \cdots & \cos\frac{(2M-1)(M-1)\pi}{2M} \end{bmatrix}_{M\times M}, \tag{4.58}$$

则式(4.57)可表示为

$$\boldsymbol{Y}=\boldsymbol{TX}. \tag{4.59}$$

可验证变换矩阵 $\boldsymbol{T}$ 是正交矩阵,因此一维余弦反变换(IDCT)为

$$\boldsymbol{X}=\boldsymbol{T}^{\mathrm{T}}\boldsymbol{Y}, \tag{4.60}$$

或用分量表示为

$$x(n)=\sqrt{\frac{2}{M}}\sum_{k=0}^{M-1}C(k)y(k)\cos\frac{2n+1}{2M}k\pi,\quad n=0,1,2,\cdots,M-1. \tag{4.61}$$

二维 DCT 可用两次一维 DCT 实现,即行方向的一维 DCT 和列方向的一维 DCT. 设 $\boldsymbol{A}$ 是 $M\times N$ 的图像,则其二维 DCT 与 IDCT 为

$$\boldsymbol{B}=\boldsymbol{TAT}^{\mathrm{T}}, \tag{4.62}$$

$$\boldsymbol{A}=\boldsymbol{T}^{\mathrm{T}}\boldsymbol{BT}, \tag{4.63}$$

式中,$\boldsymbol{B}$ 为 $M\times N$ 变换系数矩阵,$\boldsymbol{T}$ 由式(4.58)定义. 在式(4.62)和式(4.63)中,矩阵 $\boldsymbol{A}$(或 $\boldsymbol{B}$)两侧矩阵 T 的阶数不一定相同,它应和 $\boldsymbol{A}$(或 $\boldsymbol{B}$)的行数与列数相对应.

记 $\boldsymbol{A}=(x(i,j))$,$\boldsymbol{B}=(y(s,t))$,则式(4.62)与式(4.63)的分量分别表示如下:

$$y(s,t)=C(s)C(t)\frac{2}{\sqrt{MN}}\sum_{i=1}^{M-1}\sum_{j=1}^{N-1}x(i,j)\cdot\cos\left[\frac{\pi}{2M}(2i+1)s\right]\cos\left[\frac{\pi}{2N}(2j+1)t\right], \tag{4.64}$$

$$x(i,j)=\frac{2}{\sqrt{MN}}\sum_{s=0}^{M-1}\sum_{t=0}^{N-1}C(s)C(t)y(s,t)\cdot\cos\left[\frac{\pi}{2M}(2i+1)s\right]\cos\left[\frac{\pi}{2N}(2j+1)t\right]. \tag{4.65}$$

一般来说,DCT 不像 K-L 变换具有最佳性能,但仍有较好的去相关性与能量集中性,是一种次最佳变换. 另一方面,DCT 变换矩阵是确定的,有快速算法,实现较为容易,因此广泛应用于数据压缩.

例 4.2　试对图像子块

$$A = \begin{bmatrix} a & b & b & b \\ b & a & b & b \\ b & b & a & b \\ b & b & b & a \end{bmatrix}$$

作 DCT.

解：由式(4.58)知,DCT 的变换矩阵

$$T = \begin{bmatrix} \frac{1}{2} & \frac{1}{2} & \frac{1}{2} & \frac{1}{2} \\ C & C & -S & -C \\ 1/2 & -1/2 & -1/2 & 1/2 \\ S & -C & C & -S \end{bmatrix},$$

式中,$C = \frac{1}{\sqrt{2}}\cos\frac{\pi}{8}, S = \frac{1}{\sqrt{2}}\sin\frac{\pi}{8}$. 直接计算可得 A 的二维 DCT 为

$$B = TAT^{\mathrm{T}} = \begin{bmatrix} a+3b & 0 & 0 & 0 \\ 0 & a-b & 0 & 0 \\ 0 & 0 & a-b & 0 \\ 0 & 0 & 0 & a-b \end{bmatrix}.$$

可见,经离散余弦变换后,图像子块的能量集中于对角线上,而且左上角分量最大,这有利于图像压缩.

4.7　基本 JPEG 编解码方法

JPEG(Joint Photographic Experts Group)是联合图像专家小组的英文缩写,是 ISO(国际标准化组织)的一个附属组织,但是与 CCITT(国际电话电报咨询委员会)有着密切的合作关系.JPEG 花费大量的时间致力于图像的压缩和实现,其主要目标是开发一种通用的静止图像压缩标准,这种标准可适合于所有连续色调的静止图像压缩和存储.JPEG 算法被确定为 JPEG 国际标准,是目前被人们广泛认可的标准.

JPEG 定义了 3 种编码系统:①基本顺序编码系统,它以 DCT 为基础,适合大多数图像压缩场合;②扩展的编码系统,面向大规模压缩、精度更高或渐进重构图像的场合;③可逆的无失真独立编码系统. 以下仅介绍静止图像基本顺序编码方法.

1. 基本编码系统的结构

基本编码系统基于 DCT,结构如图 4.21 所示,包括原始图像数据输入、基于 DCT 的编码和压缩图像数据流的输出. 编码器包括正向 DCT 变换器、量化器和熵编码器三部分,除此之外,还附有量化表和熵编码表.

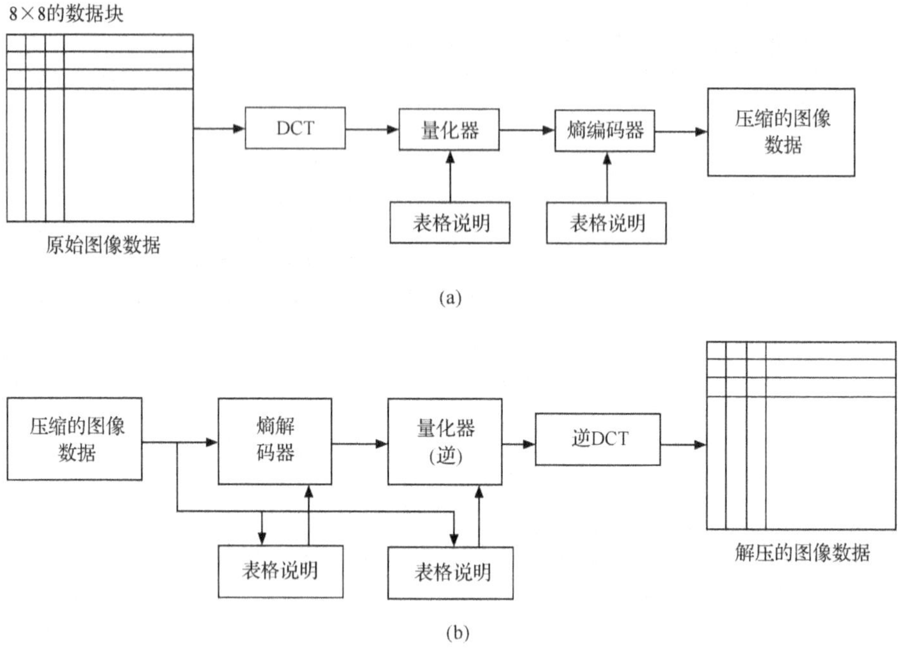

图 4.21　JPEG 基本系统编码解码框图
(a) 基于 DCT 的编码器; (b) 基于 DCT 的解码器

基于 DCT 的解码过程是基于 DCT 编码的逆过程,量化表与熵编码表与发送端完全一致.

在基本顺序编码系统中,输入与输出数据精度不超过 8bit,而 DCT 系数不超过 11bit. 编码分为 3 步:DCT 计算,量化与熵编码. 其中 DCT 并不是对整幅图像进行的,而是对子块进行的,以便减小计算量. 在编码时,先将图像分为 8×8 的像素块,根据从左到右,从上到下的光栅扫描方式进行排序,如图 4.22 所示,并通过减 2^{N-1} 的方法使每一图像子块的灰度级平移,这里 2^N 是图像灰度级的最大值,然后对 8×8 图像块做 DCT 变换,位于 DCT 系数阵左上角的 DCT 系数称为直流分量,用 DC 表示,其余系数称为交流分量,用 AC 表示. 注意,在解码时要给 IDCT 系数加上 2^{N-1}.

所有 DCT 系数按量化表进行量化(下面作专门讨论). 经量化后,块中的系数再根据“Z”形扫描方式排序，如图 4.23 所示，并将得到的比特流转换成中间的符号序列，这些符号经过 Huffman 编码后用于传输或存储．

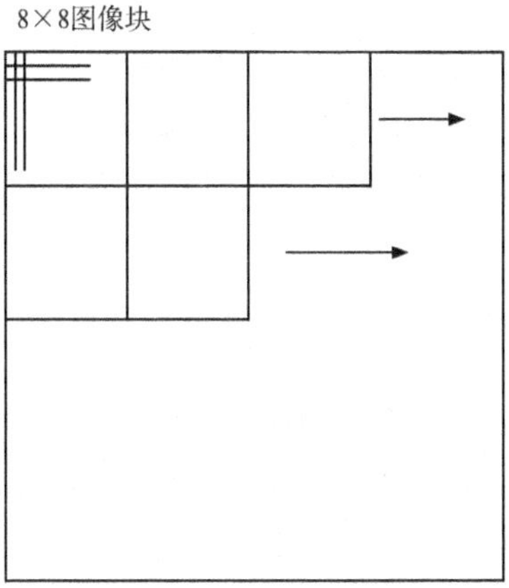

图 4.22　8×8 的图像块扫描顺序

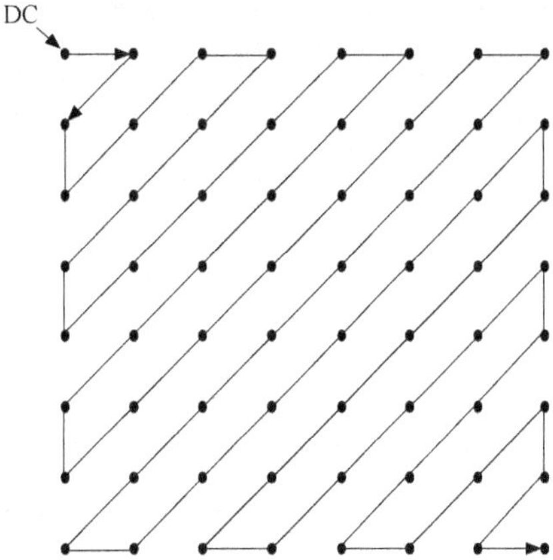

图 4.23　DCT 系数的“Z”形扫描

2. 量化

JPEG 基本系统采用线性量化方法对 DCT 系数进行量化．所推荐的亮度与色度量化表如表 4.2 所示，它给出了各系数的量化步长．例如，若用 $z(i,j)$ 表示亮度量化表的元素，则 DCT 系数 $T(i,j)$ 量化后的值为

$$\overline{T}(i,j)=\mathrm{round}(T(i,j)/z(i,j)).$$

表 4.2　JPEG 推荐的步长表

亮度量化表								色度量化表							
16	11	10	16	24	40	51	61	17	18	24	47	99	99	99	99
12	12	14	19	26	58	60	55	18	21	26	66	99	99	99	99
14	13	16	24	40	57	69	56	24	26	56	99	99	99	99	99
14	17	22	29	51	87	80	62	47	66	99	99	99	99	99	99
18	22	37	56	68	109	103	77	99	99	99	99	99	99	99	99
24	35	55	64	81	104	113	92	99	99	99	99	99	99	99	99
49	64	78	87	103	121	120	101	99	99	99	99	99	99	99	99
72	92	95	98	112	100	103	99	99	99	99	99	99	99	99	99

直流分量和各交流分量用不同的量化间隔量化，低频分量量化的细些，高频分量量化的粗些，但它们仍然是均匀量化，因为对每个系数来说步长是不变的．按“Z”形扫描方式排列系数时，空间频率是逐渐升高的，因而用这两个表量化的结果往往使

位于右下角区域的系数为零,从而节约了编码码字.

均匀量化表是依据心理听觉实验得出的,利用了人眼的视觉特性,复原图像可达到失真不明显的主观质量标准.这种均匀量化表可以作为 JPEG 标准的一部分,但 JPEG 只作推荐使用,并不是必须的.在不同的应用场合,若效果不理想,用户可以自己定义量化表,并将这些表同数据一起传到解码器,供正确解码使用.

显而易见,量化是一个多对一的映射,它是造成 DCT 编解码信息损失的根源.

3. 熵编码

JPEG 标准的熵编码分为两步:先将量化后的系数转化为中间符号序列,再对这些符号进行 Huffman 编码.由于 DC 和 AC 系数的统计量不一样,它们采用了不同的 Huffman 表.下面对 DC 系数与 AC 系数的熵编码分别加以讨论.

(1) AC 系数编码方法

中间符号格式为:"零行程/等级+尾数",这里零行程指前后两个非零 AC 系数之间连续零的个数,等级是后一个非零系数幅值编码所需要的比特数,尾数为非零 AC 系数的值.行程取值范围为 0~15.当两个非零 AC 系数之间的连续零的个数超过 15 时,用扩展符 15/0 表示行程 16,并对余下的行程再作编码.对于8×8 块的 63 个 AC 系数,最多增加 3 个 15/0 扩展符.如果 8×8 块的最后一个 AC 系数为 0,则末尾不需"尾数",这时用块结束标志(EOB)表示块的终止.AC 的幅度范围为[−1023,1023].若系数为正值时,尾数直接采用其二进制表示形式;为负值时,采用二进制的补码形式,所以需要的码字为:16(行程值)×10(等级 比特)+EOB=161 码字.表 4.3 给出了交流系数 AC 的等级分法,表 4.4 给出了 Huffman 编码的部分样本表.

表 4.3　AC 系数的等级表

等　级	AC 系数
1	−1,1
2	−3,−2,2,3
3	−7,…,−4,4,…,7
4	−15,…,−8,8,…,15
5	−31,…,−16,16,…,31
6	−63,…,−32,32,…,63
7	−127,…,−64,64,…,127
8	−255,…,−128,128,…,255
9	−511,…,−256,256,…,511
10	−1023,…,−512,512,…,1023

表 4.4　AC 系数的部分 Huffman 码(行程/等级)对

行程/等级	码　长	码　字
0/0(EOB)	4	1010
0/1	2	00
0/2	2	01
0/3	3	100
0/4	4	1011
0/5	5	11010
0/6	7	1111000
0/7	8	11111000
0/8	10	1111110110
0/9	16	1111111110000010
0/A	16	1111111110000011
1/1	4	1100
1/2	5	11011
1/3	7	1111001
1/4	9	111110110
1/5	11	11111110110
1/6	16	1111111110000100
1/7	16	1111111110000101
1/8	16	1111111110000110
1/9	16	1111111110000111
1/A	16	1111111110001000
2/1	5	11100
2/2	8	11111001
2/3	10	1111110111
2/4	12	111111110100
2/5	16	1111111110001001
2/6	16	1111111110001010
2/7	16	1111111110001011
2/8	16	1111111110001100
2/9	16	1111111110001101
2/A	16	1111111110001110

例 4.3　假定有一 8×8 图像块的 DCT 系数经量化后如下,试对其 AC 系数

进行熵编码.

$$\begin{bmatrix} 48 & 12 & 0 & 0 & 0 & 0 & 0 & 0 \\ -10 & 8 & 0 & 0 & 0 & 0 & 0 & 0 \\ 2 & 0 & 0 & 0 & 0 & 0 & 0 & 0 \\ 0 & 0 & 0 & 0 & 0 & 0 & 0 & 0 \\ 0 & 0 & 0 & 0 & 0 & 0 & 0 & 0 \\ 0 & 0 & 0 & 0 & 0 & 0 & 0 & 0 \\ 0 & 0 & 0 & 0 & 0 & 0 & 0 & 0 \\ 0 & 0 & 0 & 0 & 0 & 0 & 0 & 0 \end{bmatrix}.$$

为了对 AC 系数编码,先将系数按"Z"形排序,找到合适的行程长度和等级,再利用表 4.4 找出对应的码字.

本例中"Z"形扫描得到的序列为:12,−10,2,8,接下来是 58 个零直到块结束.前面 4 个 AC 系数组成的零行程/等级对为:0/4,0/4,0/2,0/4,由表 4.4 知,0/4 对应的码字为 1011,0/2 对应的码字为 01. 将这些系数的二进制数(或补码)加在相应的码字后便得这 4 个 AC 系数的最后编码结果为:10111100,10110101,0110,10111000. 在 8 后再也没有任何非零系数存在,因此 58 个 0 可编码为 EOB 或 1010. 在这些编码中,−10 的尾数用二进制的补码形式,由于尾数 0101 的最高位是 0,知其是负数,是个补码,其实际值是−10,其余尾数的最高位置是 1,解码时可由此判断它们是正数.因此 JPEG 的熵编码不传符号信息,从尾数的最高位判定值的正负,"1"为正,"0"为负.

(2) DC 系数的编码方法

由于各块直流分量之间的相关性较强,因此 JPEG 对直流分量并不直接编码,而是利用差分编码的思想,对本块与前一块的直流分量之差进行编码.差分 DC 系数范围是[−2047,2047].

DC 系数的中间符号序列为:"等级+尾数",与前述一样,等级是对差分 DC 幅值编码所需要的比特数,尾数表示差值的幅值.如同 AC 系数一样,DC 系数也仅对前缀码(等级)进行熵编码,所以只需要 12 个码字表示等级信息,而非 4095 个码字.表 4.5 是等级表,是对直流系数的差值作的分级.表 4.6 是一个典型的差分 DC(亮度)Huffman 码表.

例 4.4　对例 4.3 所给图像块的直流分量进行编码,假设前一块的直流分量为 43.

该块直流分量与前一块直流分量的差值为 5. 在表 4.4 中其对应的等级为 3,参照表 4.6 找到这个等级对应的 Huffman 编码为 100. 将这个 Huffman 编码与幅值对应的二进制数连接起来,最后得到 DC 系数的二进制编码为 100101.

表 4.5　DC 系数等级表

等　级	差　值
0	0
1	−1,1
2	−3,−2,2,3
3	−7,…,−4,4,…,7
4	−15,…,−8,8,…,15
5	−31,…,−16,16,…,31
6	−63,…,−32,32,…,63
7	−127,…,−64,64,…,127
8	−255,…,−128,128,…,255
9	−511,…,−256,256,…,511
10	−1023,…,−512,512,…,1023
11	−2047,…,−1024,1024,…,2047

表 4.6　具有差分亮度的 DC 的 Huffman 码

等　级	码　长	码　字
0	2	00
1	3	010
2	3	011
3	3	100
4	3	101
5	3	110
6	4	1110
7	5	11110
8	6	1111110
9	7	11111110
10	8	111111110
11	9	1111111110

4.8　评述与展望

数字图像的应用首先见于报纸业，时间可追溯于 20 世纪 20 年代．当时人们为远距离快速传送图片建立了 Bartlane 电缆图片传输系统．利用该系统传送图片时,首先要进行编码,然后在接收端用特殊的打印设备重构图片．其中,编码实际上包含了对模拟图像的数字化,它将一幅模拟图像转化为数字图像,构成了图像传输的基础．限于当时的技术水平,人们所获得的图片质量并不理想．但 Bartlane 电缆图片传输系统通过海底电缆,把从伦敦到纽约的图片传送时间从一个多星期缩短到 3 个小时,这足以说明图像数字化的必要性．在这一时期,人们的注意力主要集中于图像的传输与复原图像过程的技术改进,由于没有和计算机结合,因而并未对图像数据本身展开计算处理,其研究也称不上是真正意义上的数字图像处理．

20 世纪 60 年代,由于第一台可执行有意义数字图像处理任务的大型计算机的推出,使得大规模图像计算成为可能．从此,数字图像处理的技术与应用研究进入了广泛而全面的探索阶段,人们的研究也转向于图像处理的潜能上．1964 年,美国加利福尼亚的喷气推进实验室用计算机处理由"徘徊者 7 号"卫星发回的月球图像,以校正航天器上电视摄像机中各种类型的图像畸变．70 年代,Godfrey N. Hounsfield 和 Allan M. Comack 发明了计算机轴向断层技术(CAT)[简称计算机断层(CT)],将数字图像引入医学领域,这是一项具有里程碑意义的工作,因此他们获得了 1979 年的诺贝尔医学奖．今天数字图像已广泛应用于国民经济和社会生活的各个方面．在遥感领域,人们通过卫星/机载平台获取地面目标图像,可对土地资源、农作物、森林以及军事目标进行观察研究．在国际互联网络上,数字图像充分体现了其易于传输和储存的优点．人们可以通过网络传送和下载图像,浏览商品的图像资料,选择购买商品．这些例子充分展现了数字图像处理的重要性．

本章所介绍的内容属于数字图像处理的基础[1,3]．这些基础领域的研究仍然十分活跃．值得注意的是,目前的许多研究都结合具体的应用进行,如医学图像、遥感图像、多媒体视频图像处理以及图像通信等都已发展成为十分活跃的研究领域．

研究数字图像的理论框架可分为三类:随机场理论[4]、小波分析[5]及基于 PDE(偏微分方程)的非线性扩散方法[6~10]．随机方法基于 Markov 随机场理论,常在先验约束条件下处理图像,现已应用于图像处理的各个领域,尤其是在图像分割与分类方法研究中与贝叶斯理论相结合形成了一整套比较完整的理论体系．而小波分析则是一种图像的多尺度处理方法．通过小波变换,人们可以在不同尺度下观察和处理图像．在小波表示中,小波系数呈现出稀疏特性,即能量主要集中于少数小波系数,而大部分系数具有较小能量．这种特性使得小波分析在图像滤波、边缘检测以及图像压缩中具有明显的优势．

非线性扩散方法则从构造能量泛函开始,应用变分方法建立图像处理模型．该方法首先由 Perona 与 Malik 于 1990 年提出[6]．我们知道,线性滤波系统是各向同性的,它在去除噪声的同时也平滑了边缘．为了克服这一缺陷,Perona 和 Malik 考虑了如下滤波模型(常称为 P-M 模型):

$$u_t = \mathrm{div}(g(|\nabla u|^2)\nabla u), \forall (x,y,t) \in \Omega \times (0, +\infty),$$

其中，Ω 表示图像的定义域，$g(s)$ 为扩散系数．P-M 模型基于反应扩散方程，因此也称非线性扩散滤波器．在用于图像滤波时，将观察图像作为初始值，方程的解 $u(x,y,t)$ 作为滤波输出图像．选取不同的时间 t，可得到质量不同的恢复图像，最佳的恢复图像可在有限的时间得到．

P-M 模型的基本思想是，通过扩散系数的选择使得滤波器在图像变化平缓的区域作较多的平滑，而在边缘上作较少平滑，甚至不作平滑处理，从而达到在去噪的同时保持图像边缘的目的．

非线性扩散的最初思想是实现各向异性扩散，即在边缘处沿边缘方向作较多扩散，而沿垂直方向作较少扩散．在此意义下，Perona 方法不是各向异性的，仅是一种有选择性的扩散滤波．因此，人们对 PDE 扩散模型性质以及改进展开了广泛研究．研究表明，通过 PDE 模型的选择，非线性扩散方法可适应于平滑、增强、分割以及分类的图像处理．目前，有关的研究正在热烈进行之中，在理论与应用方面均存在许多具有挑战性的问题有待解决[10]．

就图像处理的发展趋势而言，如下两个方面值得关注．

首先应当注意图像标准化的研究．为了解决图像信息共享问题，人们已经在图像存储与编解码方面制定了若干标准．如用于静止图像编解码的 JPEG 标准、用于可视电话与会议电视的压缩标准 H. 261(1990 年由 ITU-T 制定，ITU-T 是国际电信联盟远程通信标准化组的简称)以及用于多媒体通信的标准 MPEG4(1998 年 11 月公布)．这些标准基于人们现有的研究成果．随着技术的发展，新算法的不断涌现，这些标准将会不断地被完善和改进．

其次是对新理论与新算法的不断探索．通过前面介绍，我们已经注意到有关图像处理出现了许多理论，但人们对提高图像处理效果的追求是永无止境的，而且研究的动机源自于实际问题．在许多应用中，例如在遥感图像处理中，还缺少完善的数学模型和理论，人们还不能用计算机对遥感图像进行自动化处理与分析，目前仍采用人工解译的方法，这严重地影响了遥感图像信息挖掘与实时应用．此外，如何提高图像处理速度仍是目前人们所关心的问题．除了提高硬件速度之外，开发快速高效的算法也是必需的．高速、智能化处理与分析是图像发展的总体趋势．

习　题

4.1　考虑如下图像子集：

$$A = \begin{bmatrix} 3 & 2 & 0 & 1 & 0 \\ 2 & 3 & 1 & 1 & 1 \\ 1 & 0 & 0 & 3 & 2 \\ 1 & 1 & 1 & 2 & 3 \end{bmatrix}.$$

对 $V=\{0,1\}$，找出从左下角像素到右上角像素的一条 4 邻接通路，说明是否还存在其他邻接的通路.

4.2 假设一个线性移不变图像退化系统的脉冲响应为

$$h(x,y)=e^{-x^2-y^2},$$

输入图像为 $f(x,y)=\delta(x-a)$，其中 δ 是单位脉冲函数. 在无噪声干扰情况下，求输出图像.

4.3 对图 4.10(a)分别加入高斯白噪声和椒盐噪声，比较算术均值滤波与中值滤波的结果.

4.4 假设一个线性移不变图像退化系统的脉冲响应为

$$h(r)=[(r^2-\sigma^2)/\sigma^4]e^{-r^2/(2\sigma^2)},\ r^2=x^2+y^2,$$

说明频率响应为

$$H(u,v)=-2\pi\sigma^2(u^2+v^2)e^{-2\pi^2\sigma^2(u^2+v^2)},$$

并在无噪声干扰的情况下，给出维纳滤波的描述.

4.5 试解释为什么离散直方图均衡化技术一般不适应于平坦的直方图?

4.6 试说明第二次直方图均衡化处理的结果与第一次直方图均衡化处理的结果相同.

4.7 一幅图像的灰度概率密度函数 $p_r(r)$ 如图 1 所示. 现对此图像作灰度变换，使其灰度概率密度如图 2 所示. 在连续的情况下，给出所需变换.

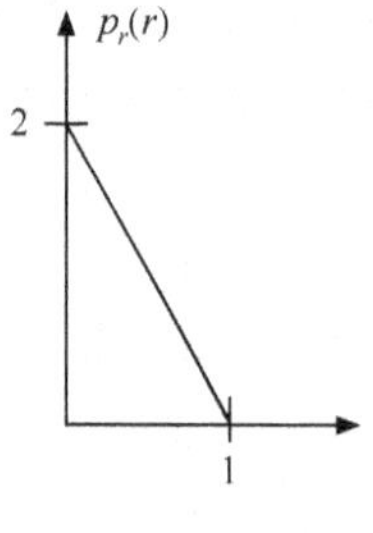

图 1

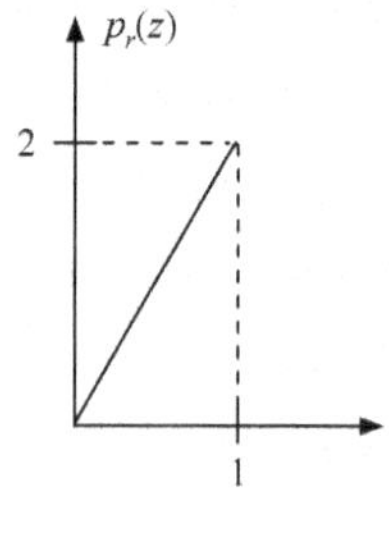

图 2

4.8 如果一幅图像的灰度概率密度函数如图 1 所示，试给出将其均衡化的灰度变换.

4.9 试编写实现直方图均衡化处理的计算机程序.

4.10 假设有一幅背景灰度级为 0(黑)的二值图像，其中心有一大小为 $m\times n$ 的白色区域，分别给出基于 Robert、Prewitt 以及 Sobel 算子的梯度图，并分析结果.

4.11 假设图像的灰度级概率密度函数如图 3 所示，其中 $p_1(z)$ 对应于对象，而 $p_2(z)$ 对应于背景. 当背景与对象像素出现概率相等时，找出提取对象的最佳阈值.

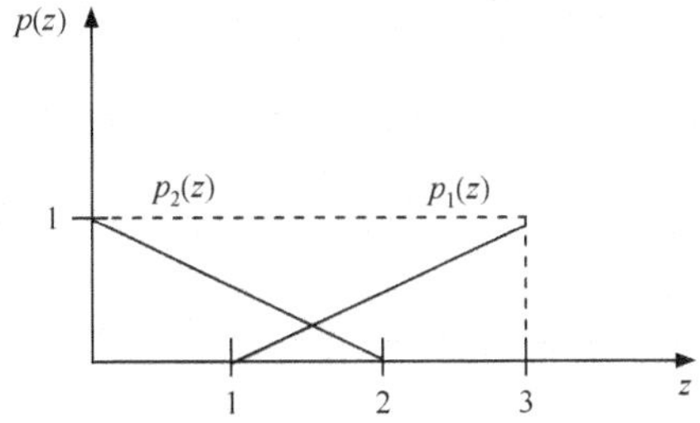

图3

4.12　假设一图像只需作7个亮度等级编码，这7个亮度等级出现的概率分别为：0.2，0.19，0.18，0.17，0.15，0.10，0.01，如果采用二进制不等长编码，其平均码长至少多少？

4.13　设一图像块为

$$\boldsymbol{A}=\begin{bmatrix}0 & 1 & 1 & 1\\ 2 & 0 & 0 & 1\\ 0 & 1 & 2 & 0\\ 1 & 0 & 0 & 1\end{bmatrix},$$

试计算其离散余弦变换.

4.14　假设一 8×8 图像子块的 DCT 为

$$\boldsymbol{A}=\begin{bmatrix}562 & 52 & -19 & \boldsymbol{0}\\ -10 & 51 & 0 & \boldsymbol{0}\\ 5 & 0 & 0 & \boldsymbol{0}\\ \boldsymbol{0} & \boldsymbol{0} & \boldsymbol{0} & \boldsymbol{0}\end{bmatrix},$$

试用 JPEG 推荐的亮度量化表对其进行量化.

4.15　假设一 8×8 图像子块的 DCT（假定已经量化）为

$$\boldsymbol{A}=\begin{bmatrix}\boldsymbol{A}_{3\times3} & \boldsymbol{0}\\ \boldsymbol{0} & \boldsymbol{0}\end{bmatrix},\quad \boldsymbol{A}=\begin{bmatrix}163 & 5 & -9\\ 2 & 0 & 0\\ 5 & 0 & 0\end{bmatrix},$$

如果与它相连的紧前一子块的直流分量为147，请用 JPEG 标准写出当前子块的熵编码.

参考文献

[1] Gonzales R C, Woods R E. Digital Image Processing. Beijing: Publishing House of Electronics Industry. 2002.

[2] Marr D and Hildreth. Theory of edge detection. Proc. R. Soc. Lond, 1982, B207: 187～217.

[3] 章毓晋. 图像工程. 北京：清华大学出版社，2004.

[4] Li S Z. Markov Random Field Modeling in Image Analysis. The Second Edition. New York: Springer-Verlag, 2000.

[5] Mallat S. A Wavelet Tour of Signal Processing. The Second Edition. San Diego: Academic Press, 1999.

[6] Perona P, Malik J. Scale space and edge detection using anisotropic diffusion. IEEE TPAMI, 1990, 12(7): 629～639.

[7] Yue Y, Croitoru M M, Bidani A et al. Nonlinear multiscale wavelet diffusion for speckle suppression and edge enhancement in ultrasound images. IEEE Trans. Medical Imaging, 2006, 25(3): 297～311.

[8] Wang Y, Zhang L P, Li P X. Local variance-controlled forward-and-backward diffusion for image enhancement and noise reduction. IEEE Trans Image Processing, 2007, 16(7): 1854～1864.

[9] Alvarez L, Guichard F, Lions P L, Morel J M. Axioms and fundamental equations of image processing. Archive for Rational Mechanics and Analysis, 1993, 123: 200～257.

[10] Aubert G, Kornprobst P. Mathematical Problems in Image Processing. New York: Springer-Verlag, 2000.

第5章　模式识别

模式识别是20世纪60年代初发展起来的一门新兴边缘学科，是信息处理的重要组成部分．过去几十年间，有关模式识别理论与方法的研究取得了一系列重大进展，它的应用几乎遍及各个科学领域．本章综合介绍模式识别的基本问题，并侧重讲述统计模式识别方法与模糊模式识别方法[1~5]．

5.1　模式识别概论

5.1.1　模式识别问题

在人们的日常生活和工作中，模式识别是普遍存在和自然进行的过程．例如，医生为一个患者看病，首先要测量这个患者的体温和血压，化验血沉，询问临床表现；然后通过综合分析，抓住主要病症；最后医生运用自己的知识，根据主要病症，为这个患者做出正确的诊断．上述医生为患者诊断的过程就是模式识别的一个完整过程．在模式识别技术中，经常使用的术语有样本、模式、特征和类型（模式类）等．为了便于理解，我们进一步分析上述例子．医院里有许多患者，每个患者都是一个样本．请医生给出诊断的某一个患者，就是来自许多患者中的单一样本．患者的体温、血压等测量值就是这个样本的诸测量值．样本诸测量值的综合，在模式识别中被称为模式．具有某种模式的样本，有时称为模式样本．获得某个样本诸测量值的过程称为模式采集．患者的主要病症可以称为样本的特征．模式样本诸测量值经过综合分析找出主要病症，这个过程在模式识别技术中称为特征提取或特征选择．医生运用自己的知识做出诊断，在模式识别中称为分类判决．医师的知识是判决的准则，或者称为判决规则．判决结果把患者分成某种疾病的患有者，即是把样本（患者）区分成相应的类型（疾病）．我们再举一个日常工作中的例子．假如人们要做家具而选用松木，但是在一块块型材中既有松木又有桦木，那么，松木和花木就是木材的类型，每块型材就是单一的样本．为了区分它的类型，就要观察它的颜色、花纹、亮度和密度等，这就是样本的测量值．得到样本的模式，然后进行综合分析、提取和选择主要特征，再根据松木或桦木的主要区别，最后把称为单一样本的某块型材区分为松木或桦木这两个不同的类型，完成识别过程．再如，人们根据飞机的飞行高度、速度、形状和结构等判断飞机的种类，根据人的身高、面容和体形等判断是张三还是李四，诸如此类，无一不是模式识别的具体过程．

现在我们对模式、模式识别作如下狭义的定义:模式是对某些感兴趣的样本的定量的或结构的描述,模式类是具有某些共同特性的模式的集合. 模式识别是指这样一种自动技术,依靠这种技术,计算机将自动地(或在人尽量少的干涉下)把待识别模式分配到各自的模式类中去.

模式识别的应用范围是极为广泛的,主要包括:

1) 文字和字符识别. 如信函分拣、文件处理、支票查对、自动排版等.

2) 图形识别. 如遥感和航空照片分析、目标搜索、指纹和面貌辨认、X 光、显微图像及超声图像检查等.

3) 声音识别. 如语音识别和鉴定、机器故障判断等.

4) 生物医学应用. 如疾病诊断、癌细胞、白血球、染色体检查、修复手术控制设计等.

5) 工业应用. 如产品质量检验、集成电路设计、自动键合等.

6) 预报问题. 如天气预报、工业烟雾预报、地震预报、经济预报等.

5.1.2 模式识别系统

模式识别系统通常由两个过程组成,即设计过程和实现过程. 设计过程是指用一定数量的样本(叫做训练集或学习集)进行分类器的设计. 实现过程是指用所设计的分类器对待识别的样本进行分类决策.

统计模式识别是最基本的模式识别方法. 基于统计方法的模式识别系统主要由四个部分组成:数据获取、预处理、特征提取和选择、分类决策,如图 5.1 所示.

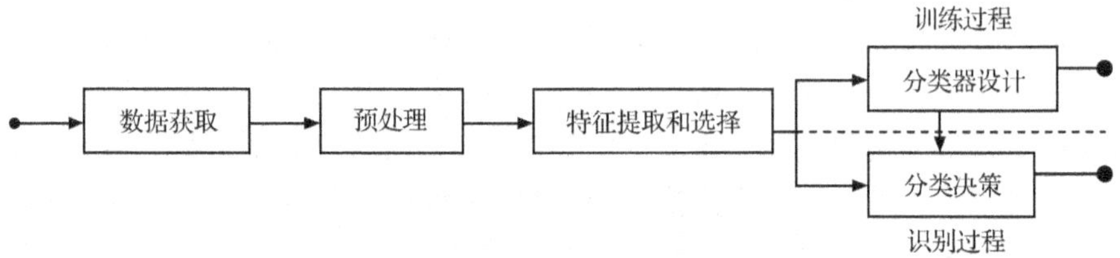

图 5.1　统计模式识别系统

下面简单地对上述系统的各部分做些说明.

1. 数据获取

为了使计算机能够对各种现象进行分类识别,要用计算机可以运算的符号来表示研究的对象,通常输入对象的信息有下列 3 种类型,即

1) 二维图像. 如文字、指纹、地图、照片等.

2) 一维波形. 如脑地图、心电图、机械震动波形等.

3) 物理量和逻辑值. 如在疾病诊断中病人的体温、各种化验数据,或对症状有无的描述(如疼与不疼,可用逻辑值 0 和 1 表示).

通过测量、采样和量化来获取或表征对象(例如用矩阵或向量的形式来表示二维图像或一维波形),这就是数据获取的过程.

2. 预处理

预处理的目的是去除噪声和冗余信息,加强有用的信息,并对输入测量仪器或其他因素所造成的退化现象进行复原.

3. 特征提取和选择

由图像或波形所获得的数据量是相当大的,如一个文字图像可能包含几千像素,一个心电图波形也可能有几千个数据,一个卫星遥感图像的数据量就更大. 为了有效地实现分类识别,就要对原始数据进行变换,得到最能反映分类本质的特征,这就是特征提取和选择的过程. 一般把原始数据组成的空间叫测量空间,把分类识别赖以进行的空间叫特征空间. 通过变换,可把在维数较高的测量空间中表示的模式变为维数较低的特征空间中表示的模式.

4. 分类决策

分类决策就是在特征空间中用统计方法或神经网络方法把被识别对象归为特定类型,其核心技术是在样本训练集基础上确定某个判决规则,使按这种规则对被识别对象进行分类所造成的错误识别率最小或引起的损失最小.

5.1.3　模式识别方法

模式识别方法可以一般地概括为四大类:基于决策理论的统计模式识别、基于形式语言理论的结构模式识别、基于模糊数学的模糊模式识别和基于人工智能的智能模式识别. 前两类方法有悠久的历史,发展的较成熟,在解决相应领域中的模式识别问题时均有明显的效果,是模式识别的经典方法. 在这两类方法中引入模糊数学的研究成果,往往可改善分类的效果. 当然,独立地运用模式判决方法,也不乏模式识别的成功实例. 将人工智能技术、特别是神经网络技术应用于模式识别领域,也取得了许多传统方法难以达到的、令人瞩目的成就,大大拓广了模式识别工作者的思路. 以下将主要介绍统计模式识别方法和模糊模式识别方法.

5.2　统计模式识别方法

统计方法在模式识别技术的发展中一直起着显著的作用. 统计决策已成为一个固定的领域,其中实质性的理论进展和创造不断发生,而且这些发展进而形成对模式识别应用强有力的冲击．当产生模式的结构能如实地用统计模型表达时，统计决策可为研究模式识别问题提供恰当框架．本节主要介绍统计模式识别方法的最基本内容．

5.2.1 判别函数分类方法

本小节讨论函数是线性判别函数时的各种判别准则和利用样本来设计判别函数的各种方法．

1. 线性判别函数的基本概念

假定判别函数 $g(\boldsymbol{x})$ 是 $\boldsymbol{x}$ 的线性函数，即

$$g(x) = \boldsymbol{w}^{\mathrm{T}}\boldsymbol{x} + w_0, \tag{5.1}$$

式中，$\boldsymbol{x}$ 是 d 维特征向量，又称样本向量，$\boldsymbol{w}$ 称为权向量，分别表示为

$$\boldsymbol{x} = \begin{bmatrix} x_1 \\ x_2 \\ \vdots \\ x_d \end{bmatrix}, \boldsymbol{w} = \begin{bmatrix} w_1 \\ w_2 \\ \vdots \\ w_d \end{bmatrix},$$

式中，w_0 是常数，称为阈值．对于两类问题的线性分类器可以采用下述决策规则：

$$\text{如果}\begin{cases} g(\boldsymbol{x}) > 0, & \text{则决策 } \boldsymbol{x} \text{ 属于 } \omega_1 \text{ 类；} \\ g(\boldsymbol{x}) < 0, & \text{则决策 } \boldsymbol{x} \text{ 属于 } \omega_2 \text{ 类；} \\ g(\boldsymbol{x}) = 0, & \text{可将 } \boldsymbol{x} \text{ 任意分到某一类，或拒绝．} \end{cases}$$

方程 $g(\boldsymbol{x}) = 0$ 定义了一个决策面，它把归类于 ω_1 类的点与归类于 ω_2 类的点分割开来．

假定 $\boldsymbol{x}_1$ 和 $\boldsymbol{x}_2$ 都在决策面 H 上，则有

$$\boldsymbol{w}^{\mathrm{T}}\boldsymbol{x}_1 + w_0 = \boldsymbol{w}^{\mathrm{T}}\boldsymbol{x}_2 + w_0$$

或

$$\boldsymbol{w}^{\mathrm{T}}(\boldsymbol{x}_1 - \boldsymbol{x}_2) = 0.$$

这表明 $\boldsymbol{w}$ 和超平面 H 上任一向量正交，即 $\boldsymbol{w}$ 是 H 的法向量．一般说来，一个超平面 H 把特征空间分成两个半空间，它们分别对应于 ω_1 类的决策域 R_1 和 ω_2 类的决策域 R_2．因为当 $\boldsymbol{x}$ 在 R_1 中时，$g(\boldsymbol{x}) > 0$，所以决策面的法向量是指向 R_1 的．因此，有时称 R_1 中的任何 $\boldsymbol{x}$ 在 H 的正侧，相应地，称 R_2 中的任何 $\boldsymbol{x}$ 在 H 的负侧．

2. 广义线性判别函数

线性判别函数是在模式线性可分的前提下进行的，但实际的模式往往不是线性可分的，然而只要各类模式的特征不相同，判别边界(或判别函数)总是存在的，只不过是非线性边界而已．通过某种映射，常常可把模式空间 X 变换成 Y，而使

在模式空间 X 中非线性可分的模式集在模式空间 Y 中线性可分．

广义线性判别函数是指具有下述一般形状的非线性判别函数：

$$g(\boldsymbol{x}) = w_1 f_1(\boldsymbol{x}) + w_2 f_2(\boldsymbol{x}) + \cdots + w_k f_k(\boldsymbol{x}) + w_{k+1}, \tag{5.2}$$

式中，$f_i(\boldsymbol{x})(i = 1,2,\cdots,k)$ 是 $\boldsymbol{x}$ 的单值实函数，$\boldsymbol{x}$ 是 d 维向量．在一般情况下，$d < k$. 通过非线性变换

$$y_i = f_i(\boldsymbol{x}), \quad i = 1,2,\cdots,k,$$

则显然可把式(5.2)的非线性判别函数写为

$$g(\boldsymbol{y}) = w_1 y_1 + w_2 y_2 + \cdots + w_d y_d + w_{d+1}, \tag{5.3}$$

式中，$\boldsymbol{y} = (y_1, y_2, \cdots, y_d)$. 显然，$g(\boldsymbol{y})$ 是线性判别函数．

$f_i(\boldsymbol{x})$ 的形式是多种多样的．在模式识别的实际应用中，更多的是取正交和正交归一的多项式函数，这样做的原因有二：一是这些函数容易生成；二是在闭区间 $[a,b]$ 内的任意连续函数可用这样的多项式函数来一致逼近．

3. Fisher 线性判别

应用统计方法解决模式识别问题时，常遇到的难题是维数问题．在低维空间里解析上或计算上行得通的方法，在高维空间里往往行不通．因此，降低维数有时就成为处理实际问题的关键．

可以考虑把 d 维空间的样本投影到一条直线上，形成一维空间，然后在一维空间上对模式进行分类．从数学上讲，把多维空间压缩到一维总是可能的．但是，即使样本在 d 维空间里形成若干紧凑的相互分得开的集群，若把它们投影到一条任意的直线，也可能使几类样本混在一起而变得无法识别．所幸的是在一般情况下，总可以找到某个方向，使得在这个方向的直线上，样本的投影能分开得最好．问题是如何根据实际情况找到这条最好的、使最易于分类的投影线呢？这就是 Fisher 判别方法要解决的基本问题(图 5.2).

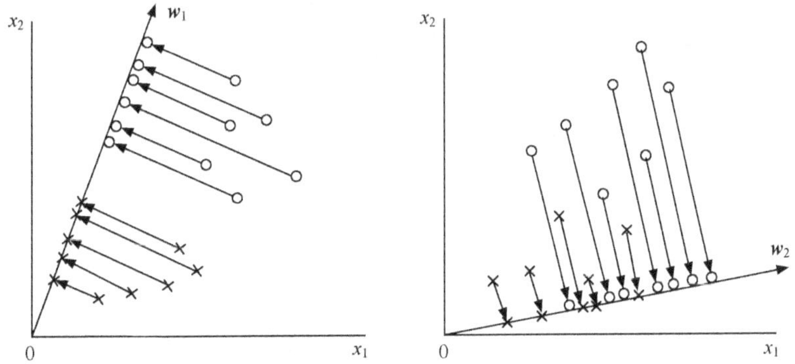

图 5.2　Fisher 判别法示意

假设有一集合 X 包含 N 个 d 维样本 $\boldsymbol{x}_1,\boldsymbol{x}_2,\cdots,\boldsymbol{x}_N$，其中 N_1 个属于 ω_1 类的样本构成子集 X_1，N_2 个属于 ω_2 的样本构成子集 X_2. 若对 $\boldsymbol{x}_i$ 的分量作线性组合可得标量

$$y_i = \boldsymbol{w}^{\mathrm{T}}\boldsymbol{x}_i, \quad i = 1,2,\cdots,N. \tag{5.4}$$

这样便得到 N 个一维样本 y_i 组成的集合，并可分为两个子集 Y_1 和 Y_2. 从几何上看，如果 $\|\boldsymbol{w}\| = 1$，则每个 y_i 就是相对应的 $\boldsymbol{x}_i$ 到方向为 $\boldsymbol{w}$ 的直线上的投影．实际上，$\boldsymbol{w}$ 的长度是无关紧要的，它仅使 y_i 乘上一个比例因子，重要的是选择 $\boldsymbol{w}$ 的方向．$\boldsymbol{w}$ 的方向不同，将使样本投影后的可分离程度不同，从而直接影响识别效果．因此，前述所谓寻找最好投影方向的问题，在数学上即是寻找最好的变换向量 $\boldsymbol{w}^*$ 的问题．

在定义 Fisher 准则函数之前，先定义几个必要的基本参量．

(1) 在 d 维 X 空间上定义

各类样本均值向量 $\boldsymbol{m}_i$

$$\boldsymbol{m}_i = \frac{1}{N_i}\sum_{x\in X_i}\boldsymbol{x}, \quad i = 1,2. \tag{5.5}$$

样本类内离散度矩阵 $\boldsymbol{S}_i$ 和总类内离散度矩阵 $\boldsymbol{S}_\omega$

$$\boldsymbol{S}_i = \sum_{x\in X_i}(\boldsymbol{x}-\boldsymbol{m}_i)(\boldsymbol{x}-\boldsymbol{m}_i)^{\mathrm{T}}, \quad i = 1,2, \tag{5.6}$$

$$\boldsymbol{S}_\omega = \boldsymbol{S}_1 + \boldsymbol{S}_2. \tag{5.7}$$

样本类内离散度矩阵 $\boldsymbol{S}_b$

$$\boldsymbol{S}_b = (\boldsymbol{m}_1 - \boldsymbol{m}_2)(\boldsymbol{m}_1 - \boldsymbol{m}_2)^{\mathrm{T}}, \tag{5.8}$$

式中，$\boldsymbol{S}_\omega$ 是对称半正定矩阵，而且当 $N > d$ 时通常是非奇异的；S_b 也是对称半正定矩阵，在两类条件下，它的秩最大等于 1.

如果考虑先验概率，也可定义

$$\boldsymbol{S}_\omega = P(\boldsymbol{\omega}_1)\boldsymbol{S}_1 + P(\boldsymbol{\omega}_2)\boldsymbol{S}_2, \tag{5.9}$$

$$\boldsymbol{S}_b = P(\omega_1)P(\omega_2)(\boldsymbol{m}_1 - \boldsymbol{m}_2)(\boldsymbol{m}_1 - \boldsymbol{m}_2)^{\mathrm{T}}, \tag{5.10}$$

式中，$P(\omega_1)$ 和 $P(\omega_2)$ 称为类 ω_1 和类 ω_2 的先验概率．

(2) 在一维 Y 空间上定义

各类样本均值 $\widetilde{m}_i$

$$\widetilde{m}_i = \frac{1}{N_i}\sum_{y\in Y_i}y, \quad i = 1,2. \tag{5.11}$$

样本类内离散度 $\widetilde{S}_i^2$ 和总类内离散度 $\widetilde{S}_w$

$$\widetilde{S}_i^2 = \sum_{y\in Y_i}(y-\widetilde{m}_i)^2, \quad i = 1,2, \tag{5.12}$$

$$\widetilde{S}_\omega = \widetilde{S}_1^2 + \widetilde{S}_2^2. \tag{5.13}$$

现在定义 Fisher 准则函数，并希望投影后，在一维 Y 空间里不同类样本尽可

能分开些，即希望两类均值之差 $(\widetilde{m}_1-\widetilde{m}_2)$ 越大越好；同时希望同一类样本尽量密集，即希望类内离散度越小越好．因此，Fisher 准则函数被定义为

$$J_F(w)=\frac{(\widetilde{m}_1-\widetilde{m}_2)^2}{\widetilde{S}_1^2+\widetilde{S}_2^2}. \tag{5.14}$$

显然应该寻找使 $J_F(\boldsymbol{w})$ 的分子尽可能大，而分母尽可能小，也就是使 $J_F(\boldsymbol{w})$ 尽可能大的 $\boldsymbol{w}$ 作为投影方向．下面将式(5.14)中的 $J_F(\boldsymbol{w})$ 表示为含有 $\boldsymbol{w}$ 的显函数．由式(5.11)可推出

$$\widetilde{m}_i=\frac{1}{N_i}\sum_{y\in Y_i}y=\frac{1}{N_i}\sum_{\boldsymbol{x}\in X_i}\boldsymbol{w}^{\mathrm{T}}\boldsymbol{x}=\boldsymbol{w}^{\mathrm{T}}\left(\frac{1}{N_i}\sum_{\boldsymbol{x}\in X_i}\boldsymbol{x}\right)=\boldsymbol{w}^{\mathrm{T}}\boldsymbol{m}_i. \tag{5.15}$$

这样，式(5.14)的分子变成为

$$(\widetilde{m}_1-\widetilde{m}_2)^2=(\boldsymbol{w}^{\mathrm{T}}\boldsymbol{m}_1-\boldsymbol{w}^{\mathrm{T}}\boldsymbol{m}_2)^2=\boldsymbol{w}^{\mathrm{T}}(\boldsymbol{m}_1-\boldsymbol{m}_2)(\boldsymbol{m}_1-\boldsymbol{m}_2)^{\mathrm{T}}\boldsymbol{w}=\boldsymbol{w}^{\mathrm{T}}\boldsymbol{S}_b\boldsymbol{w}. \tag{5.16}$$

现在再来考虑 $J_F(\boldsymbol{w})$ 的分母与 $\boldsymbol{w}$ 的关系．由于

$$\begin{aligned}\widetilde{S}_i^2&=\sum_{y\in Y_i}(y-\widetilde{m}_i)^2=\sum_{\boldsymbol{x}\in X_i}(\boldsymbol{w}^{\mathrm{T}}\boldsymbol{x}-\boldsymbol{w}^{\mathrm{T}}\boldsymbol{m}_i)^2\\&=\boldsymbol{w}^{\mathrm{T}}\Big[\sum_{\boldsymbol{x}\in X_i}(\boldsymbol{x}-\boldsymbol{m}_i)(\boldsymbol{x}-\boldsymbol{m}_i)^{\mathrm{T}}\Big]\boldsymbol{w}=\boldsymbol{w}^{\mathrm{T}}\boldsymbol{S}_i\boldsymbol{w},\end{aligned}$$

因此

$$\widetilde{S}_1^2+\widetilde{S}_2^2=\boldsymbol{w}^{\mathrm{T}}(\boldsymbol{S}_1+\boldsymbol{S}_2)\boldsymbol{w}=\boldsymbol{w}^{\mathrm{T}}\boldsymbol{S}_w\boldsymbol{w}. \tag{5.17}$$

将式(5.16)、式(5.17)代入式(5.14)，可得

$$J_F(\boldsymbol{w})=\frac{\boldsymbol{w}^{\mathrm{T}}\boldsymbol{S}_b\boldsymbol{w}}{\boldsymbol{w}^{\mathrm{T}}\boldsymbol{S}_w\boldsymbol{w}}. \tag{5.18}$$

式(5.18)所定义的 $J_F(\boldsymbol{w})$ 是著名的广义 Rayleigh 商．熟知，可以用 Lagrange 乘子法求解它的极大值点．例如，令分母等于非零常数，即令

$$\boldsymbol{w}^{\mathrm{T}}\boldsymbol{S}_w\boldsymbol{w}=c\neq 0,$$

式中，c 为常数，而定义 Lagrange 函数

$$L(\boldsymbol{w},\lambda)=\boldsymbol{w}^{\mathrm{T}}\boldsymbol{S}_b\boldsymbol{w}-\lambda(\boldsymbol{w}^{\mathrm{T}}\boldsymbol{S}_\omega\boldsymbol{w}-c), \tag{5.19}$$

则极大化 $J_F(\boldsymbol{w})$ 便转化为极大化 $L(\boldsymbol{w},\lambda)$，其中 λ 是 Lagrange 乘子．将式(5.19)对 $\boldsymbol{w}$ 求偏导数，得

$$\frac{\partial L(\boldsymbol{w},\lambda)}{\partial \boldsymbol{w}}=\boldsymbol{S}_b\boldsymbol{w}-\lambda\boldsymbol{S}_\omega\boldsymbol{w}.$$

令偏导数为零，得最优解 $\boldsymbol{w}^*$ 应满足的方程为

$$\boldsymbol{S}_b\boldsymbol{w}^*-\lambda\boldsymbol{S}_\omega\boldsymbol{w}^*=0,$$

即

$$\boldsymbol{S}_b\boldsymbol{w}^*=\lambda\boldsymbol{S}_\omega\boldsymbol{w}^*, \tag{5.20}$$

式中，$\boldsymbol{w}^*$ 就是 $J_F(\boldsymbol{w})$ 的极值解．因为 $\boldsymbol{S}_\omega$ 非奇异，式(5.20)两边左乘 $\boldsymbol{S}_\omega^{-1}$，可得

$$\boldsymbol{S}_{\omega}^{-1}\boldsymbol{S}_{b}\boldsymbol{w}^{*}=\lambda\boldsymbol{w}^{*}. \tag{5.21}$$

式(5.21)恰好为求一般矩阵 $\boldsymbol{S}_{\omega}^{-1}\boldsymbol{S}_{b}$ 的特征值问题．但在这个特殊情况下，利用式(5.8) $\boldsymbol{S}_{b}$ 的定义，式(5.21)左边的 $\boldsymbol{S}_{b}\boldsymbol{w}^{*}$ 可以写成

$$\boldsymbol{S}_{b}\boldsymbol{w}^{*}=(\boldsymbol{m}_{1}-\boldsymbol{m}_{2})(\boldsymbol{m}_{1}-\boldsymbol{m}_{2})^{\mathrm{T}}\boldsymbol{w}^{*}=(\boldsymbol{m}_{1}-\boldsymbol{m}_{2})R,$$

式中

$$R=(\boldsymbol{m}_{1}-\boldsymbol{m}_{2})^{\mathrm{T}}\boldsymbol{w}^{*}$$

为一标量，所以 $\boldsymbol{S}_{b}\boldsymbol{w}^{*}$ 总是在向量 $(\boldsymbol{m}_{1}-\boldsymbol{m}_{2})$ 的方向上．由于要寻找最好的投影方向，$\boldsymbol{w}^{*}$ 的比例因子对此并无影响，因此，从式(5.21)，有

$$\lambda\boldsymbol{w}^{*}=\boldsymbol{S}_{\omega}^{-1}(\boldsymbol{S}_{b}\boldsymbol{w}^{*})=\boldsymbol{S}_{\omega}^{-1}(\boldsymbol{m}_{1}-\boldsymbol{m}_{2})R.$$

从而得

$$\boldsymbol{w}^{*}=\frac{R}{\lambda}\boldsymbol{S}_{w}^{-1}(\boldsymbol{m}_{1}-\boldsymbol{m}_{2}). \tag{5.22}$$

忽略比例因子 R/λ，得

$$\boldsymbol{w}^{*}=\boldsymbol{S}_{\omega}^{-1}(\boldsymbol{m}_{1}-\boldsymbol{m}_{2}). \tag{5.23}$$

这即是使 Fisher 准则函数 $J_F(w)$ 取极大值的解，也就是 d 维 X 空间到一维 Y 空间的最好投影方向．有了 $\boldsymbol{w}^{*}$，利用式(5.4)，就可以把 d 维样本 x_i 投影到一维，从而实现多维空间到一维空间的映射．

根据以上分析，由 Fisher 线性判别式求解向量 $\boldsymbol{w}^{*}$ 的算法步骤如下：

1) 把来自两类 ω_1/ω_2 的训练样本集 X 区分成 ω_1 和 ω_2 的两个子集 X_1 和 X_2；

2) 由式(5.5)计算各类的均值向量 $\boldsymbol{m}_i$，$i=1,2$；

3) 由式(5.6)计算各类的类内离散度矩阵 $\boldsymbol{S}_i$，　$i=1,2$；

4) 计算总类内离散度矩阵 $\boldsymbol{S}_{\omega}=\boldsymbol{S}_1+\boldsymbol{S}_2$；

5) 计算矩阵 $\boldsymbol{S}_{\omega}$ 的逆矩阵 $\boldsymbol{S}_{\omega}^{-1}$；

6) 由式(5.23)求解向量 $\boldsymbol{w}^{*}$．

至此，已将 d 维分类问题转化为一维分类问题了，但还没有解决分类问题本身．实际上，只要确定一个阈值 y_0，将投影点 y_i 与 y_0 相比较，便可做出分类决策．在此，只简单介绍几种一维分类问题的基本原则．

1) 当维数 d 和样本数 N 都很大时，可采用后面介绍的 Bayes 决策规则，从而获得一种“最优”分类器．可以证明，当 d 和 N 都很大时，Fisher 线性判别等价于 Bayes 决策．

2) 如果上述条件不满足，可利用先验知识选定分界阈值 y_0，例如选择

$$y_0^{(1)}=\frac{\widetilde{m}_1+\widetilde{m}_2}{2}, \tag{5.24}$$

$$y_0^{(2)}=\frac{N_1\widetilde{m}_1+N_2\widetilde{m}_2}{N_1+N_2}, \tag{5.25}$$

$$y_0^{(3)} = \frac{\widetilde{m}_1 + \widetilde{m}_2}{2} + \frac{\ln\left(\frac{P(\omega_1)}{P(\omega_2)}\right)}{N_1 + N_2 - 2}, \tag{5.26}$$

式中，$P(\omega_1)$ 和 $P(\omega_2)$ 分别为 ω_1 和 ω_2 类样本的先验概率．这样，对于任意给定的未知样本 $\boldsymbol{x}$，只要计算它的投影点 y，

$$y = \boldsymbol{w}^{*\mathrm{T}}\boldsymbol{x},$$

再根据决策规则

$$\begin{cases} y > y_0 \rightarrow \boldsymbol{x} \in \omega_1; \\ y < y_0 \rightarrow \boldsymbol{x} \in \omega_2, \end{cases} \tag{5.27}$$

即可判断 $\boldsymbol{x}$ 属于何种类别．

4. 最小平方误差准则函数

设 $\boldsymbol{x}$ 为样本向量，称 $\boldsymbol{y} = [1, \boldsymbol{x}]^{\mathrm{T}}$ 为增广样本向量．假设已知一组容量为 N 的样本集 $\boldsymbol{y}_1, \boldsymbol{y}_2, \cdots, \boldsymbol{y}_N$，其中 $\boldsymbol{y}_i$ 为 $d+1$ 维增广样本向量，分别来自 ω_1 和 ω_2 类．如果有一个线性分类器能把每个样本正确分类，即如果存在一个权向量 $\boldsymbol{\alpha}$，使得对于任何 $\boldsymbol{y} \in \omega_1$，都有 $\boldsymbol{\alpha}^{\mathrm{T}}\boldsymbol{y} > 0$，而对于任何 $\boldsymbol{y} \in \omega_2$，都有 $\boldsymbol{\alpha}^{\mathrm{T}}\boldsymbol{y} < 0$，则称这组样本集为线性可分的；否则称为线性不可分的．如果样本集是线性可分的，则必存在一个权向量 $\boldsymbol{\alpha}$，能将每个样本正确分类．注意到，如果在来自 ω_2 类的样本 $\boldsymbol{y}$ 前面加上一个负号，即令 $\boldsymbol{y}' = -\boldsymbol{y}$，其中 $\boldsymbol{y} \in \omega_2$，则也有 $\boldsymbol{\alpha}^{\mathrm{T}}\boldsymbol{y}' > 0$，因此，如果令

$$\boldsymbol{y}' = \begin{cases} \boldsymbol{y}, & \text{对一切 } \boldsymbol{y} \in \omega_1, \\ -\boldsymbol{y}, & \text{对一切 } \boldsymbol{y} \in \omega_2, \end{cases}$$

那么，就可以不管样本原来的类别标志，只要找一个对全部样本 $\boldsymbol{y}'$ 都满足 $\boldsymbol{\alpha}^{\mathrm{T}}\boldsymbol{y}' > 0$ 的权向量 $\boldsymbol{\alpha}$ 就行了．上述过程称为样本的规范化，$\boldsymbol{y}'$ 叫做规范化增广样本向量，以下讨论中，仍用 $\boldsymbol{y}$ 来表示它．

上述问题转化为对于一组规范化增广样本向量 $\boldsymbol{y}_1, \boldsymbol{y}_2, \cdots, \boldsymbol{y}_N$，找一个解向量 $\boldsymbol{\alpha}^*$，使之满足

$$\boldsymbol{\alpha}^{\mathrm{T}}\boldsymbol{y}_i > 0, \quad i = 1, 2, \cdots, N.$$

显然，对于线性可分情形，问题才有解．

现在把不等式组改写成如下等式形式：

$$\boldsymbol{\alpha}^{\mathrm{T}}\boldsymbol{y}_i = b_i > 0,$$

其中，b_i 是任意给定的正常数．将上式写成联立方程组的形式，即

$$\boldsymbol{Y\alpha} = \boldsymbol{b}, \tag{5.28}$$

其中

$$\boldsymbol{Y}=\begin{bmatrix}\boldsymbol{y}_1^{\mathrm{T}}\\\boldsymbol{y}_2^{\mathrm{T}}\\\vdots\\\boldsymbol{y}_N^{\mathrm{T}}\end{bmatrix}=\begin{bmatrix}y_{11}&y_{12}&\cdots&y_{1\hat{d}}\\y_{21}&y_{22}&\cdots&y_{2\hat{d}}\\\vdots&\vdots&&\vdots\\y_{N1}&y_{N2}&\cdots&y_{N\hat{d}}\end{bmatrix}$$

是一个 $N\times\hat{d}$ 矩阵, $\hat{d}=d+1$, $\boldsymbol{y}_i$ 是规范化增广样本向量,

$$\boldsymbol{b}=[b_1,b_2,\cdots,b_N]^{\mathrm{T}}$$

是一个 N 维向量, $b_i>0, i=1,2,\cdots,N$.

通常样本数 N 总是大于维数 d, 因此 $\boldsymbol{Y}$ 是长方阵(一般为列满秩矩阵). 方程组(5.28)实际上是方程个数多于未知数的情况,因此为矛盾方程组,通常没有精确解存在,但可以定义一个误差向量

$$\boldsymbol{e}=\boldsymbol{Y}\boldsymbol{\alpha}-\boldsymbol{b},$$

并定义平方误差准则函数 $J_s(\boldsymbol{\alpha})$ 为

$$J_s(\boldsymbol{\alpha})=\|\boldsymbol{e}\|^2=\|\boldsymbol{Y}\boldsymbol{\alpha}-\boldsymbol{b}\|^2=\sum_{i=1}^{N}(\boldsymbol{\alpha}^{\mathrm{T}}\boldsymbol{y}_i-b_i)^2. \tag{5.29}$$

然后找一个使 $J_s(\boldsymbol{\alpha})$ 极小化的 $\boldsymbol{\alpha}$ 作为问题的解,这就是矛盾方程组的最小二乘解,也称伪逆解或 MSE 解,这里仍用 $\boldsymbol{\alpha}^*$ 表示. 式(5.29)定义的准则函数常称为 MSE 准则函数.

为了求 $\boldsymbol{\alpha}^*$, 下面对式(5.29)中的 $J_s(\boldsymbol{\alpha})$ 求梯度,即

$$\nabla J_s(\boldsymbol{\alpha})=\sum_{i=1}^{N}2(\boldsymbol{\alpha}^{\mathrm{T}}\boldsymbol{y}_i-b_i)\boldsymbol{y}_i=2\boldsymbol{Y}^{\mathrm{T}}(\boldsymbol{Y}\boldsymbol{\alpha}-\boldsymbol{b}). \tag{5.30}$$

令 $\nabla J_s(\boldsymbol{\alpha})=0$, 得

$$\boldsymbol{Y}^{\mathrm{T}}\boldsymbol{Y}\boldsymbol{\alpha}^*=\boldsymbol{Y}^{\mathrm{T}}\boldsymbol{b}. \tag{5.31}$$

这样,求解 $\boldsymbol{Y}\boldsymbol{\alpha}=\boldsymbol{b}$ 的问题转化为求解 $\boldsymbol{Y}^{\mathrm{T}}\boldsymbol{Y}\boldsymbol{\alpha}^*=\boldsymbol{Y}^{\mathrm{T}}\boldsymbol{b}$ 的问题了. 这一方程的最大优点是,矩阵 $\boldsymbol{Y}^{\mathrm{T}}\boldsymbol{Y}$ 是 $\hat{d}\times\hat{d}$ 方阵,而且一般是非奇异的(只要有 $\hat{d}$ 个样本分布良好或者确切地说,只要矩阵 $\boldsymbol{Y}$ 是列满秩的),因此可唯一地解得

$$\boldsymbol{\alpha}^*=(\boldsymbol{Y}^{\mathrm{T}}\boldsymbol{Y})^{-1}\boldsymbol{Y}^{\mathrm{T}}\boldsymbol{b}=\boldsymbol{Y}^{+}\boldsymbol{b}, \tag{5.32}$$

式中, $(\hat{d}\times N)$ 矩阵

$$\boldsymbol{Y}^{+}=(\boldsymbol{Y}^{\mathrm{T}}\boldsymbol{Y})^{-1}\boldsymbol{Y}^{\mathrm{T}} \tag{5.33}$$

是 $\boldsymbol{Y}$ 的左逆矩阵, $\boldsymbol{\alpha}^*$ 就是式(5.28)的 MSE 解.

计算 $\boldsymbol{Y}^{+}$ 带来的问题有两个,其一是要求 $(\boldsymbol{Y}^{\mathrm{T}}\boldsymbol{Y})$ 非奇异,其二是求解 $\boldsymbol{Y}^{+}$ 时计算量大,同时还可能引入较大的计算误差. 因此实际上往往不用这样的解析方法求 MSE 解,而是采用如梯度下降法等最优化技术来求解.

如果采用梯度下降法,由式(5.30)可知, $J_s(\boldsymbol{\alpha})$ 的梯度是

$$\nabla J_s(\boldsymbol{\alpha}) = 2\boldsymbol{Y}^{\mathrm{T}}(\boldsymbol{Y\alpha} - \boldsymbol{b}),$$

于是梯度下降算法可写成下列迭代格式

$$\begin{cases} \boldsymbol{\alpha}(1), \text{任取}, \\ \boldsymbol{\alpha}(k+1) = \boldsymbol{\alpha}(k) - \rho_k \boldsymbol{Y}^{\mathrm{T}}(\boldsymbol{Y\alpha} - \boldsymbol{b}). \end{cases} \tag{5.34}$$

可以证明,如果选择

$$\rho_k = \frac{\rho_1}{k}, \tag{5.35}$$

式中, ρ_1 是任意正常数,则用该算法得到的权向量序列收敛于使

$$\nabla J_s(\boldsymbol{\alpha}) = 2\boldsymbol{Y}^{\mathrm{T}}(\boldsymbol{Y\alpha} - \boldsymbol{b}) = 0$$

的权向量 $\boldsymbol{\alpha}^*$, 也就是 MSE 解 .

值得注意的是,无论矩阵 $(\boldsymbol{Y}^{\mathrm{T}}\boldsymbol{Y})$ 是否奇异,上述算法总能产生一个有用的权向量,而且该算法只计算 $\hat{d} \times \hat{d}$ 方阵 $(\boldsymbol{Y}^{\mathrm{T}}\boldsymbol{Y})$, 比计算 $\hat{d} \times N$ 矩阵 $\boldsymbol{Y}^+$ 计算量要小得多 .

5.2.2　Bayes 决策

Bayes 决策理论是统计模式识别中的一个基本方法,用这个方法进行分类时要求:

1) 各类别总体的概率分布是已知的;

2) 要分类的类别数是一定的 .

假设待识别的物理对象有 d 种特征观察量 $x_1, x_2, \cdots, x_d$, 这些特征的所有可能的取值范围构成了 d 维特征空间,称 $\boldsymbol{x} = [x_1, x_2, \cdots, x_d]^{\mathrm{T}}$ 为 d 维特征向量 .

现在假设要研究的分类问题有 C 个类别,各类别状态用 ω_i 来表示, $i = 1, 2, \cdots, c$; 对应于各个类别 ω_i 出现的先验概率 $P(\omega_i)$ 及类条件概率密度函数 $p(\boldsymbol{x} \mid \omega_i)$ 假定是已知的 . 如果在特征空间已观察到某一向量 $\boldsymbol{x}$, 那么应该把 $\boldsymbol{x}$ 分到哪一类去才是最合理的呢? 这就是本节所要研究的主要问题 .

在模式分类问题中,人们往往希望尽量减少分类的错误,从这样的要求出发,利用概率论中的 Bayes 公式,就能得出使错误率最小的分类规则,称之为基于最小错误率的 Bayes 决策 .

为简单起见,先考虑两类问题 . 设有两类样本,分别为 ω_1 与 ω_2, 若每类的先验概率为 $P(\omega_i), i = 1, 2$, 类条件概率密度为 $\boldsymbol{p}(\boldsymbol{x} \mid \omega_i)$, 利用 Bayes 公式

$$P(\omega_i \mid \boldsymbol{x}) = \frac{p(\boldsymbol{x} \mid \omega_i) P(\omega_i)}{\sum_{j=1}^{2} p(\boldsymbol{x} \mid \omega_j) P(\omega_j)} \tag{5.36}$$

得到的条件概率 $P(\omega_i \mid \boldsymbol{x})$ 称为后验概率 .

这样,基于最小错误率的 Bayes 决策规则为:如果 $P(\omega_1 \mid \boldsymbol{x}) > P(\omega_2 \mid \boldsymbol{x})$, 则把

$\boldsymbol{x}$ 归类于 ω_1；反之，$P(\omega_1 \mid \boldsymbol{x}) < P(\omega_2 \mid \boldsymbol{x})$，则把 $\boldsymbol{x}$ 归类于 ω_2，上面的规则可简写为

1) 如果 $P(\omega_i \mid \boldsymbol{x}) = \max\limits_{j=1,2} P(\omega_j \mid \boldsymbol{x})$，则 $\boldsymbol{x} \in \omega_i$.　(5.37)

利用 Bayes 公式(5.36)还可以得到几种最小错误率 Bayes 决策规则的等价形式.

2) 如果 $p(\boldsymbol{x} \mid \omega_i)P(\omega_i) = \max\limits_{j=1,2} p(\boldsymbol{x} \mid \omega_j)P(\omega_j)$，则 $\boldsymbol{x} \in \omega_i$.　(5.38)

3) 令 $l(\boldsymbol{x}) = \dfrac{p(\boldsymbol{x} \mid \omega_1)}{p(\boldsymbol{x} \mid \omega_2)}$,

$$\begin{cases} \text{若 } l(\boldsymbol{x}) > p(\omega_2)/p(\omega_1), & \text{则 } \boldsymbol{x} \in \omega_1; \\ \text{若 } l(\boldsymbol{x}) < p(\omega_2)/p(\omega_1), & \text{则 } \boldsymbol{x} \in \omega_2. \end{cases} \tag{5.39}$$

4) 对式(5.39)的 $l(\boldsymbol{x})$ 取自然对数的负值,可写为

$$h(\boldsymbol{x}) = -\ln[l(\boldsymbol{x})] = -\ln p(\boldsymbol{x} \mid \omega_1) + \ln p(\boldsymbol{x} \mid \omega_2),$$

$$\begin{cases} \text{若 } h(\boldsymbol{x}) < \ln(P(\omega_1 f)/P(\omega_2)), & \text{则 } \boldsymbol{x} \in \omega_1; \\ \text{若 } h(\boldsymbol{x}) > \ln(P(\omega_1)/P(\omega_2)), & \text{则 } \boldsymbol{x} \in \omega_2. \end{cases} \tag{5.40}$$

式(5.38)是利用 Bayes 公式代入式(5.37)消去共同的分母而得出的.式(5.39)中的 $l(\boldsymbol{x})$ 在统计学中称为似然比,而 $P(\omega_2)/P(\omega_1)$ 称为似然比阈值.式(5.40)中的 $h(\boldsymbol{x})$ 是把似然比写成负对数 $-\ln[l(\boldsymbol{x})]$ 的形式,它在计算时比利用式(5.39)似然比本身更为方便.

显然,对任意两类问题,有

1) 若 $p(\boldsymbol{x} \mid \omega_1) = p(\boldsymbol{x} \mid \omega_2)$，则表明 $\boldsymbol{x}$ 未提供关于类别状态的任何信息,故判决完全取决于先验概率;

2) 若 $P(\omega_1) = P(\omega_2)$，则判决完全依赖条件概率;

3) 除这两种情况以外,Bayes 决策提供最小错误率的判决.

下面举例说明最小错误率 Bayes 决策的应用.

例 5.1　在细胞的化验中要区分正常的和异常的两种类型,分别以 w_1 和 w_2 表示,各自的先验概率为 $P(\omega_1) = 0.85$,$P(\omega_2) = 0.15$，现有一待识别的细胞,其观察值为 $\boldsymbol{x}$，从类条件概率密度分布曲线上查得 $p(\boldsymbol{x} \mid \omega_1) = 0.15$ 和 $p(\boldsymbol{x} \mid \omega_2) = 0.45$. 试判断这次化验的细胞属于哪一种类型.

解: 利用 Bayes 公式,分别可计算出 w_1 及 w_2 的后验概率为

$$P(\omega_1 \mid x) = \frac{p(\boldsymbol{x} \mid \omega_1)P(\omega_1)}{\sum\limits_{j=1}^{2} p(\boldsymbol{x} \mid \omega_j)P(\omega_j)} = \frac{0.15 \times 0.85}{0.15 \times 0.85 + 0.45 \times 0.15} = 0.654,$$

$$P(\omega_2 \mid x) = 1 - P(\omega_1 \mid x) = 1 - 0.654 = 0.346.$$

可见 $P(\omega_1 \mid \boldsymbol{x}) > P(\omega_2 \mid \boldsymbol{x})$,$\boldsymbol{x} \in \omega_1$. 由此可知这次化验的细胞被判断为正常类型的细胞.

最小错误率 Bayes 决策规则的判决结果取决于样本的类条件概率和先验概率

两个因素．在例 5.1 中，由于 $P(\omega_1)$ 比 $P(\omega_2)$ 大得多，使先验概率在判决中起到了主要作用．

前面我们只是给出了最小错误率 Bayes 决策规则，但尚未证明按这种规则进行分类确实使错误率最小．现在仅以一维情形对此进行说明，但其证明不难推广到多维．

首先应指出，这里所说错误率是指平均错误率，以 $P(e)$ 来表示，其定义为

$$P(e)=\int_{-\infty}^{+\infty}P(e,x)\mathrm{d}x=\int_{-\infty}^{+\infty}P(e\mid x)p(x)\mathrm{d}x. \tag{5.41}$$

对于两类别问题，x 的条件错误概率为

$$P(e\mid x)=\begin{cases}P(\omega_1\mid x), & 当\ P(\omega_2\mid x)>P(\omega_1\mid x);\\ P(\omega_2\mid x), & 当\ P(\omega_1\mid x)>P(\omega_2\mid x).\end{cases}$$

如果令 t 为两类的分界面，则在特征向量 x 是一维情形，t 显然为 x 轴上的一个点，而且 t 将 x 轴分为两个区域 R_1 和 R_2，R_1 为 $(-\infty,t)$，R_2 为 $(t,+\infty)$，这样就有

$$\begin{aligned}P(e)&=\int_{-\infty}^{t}P(\omega_2\mid x)p(x)\mathrm{d}x+\int_{t}^{+\infty}P(\omega_1\mid x)p(x)\mathrm{d}x\\&=\int_{-\infty}^{t}p(x\mid\omega_2)P(\omega_2)\mathrm{d}x+\int_{t}^{+\infty}p(x\mid\omega_1)P(\omega_1)\mathrm{d}x,\end{aligned}$$

可以写成

$$\begin{aligned}P(e)&=P(x\in R_1,\omega_2)+P(x\in R_2,\omega_1)\\&=P(x\in R_1\mid\omega_2)P(\omega_2)+P(x\in R_2\mid\omega_1)P(\omega_1)\\&=P(\omega_2)\int_{R_1}p(x\mid\omega_2)\mathrm{d}x+P(\omega_1)\int_{R_2}p(x\mid\omega_1)\mathrm{d}x\\&=P(\omega_2)P_2(e)+P(\omega_2)P(e).\end{aligned} \tag{5.42}$$

图 5.3 中斜线面积为 $P(\omega_2)P_2(e)$，纹线面积为 $P(\omega_1)P_1(e)$，两者之和为 $P(e)$．以上讨论不难推广到 d 维特征空间的情况．

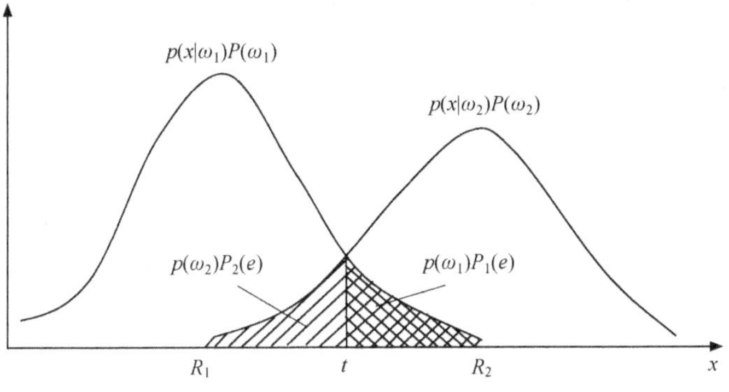

图 5.3　错误率示意

决策规则(5.37)实际上是对每个 $\boldsymbol{x}$ 都使 $P(e \mid \boldsymbol{x})$ 取小者,这就使式(5.41)的积分必然达到最小,即使平均错误率 $P(e)$ 达到最小. 这就证明了最小错误率 Bayes 决策规则确实使错误率最小.

在多类决策过程中(假设有 c 类),很容易写出相应的最小错误率 Bayes 决策规则为

$$如果\ P(\omega_i \mid \boldsymbol{x}) = \max_{j=1,2,\cdots,c} P(\omega_j \mid \boldsymbol{x}),则\ \boldsymbol{x} \in \omega_i. \tag{5.43}$$

利用 Bayes 公式也可以将其写成先验概率和类条件概率密度相联系的形式,即

$$如果\ p(\boldsymbol{x} \mid \omega_i)P(\omega_i) = \max_{j=1,2,\cdots,c} p(\boldsymbol{x} \mid \omega_j)P(\omega_j),则\ \boldsymbol{x} \in \omega_i. \tag{5.44}$$

多类别判别决策过程中,要把特征空间分割成 $R_1, R_2, \cdots, R_c$ 个区域,可能错分的情况很多,平均错误概率 $P(e)$ 将由 $c(c-1)$ 项组成,即

$$\begin{aligned} P(e) = & [P(\boldsymbol{x} \in R_2 \mid \omega_1) + P(\boldsymbol{x} \in R_3 \mid \omega_1) + \cdots + P(\boldsymbol{x} \in R_c \mid \omega_1)]P(\omega_1) \\ & + [P(\boldsymbol{x} \in R_1 \mid \omega_2) + P(\boldsymbol{x} \in R_3 \mid \omega_2) + \cdots + P(\boldsymbol{x} \in R_c \mid \omega_2)]P(\omega_2) \\ & + \cdots \\ & + [P(\boldsymbol{x} \in R_1 \mid \omega_c) + P(\boldsymbol{x} \mid R_2 \mid \omega_c) + \cdots + P(\boldsymbol{x} \mid R_c \mid \omega_c)]P(\omega_c) \\ = & \sum_{i=1}^{c} \sum_{j=1}^{c} [P(\boldsymbol{x} \in R_j \mid \omega_i)]P(\omega_i). \end{aligned}$$

可见,直接求 $P(e)$ 的计算量较大. 如果代之以计算平均正确分类概率 $P(c)$,则

$$P(c) = \sum_{j=1}^{c} P(\boldsymbol{x} \in R_j \mid \omega_j)P(\omega_j) = \sum_{j=1}^{c} \int_{R_j} p(\boldsymbol{x} \mid \omega_j)P(\omega_j)\mathrm{d}x, \tag{5.45}$$

式中,求和号内只有 c 项,而 $P(e) = 1 - P(c)$,比直接计算 $P(e)$ 要简单得多.

5.2.3 密度函数的估计及其判别函数

大家知道基于 Bayes 决策理论的分类方法要求预先知道先验概率 $P(\omega_i)$ 和类条件概率密度 $p(\boldsymbol{x} \mid \omega_i)$. 在实际应用中,类条件概率密度又往往不知道或者不完全知道. 当已知 $p(\boldsymbol{x} \mid \omega_i)$ 的函数形式,而不知其中某些参数时,可以利用参数估计方法;而当对 $p(\boldsymbol{x} \mid \omega_i)$ 一无所知时,可以利用非参数估计方法. 本节主要讨论两种常用的参数估计方法. 一种是极大似然估计方法,另一种是 Bayes 估计方法. 这两种估计的结果是近似相等的,但从概念上来说它们的处理方法是完全不同的. 极大似然估计把参数看作是确定而未知的,而最好的估计值是在获得实际观察样本的概率的条件下得到的. 而 Bayes 估计则把未知的参数当作具有某种分布的随机变量,样本的观察结果是先验分布转化为后验分布,再根据后验分布修正原先对参数的估计.

1. 极大似然估计

为了解释极大似然估计,需做如下假设:

1) 参数 $\boldsymbol{\theta}$ 是确定(非随机)而未知的量．

2) 按类别把样本集分开．假定有 c 个类,则可分成 c 个样本集 $X_1, X_2, \cdots, X_c$，其中 X_i 中的样本都是从概率密度为 $p(\boldsymbol{x} \mid \omega_i)$ 的总体中独立抽取出来的．

3) 类条件概率密度 $p(\boldsymbol{x} \mid \omega_i)$ 具有某种确定的函数形式,例如正态分布,指数分布，r 分布等．为了表示 $p(\boldsymbol{x} \mid \omega_i)$ 同 θ_j 有关,把 $p(\boldsymbol{x} \mid \omega_i)$ 记成 $p(\boldsymbol{x} \mid \omega_j, \theta_j)$.

4) 假定 X_i 中的样本不包含关于 $\theta_j (j \neq i)$ 的信息．也就是说，X_i 中的样本只对 θ_i 提供有关信息,而没有关于 $\theta_j (j \neq i)$ 的任何信息．

在这些前提假设下,就可以分别处理 c 个独立的问题．独立地按照概率密度 $p(\boldsymbol{x} \mid \boldsymbol{\theta})$ 抽取样本集 X，用 X 去估计出未知参数 $\boldsymbol{\theta}$.

已知某一类样本集包含有 N 个样本,即

$$X = \{\boldsymbol{x}_1, \boldsymbol{x}_2, \cdots, \boldsymbol{x}_N\}. \tag{5.46}$$

由于假设样本是独立抽取的,所以

$$p(X \mid \boldsymbol{\theta}) = p(\boldsymbol{x}_1, \boldsymbol{x}_2, \cdots, \boldsymbol{x}_N \mid \boldsymbol{\theta}) = \prod_{k=1}^{N} p(\boldsymbol{x}_k \mid \boldsymbol{\theta}). \tag{5.47}$$

式中，$\boldsymbol{p}(X \mid \boldsymbol{\theta})$ 称为相对于样本集 X 的 $\boldsymbol{\theta}$ 的似然函数,记作 $l(\boldsymbol{\theta})$. 在 X 确定后,它仅是 $\boldsymbol{\theta}$ 的函数，$\boldsymbol{\theta}$ 一般是向量．$\boldsymbol{\theta}$ 的极大似然估计 $\hat{\boldsymbol{\theta}}$ 定义为使 $p(X \mid \boldsymbol{\theta})$ 最大的 $\boldsymbol{\theta}$ 值．

假定似然函数 $l(\boldsymbol{\theta})$ 对未知参数 $\boldsymbol{\theta}$ 是连续可微的．由于对数函数是严格的单调函数,因此使对数似然函数最大的 $\hat{\boldsymbol{\theta}}$ 值也必然使似然函数最大．为了便于分析,定义似然函数 $l(\boldsymbol{\theta})$ 的对数为

$$H(\boldsymbol{\theta}) = \ln l(\boldsymbol{\theta}). \tag{5.48}$$

令

$$\boldsymbol{\theta} = (\boldsymbol{\theta}_1, \boldsymbol{\theta}_2, \cdots, \boldsymbol{\theta}_s)^{\mathrm{T}}, \tag{5.49}$$

$$\nabla_{\boldsymbol{\theta}} = \left(\frac{\partial}{\partial \boldsymbol{\theta}_1}, \cdots, \frac{\partial}{\partial \boldsymbol{\theta}_s}\right)^{\mathrm{T}}, \tag{5.50}$$

则

$$H(\boldsymbol{\theta}) = \ln l(\boldsymbol{\theta}) = \ln p(X \mid \boldsymbol{\theta}) = \ln p(\boldsymbol{x}_1, \boldsymbol{x}_2, \cdots, \boldsymbol{x}_N \mid \boldsymbol{\theta}_1, \boldsymbol{\theta}_2, \cdots, \boldsymbol{\theta}_S). \tag{5.51}$$

在 N 个样本独立抽取的条件下,式(5.51)就可写为

$$H(\boldsymbol{\theta}) = \ln \prod_{k=1}^{N} p(\boldsymbol{x}_k \mid \boldsymbol{\theta}) = \sum_{k=1}^{N} \ln p(\boldsymbol{x}_k \mid \boldsymbol{\theta}). \tag{5.52}$$

从而

$$\nabla_{\boldsymbol{\theta}} H(\boldsymbol{\theta}) = \sum_{k=1}^{N} \nabla_{\boldsymbol{\theta}} \ln p(\boldsymbol{x}_k \mid \boldsymbol{\theta}). \tag{5.53}$$

令 $\nabla_{\boldsymbol{\theta}} H(\boldsymbol{\theta}) = 0$，则有

$$\sum_{k=1}^{N} \nabla_{\boldsymbol{\theta}} \ln p(\boldsymbol{x}_k \mid \boldsymbol{\theta}) = 0. \tag{5.54}$$

由于未知参数 $\boldsymbol{\theta}$ 有 s 个分量,式(5.54)实际上是 s 个联立方程组,解此方程组可以得到 $\hat{\theta}_i(i=1,2,\cdots,s)$ 的估计量表达式,也就是 $\boldsymbol{\theta}$ 的极大似然估计量 $\hat{\boldsymbol{\theta}}$. $\hat{\boldsymbol{\theta}}$ 是样本 $\boldsymbol{x}_k(k=1,2,\cdots,N)$ 的函数,若代入已知的样本 $\boldsymbol{x}_k(k=1,2,\cdots,N)$,就可以得到 $\theta_i(i=1,2,\cdots,s)$ 的估计值,从而可完全确定出类概率密度.

极大似然估计的解一般是唯一的. 如果不唯一,可根据具体情况决定取舍,同时也要注意到,式(5.54)只是获得 $\boldsymbol{\theta}$ 的极大似然估计的必要条件.

2. Bayes 估计

设有一个样本集 X,要找到估计量 $\hat{\boldsymbol{\theta}}$ 以估计 X 所属总体分布的某个真实参数 $\boldsymbol{\theta}$,使带来的 Bayes 风险最小,这就是 Bayes 估计的概念.

设参数 $\boldsymbol{\theta}$ 的先验分布为 $p(\boldsymbol{\theta})$,$\lambda(\hat{\boldsymbol{\theta}},\boldsymbol{\theta})$ 为损失函数,它表示真实参数为 $\boldsymbol{\theta}$ 而 $\boldsymbol{\theta}$ 的估计量为 $\hat{\boldsymbol{\theta}}$ 时所带来的损失. 在给定 $\boldsymbol{x}$ 条件下,估计量 $\hat{\boldsymbol{\theta}}$ 的条件期望损失为

$$R(\hat{\boldsymbol{\theta}} \mid \boldsymbol{x}) = \int_{\Theta} \lambda(\hat{\boldsymbol{\theta}},\boldsymbol{\theta}) p(\boldsymbol{\theta} \mid \boldsymbol{x}) \mathrm{d}\boldsymbol{\theta},$$

式中,Θ 为 $\boldsymbol{\theta}$ 可能取值的参数空间,$R(\hat{\boldsymbol{\theta}} \mid \boldsymbol{x})$ 常称为条件风险.

估计量 $\hat{\boldsymbol{\theta}}$ 总的平均损失,即条件风险的期望为

$$\begin{aligned} R &= \int_{E^d} R(\hat{\boldsymbol{\theta}} \mid \boldsymbol{x}) p(\boldsymbol{x}) \mathrm{d}\boldsymbol{x} = \int_{E^d}\int_{\Theta} \lambda(\hat{\boldsymbol{\theta}},\boldsymbol{\theta}) p(\boldsymbol{\theta} \mid \boldsymbol{x}) p(\boldsymbol{x}) \mathrm{d}\boldsymbol{\theta}\mathrm{d}\boldsymbol{x} \\ &= \int_{E^d}\int_{\Theta} \lambda(\hat{\boldsymbol{\theta}},\boldsymbol{\theta}) p(\boldsymbol{x},\boldsymbol{\theta}) \mathrm{d}\boldsymbol{\theta}\mathrm{d}\boldsymbol{x}, \end{aligned} \tag{5.55}$$

式中,E^d 为 $\boldsymbol{x}$ 取值的 d 维欧氏空间,R 也称为 Bayes 风险.

注意到使条件风险 $R(\hat{\boldsymbol{\theta}} \mid \boldsymbol{x})$ 极小的估计量 $\hat{\boldsymbol{\theta}}$ 也一定能使 Bayes 风险 R 最小. 因此,这里定义:如果 $\boldsymbol{\theta}$ 的估计量 $\hat{\boldsymbol{\theta}}$ 使条件风险 $R(\hat{\boldsymbol{\theta}} \mid \boldsymbol{x})$ 最小,则称 $\hat{\boldsymbol{\theta}}$ 是关于 $\boldsymbol{\theta}$ 的 Bayes 估计量.

如何求解 Bayes 估计量呢? 首先必须定义适当的损失函数. 一般来说,损失函数可定义为不同的形式,因而得到不同的 Bayes 估计量 $\hat{\boldsymbol{\theta}}$. 在这里,规定损失函数为平方误差损失函数:

$$\lambda(\hat{\boldsymbol{\theta}},\boldsymbol{\theta}) = \|\boldsymbol{\theta} - \hat{\boldsymbol{\theta}}\|^2. \tag{5.56}$$

下面给出针对这种损失函数求 $\boldsymbol{\theta}$ 的 Bayes 估计量 $\hat{\boldsymbol{\theta}}$ 的一个基本结果.

定理 5.1 如果损失函数为二次函数,即 $\lambda(\hat{\boldsymbol{\theta}},\boldsymbol{\theta}) = \|\boldsymbol{\theta} - \hat{\boldsymbol{\theta}}\|^2$,则 $\boldsymbol{\theta}$ 的 Bayes 估计量 $\hat{\boldsymbol{\theta}}$ 是在给定 $\boldsymbol{x}$ 时 $\boldsymbol{\theta}$ 的条件期望,即

$$\hat{\boldsymbol{\theta}} = E[\boldsymbol{\theta} \mid \boldsymbol{x}] = \int_{\Theta} \boldsymbol{\theta} p(\boldsymbol{\theta} \mid \boldsymbol{x}) \mathrm{d}\boldsymbol{\theta}. \tag{5.57}$$

证明 由于 Bayes 估计使 Bayes 风险 R 达到最小，要使 Bayes 风险

$$R=\int_{E^d}R(\hat{\boldsymbol{\theta}}\mid \boldsymbol{x})p(\boldsymbol{x})\mathrm{d}\boldsymbol{x}$$

达到最小，相当于被积函数(条件风险)

$$R(\hat{\boldsymbol{\theta}}\mid \boldsymbol{x})=\int_{\Theta}\lambda(\hat{\boldsymbol{\theta}},\boldsymbol{\theta})p(\boldsymbol{\theta}\mid \boldsymbol{x})\mathrm{d}\boldsymbol{\theta}=\int_{\Theta}\|\boldsymbol{\theta}-\hat{\boldsymbol{\theta}}\|^2p(\boldsymbol{\theta}\mid \boldsymbol{x})\mathrm{d}\boldsymbol{\theta} \tag{5.58}$$

达到最小，而

$$\begin{aligned}\int_{\Theta}\|\boldsymbol{\theta}-\hat{\boldsymbol{\theta}}\|^2p(\boldsymbol{\theta}\mid \boldsymbol{x})\mathrm{d}\boldsymbol{\theta}&=\int_{\Theta}\|\boldsymbol{\theta}-E(\boldsymbol{\theta}\mid \boldsymbol{x})+E(\boldsymbol{\theta}\mid \boldsymbol{x})-\hat{\boldsymbol{\theta}}\|^2p(\boldsymbol{\theta}\mid \boldsymbol{x})\mathrm{d}\boldsymbol{\theta}\\&=\int_{\Theta}\|\boldsymbol{\theta}-E(\boldsymbol{\theta}\mid \boldsymbol{x})\|^2p(\boldsymbol{\theta}\mid \boldsymbol{x})\mathrm{d}\boldsymbol{\theta}\\&\quad+\int_{\Theta}\|E(\boldsymbol{\theta}\mid \boldsymbol{x})-\hat{\boldsymbol{\theta}}\|^2p(\boldsymbol{\theta}\mid \boldsymbol{x})\mathrm{d}\boldsymbol{\theta}\\&\quad+2\int_{\Theta}\{[\boldsymbol{\theta}-E(\boldsymbol{\theta}\mid \boldsymbol{x})]\cdot[E(\boldsymbol{\theta}\mid \boldsymbol{x})-\hat{\boldsymbol{\theta}}]\}p(\boldsymbol{\theta}\mid \boldsymbol{x})\mathrm{d}\boldsymbol{\theta},\end{aligned} \tag{5.59}$$

式(5.59)中的交叉项

$$\begin{aligned}&\int_{\Theta}\{[\boldsymbol{\theta}-E(\boldsymbol{\theta}\mid \boldsymbol{x})]\cdot[E(\boldsymbol{\theta}\mid \boldsymbol{x})-\hat{\boldsymbol{\theta}}]\}p(\boldsymbol{\theta}\mid \boldsymbol{x})\mathrm{d}\boldsymbol{\theta}\\&=[E(\boldsymbol{\theta}\mid \boldsymbol{x})-\hat{\boldsymbol{\theta}}]\cdot\int_{\Theta}[\boldsymbol{\theta}-E(\boldsymbol{\theta}\mid \boldsymbol{x})]p(\boldsymbol{\theta}\mid \boldsymbol{x})\mathrm{d}\boldsymbol{\theta}\\&=[E(\boldsymbol{\theta}\mid \boldsymbol{x})-\hat{\boldsymbol{\theta}})]\cdot[E(\boldsymbol{\theta}\mid \boldsymbol{x})-E(\boldsymbol{\theta}\mid \boldsymbol{x})]=0.\end{aligned} \tag{5.60}$$

所以条件风险 $R(\hat{\boldsymbol{\theta}}\mid \boldsymbol{x})$ 可写为

$$R(\hat{\boldsymbol{\theta}}\mid \boldsymbol{x})=\int_{\Theta}\|\boldsymbol{\theta}-E(\boldsymbol{\theta}\mid \boldsymbol{x})\|^2p(\boldsymbol{\theta}\mid \boldsymbol{x})\mathrm{d}\boldsymbol{\theta}+\int_{\Theta}\|E(\boldsymbol{\theta}\mid \boldsymbol{x})-\hat{\boldsymbol{\theta}}\|^2p(\boldsymbol{\theta}\mid \boldsymbol{x})\mathrm{d}\boldsymbol{\theta}. \tag{5.61}$$

由式(5.61)可见，条件风险由两项组成，第一项为非负的，与 $\hat{\boldsymbol{\theta}}$ 无关，第二项也是非负的，且与 $\hat{\boldsymbol{\theta}}$ 有关．要使条件风险最小，可选择 $\hat{\boldsymbol{\theta}}=E(\boldsymbol{\theta}\mid \boldsymbol{x})$，这样第二项就为零，从而使条件风险 $R(\hat{\boldsymbol{\theta}}\mid \boldsymbol{x})$ 最小．此时 Bayes 估计量为

$$\hat{\boldsymbol{\theta}}=E[\boldsymbol{\theta}\mid \boldsymbol{x}]=\int_{\Theta}\boldsymbol{\theta}p(\boldsymbol{\theta}\mid \boldsymbol{x})\mathrm{d}\boldsymbol{\theta}$$ □

利用定理 5.1，可以较方便地对平方误差损失函数情况求解 Bayes 估计量 $\hat{\boldsymbol{\theta}}$，步骤如下：

1) 确定未知参数 $\boldsymbol{\theta}$ 的先验分布 $p(\boldsymbol{\theta})$；

2) 由样本集 $X=\{\boldsymbol{x}_1,\boldsymbol{x}_2,\cdots,\boldsymbol{x}_N\}$ 求出样本联合分布 $p(X\mid \boldsymbol{\theta})$，它是 $\boldsymbol{\theta}$ 的函数；

3) 利用 Bayes 估计,求出 $\boldsymbol{\theta}$ 的后验分布

$$p(\boldsymbol{\theta} \mid X) = \frac{p(X \mid \boldsymbol{\theta}) p(\boldsymbol{\theta})}{\int_{\Theta} p(X \mid \boldsymbol{\theta}) p(\boldsymbol{\theta}) \mathrm{d}\boldsymbol{\theta}};$$

4) 利用定理 5.1 求出 Bayes 估计量

$$\hat{\boldsymbol{\theta}} = \int_{\Theta} \boldsymbol{\theta} p(\boldsymbol{\theta} \mid \boldsymbol{x}) \mathrm{d}\boldsymbol{\theta}.$$

3. 正态密度函数估计

对于许多实际的数据集,它们往往近似地服从正态分布. 如果在特征空间中的某一类样本,较多地分布在这一类均值附近,而远离均值点的样本比较小,则一般地说,用正态分布作为这一类的概率模型是合理的. 在数学上,正态分布也比较简便,有利于分析.

单变量正态分布概率密度函数定义为

$$p(x) = \frac{1}{\sqrt{2\pi}\sigma} \exp\left[-\frac{1}{2}\left(\frac{x-\mu}{\sigma}\right)^2\right], \tag{5.62}$$

式中, μ 为随机变量 x 的期望, σ 为标准差,它们分别定义为

$$\mu = E\{x\} = \int_{-\infty}^{+\infty} x p(x) \mathrm{d}x, \tag{5.63}$$

$$\sigma^2 = \int_{-\infty}^{+\infty} (x-\mu)^2 p(x) \mathrm{d}x. \tag{5.64}$$

单变量正态分布概率密度函数可简记为

$$p(x) \sim N(\mu, \sigma^2), \tag{5.65}$$

多元正态分布的概率密度函数定义为

$$p(\boldsymbol{x}) = \frac{1}{(2\pi)^{d/2} \mid \boldsymbol{\Sigma} \mid^{1/2}} \exp\left[-\frac{1}{2}(\boldsymbol{x}-\boldsymbol{\mu})^{\mathrm{T}} \boldsymbol{\Sigma}^{-1} (\boldsymbol{x}-\boldsymbol{\mu})\right], \tag{5.66}$$

式中, $\boldsymbol{x} = [x_1, x_2, \cdots, x_d]^{\mathrm{T}}$ 是 d 维列向量, $\boldsymbol{\mu} = [\mu_1, \mu_2, \cdots, \mu_d]^{\mathrm{T}}$ 是 d 维均值向量,

$$\boldsymbol{\mu} = E[\boldsymbol{x}], \tag{5.67}$$

$\boldsymbol{\Sigma}$ 是 $d \times d$ 维协方差矩阵,

$$\boldsymbol{\Sigma} = E[(\boldsymbol{x}-\boldsymbol{\mu})(\boldsymbol{x}-\boldsymbol{\mu})^{\mathrm{T}}], \tag{5.68}$$

$\boldsymbol{\Sigma}^{-1}$ 是 $\boldsymbol{\Sigma}$ 的逆矩阵, $\mid \boldsymbol{\Sigma} \mid$ 是 $\boldsymbol{\Sigma}$ 的行列式.

在式(5.67)~式(5.68)中,若 x_i 是 $\boldsymbol{x}$ 的第 i 个分量, μ_i 是 $\boldsymbol{\mu}$ 的第 i 个分量, σ_{ij}^2 是 $\boldsymbol{\Sigma}$ 的第 i, j 个元素,则

$$\mu_i = E[x_i],$$
$$\sigma_{ij}^2 = E[(x_i - \mu_i)(x_j - \mu_j)].$$

多元正态分布的概率密度函数可简记为

$$p(\boldsymbol{x}) \sim N(\boldsymbol{\mu}, \boldsymbol{\Sigma}). \tag{5.69}$$

下面以单变量正态分布为例说明极大似然估计和 Bayes 估计方法的使用.

例 5.2 (极大似然估计)设属于同一类型的样本集 $X=\{x_1,x_2,\cdots,x_N\}$，每个样本都是独立抽取的,总体分布形式为

$$p(x\mid\boldsymbol{\theta})=\frac{1}{\sqrt{2\pi}\sigma}\exp\left[-\frac{1}{2}\left(\frac{x-\mu}{\sigma}\right)^2\right] \tag{5.70}$$

式中，μ，σ^2 为未知参数，$\theta_1=\mu,\theta_2=\sigma^2,\boldsymbol{\theta}=[\theta_1,\theta_2]^{\mathrm{T}}$. 这里希望从样本集 X 中求出 μ 和 σ^2 的极大似然估计值 $\hat{\mu}$ 和 $\hat{\sigma}^2$.

解: 极大似然估计量 $\hat{\boldsymbol{\theta}}$ 为方程

$$\nabla_{\boldsymbol{\theta}}H(\boldsymbol{\theta})=\sum_{K=1}^{N}\nabla_{\boldsymbol{\theta}}\ln p(x_k\mid\boldsymbol{\theta}) \tag{5.71}$$

的解,而对于式(5.70)所表示的正态分布而言,有

$$\ln p(x_k\mid\boldsymbol{\theta})=-\frac{1}{2}\ln(2\pi\theta_2)-\frac{1}{2\theta_2}(x_k-\theta_1)^2. \tag{5.72}$$

因此

$$\nabla_{\theta}\ln p(x_k\mid\boldsymbol{\theta})=\begin{bmatrix}\dfrac{1}{\theta_2}(x_k-\theta_1)\\ -\dfrac{1}{2\theta_2}+\dfrac{(x_k-\theta_1)^2}{2\theta_2^2}\end{bmatrix}. \tag{5.73}$$

将式(5.73)代入式(5.71)得出最大似然估计 $\hat{\theta}_1,\hat{\theta}_2$ 应满足下列条件

$$\begin{cases}\displaystyle\sum_{k=1}^{N}\frac{1}{\hat{\theta}_2}(x_k-\hat{\theta}_1)=0;\\ \displaystyle-\sum_{k=1}^{N}\frac{1}{\hat{\theta}_2}+\sum_{k=1}^{N}\frac{(x_k-\hat{\theta}_1)^2}{\theta_2^2}=0.\end{cases} \tag{5.74}$$

以 $\hat{\mu}=\hat{\theta}_1,\sigma^2=\hat{\theta}_2$ 代入式(5.74),解上述方程组,得

$$\hat{\mu}=\frac{1}{N}\sum_{k=1}^{N}x_k, \tag{5.75}$$

$$\hat{\sigma}^2=\frac{1}{N}\sum_{k=1}^{N}(x_k-\hat{\mu})^2. \tag{5.76}$$

对多元正态分布情形可类似地得到

$$\hat{\boldsymbol{\mu}}=\frac{1}{N}\sum_{k=1}^{N}\boldsymbol{x}_k, \tag{5.77}$$

$$\hat{\boldsymbol{\Sigma}}=\frac{1}{N}\sum_{k=1}^{N}(\boldsymbol{x}_k-\hat{\boldsymbol{\mu}})(\boldsymbol{x}_k-\hat{\boldsymbol{\mu}})^{\mathrm{T}}, \tag{5.78}$$

式中，$\boldsymbol{x}_k$ 为多元正态分布总体中第 k 个抽样,是 d 维向量，$\hat{\boldsymbol{\mu}}$ 是均值向量 $\boldsymbol{\mu}$ 的极大

似然估计,$\hat{\boldsymbol{\Sigma}}$是协方差矩阵$\boldsymbol{\Sigma}$的极大似然估计.

例 5.3 (Bayes 估计)设属于同一类型的样本集 $X=\{x_1,x_2,\cdots,x_N\}$,每个样本都是独立抽取的,总体分布形式为

$$p(x\mid\mu)\sim N(\mu,\sigma^2),\tag{5.79}$$

式中,均值参数 μ 是未知的,假定总体方差 σ^2 为已知,并且假定未知参数 μ 的先验密度 $p(\mu)$ 也服从均值为 μ_0 方差 σ_0^2 的正态分布,即

$$p(\mu)\sim N(\mu_0,\sigma_0^2),\tag{5.80}$$

式中,μ_0 和 σ_0^2 给定(粗略地说,μ_0 表示对 μ 的最好的先验推测,σ_0^2 度量了对这个推测的不确定性).现在用 Bayes 估计方法求出 μ 的估计量 $\hat{\mu}$.

解:对于二次损失函数的 Bayes 估计,根据定理 5.1,有

$$\hat{\theta}=\int_{\Theta}\theta p(\theta\mid X)\mathrm{d}\theta,$$

从而

$$\hat{\mu}=\int\mu p(\mu\mid X)\mathrm{d}\mu.\tag{5.81}$$

由于先验分布 $p(\mu)$ 已知,应用 Bayes 公式求得 μ 的后验分布为

$$p(\mu\mid X)=\frac{p(X\mid\mu)p(\mu)}{\int p(X\mid\mu)p(\mu)\mathrm{d}\theta}=\alpha\prod_{k=1}^{N}p(x_k\mid\mu)p(\mu),\tag{5.82}$$

式中

$$\alpha=1/\int p(X\mid\mu)p(\mu)\mathrm{d}\mu\tag{5.83}$$

是一个比例因子,它仅与 X 有关,而与未知参数 μ 无关.由于

$$p(x_k\mid\mu)\sim N(\mu,\sigma^2),\quad p(\mu)\sim N(\mu_0,\sigma_0^2),$$

所以

$$\begin{aligned}p(\mu\mid X)&=\alpha\prod_{k=1}^{N}\frac{1}{\sqrt{2\pi}\sigma}\exp\left[-\frac{1}{2}\left(\frac{x_k-\mu}{\sigma}\right)^2\right]\frac{1}{\sqrt{2\pi}\sigma_0}\exp\left[-\frac{1}{2}\left(\frac{\mu-\mu_0}{\sigma_0}\right)^2\right]\\&=\alpha'\exp\left\{-\frac{1}{2}\left[\sum_{k=1}^{N}\left(\frac{\mu-x_k}{\sigma}\right)^2+\left(\frac{\mu-\mu_0}{\sigma_0}\right)^2\right]\right\}\\&=\alpha''\exp\left\{-\frac{1}{2}\left[\left(\frac{N}{\sigma^2}+\frac{1}{\sigma_0^2}\right)\mu^2-2\left(\frac{1}{\sigma^2}\sum_{k=1}^{N}x_k+\frac{\mu_0}{\sigma_0^2}\right)\mu\right]\right\},\end{aligned}\tag{5.84}$$

式中和 μ 无关的因子已全部吸收到 α' 和 α'' 中,这样 $p(\mu\mid X)$ 是 μ 的二次函数的指数函数,所以它仍是一个正态密度,可以把 $p(\mu\mid X)$ 写成 $N(\mu_N,\sigma_N^2)$,即

$$p(\mu\mid X)=\frac{1}{\sqrt{2\pi}\sigma_N}\exp\left[-\frac{1}{2}\left(\frac{\mu-\mu_N}{\sigma_N}\right)^2\right].\tag{5.85}$$

应用待定系数法,令式(5.84)和式(5.85)对应的系数相等,即可求得 μ_N 和 σ_N^2 为

$$\begin{cases} \dfrac{1}{\sigma_N^2} = \dfrac{N}{\sigma^2} + \dfrac{1}{\sigma_0^2}, \\ \dfrac{\mu_N}{\sigma_N^2} = \dfrac{N}{\sigma^2} m_N + \dfrac{\mu_0}{\sigma_0^2}, \end{cases} \tag{5.86}$$

式中

$$m_N = \frac{1}{N}\sum_{k=1}^{N} x_k \tag{5.87}$$

是样本均值．解式(5.86)得

$$\mu_N = \frac{N\sigma_0^2}{N\sigma_0^2 + \sigma^2} m_N + \frac{\sigma^2}{N\sigma_0^2 + \sigma^2}\mu_0, \tag{5.88}$$

$$\sigma_N^2 = \frac{\sigma_0^2\sigma^2}{N\sigma_0^2 + \sigma^2}. \tag{5.89}$$

至此,已求得 μ 的后验密度 $p(\mu \mid X)$．这样就可应用式(5.81)来求出 μ 的 Bayes 估计为

$$\hat{\mu} = \int \mu p(\mu \mid X) \mathrm{d}\mu = \int \mu \frac{1}{\sqrt{2\pi}\sigma_N} \exp\left[-\frac{1}{2}\left(\frac{\mu - \mu_N}{\sigma_N}\right)^2\right] \mathrm{d}\mu = \mu_N. \tag{5.90}$$

将式(5.88)结果代入式(5.90),进而得出 μ 的 Bayes 估计值

$$\hat{\mu} = \frac{N\sigma_0^2}{N\sigma_0^2 + \sigma^2} m_N + \frac{\sigma^2}{N\sigma_0^2 + \sigma^2}\mu_0. \tag{5.91}$$

现在进一步研究正态分布时的判别函数．

对于多类别情形,设状态空间 Ω 由 c 类组成,观察 $\boldsymbol{x}$ 是 d 维随机变量,即

$$\Omega = \{\omega_1, \omega_2, \cdots, \omega_c\},$$
$$\boldsymbol{x} = [x_1, x_2, \cdots, x_d]^{\mathrm{T}}.$$

从而,按照决策规则可以把 d 维特征空间分成 c 个决策域,这里将划分决策域的边界面称为决策面,从数学上说,可以用某个或某些解析方程的形式来表示决策面．用于表达决策规则的某些函数则称为判别函数．判别函数与决策面方程是密切相关的,且它们都由相应的决策规则所确定．

通常可应用一组判别函数 $g_i(\boldsymbol{x}), i = 1, 2, \cdots, c$ 来表示多类决策规则：

如果使 $g_i(\boldsymbol{x}) > g_j(\boldsymbol{x})$ 对一切 $j \neq i$ 成立,则将 $\boldsymbol{x}$ 归于 ω_i 类．

联系式(5.37)、式(5.38)和式(5.40),显然这里的判别函数可定义为

1) $g_i(\boldsymbol{x}) = P(\omega_i \mid \boldsymbol{x})$;

2) $g_i(\boldsymbol{x}) = p(\boldsymbol{x} \mid \omega_i) P(\omega_i)$;

3) $g_i(\boldsymbol{x}) = \ln p(\boldsymbol{x} \mid \omega_i) + \ln P(\omega_i)$.

下面讨论多元正态概型下的最小错误率 Bayes 判别函数．设

$$p(\boldsymbol{x} \mid \omega_i) \sim N(\boldsymbol{\mu}_i, \boldsymbol{\Sigma}_i), \quad i = 1, 2, \cdots, c. \tag{5.92}$$

判别函数为

$$g_i(\boldsymbol{x}) = \ln p(\boldsymbol{x} \mid \omega_i) + \ln P(\omega_i)$$
$$= -\frac{1}{2}(\boldsymbol{x}-\boldsymbol{\mu}_i)^{\mathrm{T}}\boldsymbol{\Sigma}_i^{-1}(\boldsymbol{x}-\boldsymbol{\mu}_i) - \frac{d}{2}\ln(2\boldsymbol{\pi}) - \frac{1}{2}\ln|\boldsymbol{\Sigma}_i| + \ln P(\omega_i). \tag{5.93}$$

决策面方程为

$$g_i(\boldsymbol{x}) = g_j(\boldsymbol{x}),$$

即

$$-\frac{1}{2}[(\boldsymbol{x}-\boldsymbol{\mu}_i)^{\mathrm{T}}\boldsymbol{\Sigma}_i^{-1}(\boldsymbol{x}-\boldsymbol{\mu}_i) - (\boldsymbol{x}-\boldsymbol{\mu}_i)^{\mathrm{T}}\boldsymbol{\Sigma}_j^{-1}(\boldsymbol{x}-\boldsymbol{\mu}_i)]$$
$$-\frac{1}{2}\ln\frac{|\boldsymbol{\Sigma}_i|}{|\boldsymbol{\Sigma}_j|} + \ln\frac{P(\omega_i)}{P(\omega_j)} = 0. \tag{5.94}$$

以下对一些重要的特殊情形给出 $g_i(\boldsymbol{x})$ 的更具体的表示.

第一种情况:$\boldsymbol{\Sigma}_i = \sigma^2 I,\ i = 1,2,\cdots,c$.

在这种情况下,每类的协方差矩阵都相等,而且类内各特征间相互独立,具有相等的方差.此时又区分以下两种可能:

1) $P(\omega_i) \neq P(\omega_j)$. 此时各类的协方差矩阵为

$$\boldsymbol{\Sigma}_i = \begin{bmatrix} \sigma^2 & \cdots & 0 \\ \vdots & \ddots & \vdots \\ 0 & \cdots & \sigma^2 \end{bmatrix}. \tag{5.95}$$

从几何上看,这相当于各类样本落入以 $\boldsymbol{\mu}_i$ 为中心的同样大小的一些超球体内.由于

$$|\boldsymbol{\Sigma}_i| = \sigma^{2d}, \quad \boldsymbol{\Sigma}_i^{-1} = \frac{1}{\sigma^2}I(I\ \text{为单位矩阵}),$$

将其代入式(5.93)就得出判别函数

$$g_i(\boldsymbol{x}) = -\frac{(\boldsymbol{x}-\boldsymbol{\mu}_i)^{\mathrm{T}}(\boldsymbol{x}-\boldsymbol{\mu}_i)}{2\sigma^2} - \frac{d}{2}\ln(2\pi) - \frac{1}{2}\ln(\sigma^{2d}) + \ln P(\omega_i). \tag{5.96}$$

由于式(5.96)中的第二三项与类别 i 无关,故可忽略,从而可将 $g_i(\boldsymbol{x})$ 简化为

$$g_i(\boldsymbol{x}) = -\frac{1}{2\sigma^2}(\boldsymbol{x}-\boldsymbol{\mu}_i)^{\mathrm{T}}(\boldsymbol{x}-\boldsymbol{\mu}_i) + \ln P(\omega_i), \tag{5.97}$$

这里

$$(\boldsymbol{x}-\boldsymbol{\mu}_i)^{\mathrm{T}}(\boldsymbol{x}-\boldsymbol{\mu}_i) = \|\boldsymbol{x}-\boldsymbol{\mu}_i\|^2 = \sum_{j=1}^{d}(x_j-\mu_{ij})^2, \quad i = 1,2,\cdots,c \tag{5.98}$$

表示 $\boldsymbol{x}$ 到 ω_i 类的均值向量 ω_i 的欧氏距离的平方.

2) $P(\omega_i) = P(\omega_j)$. 此时若 c 类的先验概率均相同,则可忽略式(5.97)中的

$\ln P(\omega_i)$项．这时决策规则相当简单，若要对观察 $\boldsymbol{x}$ 进行分类，只要计算 $\boldsymbol{x}$ 到各类均值 $\boldsymbol{\mu}_i$ 的欧氏距离平方，然后把 $\boldsymbol{x}$ 归于具有 $\min\limits_{i=1,2,\cdots,c}\|\boldsymbol{x}-\boldsymbol{\mu}_i\|^2$ 的类．这种分类器常称为最小距离分类器．

对于以上第一种情况，判别函数 $g_i(\boldsymbol{x})$ 还可进一步简化．事实上，先将式(5.97)中的 $(\boldsymbol{x}-\boldsymbol{\mu}_i)^{\mathrm{T}}(\boldsymbol{x}-\boldsymbol{\mu}_i)$ 展开使该式成为

$$g_i(\boldsymbol{x}) = -\frac{1}{2\sigma^2}[\boldsymbol{x}^{\mathrm{T}}\boldsymbol{x}-2\boldsymbol{\mu}_i^{\mathrm{T}}\boldsymbol{x}+\boldsymbol{\mu}_i^{\mathrm{T}}\boldsymbol{\mu}_i]+\ln P(\omega_i);$$

又因 $\boldsymbol{x}^{\mathrm{T}}\boldsymbol{x}$ 项与 i 无关，故可忽略，于是，判别函数可简化为

$$g_i(\boldsymbol{x}) = -\frac{1}{2\sigma^2}(-2\boldsymbol{\mu}_i^{\mathrm{T}}\boldsymbol{x}+\boldsymbol{\mu}_i^{\mathrm{T}}\boldsymbol{\mu}_i)+\ln P(\omega_i) = \boldsymbol{w}_i^{\mathrm{T}}\boldsymbol{x}+w_{i0}, \tag{5.99}$$

式中

$$\boldsymbol{w}_i = \frac{1}{\sigma^2}\boldsymbol{\mu}_i, \tag{5.100}$$

$$w_{i0} = -\frac{1}{2\sigma^2}\boldsymbol{\mu}_i^T\boldsymbol{\mu}_i+\ln P(\omega_i). \tag{5.101}$$

由式(5.99)可以看出，判别函数 $g_i(\boldsymbol{x})$ 是 $\boldsymbol{x}$ 的线性函数．判别函数为线性函数的分类器称为线性分类器．线性分类器的决策面是线性方程

$$g_i(\boldsymbol{x})-g_j(\boldsymbol{x}) = 0$$

所确定的一个超平面．

在 $\boldsymbol{\Sigma}_i = \sigma^2 I$ 的特殊情况下，这个方程可改写为

$$\boldsymbol{w}^{\mathrm{T}}(\boldsymbol{x}-\boldsymbol{x}_0) = 0, \tag{5.102}$$

式中

$$\boldsymbol{w} = \boldsymbol{\mu}_i-\boldsymbol{\mu}_j,$$

$$\boldsymbol{x}_0 = \frac{1}{2}(\boldsymbol{\mu}_i+\boldsymbol{\mu}_j)-\frac{\boldsymbol{\sigma}^2}{\|\boldsymbol{\mu}_i-\boldsymbol{\mu}_j\|^2}\ln\frac{P(\omega_i)}{P(\omega_j)}(\boldsymbol{\mu}_i-\boldsymbol{\mu}_j). \tag{5.103}$$

第二种情况：$\boldsymbol{\Sigma}_i = \boldsymbol{\Sigma}$.

在这种情况下，各类协方差矩阵都相等．从几何上看，这相当于各类样本集位于以该类均值 $\boldsymbol{\mu}_i$ 点为中心的同样大小和形状的超椭圆球内．

由 $\boldsymbol{\Sigma}_i = \boldsymbol{\Sigma}$ 知 $\boldsymbol{\Sigma}$ 与 i 无关，所以其判别函数式(5.93)在这种情形下可简化为

$$g_i(\boldsymbol{x}) = -\frac{1}{2}(\boldsymbol{x}-\boldsymbol{\mu}_i)^{\mathrm{T}}\boldsymbol{\Sigma}^{-1}(\boldsymbol{x}-\boldsymbol{\mu}_i)+\ln P(\omega_i). \tag{5.104}$$

若 c 类先验概率都相等，则判别函数可进一步简化为

$$g_i(\boldsymbol{x}) = -\frac{1}{2}(\boldsymbol{x}-\boldsymbol{\mu}_i)^{\mathrm{T}}\boldsymbol{\Sigma}^{-1}(\boldsymbol{x}-\boldsymbol{\mu}_i) = -\frac{1}{2}\gamma^2, \tag{5.105}$$

式中 $\gamma^2 = (\boldsymbol{x}-\boldsymbol{\mu}_i)^{\mathrm{T}}\boldsymbol{\Sigma}^{-1}(\boldsymbol{x}-\boldsymbol{x}_i)$ 表示 $\boldsymbol{x}$ 到 $\boldsymbol{\mu}_i$ 的 Mahanobis 距离的平方．这时其决策规则为：计算出 $\boldsymbol{x}$ 到每类的均值点 $\boldsymbol{\mu}_i$ 的 Mahalanobis 距离平方 γ^2，把 $\boldsymbol{x}$ 归于 γ^2

最小的类别．

将式(5.104)展开，忽略与 i 无关的 $\boldsymbol{x}^{\mathrm{T}}\boldsymbol{\Sigma}^{-1}\boldsymbol{x}$ 项，则判别函数可写成下面的形式

$$g_i(\boldsymbol{x}) = \boldsymbol{w}_i^{\mathrm{T}}\boldsymbol{x} + w_{i0}, \tag{5.106}$$

式中

$$\boldsymbol{w} = \boldsymbol{\Sigma}^{-1}\boldsymbol{\mu}_i, \tag{5.107}$$

$$w_{i0} = -\frac{1}{2}\boldsymbol{\mu}_i^{\mathrm{T}}\boldsymbol{\Sigma}^{-1}\boldsymbol{\mu}_i + \ln P(\omega_i). \tag{5.108}$$

由式(5.106)可见，$g_i(\boldsymbol{x})$ 也是 $\boldsymbol{x}$ 的线性判别函数，因此决策面仍是一个超平面．如果决策域 R_i 和 R_j 毗邻，则决策面方程应满足

$$g_i(\boldsymbol{x}) - g_j(\boldsymbol{x}) = 0,$$

即

$$\boldsymbol{w}^{\mathrm{T}}(\boldsymbol{x} - \boldsymbol{x}_0) = 0, \tag{5.109}$$

其中

$$\boldsymbol{w} = \boldsymbol{\Sigma}^{-1}(\boldsymbol{\mu}_i - \boldsymbol{\mu}_j), \tag{5.110}$$

$$\boldsymbol{x}_0 = \frac{1}{2}(\boldsymbol{\mu}_i + \boldsymbol{\mu}_j) - \frac{\ln\dfrac{P(\omega_i)}{P(\omega_j)}}{(\boldsymbol{\mu}_i - \boldsymbol{\mu}_j)^{\mathrm{T}}\boldsymbol{\Sigma}^{-1}(\boldsymbol{\mu}_i - \boldsymbol{\mu}_j)}(\boldsymbol{\mu}_i - \boldsymbol{\mu}_j). \tag{5.111}$$

第三种情况：各类的协方差矩阵不相等．

这是多元正态分布的一般情况，即

$$\boldsymbol{\Sigma}_i \neq \boldsymbol{\Sigma}_j, \quad i,j = 1,2,\cdots,c. \tag{5.112}$$

判别函数式(5.93)只有第二项 $\frac{d}{2}\ln(2\pi)$ 与 i 无关可忽略，简化后得

$$\begin{aligned} g_i(\boldsymbol{x}) &= -\frac{1}{2}(\boldsymbol{x} - \boldsymbol{\mu}_i)^{\mathrm{T}}\boldsymbol{\Sigma}_i^{-1}(\boldsymbol{x} - \boldsymbol{\mu}_i) - \frac{1}{2}\ln|\boldsymbol{\Sigma}_i| + \ln P(\omega_i) \\ &= \boldsymbol{x}^{\mathrm{T}}\boldsymbol{W}_i\boldsymbol{\mu} + \boldsymbol{w}_i^{\mathrm{T}}\boldsymbol{\mu} + w_{i0}, \end{aligned} \tag{5.113}$$

其中

$$\boldsymbol{W}_i = -\frac{1}{2}\boldsymbol{\Sigma}_i^{-1}; \tag{5.114}$$

$$\boldsymbol{w}_i = \boldsymbol{\Sigma}_i^{-1}\boldsymbol{\mu}_i; \tag{5.115}$$

$$w_{i0} = -\frac{1}{2}\boldsymbol{\mu}_i^{\mathrm{T}}\boldsymbol{\Sigma}_i^{-1}\boldsymbol{\mu}_i - \frac{1}{2}\ln|\boldsymbol{\Sigma}_i| + \ln P(\omega_i). \tag{5.116}$$

这时判别函数(5.113)将 $g_i(\boldsymbol{x})$ 表示为 $\boldsymbol{x}$ 的二次型．若决策域 R_i 和 R_j 毗邻，则决策面应满足

$$g_i(\boldsymbol{x}) - g_j(\boldsymbol{x}) = 0,$$

即

$$\boldsymbol{x}^{\mathrm{T}}(\boldsymbol{W}_i - \boldsymbol{W}_j)\boldsymbol{x} + (\boldsymbol{w}_i - \boldsymbol{w}_j)^{\mathrm{T}}\boldsymbol{x} + w_{i0} - w_{j0} = 0. \tag{5.117}$$

由式(5.117)所决定的决策面为超二次曲面.

5.2.4 非参数方法与近邻估计

上面讨论的参数估计方法要求总体分布的形式已知,然而很多实际问题并不知道总体分布形式,而且常见的函数形式并不适合实际的总体分布.另外,经典的参数估计大都适用于平滑变化和单峰突出的总体分布(即只有一个极大值),而许多实际问题却包含多峰的分布.本节将要讨论的非参数方法,无需假设总体分布的形式为已知,而且总体分布不必须是单峰的情况.

用于模式分类的非参数方法可分为两大类:一类是根据样本来估计密度函数 $p(\boldsymbol{x}\mid\omega_i)$.如果这些估计是满意的话,就在分类器设计中代替真正的密度;另一类是直接估计后验概率 $P(\omega_i\mid\boldsymbol{x})$,例如近邻法则,这是绕过概率密度的估计而直接求决策函数的方法.

1. 概率密度的估计

估计未知概率密度函数的方法很多,其基本思想也都很简单,但要严格证明这些估计的收敛性却并非易事.

最根本的技术依赖于以下事实:一个随机向量 $\boldsymbol{x}$ 落入到区域 R 的概率 P 为

$$P=\int_R p(\boldsymbol{x})\mathrm{d}\boldsymbol{x}. \tag{5.118}$$

这里 $p(\boldsymbol{x})$ 为 $\boldsymbol{x}$ 的总体概率密度函数.若有 N 个样本 $\boldsymbol{x}_1,\boldsymbol{x}_2,\cdots,\boldsymbol{x}_N$ 是从密度为 $p(\boldsymbol{x})$ 的总体中独立抽取的,则 N 个样本中有 k 个落入区域 R 中的概率 P_k 符合二项分布:

$$p_k=C_N^k p^k(1-p)^{N-k}. \tag{5.119}$$

这里 k 是个随机变量,k 的期望值为

$$E[k]=NP. \tag{5.120}$$

因此,作为概率 P 的一个估计为

$$\hat{P}\approx\frac{k}{N}. \tag{5.121}$$

这里要估计的不是这一个 $\hat{P}$,而是总体密度 $p(\boldsymbol{x})$ 的估计 $\hat{p}(\boldsymbol{x})$.为此设 $p(\boldsymbol{x})$ 连续,并且区域 R 足够小,以致 $p(\boldsymbol{x})$ 在这么小的区域中没有什么变化,那么可得

$$P=\int_R p(\boldsymbol{x})\mathrm{d}\boldsymbol{x}=p(\boldsymbol{x})V, \tag{5.122}$$

式中,V 是区域 R 的体积,$\boldsymbol{x}$ 是 R 中的点.由式(5.122)与式(5.121)可得

$$p(\boldsymbol{x})=\frac{p}{V}\approx\frac{k/N}{V}. \tag{5.123}$$

令

$$\hat{p}(\boldsymbol{x}) = \frac{k/N}{V}, \tag{5.124}$$

则式(5.124)就是 $\boldsymbol{x}$ 点的概率密度 $p(\boldsymbol{x})$ 的估计值，它与样本数 N、包含 $\boldsymbol{x}$ 的区域 R 的体积 V 及落入 V 中的样本数 k 有关．

现在需要说明几个理论上和实际中的问题：如果把体积 V 固定，样本取得越来越多，则比值 $\frac{k}{N}$ 将在概率上收敛，但我们只能得到一个 $p(\boldsymbol{x})$ 的空间平均估计：

$$\frac{\hat{P}}{V} = \frac{\int_R \hat{p}(\boldsymbol{x})\mathrm{d}\boldsymbol{x}}{\int_R \mathrm{d}\boldsymbol{x}}. \tag{5.125}$$

要想得到 $\hat{p}(\boldsymbol{x})$，而不是在 R 上的平均，则必须让体积 V 趋于零．但若把样本数目 N 固定，而令 V 趋于零，就会使区域 R 不断缩小，以致于最后不包含任何样本．而这样得出的 $\hat{p}(\boldsymbol{x}) \approx 0$ 的估计是没有意义的．如果碰巧有一个或几个样本同 $\boldsymbol{x}$ 点重合，则估计就会发散到无穷大，这同样也没有意义．

从实际观点来看，因为样本数目总是有限的，所以体积 V 不允许任意小，因此若采用这种估计的话，$\frac{k}{N}$ 和 $\hat{p}(\boldsymbol{x})$ 将存在随机性，也就是说 $\frac{k}{N}$ 和 $\hat{p}(\boldsymbol{x})$ 都有一定的方差．

然而如果从理论观点来考虑，假定有无限多的样本可供利用，那么情况会怎样呢？比如采用下面的步骤进行：为了估计 $\boldsymbol{x}$ 点的密度，构造一串包括 $\boldsymbol{x}$ 的区域序列 $R_1, R_2, R_3, \cdots, R_N, \cdots$，对 R_1 采用一个样本进行估计，对 R_2 采用二个样本，$\cdots$．设 V_N 是 R_N 的体积，k_N 是落入在 R_N 中的样本数，$\hat{p}_N(\boldsymbol{x})$ 是 $\hat{p}(\boldsymbol{x})$ 的第 N 次估计，则

$$\hat{p}_N(\boldsymbol{x}) = \frac{k_N/N}{V_N}. \tag{5.126}$$

若满足以下条件

1) $\lim\limits_{N\to\infty} V_N = 0$；　　(5.127)

2) $\lim\limits_{N\to\infty} k_N = \infty$；　　(5.128)

3) $\lim\limits_{N\to\infty} = \frac{k_N}{N} = 0$，　　(5.129)

则 $\hat{p}_N(\boldsymbol{x})$ 收敛于 $p(\boldsymbol{x})$.

只要区域平滑地缩小，同时 $p(\boldsymbol{x})$ 在 $\boldsymbol{x}$ 点连续，上述第一个条件式(5.127)可使空间平均 P/V 收敛于 $p(\boldsymbol{x})$；第二个条件式(5.128)对 $p(\boldsymbol{x}) \neq 0$ 的点有意义，此时可使频数比 k_N/N 在概率的意义上收敛于概率 P；第三个条件式(5.129)是

式(5.126) $\hat{p}_N(\boldsymbol{x})$ 收敛的必要条件，它表明尽管在一个小区域 R_N 内最终落入了大量样本，但同样本总数相比仍然少得可以忽略不计.

满足上述三个条件的区域序列一般有两种选择方法，相应导致两种不同的非参数估计方法：

1) Parzen 窗法，使区域序列 V_N 以 N 的某个函数 $\left(例如\ V_N=\dfrac{1}{\sqrt{N}}\right)$ 的关系不断缩小，但这时对 k_N 和 $\dfrac{k_N}{N}$ 都要加些限制条件以使 $\hat{p}_N(\boldsymbol{x})$ 收敛于 $p(\boldsymbol{x})$.

2) k_N-近邻估计，让 k_N 为 N 的某个函数(例如 $k_N=\sqrt{N}$)，而 V_N 的选取是使相应的 R_N 正好包含 $\boldsymbol{x}$ 的 k_N 个近邻.

2. Parzen 窗法

前面已得出估计 $\hat{p}_N(\boldsymbol{x})$ 的基本公式(5.126)，即

$$\hat{p}_N(\boldsymbol{x})=\frac{k_N/N}{V_N}.$$

现在这里仍然利用这一公式，并假设区域 R_N 是一个 d 维超立方体. 如果 h_N 是超立方体的棱长，则该超立方体的体积为

$$V_N=h_N^d. \tag{5.130}$$

现在定义窗函数 $\varphi(\boldsymbol{u})$

$$\varphi(\boldsymbol{u})=\begin{cases}1,\ 当\ |u_j|\leqslant\dfrac{1}{2}, & j=1,2,\cdots,d;\\ 0,\ 其他\end{cases} \tag{5.131}$$

由于 $\varphi(\boldsymbol{u})$ 是以原点为中心的一个超立方体，所以当 $\boldsymbol{x}_i$ 落在以 $\boldsymbol{x}$ 为中心、体积为 V_N 的超立方体内时，$\varphi(\boldsymbol{u})=\varphi\left(\dfrac{\boldsymbol{x}-\boldsymbol{x}_i}{h_N}\right)=1$，否则为 0. 所以如令

$$\boldsymbol{u}=\frac{\boldsymbol{x}-\boldsymbol{x}_i}{h_N},$$

则窗函数可改写为

$$\varphi\left(\frac{\boldsymbol{x}-\boldsymbol{x}_i}{h_N}\right)=\begin{cases}1,|\boldsymbol{x}-\boldsymbol{x}_i|_j\leqslant\dfrac{1}{2}h_N, & j=1,2,\cdots,d;\\ 0,其他.\end{cases} \tag{5.132}$$

因此落入该超立方体内的样本数为

$$k_N=\sum_{i=1}^{N}\varphi\left(\frac{\boldsymbol{x}-\boldsymbol{x}_i}{h_N}\right). \tag{5.133}$$

将式(5.133)代入式(5.126)，得到 $\boldsymbol{x}$ 点的密度估计

$$\hat{p}_N(\boldsymbol{x}) = \frac{1}{N}\sum_{i=1}^{N} \frac{1}{V_N}\varphi\left(\frac{\boldsymbol{x}-\boldsymbol{x}_i}{h_N}\right). \tag{5.134}$$

这即是 Parzen 窗法估计的基本公式．当然窗函数不限于超立方体窗函数，而可以有更一般的形式．窗函数的作用是内插，每一样本对估计所起的作用只在一个窗口范围内．

如果限制窗函数满足下面两个条件，即满足

1) $\varphi(\boldsymbol{\mu}) \geqslant 0$; (5.135)

2) $\int\varphi(\boldsymbol{\mu})\mathrm{d}\boldsymbol{\mu} = 1$, (5.136)

则可以证明 $\hat{p}_N(\boldsymbol{x})$ 一定为密度函数．

事实上，从式(5.134)可以看出，在条件 $\varphi(\boldsymbol{\mu}) \geqslant 0$ 限制下，$\hat{p}(\boldsymbol{x})$ 必然是非负的．利用条件式(5.136)可以证明 $\int\hat{p}_N(\boldsymbol{x})\mathrm{d}\boldsymbol{x} = 1$，而由于

$$\begin{aligned}\int\hat{p}_N(\boldsymbol{x})\mathrm{d}\boldsymbol{x} &= \int\frac{1}{N}\sum_{i=1}^{N}\frac{1}{V_N}\varphi\left(\frac{\boldsymbol{x}-\boldsymbol{x}_i}{h_N}\right)\mathrm{d}x = \frac{1}{N}\sum_{i=1}^{N}\int\frac{1}{V_N}\varphi\left(\frac{\boldsymbol{x}-\boldsymbol{x}_i}{h_N}\right)\mathrm{d}x \\ &= \frac{1}{N}\sum_{i=1}^{N}\int\varphi(\boldsymbol{\mu})\mathrm{d}\boldsymbol{\mu} = \frac{1}{N}\cdot N = 1,\end{aligned} \tag{5.137}$$

式中

$$\boldsymbol{\mu} = \frac{\boldsymbol{x}-\boldsymbol{x}_i}{h_N},$$

这即说明 $\hat{p}_N(\boldsymbol{x})$ 确实是一个密度函数．

3. k_N - 近邻估计

Parzen 窗估计存在一个对体积序列 $V_1, V_2, V_3, \cdots, V_n, \cdots$ 的选择．例如，当 $V_N = V_1/\sqrt{N}$ 时，对任何有限的 N 得到的结果对初值 V_1 的选择都很敏感．若 V_1 选的太小，则大部分体积将是空的，从而使 $\hat{p}_N(\boldsymbol{x})$ 估计不稳定；而若 V_1 选的太大，则 $\hat{p}_N(\boldsymbol{x})$ 估计较平坦，从而反映不出真实总体分布的变化．k_N -近邻估计法就是为解决这一问题而提出的．

k_N - 近邻估计法的基本思想是使体积为数据的函数，而不是样本数目 N 的函数．比如说，为了从 N 个样本中估计 $p(\boldsymbol{x})$，可以预先确定 N 的某个函数 k_N，然后在点 $\boldsymbol{x}$ 周围选择一个体积并让它不断增长直至捕获 k_N 个样本为止，这些样本就成为 $\boldsymbol{x}$ 的 k_N 个近邻．如果 $\boldsymbol{x}$ 点附近的密度比较高，则包含 k_N 个样本的体积就相对比较小，从而可以提高分辨率，如果 $\boldsymbol{x}$ 点附近的密度比较低，则体积就增长的较大，但它一进入高密度区就会停止增长．

k_N-近邻估计法仍用基本估计公式(5.126)，而且可证明：在条件(5.127)～条件(5.129)之下，$\hat{p}_N(\boldsymbol{x})$ 必然收敛到 $p(\boldsymbol{x})$.

这里要求 N 趋于无穷时，k_N 也趋于无穷，这样可以较好地用 $\dfrac{k_N/N}{V_N}$ 估计体积 V_N 中各点的概率．但还要限制 k_N 不要增长的太快，以使得随 N 的增加能捕获到 k_N 个样本的体积不致于缩小到零．

k_N 可以取为 N 的某个函数，例如，取 $k_N = k_1\sqrt{N}$，k_1 可以选为某个大于零的常数，但至少应选取 k_1 使 $k_N \geqslant 1$. 在样本数 N 有限时，k_1 的选择会影响到估计的结果．但当 $N \to \infty$ 时，$\hat{p}_N(\boldsymbol{x})$ 将收敛于未知总体分布 $p(\boldsymbol{x})$.

4. 近邻法

近邻法是模式识别非参数方法中最重要的方法之一．从概念上说，这种方法比较简单．在近邻法中存在两种基本的判决规则，即最近邻决策规则和 k-近邻决策规则．

(1) 最近邻决策规则

假定有 c 个类别 $\omega_1, \omega_2, \cdots, \omega_c$ 的模式识别问题，每类有标明类别的样本 N_i 个，$i = 1,2,\cdots,c$. 可以规定 ω_i 类的判别函数为

$$g_i(\boldsymbol{x}) = \min_{1\leqslant k\leqslant N_i} \|\boldsymbol{x} - \boldsymbol{x}_i^k\|, \tag{5.138}$$

式中，$\boldsymbol{x}_i^k$ 的角标 i 表示 ω_i 类，k 表示 ω_i 类 N_i 个样本中的第 k 个．按照式(5.138)，决策规则可以写为

若 $g_j(\boldsymbol{x}) = \min\limits_{1\leqslant i\leqslant c} g_i(\boldsymbol{x})$，则决策 $\boldsymbol{x} \in \omega_j$.

这一决策方法称为最近邻法，其直观解释是相当简单的，即是说对未知样本 $\boldsymbol{x}$，只要比较 x 与 $N = \sum\limits_{i=1}^{c} N_i$ 个已知样本之间的欧氏距离，并决策 $\boldsymbol{x}$ 与离它最近的样本同类．

(2) k-近邻决策规则

不难把最近邻决策规则推广到 k-近邻决策规则．设在 N 个样本中，来自 ω_1 类的样本有 N_1 个，来自 ω_2 类的样本有 N_2 个，…，来自 ω_c 类的样本有 N_c 个，若 $k_1, k_2, \cdots, k_c$ 分别是 k 个近邻中属于 $\omega_1, \omega_2, \cdots, \omega_c$ 类的样本数，则可以定义判别函数为

$$g_i(\boldsymbol{x}) = k_i, i = 1,2,\cdots,c, \tag{5.139}$$

决策规则为

若 $g_j(\boldsymbol{x}) = \max\limits_{1\leqslant i\leqslant c} k_i$，则决策 $\boldsymbol{x} \in \omega_j$.

k-近邻法实际上就是取未知样本 $\boldsymbol{x}$ 的 k 个近邻，看这 k 个近邻中多数属于哪一类，就把 $\boldsymbol{x}$ 归为哪一类．

5.3　模糊模式识别方法

L. A. Zadeh 1965 年提出了模糊集的概念,从而开创了模糊数学研究的历史.他的这一贡献使得人们对于模糊的概念有了一种数学描述,使得本来被认为模糊不清,多少有点不可捉摸的模糊对象有了得以表示和处理的可能.本节主要介绍模糊集理论在模式识别中的应用.

5.3.1　模糊集与模糊关系

定义 5.1　设 U 是由一个对象组成的论域,论域 U 上的一个模糊集 A 定义为一个隶属函数:

$$\mu_A : U \to [0,1], \tag{5.140}$$

它把 U 中的元素映射到 $[0,1]$ 中的实数. $\mu_A(x)$ 称为论域 U 中元素 x 隶属于模糊集 A 的程度,简称 x 对 A 的隶属度.

这样,对于论域 U 的一个对象 x 和 U 上的一个模糊集合 A,不能简单地说 x 是"绝对"属于还是不属于 A,而只能说 x 在多大程度上属于 A. 隶属度 $\mu_A(x)$ 正是 x 属于 A 的程度的数量指标. 若 $\mu_A(x)=0$,则认为 x 完全不属于 A;若 $\mu_A(x)=1$,则认为 x 完全属于 A;若 $0<\mu_A(x)<1$,则说 x 依程度 $\mu_A(x)$ 属于 A,这时在完全属于和完全不属于 A 的元素之间呈现出一种中间的过渡状态.

一般地,一个模糊集合 A 可以表示为

$$A = \{(x,\mu_A(x)) \mid x \in U\}. \tag{5.141}$$

如果论域 U 是有限集合或可数集合,那么可以表示为

$$A = \sum \mu_A(x_i)/x_i ; \tag{5.142}$$

如果论域 U 是无限不可数集合,那么可以表示为

$$A = \int \mu_A(x)\ /x. \tag{5.143}$$

以下记论域 U 上的所有模糊集的全体为 $F(U)$.

1. 模糊集的基本运算

两个模糊集的运算实际上就是逐点对隶属度做相应的运算.

(1) 相等

设 A, B 均为 U 中的模糊集,若对任意 $x \in U$ 均有 $\mu_A(x)=\mu_B(x)$,则称 A 和 B 相等,即

$$A = B \Leftrightarrow \mu_A(x) = \mu_B(x). \tag{5.144}$$

(2) 包含

设 A 和 B 均为 U 中的模糊集,若对任意 $x \in U$ 均有 $\mu_A(x) \leqslant \mu_B(x)$,则称 B 包含 A,即

$$A \subseteq B \Leftrightarrow \mu_A(x) \leqslant \mu_B(x). \tag{5.145}$$

(3) 空集

设 A 为 U 中的模糊集,若对任意 $x \in U$ 均有 $\mu_A(x) = 0$,则称 A 为空集,即

$$A = \phi \Leftrightarrow \mu_A(x) = 0. \tag{5.146}$$

(4) 补集

设 A 与 $\overline{A}$ 均为 U 中的模糊集,若对任意 $x \in U$ 均有 $\mu_{\overline{A}}(x) = 1 - \mu_A(x)$,则称 $\overline{A}$ 为 A 的补集,即

$$\overline{A} \Leftrightarrow \mu_{\overline{A}}(x) = 1 - \mu_A(x). \tag{5.147}$$

(5) 全集

设 A 为 U 中的模糊集,若对任意 $x \in U$ 均有 $\mu_A(x) = 1$,则称 A 为全集,记为 Ω,即

$$A = \Omega \Leftrightarrow \mu_A(x) = 1. \tag{5.148}$$

(6) 并集

设 A,B 与 C 均为 U 中的模糊集,若对任意 $x \in U$ 均有

$$\mu_C(x) = \max(\mu_A(x), \mu_B(x)),$$

则称 C 为 A 与 B 的并集,即

$$C = A \cup B \Leftrightarrow \mu_C(x) = \max(\mu_A(x), \mu_B(x)). \tag{5.149}$$

(7) 交集

设 A,B 与 C 均为 U 中的模糊集,若对任意 $x \in U$ 均有

$$\mu_C(x) = \min(\mu_A(x), \mu_B(x)),$$

则称 C 为 A 与 B 的交集,即

$$C = A \cap B \Leftrightarrow \mu_C(x) = \min(\mu_A(x), \mu_B(x)). \tag{5.150}$$

(8) 差集

设 A,B 与 C 均为 U 中的模糊集,若对任意 $x \in U$ 均有

$$\mu_C(x) = \min(\mu_A(x), 1 - \mu_B(x)),$$

则称 C 为 A 与 B 的差集,即

$$C = A - B \Leftrightarrow \mu_C(x) = \min(\mu_A(x), 1 - \mu_B(x)). \tag{5.151}$$

2. 模糊集运算的基本性质

设 A,B 和 C 为定义在 U 上的三个模糊集,则对模糊集上的各种运算有

1) 交换律　$A \cup B = B \cup A, A \cap B = B \cap A$;

2) 结合律　$(A \cup B) \cup C = A \cup (B \cup C), (A \cap B) \cap C = A \cap (B \cap C)$;

3) 分配律　$A \cup (B \cap C) = (A \cup B) \cap (A \cup C)$，

$A \cap (B \cup C) = (A \cap B) \cup (A \cap C)$；

4) 吸收律　$A \cup (A \cap B) = A, A \cap (A \cup B) = A$；

5) 德·摩根律　$\overline{A \cup B} = \overline{A} \cap \overline{B}$，

$\overline{A \cap B} = \overline{A} \cup \overline{B}$；

6) 双重否定律　$\overline{\overline{A}} = A$；

7) 幂等律　$A \cup A = A \cap A = A$；

8) 两极律　$\Omega \cap A = \phi \cup A = A$，

$\Omega \cup A = \Omega, \phi \cap A = \phi$.

这些性质与普通集合的性质是一致的，对模糊集而言，唯独互补律不成立，即有可能$A \cup \overline{A} \neq U, A \cap \overline{A} \neq \phi$.

3. 截集，核与支集

设$A \in F(U)$和$\lambda \in [0,1]$，称普通集合$A_\lambda = \{x \mid \mu_A(x) \geqslant \lambda, x \in U\}$为$A$的$\lambda$截集．当$\lambda = 1$时，$A_1$称为$A$的核．集合$\mathrm{Supp}A = \{x \mid \mu_A(x) > 0, x \in U\}$称为$A$的支集．

在处理实际问题时，有时要对模糊概念有个明确的认识与判定，要判断某个对象对模糊集的明确归属，这样就要求模糊集合与经典集合之间依一定的法则进行转化，模糊集的截集是解决这个问题的一种比较令人满意的手段．

4. 模糊关系

设U,V是两个论域，R是$U \times V$上的一个模糊集，则称R是从U到V的一个模糊关系．特别当$U = V$时，称R是U上的一个模糊关系．

模糊关系R的隶属函数μ_R为

$$\mu_R : U \times V \to [0,1], \tag{5.152}$$

$\mu_R(x,y)$称为(x,y)具有关系R的程度．

当论域U,V都是有限论域时，模糊关系R可以用矩阵来表示，也记为R，即

$$R = (r_{ij}), \tag{5.153}$$

式中，$r_{ij} = \mu_R(x_i, y_i)$，显然有$0 \leqslant r_{ij} \leqslant 1$. 在考虑有限论域时，常常将模糊关系与模糊矩阵不加区分．满足式(5.153)的矩阵称作模糊矩阵．特别地，当$r_{ij} \in \{0,1\}$时，称作布尔矩阵．

设U,V与W是三个论域，R是从U到V的一个模糊关系，S是从V到W的一个模糊关系，则R对S的合成是从U到W的一个模糊关系，记为$R \circ S$，其隶属函数定义为

$$\mu_{R \circ S}(x,z) = \bigvee_{y \in V} (\mu_R(x,y) \wedge \mu_s(y,z)), \tag{5.154}$$

式中，$\vee$ 与 $\wedge$ 表示合适的并运算和交运算，通常取 $\vee = \max$，$\wedge = \min$.

对于模糊矩阵 $R = (r_{ij})_{n\times m}$ 和 $S = (s_{jk})_{m\times l}$，定义 R 和 S 的乘积为 $T = R \circ S = (t_{ij})_{n\times l}$，且有

$$t_{ij} = \bigvee_{j=1}^{m} (r_{ij} \wedge s_{jl}). \tag{5.155}$$

设 $R = (r_{ij})$ 为模糊矩阵，对任意 $\lambda \in [0,1]$，记 $R_\lambda = (\lambda_{ij})$，其中

$$\lambda_{ij} = \begin{cases} 1, r_{ij} \geqslant \lambda, \\ 0, r_{ij} < \lambda, \end{cases}$$

称 R_λ 为 R 的 λ 截矩阵，它所对应的关系叫 R 的 λ 截关系．λ 截关系也是布尔矩阵．

5.3.2 基于模糊等价关系的分类

定义 5.2 设 R 是 $U \times U$ 中的模糊关系，若对于任意 $x \in U$，存在 $\mu_R(x,x) = 1$，则称 R 满足自反性，其相应矩阵满足 $R \supseteq I$，I 为单位矩阵．

定义 5.3 设 R 是 $U\times U$ 中的模糊关系，若对于任意的 $(x,y) \in U\times U$，存在 $\mu_R(x,y) = \mu_R(y,x)$，则称 R 满足对称性，其相应矩阵满足 $R^{\mathrm{T}} = R$，R^{T} 为 R 的转置．

定义 5.4 设 R 是 $U\times U$ 中的模糊关系，若对于任意 (x,y)，(y,z)，$(x,z) \in U\times U$，存在 $\mu_R(x,z) \geqslant \bigvee_y (\mu_R(x,y) \wedge \mu_R(y,z))$，则称 R 满足传递性，其相应矩阵满足 $R \circ R \subseteq R$.

若模糊关系 R 满足自反性、对称性和传递性，则称 R 为模糊等价关系，其相应的矩阵为模糊等价矩阵．

容易证明模糊等价矩阵的如下性质：

定理 5.2 设 R 是 $n\times n$ 模糊等价矩阵，当且仅当对任意 $\lambda \in [0,1]$，R_λ 都是等价的布尔矩阵．

由定理 5.2 可知，若 R 为模糊等价关系，则对于给定的 $\lambda \in [0,1]$ 便可得到相应的普通等价关系 R_λ，这意味着得到了一个 λ 水平的分类．

定理 5.3 若 $0 \leqslant \lambda < \mu \leqslant 1$，则 R_μ 所分出的每一类必是 R_λ 所分出的某一类的子类，或称 R_μ 的分类法是 R_λ 分类法的"加细".

证明：因为 $r_{ij}^{\mu} = 1 \Leftrightarrow r_{ij} \geqslant \mu \Rightarrow r_{ij} > \lambda \Leftrightarrow r_{ij}^{\lambda} = 1$，亦即 $r_{ij}^{\mu} = 1 \Rightarrow r_{ij}^{\lambda} = 1 (\lambda < \mu)$. 这说明，若 x_i 与 x_j 按 R_μ 能被归为一类，则按 R_λ 也必然归为一类． □

当 λ 自 1 逐渐降为 0，则其决定的分类逐渐变粗，逐步归并，形成一动态的聚类图．

例 5.4 设论域 $U = \{x_1, x_2, x_3, x_4, x_5\}$. 给定模糊关系矩阵：

$$R=\begin{pmatrix}1&0.48&0.62&0.41&0.47\\0.48&1&0.48&0.41&0.47\\0.62&0.48&1&0.41&0.47\\0.41&0.41&0.41&1&0.41\\0.47&0.47&0.47&0.41&1\end{pmatrix}.$$

这一关系显然是自反性与对称性的,直接验证可知$R\circ R\subseteq R$,故R为一模糊等价关系.

现根据不同的λ水平分类:

1) 当$0.62<\lambda\leqslant 1$时,

$$R_\lambda=\begin{pmatrix}1&0&0&0&0\\0&1&0&0&0\\0&0&1&0&0\\0&0&0&1&0\\0&0&0&0&1\end{pmatrix}.$$

此时将U分成了五类:$\{x_1\}$,$\{x_2\}$,$\{x_3\}$,$\{x_4\}$,$\{x_5\}$,即每个元素为一类.这是"最细"的分类.

2) 当$0.48<\lambda\leqslant 0.62$时,

$$R_\lambda=\begin{pmatrix}1&0&1&0&0\\0&1&0&0&0\\1&0&1&0&0\\0&0&0&1&0\\0&0&0&0&1\end{pmatrix}.$$

此时将U分成了四类:$\{x_1,x_3\}$,$\{x_2\}$,$\{x_4\}$,$\{x_5\}$.

3) 当$0.47<\lambda\leqslant 0.48$时,

$$R_\lambda=\begin{pmatrix}1&1&1&0&0\\1&1&1&0&0\\1&1&1&0&0\\0&0&0&1&0\\0&0&0&0&1\end{pmatrix}.$$

此时将U分成了三类:$\{x_1,x_2,x_3\}$,$\{x_4\}$,$\{x_5\}$.

4) 当$0.41<\lambda\leqslant 0.47$时,

$$R_\lambda=\begin{pmatrix}1&1&1&0&1\\1&1&1&0&1\\1&1&1&0&1\\0&0&0&1&0\\1&1&1&0&1\end{pmatrix}.$$

此时将 U 分成了两类：$\{x_1,x_2,x_3,x_5\}$，$\{x_4\}$.

5）当 $0\leqslant\lambda\leqslant 0.41$ 时，R_λ 的元素全为1，故 U 中所有元素合为一类．这是"最粗"的分类．

综合上述结果，可画出动态聚类图如图5.4所示，这也是一个基于模糊等价关系完成分类的实例．

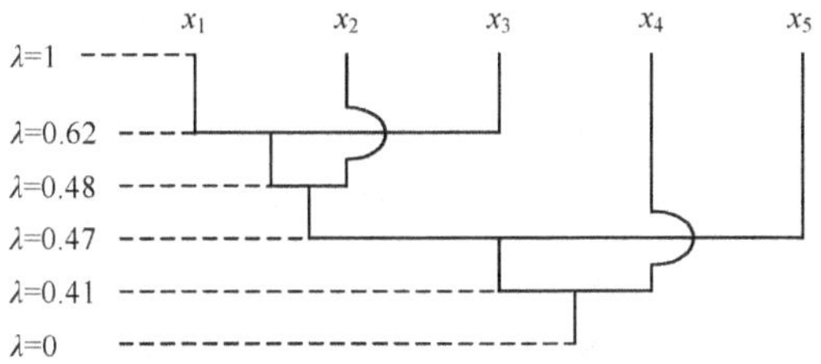

图5.4 按λ的不同水平进行聚类

5.3.3 基于模糊相似关系的分类

设 R 为模糊关系，若 R 满足自反性与对称性，则称 R 为模糊相似关系，其对应的矩阵为模糊相似矩阵．

定理5.4 设 $X=\{x_1,x_2,\cdots,x_n\}$，若 R 是 X 上的一个模糊相似关系，则 R^{n-1} 必是一个模糊等价关系．

证明：设 $\mu_R(x_i,x_j)=r_{ij}$，$\mu_{R\circ R}(x_i,x_j)=\hat{r}_{ij}$，因为 R 满足自反关系，所以 $r_{ii}=1$，故 $r_{ii}\wedge r_{ij}=r_{ij}$，于是

$$r_{ij}\leqslant\bigvee_{k=1}^{n}(r_{ik}\wedge r_{kj})=\hat{r}_{ij},$$

所以

$$R^2\supseteq R.$$

同理

$$R^{n-1}\supseteq R^{n-2}\supseteq\cdots\supseteq R^2\supseteq R.$$

大家知道，$\bigcup_{k=1}^{n-1}R^k$ 是传递闭包，所以 R^{n-1} 是传递闭包．因为 R 是 X 的一个自反、对称关系，所以 R^{n-1} 也是 X 的一个自反、对称关系，故 R^{n-1} 必是一个模糊等价关系． □

进一步，我们可以得到

$$R^{n-1}=R^n=\cdots=R^\infty.$$

设 R 为模糊相似关系，为了得到模糊等价关系，也可用 R 自乘得 R^2，即 $R\circ R=R^2$，$R^2\circ R^2=R^4$，…，直到 $R^{2k}=R^k$．至此，R^k 便是一模糊等价关系．

因此，对于模糊相似关系，可以作适当改造得到模糊等价关系，从而实现模糊聚类．

例 5.5 设论域$U=\{x_1,x_2,x_3,x_4,x_5\}$. 给定模糊关系矩阵：

$$R=\begin{pmatrix}1 & 0.1 & 0.8 & 0.5 & 0.3\\ 0.1 & 1 & 0.1 & 0.2 & 0.4\\ 0.8 & 0.1 & 1 & 0.3 & 0.1\\ 0.5 & 0.2 & 0.3 & 1 & 0.6\\ 0.3 & 0.4 & 0.1 & 0.6 & 1\end{pmatrix},$$

其自反性和对称性是显然的．计算$R\circ R=R^2$得

$$R^2=\begin{pmatrix}1 & 0.3 & 0.8 & 0.5 & 0.5\\ 0.3 & 1 & 0.2 & 0.4 & 0.4\\ 0.8 & 0.2 & 1 & 0.5 & 0.3\\ 0.5 & 0.4 & 0.5 & 1 & 0.6\\ 0.5 & 0.4 & 0.5 & 0.6 & 1\end{pmatrix}.$$

由于$R^2\subseteq R$不成立，所以R不是等价关系．计算$R^2\circ R^2=R^4$得

$$R^4=\begin{pmatrix}1 & 0.4 & 0.8 & 0.5 & 0.5\\ 0.4 & 1 & 0.4 & 0.4 & 0.4\\ 0.8 & 0.4 & 1 & 0.5 & 0.5\\ 0.5 & 0.4 & 0.5 & 1 & 0.6\\ 0.5 & 0.4 & 0.5 & 0.6 & 1\end{pmatrix}.$$

因$n=5, n-1=5-1=4$，故由定理 5.4 知R^4必为模糊等价矩阵．对于R^4用类似于例 5.2 的方法，可根据不同的λ水平对U中对象进行分类．

5.4 评述与展望

模式识别是 20 世纪 60 年代初迅速发展起来的一门学科，它所研究的理论和方法在很多科学与技术领域得到了广泛重视，已成为信息智能处理的重要组成部分．

模式识别不是简单的分类学，它的目标是对于系统的描述、理解与综合．模式识别的高级阶段是通过大量信息对复杂过程进行学习、判断和寻找规律．从这个意义上说，模式识别与“学习”或“概念形成”的意义是相近的．模式识别与机器智能的结合将为人类认识世界和做出新的发现开辟了广阔的前景．

在模式识别的初创时期，人们企图通过仿生学，即对动物感受器官和机能的模拟来实现自动识别．但是，从 1968 年以来，由于实际上的困难，关于生物模型的研究热情有所下降．多数模式识别学者接受了这样的观点：模式识别是一个力图达到的目标，而实现这一目标的过程和方法可以各异．因此，识别过程的机制不一定与生物系统相同．由此出发，人们开始大量引入数学理论和方法作为识别的工

具．目前，这些理论和方法日臻成熟，以至有人认为模式识别已从一门“艺术”发展成为一门科学．

模式识别方法大致可分为统计模式识别、结构模式识别、模糊模式识别与智能模式识别等．统计模式识别与结构模式识别有较长的历史，在解决某些领域中的模式识别问题时，有明显的效果，是模式识别的经典性与基础性技术．结构模式识别基于形式语言的句法分析．它与统计模式识别相比，理论显得不够成熟，但是，由于动态景物分析在图像识别中有重要应用，而对这类问题的识别非常适宜于运用结构模式识别方法，故对这类方法的研究近年来引起人们关注，取得了许多新的成果，例如高维文法和随机文法等．对于实际的模式识别问题，统计模式识别方法和结构模式识别方法在很多情况下是相互补充的．如果模式的结构信息并不重要，识别问题主要是分类而不是描述，则只宜于采用统计方法；如果模式的结构信息非常丰富，而且识别问题要求分类和描述，就有必要采用结构模式识别方法．在实际应用中，往往是介于这两种极端情况之间．有关模式的结构信息是重要的，但是可能不容易抽取模式基元，特别是有噪声或畸变存在时基元的提取会更困难．因此在较低的处理级上，可用统计方法识别模式基元，选定的模式基元定义为能够用统计方法识别的子模式，而在较高的处理级上，再使用这些子模式表示模式结构信息，采用结构模式识别方法进行描述和分类．在这种情况下，只要求模式基元可以被识别，并不要求它非常简单，所以结构描述也变得十分简单，使识别问题可以利用结构模式识别方法有效地加以解决．一般说来，采用混合的方法有利于解决模式识别问题．

模糊数学在当代信息技术中占有特殊重要的地位，它将为信息革命提供新的富有魅力的数学理论和应用工具．在统计模式识别和结构模式识别中引入模糊数学的研究成果，往往能大大改善分类的效果．当然，独立地运用模糊模式识别方法也不乏成功的实例．特别值得指出的是：在模式识别中将传统的分类方法与基于逻辑推理的人工智能的各项研究成果密切结合，无疑会将模式识别推向新的高度，具有无比诱人的前景．20世纪80年代再度活跃起来的人工神经网络的研究，更以一种新的姿态，以其全局相关的特色，在一系列模式识别领域，取得了许多用传统方法所难以达到的、令人瞩目的成就，对此应给予足够的重视．

习　题

5.1　设有一维空间二次判别函数

$$g(x) = 5 + 7x + 9x^2,$$

(1) 试映射成广义齐次线性判别函数；

(2) 总结把高次函数映射成其次线性函数的方法.

5.2 对于二维线性判别函数

$$g(\boldsymbol{x}) = x_1 + 2x_2 - 2,$$

(1) 将判别函数写成 $g(\boldsymbol{x}) = \boldsymbol{w}^{\mathrm{T}}\boldsymbol{x} + w_0$ 的形式,并画出 $g(\boldsymbol{x}) = 0$ 的几何图形;

(2) 映射成广义齐次线性判别函数 $g(\boldsymbol{x}) = \boldsymbol{\alpha}^{\mathrm{T}}\boldsymbol{y}$.

5.3 指出在 Fisher 线性判别中,$\boldsymbol{w}$ 的比例因子对 Fisher 判别结果无影响的原因.

5.4 证明:当取 $\Big[\underbrace{\frac{N}{N_1},\cdots,\frac{N}{N_1}}_{N_1个},\underbrace{\frac{N}{N_2},\cdots,\frac{N}{N_2}}_{N_2个}\Big]^{\mathrm{T}}$ 时,MSE 解等价于 Fisher 解.

5.5 设 a,b 均非负,

(1) 证明 $\min(a,b) \leqslant \sqrt{ab}$;

(2) 用上述结果证明对两类 Bayes 分类器的总错误率应满足:

$$P(e) = \sqrt{P(\omega_1)P(\omega_2)}\exp(-J_B),$$

其中,J_B 由下式给出,它被称为 Bhattacharyya 系数:

$$J_B = -\ln\int\sqrt{p(x \mid \omega_1)p(x \mid \omega_2)}\,\mathrm{d}x.$$

5.6 设两类一维问题之条件密度函数服从 Cauchy 分布:

$$p(x \mid \omega_i) = \frac{1}{\pi b}\cdot\frac{1}{1+\left(\frac{x-a_i}{b}\right)^2}, \quad i = 1,2,$$

且有 $P(\omega_1) = P(\omega_2)$,

(1) 证明当 $x = \frac{1}{2}(a+b)$ 时,有 $P(\omega_1 \mid x) = P(\omega_2 \mid x)$;

(2) 画出 $a_1 = 3, a_2 = 5, b = 1$ 时的 $p(x \mid \omega_i)$ 的曲线.

5.7 二维正态分布,$\mu_1 = [-1,0]^{\mathrm{T}}, \mu_2 = [1,0]^{\mathrm{T}}, \sum_1 = \sum_2 = I, P(\omega_1) = P(\omega_2)$,试写出负对数似然比决策规则.

5.8 设 $X = \{x_1, x_2, \cdots, x_N\}$ 是来自 $p(x \mid \theta)$ 的随机样本,其中

$$p(x \mid \theta) = \begin{cases} \frac{1}{\theta}, & 0 \leqslant x \leqslant \theta; \\ 0, & 其他. \end{cases}$$

试证明 θ 的极大似然估计 $\hat{\theta} = \max\limits_i\{x_i\}$.

5.9 设总体分布密度为 $N(\mu,1)$, $-\infty < \mu < \infty$, 并设 $X = \{x_1, x_2, \cdots, x_N\}$, 分别用极大似然估计和 Bayes 估计计算 $\hat{\mu}$. 已知 μ 的先验分布为 $p(\mu) \sim N(0,1)$.

5.10 给出 Parzen 窗估计的程序框图,并编写程序.

5.11 画出 k-近邻法程序框图.

5.12 设 A,B 为论域 U 上的模糊集,对于任意 $\lambda\in[0,1]$,证明:

(1) $(A\cup B)_\lambda=A_\lambda\cup B_\lambda$;

(2) $(A\cap B)_\lambda=A_\lambda\cap B_\lambda$;

(3) 若 $\mu\in[0,1]$,且 $\lambda\leqslant\mu$,则 $A_\lambda\supseteq A_\mu$.

5.13 证明:R 是 $n\times n$ 模糊等价矩阵的充要条件是对任意 $\lambda\in[0,1]$,R_λ 为等价的布尔矩阵.

5.14 给定 $x_1=[5,5,3,2]^{\mathrm{T}}$,$x_2=[2,3,4,5]$,$x_3=[5,5,2,3]^{\mathrm{T}}$,$x_4=[1,5,3,1]^{\mathrm{T}}$,$x_5=[2,4,5,1]^{\mathrm{T}}$,试按公式

$$r_{ij}=1-c\sum_{k=1}^{5}|x_{ik}-x_{jk}|,(c=0.1)$$

计算模糊关系矩阵 $R=(r_{ij})$.

5.15 检验由5.13题建立的模糊关系矩阵是否满足等价性,若不满足,则通过适当计算使满足之,并按不同的 λ 水平聚类.

参考文献

[1] 边肇祺等. 模式识别. 北京:清华大学出版社,1988.

[2] 沈清,汤霖. 模式识别导论. 长沙:国防科技大学出版社,1991.

[3] 陈尚勤,魏鸿骏. 模式识别理论及应用. 成都:成都电讯工程学院出版社,1988.

[4] 李金宗. 模式识别导论. 北京:高等教育出版社,1994.

[5] 何新贵. 模糊知识处理的理论与技术. 北京:国防工业出版社,1998.

第 6 章　自动控制与系统辨识

信息工程中的核心问题之一是信息的处理和利用[1]．自动控制是指在人不直接参与的情形下，利用外加的设备或装置使整个生产过程或工作机械的某些物理量(信息)自动地按照特定规律运行或变化的技术．它被认为是信息处理和利用过程中最直接、最有效的手段之一．本章以时域分析为主线扼要介绍自动控制系统的构成、基本模型、基本问题与基本原理，同时介绍相应的系统辨识问题．

6.1　引　　论

6.1.1　自动控制问题

自动控制问题广泛出现于工业、农业、国防、航空航天、交通运输、企业管理、科学研究与日常生活的各个领域[1~4]．比如说，我们希望维持冰箱内温度恒定不变，而由于冰箱内储物量的增减、冰箱门开启与关闭、外界温度的变化等都会影响其内部温度，所以，必须有一种装置来对冰箱温度进行控制；在钢铁工业中，初轧机的轧辊来回转动将钢锭辗轧至规定尺寸，为了保证轧制质量，要求实现低速咬钢、带钢升速、高速轧制等．这就要求拖动轧辊的电机转速和转向能按照特定的规律变化．进而，由于钢锭尺寸的不同、加热的温度不同以及钢锭进入轧辊时对轧辊的冲击等都会导致电机的负荷和转速发生巨大的波动，这就需要有一种控制装置对电机的转速进行控制；宇宙飞船在茫茫太空中要严格按照预定轨道飞行并保持一定的姿态，而太空中有千变万化的大气等因素对其产生影响，这更需要有高性能的自动控制装置对宇宙飞船进行实时控制．

从这些例子，我们可以看到

1) 虽然不同的生产机械、生产过程实现的任务各有不同，但有一个共同之处，即要求其中的某些物理量(如上述的温度、速度、位置等)能按照特定的规律变化．这些要求按照特定规律变化的物理量通常被称为被控制量，或控制输出量．

2) 现实世界中总存在阻碍上述要求实现的各种因素，这些因素可统称之为扰动．凡是由外部作用引起的扰动，如外界温度的变化、负载的波动、风向与风力的变化等称为外扰；而相应地，由于内部元器件特征的变化引起的扰动则称之为内扰．

3) 为了实现扰动环境下对特定物理量的控制，必须采用一定的控制装置（即控制器）以对诸如生产机械或生产过程的被控制量进行控制．被控制的生产机械和生产过程常称为被控对象．

4) 为了能使被控对象的输出量达到期望要求，常需要对控制对象施加一定的控制作用．施加于控制器产生控制作用的量常称为控制或给定控制输入．

依上述术语，自动控制问题于是可被描述为：给定扰动环境下的一个被控对象，通过描述和分析被控对象的运动规律（分析问题），设计合适的控制（综合问题）以使对被控对象施加该控制后，被控对象中的被控量能按照预定规律运行或变化．实现上述控制的控制器连同被控对象一起组成一个自动控制系统．

6.1.2 自动控制系统的构成

1. 开环控制系统

如果一个控制系统的控制器与被控对象之间只有顺向作用而没有反向作用，即系统的输出不影响控制作用（给定控制输入），则称该系统为开环控制系统．

例如，图 6.1 所示的直流电机速度控制系统是一个开环控制系统．系统中被控量即输出量是电动机 M 的转速 n，控制器是晶闸管整流装置，它输出的控制作用 u_m 仅由输入的电压 u_r 决定，而不受输出量转速 n 的影响．因此，确定了输入电压 u_r 的大小，即确定了对输出量期望值的要求，这里输入电压 u_r 为控制，即给定控制输入．在给定输入 u_r 的情况下，负载转矩的变化（例如负载增大）可使电动机转速偏离原设定值（此时系统没有使转速恢复的能力）．影响输出量转速 n 大小的负载转矩即为扰动输入．

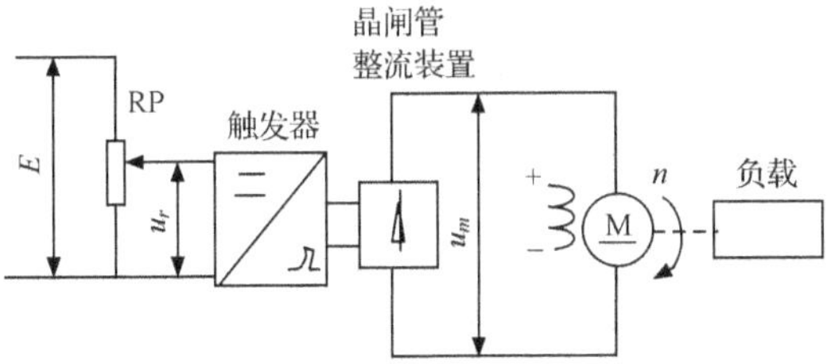

图 6.1　直流电机速度开环控制系统示意图

为了清楚地表示一个控制系统的组成以及各组成部分信号传输的关系，常画出控制系统的元件作用图，简称方块图．在方块图中，装置用方块表示，信号用箭头表示．开环控制系统的方块图如图 6.2 所示．

在开环控制系统中，只存在从输入端到输出端的信号作用路径，而不存在从输出端到输入端的信号作用路径．

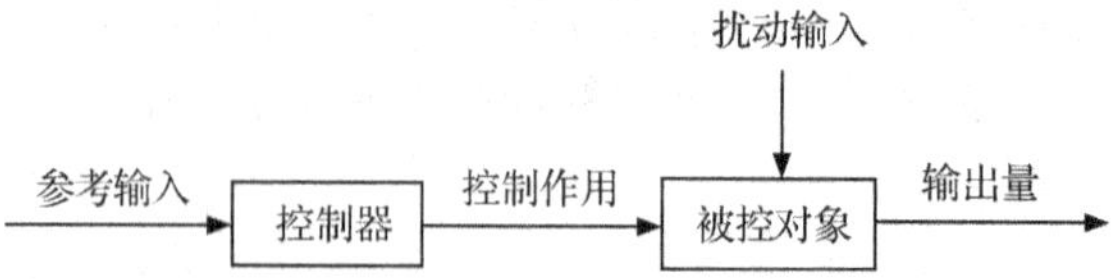

图 6.2 开环控制系统的方块图

开环控制系统的特点是结构简单,易于控制,但当扰动作用引起输出量偏离原校准值时,系统一般没有对偏差修正的能力.

2. 闭环控制系统

相对于开环控制系统,一个闭环控制系统是这样的一个控制系统,它的系统输出或状态变量对控制有直接影响或作用.

例如,在图 6.1 所示的系统中,当负载增大使电机转速下降后,为恢复电机原有转速,可通过人为地调节电位器滑动触头,即调节给定电压 u_r 来实现. 为了实现这一目的,首先需要人工测量电机转速,经分析比较后,人工调节给定电压. 这样,系统的输出通过人工反馈到输入端,形成一个闭环人工控制系统.

再如,图 6.3 所示的直流电机速度控制系统是一个闭环自动控制系统. 在这一系统中,TG 为一台测速发电机,它将电动机 M 的转速 n 变换成与其成正比的反馈电压 u_f,并与给定电压 u_r 相比较,自动获得偏差信号 $\Delta u = u_r - u_f$;Δu 经过放大器放大后,送到晶闸管整流装置,晶闸管整流装置输出控制信号 u_m(它依赖于偏差 Δu 的大小)以调整电动机 M 的转速. 在运行时,如果因负载增加使电机转速下降,则反馈电压 u_f 将随之下降;而当给定电压 u_r 不变的情况下,偏差 Δu 将增大,因而控制信号 u_m 也随之增大,从而迫使电动机转速恢复或接近扰动前的数值.

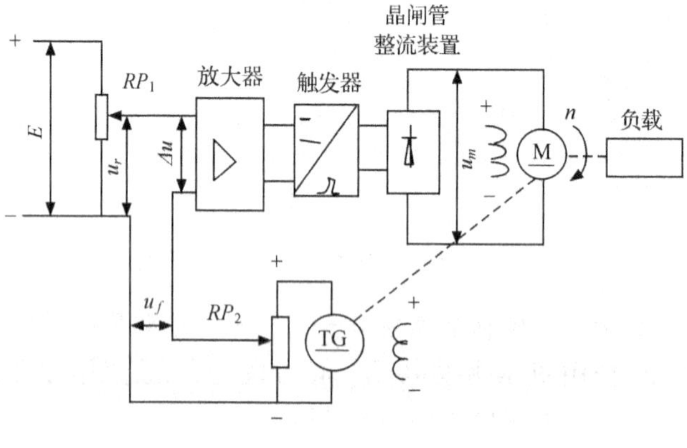

图 6.3 直流电机速度闭环控制系统示意图

在上述系统中，系统的控制输入是恒定值，但由于扰动的存在使被控制量偏离期望值．控制系统能根据偏差产生控制作用，使被控制量回复到期望值，以克服扰动作用的影响．这类控制系统称为恒值控制系统（亦称为恒值调节系统、自动镇定系统等）．

图 6.4 所示的导弹发射和制导系统是闭环控制系统的又一实例．旋转的雷达天线捕获目标后，将对目标进行同步跟踪．由雷达获取的目标机方位和速度数据传送到计算机中；计算机通过计算，确定出导弹所需的发射角，以此作为发射命令；所给发射命令通过功率放大器放大后控制发射架，使它旋转到相应的发射角位置．同时，发射架实际的角度信息由负反馈回路输入计算机．当发射架实际角度与发射指令一致时，导弹立即发射．随后，安装在导弹体内的控制系统接受雷达波束的引导，自动调整导弹的控制方位，实现末制导，直至最终命中目标．这种使偏差减小或消除的反馈作用称为负反馈．负反馈控制系统的原理是依据系统偏差进行控制，目的是抑制或消除偏差．反馈控制是自动控制的基本原理[1~4]．

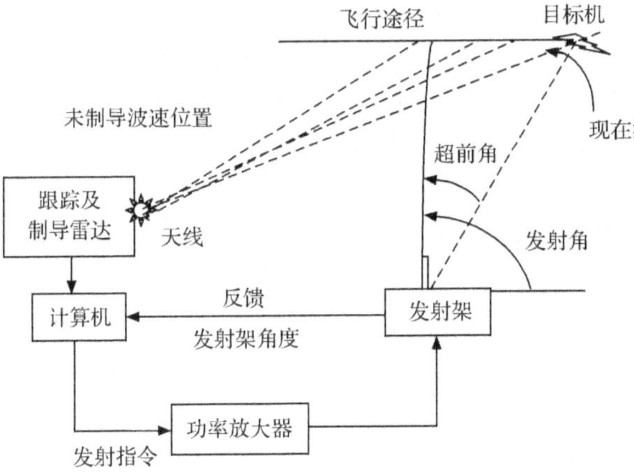

图 6.4　导弹发射和制导系统示意图

在上述反馈控制系统中，所给定信号是目标的方位与速度，这些信号通常是预先未知的而且是随时间变化的随机信号，这种涉及随机信号的自动控制系统常称为随动系统．

图 6.5 为闭环控制系统的方块图．在闭环控制系统中，不仅存在从输入端到输出端的信号作用路径（称为前向通道），也存在从输出端到输入端的信号作用路径（称为反馈通道）．由于引入了反馈，系统的方块图形成了闭环，从而构成一个闭环控制系统．闭环控制系统通常由以下几部分组成：

1）给定环节，指根据系统输出的期望值，产生系统的输入信号的环节．如图 6.3中的电源 E 和给定电位器 RP_1．

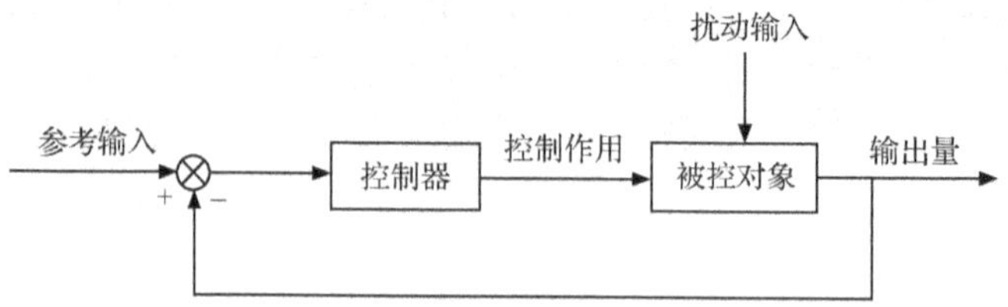

图 6.5 闭环控制系统的方块图

2) 反馈环节,指对系统输出量的实际值进行测量,转换为反馈信号,并使反馈信号成为与给定输入信号同类型、同数量级的物理量的整体环节,如图 6.3 所示系统中的测速发电机 TG 及电位器 RP_2.

3) 比较器,指将给定信号和反馈信号进行比较,并产生偏差信号的环节.如图 6.3 所示系统中的电压比较电路.

4) 控制器,指根据输入的偏差信号,按一定的控制规律产生相应的控制信号的环节,如图 6.3 所示系统中的放大器和触发器.

5) 执行环节,指将控制信号进行功率放大,以直接推动被控对象并使被控制量发生变化的环节,如图 6.3 所示系统中的晶闸管整流装置.

6) 被控对象,指控制系统中希望控制的设备或生产过程,它的输出量即为被控制量,如图 6.3 所示系统中的电动机 M.

采用反馈控制常常能够提高对系统的控制精度,这是闭环控制的特别优点.总的来说,扰动输入一般都能被反馈作用所抑制或消除.

当控制系统的输入信号是已知的时间函数时,常称相应控制系统为一程序控制系统.仿型铣床、数控机床及机械手控制系统等都是程序控制系统的例子.

6.2 自动控制系统的基本模型与基本问题

6.2.1 自动控制系统的数学模型

描述一个系统动态特性的数学表达式称为系统的数学模型.系统的数学模型是分析和设计自动控制系统的依据.一个控制系统构成的好坏,往往取决于对被控对象动态特性估计的正确程度.所以,正确建立系统的数学模型是分析和设计控制系统的最重要步骤.

控制系统的数学模型有多种多样.在经典控制理论中,一般采用微分方程、传递函数、频率特性等输入-输出模型来刻画系统特性;而在现代控制理论中,状态空间模型是最基本的数学模型.所谓一个系统的系统状态是指该系统过去、现在和将来的运动状况的信息总合.状态变量是指可以完全确定系统的状态且数目最小的一组独立变元(参数). 建立系统模型通常需要首先将系统分拆为多个单向环节(所谓单向环节是指其后面的环节无负载效应,即后面环节对该环节的动态特性没有影响),再确定各个环节的输入和输出,然后依据系统内部机理,运用物理定律(如基尔霍夫定理、牛顿定理等)建立系统内部状态变量、输入量和输出量等之间的数学关系(数学模型). 由此所建立的数学模型常称为系统的动态方程. 一个控制系统的动态方程通常由描述被控对象的状态方程和描述系统的输出方程联立构成.

例 6.1　图 6.6 所示为一恒定磁场他激直流电动机. 为了建立这一被控对象的数学模型,我们假设电枢反应可忽略不计,电动轴上总转动惯量 J 是常数,各种机械转矩全部归并到了负载转矩中,传动轴被认为是刚性轴,电动机电枢回路的电阻和电感等全部归并到了电枢总电阻 R 和电感 L 中,则根据基尔霍夫定律、牛顿定理与直流电机特性,有

$$L\frac{\mathrm{d}i}{\mathrm{d}t}+Ri+e=u, \tag{6.1}$$

$$e=C_e\frac{\mathrm{d}\theta}{\mathrm{d}t}, \tag{6.2}$$

$$J\frac{\mathrm{d}^2\theta}{\mathrm{d}t^2}=m-m_1, \tag{6.3}$$

$$m=C_m i, \tag{6.4}$$

式中

R,L ——电枢回路总电阻和总电感;

i ——电枢电流;

e ——电动机反电势;

θ ——电动机转动的角度;

u ——电枢电压;

C_e ——电势系数;

J ——电动机轴上总转动惯量;

m,m_1 ——电磁转矩、负载转矩;

C_m ——转矩系数,

且以上变量的单位采用国际标准单位.

令状态变量 $x_1=i$ 表示电枢电流, $x_2=n=\dfrac{60}{2\pi}\dfrac{\mathrm{d}\theta}{\mathrm{d}t}$ 表示电动机转速,则联立式(6.1)~式(6.4)可得

$$\dot{\boldsymbol{x}}=\boldsymbol{A}\boldsymbol{x}+\boldsymbol{B}u+\boldsymbol{E}m_1, \tag{6.5}$$

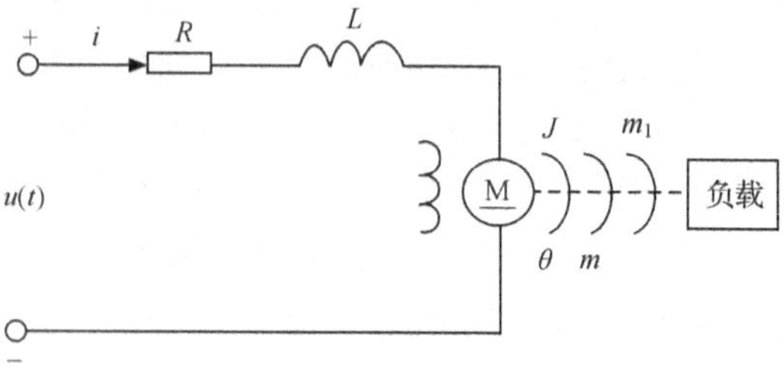

图 6.6 恒定磁场他激直流电动机示意图

其中

$$\boldsymbol{x}=\begin{bmatrix}x_1\\x_2\end{bmatrix},\ \boldsymbol{A}=\begin{bmatrix}-\dfrac{R}{L} & -\dfrac{2\pi C_e}{60L}\\ \dfrac{60C_m}{2\pi J} & 0\end{bmatrix},\ \boldsymbol{B}=\begin{bmatrix}1\\0\end{bmatrix},\ E=\begin{bmatrix}0\\-1\end{bmatrix},$$

这里 $\boldsymbol{x}$ 表示系统内部的状态变量，$\boldsymbol{u}$ 和 $\boldsymbol{m}_1$ 分别表示系统的输入量(即控制)和系统的扰动量．式(6.5)即为恒定磁场他激直流电机控制系统的状态方程，它描述了系统内部状态变量与系统控制输入之间的动态关系．

令 y 表示电机的转速输出值(输出量)，则输出量 y、控制量 $\boldsymbol{u}$ 和扰动量 $\boldsymbol{m}_1$ 之间的数学关系为

$$y=\boldsymbol{Cx}+\boldsymbol{Du}, \tag{6.6}$$

其中

$$\boldsymbol{C}=[0\quad 1],\boldsymbol{D}=[0\quad 0].$$

式(6.6)即为输出方程，它表示输出量与状态变量以及输入量之间的关系．

方程(6.5)和方程(6.6)一起构成恒定磁场他激直流电动机控制系统的动态方程，即数学模型．在这个例子中，系统的动态方程是线性的，这样的系统称之为线性系统．

在现实中，许多控制系统具有非线性特性[5]．例如随动系统的齿轮传动具有齿隙和干摩擦，许多执行机构都不可能无限制地增加其输出功率，因而存在饱和非线性；高速运动的机械手各关节之间存在哥氏力的耦合，而这种耦合是非线性的．对非线性程度不高的系统，如饱和非线性、滞环，死区等非线性系统，人们通常将其简化到或局部化到线性系统考虑，这种分析方法常称之为非线性模型的线性化．

然而，线性化方法在大多数情形都是过于近似的处理方法．非线性特性是普遍存在的，非线性系统才是最一般和最现实的系统．一个电力系统中传输功率与各发电机之间相角差的正弦成比例，如果要研究电力系统中大范围运动时，就必须考虑这种非线性特性的影响．因此，对于诸如电力系统这样复杂的非线性控制系统，研究其特性就不能简单地用线性化方法来处理．非线性特性千差万别，不可能

有统一的处理办法．然而，尽管如此，一般情况下，(时变)线性和非线性控制系统的数学模型却可以统一地表示为

$$\begin{cases} \dot{\boldsymbol{x}} = f(t;\boldsymbol{x}(t),\boldsymbol{u}(t)), \\ \boldsymbol{y} = g(t;\boldsymbol{x}(t),\boldsymbol{u}(t)), \end{cases} \tag{6.7}$$

式中，t 表示时间，$\boldsymbol{x}=\boldsymbol{x}(t)=[x_1(t),x_2(t),\cdots,x_n(t)]^{\mathrm{T}} \in R^n$ 为 n 维状态变量，$\boldsymbol{u}=\boldsymbol{u}(t)=[u_1(t),u_2(t),\cdots,u_r(t)]^{\mathrm{T}} \in R^r$ 为 r 维控制输入，$\boldsymbol{y}=\boldsymbol{y}(t)=[y_1(t),y_2(t),\cdots,y_m(t)]^{\mathrm{T}} \in R^m$ 为 m 维输出变量，$f(t;\boldsymbol{x}(t),\boldsymbol{u}(t))$ 和 $g(t;\boldsymbol{x}(t),\boldsymbol{u}(t))$ 分别是变量 t，$\boldsymbol{x}$ 和 $\boldsymbol{u}$ 的(时变)线性或非线性 n 维和 m 维向量函数．前者为状态方程，后者为输出方程．

另外，值得注意，状态变量的选取通常不是唯一的，因而，系统的动态方程可以不唯一．

6.2.2　自动控制系统的基本问题

1. 稳定性问题

稳定性是一个控制系统必备的基本特性，它刻画一个系统当受到干扰时自动恢复到稳定状态的能力[6,7]．显然，从应用的角度，只有稳定的系统才是可用的(即可能付诸于工程实施)．通常，可按两种不同的方式来刻画一个控制系统的稳定性，即通过输入-输出关系来表征的外部稳定性和通过零输入下状态运动的响应来表征的内部稳定性．

外部稳定性：如果对于任何有界的控制输入 $\boldsymbol{u}(t)$，所产生的输出 $\boldsymbol{y}(t)$ 也有界，即当

$$\|\boldsymbol{u}(t)\| \leqslant k_1 < \infty, \forall t \in [t_0,\infty)$$

时，输出 $\boldsymbol{y}(t)$ 满足

$$\|\boldsymbol{y}(t)\| \leqslant k_2 < \infty, \forall t \in [t_0,\infty),$$

则称控制系统(6.7)是外部稳定的，或是有界输入-有界输出(bounded input-bounded output)稳定的(简称 BIBO 稳定)．在讨论外部稳定性时，通常假定系统的初始条件 $x(t_0)$ 为零．因为只有在这种假定下，系统的输入-输出描述才是唯一的和有意义的．

内部稳定性：假定控制输入 $\boldsymbol{u}(t)$ 为零，此时系统(6.7)在 Lyapunov 意义下的稳定性则被称为是内部稳定性．更具体地说，如果控制输入为零，则系统(6.7)的状态方程退化为

$$\dot{\boldsymbol{x}} = f(t;\boldsymbol{x})\boldsymbol{x}(t_0) = \boldsymbol{x}_0, t \geqslant t_0. \tag{6.8}$$

假设状态方程(6.8)满足解的存在唯一性条件，则对任何给定的初始状态 $\boldsymbol{x}_0=\boldsymbol{x}(t_0)$，它定义了唯一的解向量 $\boldsymbol{x}(t;\boldsymbol{x}_0,t_0)$(也称为是从 $\boldsymbol{x}_0=\boldsymbol{x}(t_0)$ 出发的一个

运动):

$$x(t) = x(t; x_0, t_0), \forall t \geqslant t_0. \tag{6.9}$$

一个状态 $\boldsymbol{x}_e$ 称为是系统(6.8)的平衡态,是指它满足

$$f(t; \boldsymbol{x}_e) = 0, \forall t \geqslant t_0.$$

一个平衡态称为是孤立的,如果存在它的一个邻域使系统在该邻域内不存在其他平衡态.对于任何孤立平衡态,我们总可以通过坐标平移将其转化为状态空间原点.所以,不失一般性,我们通常假定 $\boldsymbol{x}_e=\boldsymbol{0}$ 是系统(6.8)的孤立平衡态.

Lyapunov 意义下的稳定性:设 $\boldsymbol{x}_e$ 为系统(6.8)的一个孤立平衡态,如果对任何给定的 $\varepsilon > 0$ 都对应存在一个 $\delta(\varepsilon, t_0) > 0$,使得由满足

$$\| \boldsymbol{x}_0 - \boldsymbol{x}_e \| \leqslant \delta(\varepsilon, t_0) \tag{6.10}$$

的任一初始状态 $\boldsymbol{x}_0 = \boldsymbol{x}(t_0)$ 出发的任何运动满足

$$\| \boldsymbol{x}(t; \boldsymbol{x}_0, t_0) - \boldsymbol{x}_e \| \leqslant \varepsilon, \forall t \geqslant t_0,$$

则称 $\boldsymbol{x}_e$ 是在 Lyapunov 意义下稳定的(简称为稳定的).如果系统(6.8)的所有平衡态都是孤立的且在 Lyapunov 意义下稳定的,则称系统(6.8)是在 Lyapunov 意义下稳定的.如果 x_e 是稳定的,且满足式(6.10)的 $\delta(\varepsilon, t_0)$ 不依赖于初始时刻 t_0,则称 $\boldsymbol{x}_e$ 是一致稳定的.

因而,所谓一个控制系统(6.7)的内部稳定性,事实上是指自由状态方程(6.8)诸平衡态的稳定性,它刻画的是偏离平衡态的受扰运动能否只依靠系统内部的结构因素而返回到平衡态或返回到它的有限邻域内的能力.

吸引性:设 $\boldsymbol{x}_e$ 为系统(6.8)的一个孤立平衡态,如果对任何给定的初始时刻 t_0 和实数 $\mu > 0$,都对应存在一个实数 $\sigma(t_0) > 0$ 和 $T(\mu, t_0, x_0) > 0$,使得由满足

$$\| \boldsymbol{x}_0 - \boldsymbol{x}_e \| \leqslant \sigma(t_0)$$

的任一初始状态 $\boldsymbol{x}_0 = \boldsymbol{x}(t_0)$ 出发的任何运动满足

$$\| \boldsymbol{x}(t; \boldsymbol{x}_0, t_0) - \boldsymbol{x}_e \| \leqslant \mu, \forall t \geqslant t_0 + T(\mu, t_0, x_0),$$

则称 $\boldsymbol{x}_e$ 是吸引的.如果 $\sigma(t_0)$ 可任意大,则称 $\boldsymbol{x}_e$ 是全局吸引的;如果 $\sigma(t_0)$ 不依赖于 t_0,$T(\mu, t_0, x_0)$ 不依赖于 t_0 和 $\boldsymbol{x}_0$,则称 $\boldsymbol{x}_e$ 是一致吸引的;如果 $\sigma(t_0)$ 可任意大,$T(\mu, t_0, x_0)$ 又不依赖于 t_0 和 $\boldsymbol{x}_0$,则称 $\boldsymbol{x}_e$ 是全局一致吸引的.

(全局)渐近稳定性:如果系统(6.8)的一个孤立平衡态 $\boldsymbol{x}_e$ 是稳定的和(全局)吸引的,则称 $\boldsymbol{x}_e$ 是(全局)渐近稳定的.

全局一致渐近稳定性:假定系统(6.8)的唯一平衡态 $\boldsymbol{x}_e$ 是一致稳定的和全局一致吸引的,且系统(6.8)的解一致有界(即对于任何 $r > 0$,存在有限实数 $B(r) > 0$,使得当 $\| x_0 \| \leqslant r$ 时,从状态空间的任一状态 $\boldsymbol{x}_0$ 出发的受扰运动 $\boldsymbol{x}(t; \boldsymbol{x}_0, t_0)$ 对一切 $t \geqslant t_0$ 满足 $\| \boldsymbol{x}(t; \boldsymbol{x}_0, t_0) \| \leqslant B(r)$),则称系统(6.8)是全局一致渐近稳定的.

渐近稳定性反映了运动随时间变化过程的渐近行为.显然,随着 $\mu \to 0$ 必有

$T\to\infty$，因此，当平衡态 $\boldsymbol{x}_e$ 为原点且渐近稳定时，必有

$$\lim_{t\to\infty}\boldsymbol{x}(t;\boldsymbol{x}_0,t_0)=\boldsymbol{0}.$$

从工程观点看，渐近稳定比稳定更为有意义和重要．这是因为，渐近稳定等同于工程意义下的稳定，而 Lyapunov 意义下的稳定则在工程意义下可能临界不稳定，因而全局渐近稳定性是工程中最希望具有的稳定特性．我们将在 6.3.1 节给出全局渐近稳定性的若干实用判据．另外，注意到，由于线性系统的解满足叠加原理，所以对于线性系统而言，渐近稳定与全局渐近稳定是等价的．

2. 能控性与能观性问题

能控性与能观性是一个控制系统的两个基本结构特征．自动控制的理论与应用表明，为了使一个系统能具有良好的性能指标，一般都采用闭环控制，而为了使控制系统的闭环极点能在 s 平面上任意配置，从而获得理想的动态性能，仅靠简单的输出反馈是不够的，必须采用状态反馈．而状态反馈的先决条件便是系统的每一个状态变量都是能控的和能观的，所以系统的能控性与能观性对于控制和估计问题的研究有着基本的重要性．

从物理直观角度看，当给定一个系统的状态空间描述后，输入和输出构成系统的外部变量，而状态则成为系统的内部变量．因此，所谓系统的能控性和能观性即是研究系统这个“黑箱”的内部状态是否可由输入控制以及是否可由输出观测的问题．如果系统这个黑箱内的每一个状态变量的运动都可由其输入来控制，而且可由任意的初始状态达到任何其他指定状态，则我们称该系统是(状态)能控的，否则，就称该系统是不完全能控的．对应地，如果黑箱内的所有状态变量的任意形式的运动均可由其输出完全反映(即观测)，则称该系统是(状态)能观测的，简称为是能观的，否则，称该系统是不完全能观的．

为了揭示系统能控性与能观性的本质特征，并用于分析和判断更为一般的复杂系统，我们给出能控性与能观性的更严格数学定义如下：

定义 6.1(能控性)　设 J 为时间定义区间．系统(6.7)称为是完全能控的(简称为能控的)，如果对每一个 $t_0\in J$，存在一个时刻 $t_f\in J(t_f>t_0)$ 和一个控制作用 $\boldsymbol{u}(t;t_0)$，使系统能从任意初始状态 $\boldsymbol{x}(t_0)$ 转移到另外一个任意的终端状态 $\boldsymbol{x}(t_f)=\boldsymbol{0}$. 如果系统(6.7)中有一个状态变量不能控，则称该系统不完全能控(简称系统不能控).

例 6.2　考虑由下述的状态方程所确定的控制系统

$$\begin{bmatrix}\dot{x}_1(t)\\ \dot{x}_2(t)\end{bmatrix}=\begin{bmatrix}-2 & 1\\ 0 & -1\end{bmatrix}\begin{bmatrix}x_1(t)\\ x_2(t)\end{bmatrix}+\begin{bmatrix}1\\ 0\end{bmatrix}\boldsymbol{u}(t).$$

显然，输入 $\boldsymbol{u}(t)$ 对状态变量 $x_1(t)$ 有控制作用，而状态变量 $x_2(t)$ 既不直接受

$\boldsymbol{u}(t)$ 的影响,又与 $x_1(t)$ 没有关系,因而不受 $\boldsymbol{u}(t)$ 控制,所以该系统不完全能控.

定义 6.2(能观性) 设 J 为时间定义区间. 系统(6.7)称为是完全能观的(简称为能观的),如果对于任何初始时刻 $t_0 \in J$,存在有限时间 $t_f \in J(t_f > t_0)$,使得系统在 t_0 时刻的状态 $\boldsymbol{x}(t_0)$ 可依据系统在 t_f 时刻的输出 $\boldsymbol{y}(t_f)$ 唯一确定. 如果系统(6.7)中有一个状态变量在初始时刻 t_0 的值不能由其输出唯一地确定,则称该系统不完全能观(简称系统不能观).

例 6.3 考虑系统

$$\begin{bmatrix} \dot{x}_1(t) \\ \dot{x}_2(t) \end{bmatrix} = \begin{bmatrix} -2 & 1 \\ 1 & -1 \end{bmatrix} \begin{bmatrix} x_1(t) \\ x_2(t) \end{bmatrix} + \begin{bmatrix} 1 \\ 0 \end{bmatrix} \boldsymbol{u}(t),$$

$$\boldsymbol{y}(t) = [1 - 1] \begin{bmatrix} x_1(t) \\ x_2(t) \end{bmatrix}.$$

易知该系统的转移矩阵为

$$\boldsymbol{\Phi}(t) = \mathrm{e}^{\boldsymbol{A}t} = \frac{1}{2}\begin{bmatrix} \mathrm{e}^{-t} + \mathrm{e}^{-3t} & \mathrm{e}^{-t} - \mathrm{e}^{-3t} \\ \mathrm{e}^{-t} - \mathrm{e}^{-3t} & \mathrm{e}^{-t} + \mathrm{e}^{-3t} \end{bmatrix}.$$

换言之,对应系统的解可表示为 $\boldsymbol{x}(t) = \boldsymbol{\Phi}(t)\boldsymbol{x}(0)$. 假设 $t_0 = 0$ 时系统的初始状态 $\boldsymbol{x}(0) = \boldsymbol{x}_0 \neq \boldsymbol{0}$, 并令 $\boldsymbol{u}(t) = 0$, 则

$$\begin{aligned} \boldsymbol{y}(t) &= \boldsymbol{C}\boldsymbol{x}(t) = \boldsymbol{C}\boldsymbol{\Phi}(t)\boldsymbol{x}(0) \\ &= \frac{1}{2}[1 - 1]\begin{bmatrix} \mathrm{e}^{-t} + \mathrm{e}^{-3t} & \mathrm{e}^{-t} - \mathrm{e}^{-3t} \\ \mathrm{e}^{-t} - \mathrm{e}^{-3t} & \mathrm{e}^{-t} + \mathrm{e}^{-3t} \end{bmatrix}\begin{bmatrix} x_{10} \\ x_{20} \end{bmatrix} \\ &= (x_{10} - x_{20})\mathrm{e}^{-3t}. \end{aligned}$$

由此可见,由输出 $\boldsymbol{y}(t)$ 只能确定差值 $(x_{10} - x_{20})$,而无法唯一确定 x_{10} 和 x_{20} 的值,因此,该系统不完全能观.

对于例 6.2 和例 6.3 这样的简单系统,根据定义可直接判断它是否是能控和能观,但对于略为复杂的或略为高阶的控制系统,根据定义直接判断其能控性与能观性是几乎不可能的. 我们将在 6.3 节专门讨论一个控制系统稳定、能控与能观的判定问题.

6.2.3 自动控制系统的分析与综合

按照通常的说法,研究系统状态的运动规律问题称为分析问题,而研究改变状态运动规律的可能性与方法则称为综合问题. 无论对系统进行分析还是综合,一个基本的前提是建立系统的数学模型. 换言之,分析与综合都是在已知一个自动控制系统的数学模型基础上展开的.

对于一个自动控制系统的分析问题,我们已知的是系统结构和参数以及控制输入,要解决的问题是确定系统运动的定量行为和定性行为. 所谓定量行为主要

是指系统相对于某个输入信号的响应和性能．定量行为分析常常涉及繁杂的计算，故通常借助于计算机模拟来完成．定性行为分析主要是分析诸如系统稳定性、能控性、能观性等系统基本结构特性，这种分析是系统综合的基础．当系统的性能不能令人满意或需要进一步改善或优化时，就需要同时按照系统的状况和期望的性能来设计系统的控制器，这即为综合问题，它是建立在分析基础之上的．在综合问题中，已知的是系统结构和参数，以及所期望的系统运动或输出特征，需要确定施加于系统的控制(外部输入控制作用规律)．以下我们简要介绍综合问题的一般提法、性能指标的类型及求解问题的基本思路，而分析问题的基本理论将在下一节专门论述．

1. 综合问题的提法

假定一个系统的状态空间描述，即数学模型为

$$\begin{cases}\dot{\boldsymbol{x}}(t)=f(t;\boldsymbol{x}(t),\boldsymbol{u}(t)),\\ \boldsymbol{y}(t)=g(t;\boldsymbol{x}(t),\boldsymbol{u}(t)),\\ \boldsymbol{x}(t_0)=\boldsymbol{x}_0.\end{cases}\tag{6.11}$$

这里 $\boldsymbol{x}(t)$ 为 n 维状态向量，$\boldsymbol{y}(t)$ 为 m 维输出向量，$\boldsymbol{u}(t)$ 为 r 维输入向量，$f(t;\boldsymbol{x}(t),\boldsymbol{u}(t))$ 和 $g(t;\boldsymbol{x}(t),\boldsymbol{u}(t))$ 分别为 n 维和 m 维向量函数；同时给定所期望的系统性能指标(它既可以是对系统状态运动的某种期望形式，或所规定的某些特征量，也可以是对系统运动过程行为的某种约束，如极小或极大化某个性能函数)．我们所需要解决的问题是寻求或确定一个控制作用 $\boldsymbol{u}(t)$，使得在该控制作用下系统(6.11)的运动行为满足所给定的期望性能指标．

如果所寻求的控制作用 $\boldsymbol{u}(t)$ 可以依赖于系统的状态变量，即可表示为系统状态变量的一个向量函数，例如，

$$\boldsymbol{u}(t)=-h_1(t;\boldsymbol{x}(t)),\tag{6.12}$$

则称这样的综合问题为状态反馈控制综合问题．此时将式(6.12)的控制施加于受控系统(6.11)所得出的闭环结构控制系统称之为状态反馈系统．

如果所寻求的控制作用 $\boldsymbol{u}(t)$ 依赖于系统的实际响应，即可表示为系统输出的一个向量函数，例如，

$$\boldsymbol{u}(t)=-h_2(t;\boldsymbol{y}(t)),\tag{6.13}$$

则称这样的综合问题为输出反馈控制综合问题．相应地，将式(6.13)的控制施加于受控系统(6.11)所得出的闭环结构控制系统称之为输出反馈系统．

2. 性能指标类型

上述综合问题都是在一定性能指标意义下求解的．就总体特征而言，求解综合问题所采用的性能指标可区分为非优化型与优化型两种类型．

对于非优化型性能指标,按照对期望运动形式以不同角度考虑,又可以有多种提法,常见的包括:

1) 以系统的渐近稳定性作为性能指标,此时相应的综合问题称为镇定问题.

2) 以一组期望的闭环系统极点(特征根)作为性能指标,此时相应的综合问题则称为极点配置问题.

3) 以使一个多输入-多输出系统实现“一个输入只控制一个输出”作为性能指标,相应的综合问题称为解耦控制问题.

4) 以使系统的输出 $\boldsymbol{y}(t)$ 无静差地跟踪一个期望信号 $\boldsymbol{y}_0(t)$ 作为性能指标,相应的综合问题称为跟踪问题.

优化型性能指标常是相对于状态 $\boldsymbol{x}(t)$ 和控制 $\boldsymbol{u}(t)$ 的积分型性能指标的极小化,这个指标的一般形式是

$$J(\boldsymbol{u}(\cdot))=\theta(\boldsymbol{x}(t_f),t_f)+\int_{t_0}^{t_f}\varphi(t;\boldsymbol{x}(t),\boldsymbol{u}(t))\mathrm{d}t, \tag{6.14}$$

这里 $\theta(\boldsymbol{x}(t_f),t_f)$ 为对系统稳态的某种要求,如稳态误差,而 $\int_{t_0}^{t_f}\varphi(t;\boldsymbol{x}(t),\boldsymbol{u}(t))\mathrm{d}t$ 为对暂态过程的某种要求,如暂态误差或能量消耗等. 此时的综合问题是要确定一个控制 $\hat{\boldsymbol{u}}(\cdot)$,使得相应的性能指标 $J(\hat{\boldsymbol{u}}(\cdot))$ 取得极小. 通常,把这样的控制 $\hat{\boldsymbol{u}}(\cdot)$ 称为最优控制,而把相应的性能值 $J(\hat{\boldsymbol{u}}(\cdot))$ 称为最优性能. 关于最优控制我们将在 6.4 节做进一步的讨论.

3. 求解综合问题的基本思路

无论综合问题的性能指标为优化型还是非优化型,也无论其具体的性能指标形式,综合问题通常可分解为两个性质略有不同的子问题.

第一个子问题是建立可综合条件. 所谓可综合条件是指相对于给定的受控系统和给定的期望性能指标,相应的控制存在并达到综合目标所应满足的全部条件. 显然,只有满足可综合条件的问题才可以实现综合. 可综合条件的建立旨在避免综合过程的盲目性. 一般来说,对于不同形式的性能指标,其可综合条件各不相同.

第二个子问题是建立实现相应综合控制规律的算法. 利用这些算法,对满足可综合条件的综合问题,可具体确定出满足要求的控制规律. 从现代技术的观点看,一个好的算法是指能高效地在计算机上实现,而且在数据处理过程数值稳定. 一般地说,如果所研究的问题不是病态的,而所采用的算法又是数值稳定的,那么所得到的综合结果通常是好的.

4. 与工程实现相关的一些理论问题

在综合问题的求解中,不仅要考虑可综合条件和控制算法问题,而且还必须研

究与控制工程实现中相关的一系列理论问题．这些问题包括：

1）状态反馈的构成问题．一方面，许多综合问题所得到的控制规律常具有状态反馈的形式，而另一方面，由于状态变量为系统的内部变量，并不是每一个状态变量都可以直接测量（或者能够采用经济的手段进行测量）的．这一矛盾的解决途径通常是利用可量测输入变量 $\boldsymbol{u}(t)$ 和输出变量 $\boldsymbol{y}(t)$ 来构造出不能量测的状态 $\boldsymbol{x}(t)$，相应的理论问题称为状态重构问题或观测器问题．

2）系统鲁棒性问题．系统综合的基础是系统数学模型，任何综合结果都是相对于所确定的数学模型来完成的．实际系统的数学建模不可避免地需要做某种简化或近似，而且加之实际参数的本质不确定性，所建立的数学模型通常都是不精确的．在按理想模型综合得到的控制器所组成的控制系统中，就产生了是否会出现达不到期望性能指标甚至不能正常运行（如不稳定）的问题，这即是控制系统的鲁棒性问题．如果系统参数的不精确误差或摄动出现在模型参数的一个邻域内时，系统仍能稳定地运行而且保持期望的性能值，则我们称这样的控制系统是鲁棒的，反之，则称为是不鲁棒的．

3）对外部扰动影响的抑制问题．外部扰动的影响是一个实际的控制系统所面临的问题之一．抑制或减少这种影响，也是系统综合中不能忽视的一个方面．这一问题在理论上称之为扰动抑制问题．

6.3　控制系统稳定性、能控性与能观性的判定

在 6.2 节曾经指出：稳定性、能控性与能观性是一个自动控制系统的最基本的属性，分析这些属性即为自动控制的分析问题．为了用于分析与综合，本节具体给出判定一个自动控制系统稳定性、能控性与能观性的基本方法．所有这些构成自动控制系统分析与综合的理论基础．

6.3.1　稳定性判据

这里首先讨论线性控制系统的稳定性问题．为此考虑线性定常控制系统

$$\begin{cases}\dot{\boldsymbol{x}}(t)=\boldsymbol{A}\boldsymbol{x}(t)+\boldsymbol{B}\boldsymbol{u}(t),\\ \boldsymbol{y}(t)=\boldsymbol{C}\boldsymbol{x}(t)+\boldsymbol{D}\boldsymbol{u}(t),\end{cases}\tag{6.15}$$

式中，$\boldsymbol{x}(t)$ 为 n 维状态向量，$\boldsymbol{u}(t)$ 为 r 维输入向量，$\boldsymbol{y}(t)$ 为 m 维输出向量，$\boldsymbol{A},\boldsymbol{B},\boldsymbol{C}$ 和 $\boldsymbol{D}$ 是具有相应维数的矩阵．给定初始状态 $\boldsymbol{x}(0)$ 和控制输入 $\boldsymbol{u}(t)$，我们的任务是判定在何种情形下，系统(6.15)是稳定的．为了讨论的需要，我们先说明如何从式(6.15)精确确定状态响应 $\boldsymbol{x}(t)$ 和输出响应 $\boldsymbol{y}(t)$.

根据线性微分方程的求解理论，对状态方程(6.15)的求解可分两步进行：第一步，求解齐次方程

$$\dot{\boldsymbol{x}}(t)=\boldsymbol{A}\boldsymbol{x}(t);\tag{6.16}$$

第二步,再求解非齐次方程

$$\dot{\boldsymbol{x}}(t)=\boldsymbol{A}\boldsymbol{x}(t)+\boldsymbol{B}\boldsymbol{u}(t).\tag{6.17}$$

类似于一阶系统 $\dot{x}(t)=ax(t)$,可以验证

$$\boldsymbol{x}(t)=\mathrm{e}^{\boldsymbol{A}t}\boldsymbol{x}(0)\tag{6.18}$$

是齐次方程(6.16)的解.这里 $\mathrm{e}^{\boldsymbol{A}t}$ 是指数矩阵,定义为

$$\mathrm{e}^{\boldsymbol{A}t}=I+\boldsymbol{A}t+\frac{1}{2!}\boldsymbol{A}^2t^2+\cdots+\frac{1}{k!}\boldsymbol{A}^kt^k+\cdots=\sum_{k=0}^{\infty}\frac{1}{k!}\boldsymbol{A}^kt^k,$$

式(6.18)称为状态转移方程,而相应的指数矩阵 $\mathrm{e}^{\boldsymbol{A}t}$ 则常称为是状态转移矩阵,记为 $\Phi(t)$.指数矩阵有如下性质:

1) $\mathrm{e}^{\boldsymbol{A}t}\big|_{t=0}=I$.

2) $\dfrac{\mathrm{d}}{\mathrm{d}t}\mathrm{e}^{\boldsymbol{A}t}=A\mathrm{e}^{\boldsymbol{A}t}=\mathrm{e}^{\boldsymbol{A}t}\boldsymbol{A}$.

3) $\mathrm{e}^{\boldsymbol{A}t}\mathrm{e}^{\boldsymbol{A}\tau}=\mathrm{e}^{\boldsymbol{A}(t+\tau)}$,进而有 $\mathrm{e}^{\boldsymbol{A}(t_2-t_1)}\mathrm{e}^{\boldsymbol{A}(t_1-t_0)}=\mathrm{e}^{\boldsymbol{A}(t_2-t_0)}$(它说明,状态转移过程可以分解成若干连贯的转移过程).

4) $(\mathrm{e}^{\boldsymbol{A}t})^{-1}=\mathrm{e}^{-\boldsymbol{A}t}$(因而,不管矩阵 $\boldsymbol{A}$ 是否奇异,矩阵指数 $\mathrm{e}^{\boldsymbol{A}t}$ 总是非奇异的).

5) 设对角矩阵 $\boldsymbol{\Lambda}=\mathrm{diag}(\mathrm{e}^{\lambda_1t},\mathrm{e}^{\lambda_2t},\cdots,\mathrm{e}^{\lambda_nt})$,则

$$\mathrm{e}^{\boldsymbol{A}t}=\mathrm{diag}(\mathrm{e}^{\lambda_1t},\mathrm{e}^{\lambda_2t},\cdots,\mathrm{e}^{\lambda_nt}).$$

进一步,如果 $\boldsymbol{J}=\mathrm{diag}(\boldsymbol{J}_1,\boldsymbol{J}_2,\cdots,\boldsymbol{J}_s)$ 为分块对角矩阵,则

$$\mathrm{e}^{\boldsymbol{J}t}=\mathrm{diag}(\mathrm{e}^{\boldsymbol{J}_1t},\mathrm{e}^{\boldsymbol{J}_2t},\cdots,\mathrm{e}^{\boldsymbol{J}_st}),$$

这里每一 $\boldsymbol{J}_i\ (i=1,2,\cdots,s)$ 为约当块,即

$$\boldsymbol{J}_i=\begin{bmatrix}\lambda_i & 1 & & & \\ & \lambda_i & 1 & & \\ & & \ddots & & \\ & & & \lambda_i & 1\\ & & & & \lambda_i\end{bmatrix}_{r\times r}\quad 且\ \mathrm{e}^{\boldsymbol{J}_it}=\begin{bmatrix}\mathrm{e}^{\lambda_it} & t\mathrm{e}^{\lambda_it} & t^2\mathrm{e}^{\lambda_it} & \cdots & t^{r-1}\mathrm{e}^{\lambda_it}\\ & \mathrm{e}^{\lambda_it} & t\mathrm{e}^{\lambda_it} & \cdots & t^{r-2}\mathrm{e}^{\lambda_it}\\ & & \ddots & \vdots & \vdots\\ & & & \mathrm{e}^{\lambda_it} & t\mathrm{e}^{\lambda_it}\\ & & & & \mathrm{e}^{\lambda_it}\end{bmatrix}$$

6) 如果矩阵 $\boldsymbol{P}$ 非奇异,则 $\mathrm{e}^{\boldsymbol{P}^{-1}\boldsymbol{A}\boldsymbol{P}t}=\boldsymbol{P}^{-1}\mathrm{e}^{\boldsymbol{A}t}\boldsymbol{P}$.

为了求解非齐次方程(6.17),令 $\boldsymbol{x}(t)=\mathrm{e}^{\boldsymbol{A}t}\boldsymbol{w}(t)$(即运用常数变易法),代入式(6.17),经整理化简可知式(6.17)的解为

$$\boldsymbol{x}(t)=\mathrm{e}^{\boldsymbol{A}t}\boldsymbol{x}(0)+\int_0^t\mathrm{e}^{\boldsymbol{A}(t-\tau)}\boldsymbol{B}\boldsymbol{u}(\tau)\mathrm{d}\tau.$$

于是,系统的输出 $\boldsymbol{y}(t)$ 可表示为

$$\boldsymbol{y}(t)=\boldsymbol{C}\mathrm{e}^{\boldsymbol{A}t}\boldsymbol{x}(0)+C\int_0^t\mathrm{e}^{\boldsymbol{A}(t-\tau)}\boldsymbol{B}\boldsymbol{u}(\tau)\mathrm{d}\tau+\boldsymbol{D}\boldsymbol{u}(t).$$

根据上述解的表达式,我们现在立即可给出状态方程(6.15)渐近稳定的一个充要条件.

定理 6.1(线性系统渐近稳定的充要条件) 设 $x_e=\mathbf{0}$ 是线性定常系统(6.15)的平衡态,则 x_e 渐近稳定的充分必要条件是矩阵 A 的所有特征值具有负实部.

证明 我们分以下两种情况考虑.

第一种情况:矩阵 $\boldsymbol{A}$ 可对角化.此时存在可逆矩阵 $\boldsymbol{P}$ 使得 $\boldsymbol{P}^{-1}\boldsymbol{AP}=\boldsymbol{\Lambda}$,这里 $\boldsymbol{\Lambda}$ 是由 $\boldsymbol{A}$ 的特征值 $\lambda_1,\lambda_2,\cdots,\lambda_n$ 组成的对角矩阵.做变量替换 $\boldsymbol{z}(t)=\boldsymbol{P}^{-1}\boldsymbol{x}(t)$,从式(6.15)我们可导出

$$\dot{\boldsymbol{z}}(t)=\boldsymbol{P}^{-1}\boldsymbol{APz}(t)=\boldsymbol{\Lambda z}(t). \tag{6.19}$$

根据矩阵指数性质易得方程(6.19)的解为

$$\boldsymbol{z}(t)=\mathrm{e}^{\boldsymbol{\Lambda}t}\boldsymbol{z}(0),$$

这里

$$\begin{aligned}\mathrm{e}^{\boldsymbol{\Lambda}t}&=\begin{bmatrix}\mathrm{e}^{\lambda_1 t}&&&\\&\mathrm{e}^{\lambda_2 t}&&\\&&\ddots&\\&&&\mathrm{e}^{\lambda_n t}\end{bmatrix}\\&=\mathrm{diag}(\mathrm{e}^{\lambda_1 t},\mathrm{e}^{\lambda_2 t},\cdots,\mathrm{e}^{\lambda_n t}).\end{aligned}$$

于是可以得出:状态方程(6.15)的解为 $\boldsymbol{x}(t)=\boldsymbol{Pz}(t)=\boldsymbol{P}\mathrm{e}^{\boldsymbol{\Lambda}t}\boldsymbol{P}^{-1}\boldsymbol{x}(0)$,即 $\boldsymbol{x}(t)=(x_1(t),x_2(t),\cdots,x_n(t))^{\mathrm{T}}$ 的各个分量都可表示为 $\mathrm{e}^{\lambda_1 t},\mathrm{e}^{\lambda_2 t},\cdots,\mathrm{e}^{\lambda_n t}$ 的线性组合.由此可知,当且仅当 $\lambda_1,\lambda_2,\cdots,\lambda_n$ 的实部全为负值时,$\lim\limits_{t\to\infty}\boldsymbol{x}(t)=\mathbf{0}$,即系统渐近稳定.

第二种情况:矩阵 $\boldsymbol{A}$ 不可对角化.此时,根据矩阵的约当型理论,存在可逆矩阵 $\boldsymbol{Q}$ 使得 $\boldsymbol{Q}^{-1}\boldsymbol{AQ}=\boldsymbol{J}=\mathrm{diag}(\boldsymbol{J}_1,\boldsymbol{J}_2,\cdots,\boldsymbol{J}_s)$,这里每一 $\boldsymbol{J}_i$ 是 $\boldsymbol{A}$ 的一个约当标准块.此时,我们令 $\boldsymbol{z}(t)=\boldsymbol{Q}^{-1}\boldsymbol{x}(t)$,则根据指数矩阵性质可得出:动态方程(6.15)的解为

$$\boldsymbol{x}(t)=\boldsymbol{Qz}(t)=\boldsymbol{Q}\mathrm{e}^{\boldsymbol{J}t}\boldsymbol{Q}^{-1}\boldsymbol{x}(0).$$

由此可看出 $\boldsymbol{x}(t)=(x_1(t),x_2(t),\cdots,x_n(t))^{\mathrm{T}}$ 的各个分量都是 $\mathrm{e}^{\lambda_1 t},t\mathrm{e}^{\lambda_1 t},t^2\mathrm{e}^{\lambda_1 t},\cdots,t^{r_i-1}\mathrm{e}^{\lambda_1 t},\mathrm{e}^{\lambda_2 t},t\mathrm{e}^{\lambda_2 t},t^2\mathrm{e}^{\lambda_2 t},\cdots,t^{r_2-1}\mathrm{e}^{\lambda_2 t},\cdots,\mathrm{e}^{\lambda_s t},t\mathrm{e}^{\lambda_s t},t^2\mathrm{e}^{\lambda_s t},\cdots,t^{r_s-1}\mathrm{e}^{\lambda_s t}$ 的线性组合,其中 $r_i\,(i=1,2,\cdots,s)$ 为矩阵 $\boldsymbol{A}$ 的特征值 λ_i 的重数($r_i\geqslant 1$).因此,当且仅当所有特征值 λ_i 具有负实部时

$$\lim_{t\to\infty}t^{r_i-j}\mathrm{e}^{\lambda_i t}=0,\ j=1,2,\cdots,r_i,$$

即 $\boldsymbol{x}_e=\mathbf{0}$ 渐近稳定.

由定理 6.1 的证明过程中可看到,当系统(6.15)存在一个实部为正的特征值时,所对应的自由运动分量将随时间指数上升,这表明系统必然不稳定.不稳定系统的某些行为参数通常会超出允许范围,从而导致系统停止工作或设备损坏.

如果系统(6.15)特征值为纯虚数 $\lambda=\pm j\omega$,则对应的自由运动分量将为等幅正弦振荡;如果特征值 $\lambda=0$,则对应的运动分量为常数,保持恒定．在这两种特别情形下,系统(6.15)在 Lyapunov 意义下是稳定的．但由于这些分量的存在,系统不可能最终回到平衡态 $\boldsymbol{x}_e=\boldsymbol{0}$,从而系统不是渐近稳定的,这种系统常称为临界稳定的系统．然而,值得注意的是,实际系统中元件参数难免会发生变化,系统参数稍有变化都会导致原来实部为零的特征值变化,从而使系统或者变为渐近稳定,或者变为不稳定．因此,在工程应用中,一般将临界稳定视为不稳定,而将渐近稳定作为实际系统稳定的标准．

从严格意义上讲,基于定理 6.1 来判定系统(6.15)的稳定性涉及计算矩阵 A 的全部特征值,而当矩阵 A 的阶数较高时,这常常是不可能的．下述 Routh-Hurwitz 定理(定理 6.2)提供我们一个不需要计算特征值而判定系统(6.15)稳定性的方法．

为了叙述 Routh-Hurwitz 定理,设线性系统(6.15)的特征方程为

$$a_n\lambda^n+a_{n-1}\lambda^{n-1}+\cdots+a_1\lambda+a_0=a_n\prod_{i=1}^{n}(\lambda-\lambda_i)=0, \tag{6.20}$$

其中 $\lambda_1,\lambda_2,\cdots,\lambda_n$ 为它的 n 个特征根．根据多项式理论,有

$$\begin{aligned}
\frac{a_{n-1}}{a_n}&=-\sum_{i=1}^{n}\lambda_i,\\
\frac{a_{n-2}}{a_n}&=\sum_{i=1}^{n}\lambda_i\lambda_j,\ i\neq j,\\
\frac{a_{n-3}}{a_n}&=-\sum_{i=1}^{n}\lambda_i\lambda_j\lambda_k,\ i\neq j\neq k,\\
&\vdots\\
\frac{a_0}{a_n}&=(-1)^n\prod_{i=1}^{n}\lambda_i.
\end{aligned}$$

上述关系说明:当式(6.20)的全部特征根均具有负实部时,则必有

- 特征多项式所有的系数符号相同;
- 特征多项式所有系数均不为零．

我们将在以下应用这两个基本事实．现在,我们根据特征方程(6.20)构造如下所谓的 Routh 阵列(Routh 表格)

$$
\begin{array}{cccccc}
\lambda^{n} & a_{n} & a_{n-2} & a_{n-4} & a_{n-6} & \cdots \\
\lambda^{n-1} & a_{n-1} & a_{n-3} & a_{n-5} & a_{n-7} & \cdots \\
\lambda^{n-2} & b_{1} & b_{2} & b_{3} & b_{4} & \cdots \\
\lambda^{n-3} & c_{1} & c_{2} & c_{3} & c_{4} & \cdots \\
\lambda^{n-4} & d_{1} & d_{2} & d_{3} & d_{4} & \cdots \\
\vdots & \vdots & \vdots & \vdots & \vdots & \vdots \\
\lambda^{2} & e_{1} & e_{2} & & & \\
\lambda^{1} & f_{1} & & & & \\
\lambda^{0} & a_{0} & & & &
\end{array}
$$

阵列中第一行和第二行由特征方程直接填写，而从第三行起，各元素由下列公式定义：

$$
b_1=\frac{-\begin{vmatrix} a_n & a_{n-2} \\ a_{n-1} & a_{n-3} \end{vmatrix}}{a_{n-1}},b_2=\frac{-\begin{vmatrix} a_n & a_{n-4} \\ a_{n-1} & a_{n-5} \end{vmatrix}}{a_{n-1}},b_3=\frac{-\begin{vmatrix} a_n & a_{n-6} \\ a_{n-1} & a_{n-7} \end{vmatrix}}{a_{n-1}},\cdots
$$

直到其余的 b_i 均为零为止．第四行由第二行和第三行以同样的方法定义，即

$$
c_1=\frac{-\begin{vmatrix} a_n & a_{n-3} \\ b_1 & b_2 \end{vmatrix}}{b_1},c_2=\frac{-\begin{vmatrix} a_{n-1} & a_{n-5} \\ b_1 & b_3 \end{vmatrix}}{b_1},c_3=\frac{-\begin{vmatrix} a_{n-1} & a_{n-7} \\ b_1 & b_4 \end{vmatrix}}{b_1},\cdots
$$

依此类推，直到求出第 $n+1$ 行为止．Routh 阵列的形状呈倒三角形，最后一行只有一个元素，即式(6.20)中的系数 a_0．

基于 Routh 阵列，Routh-Hurwitz 定理表述如下[2]：

定理 6.2(Routh-Hurwitz 稳定判据)　线性定常系统(6.15)渐近稳定的充分必要条件是 Routh 阵列中第一列所有元素符号相同．

例 6.4　假定系统(6.11)的特征方程为

$$
(\lambda+1)(\lambda+2)(\lambda-1-3j)(\lambda-1+3j)=(\lambda^4+\lambda^3+6\lambda^2+26\lambda+20)=0
$$

则它的 Routh 阵列是

$$
\begin{array}{llll}
\lambda^4 & 1 & 6 & 20 \\
\lambda^3 & 1 & 26 & \\
\lambda^2 & \dfrac{-\begin{vmatrix} 1 & 6 \\ 1 & 26 \end{vmatrix}}{1}=-20 & \dfrac{-\begin{vmatrix} 1 & 20 \\ 1 & 0 \end{vmatrix}}{1}=20 & \\
\lambda & \dfrac{-\begin{vmatrix} 1 & 26 \\ -20 & 20 \end{vmatrix}}{-20}=27 & & \\
\lambda^0 & 20 & &
\end{array}
$$

由此我们看到,它的第一列元素符号不同号．所以根据上述定理 6.2,相应系统(6.15)不稳定．

定理 6.1 和定理 6.2 提供了依据系统特征值或特征方程来判定线性定常系统稳定性的方法．对于高阶系统、时变系统或更一般的非线性系统,这些方法都显得无能为力．在这些情形下,运用 Lyapunov 直接方法则常常可以取得很好的效果．

Lyapunov 直接法的基本思想是:基于系统(6.8),直接构造一个类似于“能量”的函数,通过分析它及其沿(6.8)轨线一阶导数的定号性,而获得系统稳定性的有关信息．

定理 6.3(全局一致渐近稳定性判定定理) 假设 $\boldsymbol{x}_e=\boldsymbol{0}$ 是非线性系统(6.8)的一个平衡态,且存在一个关于 $\boldsymbol{x}$ 和 t 具有连续一阶偏导数的标量函数 $V(\boldsymbol{x},t)$,$V(\boldsymbol{0},t)=0$,使满足

1) $V(\boldsymbol{x},t)$ 正定且有界,即存在两个连续的非减标量函数 $\alpha(\|\boldsymbol{x}\|)$ 和 $\beta(\|\boldsymbol{x}\|)$,使 $\alpha(0)=0$ 和 $\beta(0)=0$,且对一切 $t\geqslant t_0$ 和 $\boldsymbol{x}\neq\boldsymbol{0}$ 满足

$$0<\alpha(\|\boldsymbol{x}\|)\leqslant V(\boldsymbol{x},t)\leqslant\beta(\|\boldsymbol{x}\|);\tag{6.21}$$

2) $V(\boldsymbol{x},t)$ 对时间 t 的导数 $\dot{V}(\boldsymbol{x},t)$ 负定且有界,即存在一个连续的非减标量函数 $\gamma(\|\boldsymbol{x}\|)$ 使 $\gamma(0)=0$,且对一切 $t\geqslant t_0$ 和一切 $\boldsymbol{x}\neq\boldsymbol{0}$ 满足

$$\dot{V}(\boldsymbol{x},t)\leqslant-\gamma(\|\boldsymbol{x}\|)<0;\tag{6.22}$$

3) 当 $\|\boldsymbol{x}\|\to\infty$ 时,$\alpha(\|\boldsymbol{x}\|)\to\infty$ (从而 $V(\boldsymbol{x},t)\to\infty$),

则 $\boldsymbol{x}_e$ 是全局一致渐近稳定的．

证明 我们分以下三步来完成定理证明．

第一步:证明 $\boldsymbol{x}_e$ 是一致稳定的．事实上由于 $\beta(\|\boldsymbol{x}\|)$ 连续非减且 $\beta(0)=0$,对任给实数 $\varepsilon>0$,从而存在对应的实数 $\delta(\varepsilon)>0$,使 $\beta(\delta)\leqslant\alpha(\varepsilon)$．又因为 $\dot{V}(\boldsymbol{x},t)$ 为负定的,因此对一切 $t\geqslant t_0$ 必成立

$$V(\boldsymbol{x}(t,\boldsymbol{x}_0,t_0),t)-V(\boldsymbol{x}_0,t_0)=\int_{t_0}^{t}\dot{V}(\boldsymbol{x}(\tau;\boldsymbol{x}_0,t_0),\tau)\mathrm{d}\tau\leqslant 0.\tag{6.23}$$

由此并应用式(6.21),对任意 t_0 和满足 $\|\boldsymbol{x}_0\|\leqslant\delta(\varepsilon)$ 的 $\boldsymbol{x}_0$,我们推出:对一切$t\geqslant t_0$ 有

$$\alpha(\|\boldsymbol{x}(t;\boldsymbol{x}_0,t_0)\|)\leqslant V(\boldsymbol{x}(t;\boldsymbol{x}_0,t_0),t)\leqslant V(\boldsymbol{x}_0,t_0)\leqslant\beta(\|\boldsymbol{x}_0\|)\leqslant\beta(\delta)\leqslant\alpha(\varepsilon).\tag{6.24}$$

因此

$$\|\boldsymbol{x}(t;\boldsymbol{x}_0,t_0)\|\leqslant\varepsilon,\quad\forall t\geqslant t_0.\tag{6.25}$$

依据定义,这即说明 $\boldsymbol{x}_e=\boldsymbol{0}$ 一致稳定．

第二步:证明系统(6.8)的解一致有界．事实上,因为 $\alpha(\|\boldsymbol{x}\|)$ 连续,且当 $\|\boldsymbol{x}\|\to\infty$ 时,$\alpha(\|\boldsymbol{x}\|)\to\infty$,所以对任意初始时刻 t_0 和任意初始状态 $\boldsymbol{x}_0=\boldsymbol{x}(t_0)$,

如令 $\|\boldsymbol{x}_0\| = \sigma$，则必存在有限正数 M，使得

$$\beta(\sigma) = \beta(\|\boldsymbol{x}_0\|) \leqslant \alpha(M).$$

因为 $\dot{V}(\boldsymbol{x},t)$ 为负定的，因此对任意初始状态 $\boldsymbol{x}_0 = \boldsymbol{x}(t_0)$ 和一切 $t \geqslant t_0$ 成立．

$$\alpha(\|\boldsymbol{x}(t;\boldsymbol{x}_0,t_0)\|) \leqslant V(\boldsymbol{x}(t;\boldsymbol{x}_0,t_0),t) \leqslant V(\boldsymbol{x}_0,t_0) \leqslant \beta(\|\boldsymbol{x}_0\|) = \beta(\sigma) \leqslant \alpha(M).$$

又因为 $\alpha(\|\boldsymbol{x}\|)$ 连续非减，从而对所有 $t \geqslant t_0$ 成立

$$\|\boldsymbol{x}(t,\boldsymbol{x}_0,t_0\| \leqslant M.$$

此即说明系统(6.8)的解一致有界．

第三步：证明 $\boldsymbol{x}_e = \boldsymbol{0}$ 是全局一致吸引的．因为当 $\boldsymbol{x} \neq \boldsymbol{0}$ 时，$\beta(\|\boldsymbol{x}\|) \geqslant \alpha(\|\boldsymbol{x}\|) > 0$，而 $\beta(\|\boldsymbol{x}\|)$ 连续且 $\beta(0) = 0$，所以对任意给定的正数 μ，必存在正数 $\upsilon = \upsilon(\mu)$ 使得 $0 < \beta(\upsilon) \leqslant \alpha(\mu)$．由第二步证明知，系统(6.8)的解是一致有界的，即由任意初始状态 $\boldsymbol{x}_0(\|\boldsymbol{x}_0\| = \sigma)$ 出发的运动 $\boldsymbol{x}(t;\boldsymbol{x}_0,t_0)$ 满足 $\|\boldsymbol{x}(t;\boldsymbol{x}_0,t_0)\| \leqslant M$．而由题设条件知，对一切 $t \geqslant t_0$ 和 $\boldsymbol{x} \neq \boldsymbol{0}$ 有 $\dot{V}(x,t) \leqslant -\gamma(\|x\|) < 0$，而 $\gamma(\|x\|)$ 是连续非减的，所以 $\gamma(\|x\|)$ 在 $\upsilon \leqslant \|x\| \leqslant M$ 范围内必有非零最小值．不妨令

$$\rho = \rho(\mu,\sigma) = \min_{\upsilon \leqslant \|x\| \leqslant M} \gamma(\|x\|),$$

$$T = T(\mu,\sigma) = \frac{\beta(\sigma)}{\rho}.$$

现在用反证法证明：至少存在某一时刻 $t_1 \in [t_0, t_0 + T]$，使得对正数 $\upsilon = \upsilon(\mu)$ 满足 $\|x(t_1;x_0,t_0)\| \leqslant \upsilon$．事实上，如若不然，则对任意 $t \in [t_0, t_0 + T]$ 均有 $\|x(t;x_0,t_0)\| > \upsilon$．由 $V(\boldsymbol{x},t)$ 有界且 $\dot{V}(\boldsymbol{x},t)$ 负定，由此推出

$$\begin{aligned}
0 &< \alpha(\upsilon) \\
&\leqslant \alpha(\|\boldsymbol{x}(t;\boldsymbol{x}_0,t_0)\|) \\
&\leqslant V(\boldsymbol{x}(t;\boldsymbol{x}_0,t_0),t) \\
&\leqslant V(\boldsymbol{x}_0,t_0) + \int_{t_0}^{t} \dot{V}(\boldsymbol{x}(\tau;\boldsymbol{x}_0,t_0),\tau)\mathrm{d}\tau \\
&\leqslant V(\boldsymbol{x}_0,t_0) - T\gamma(\|\boldsymbol{x}(\tau;\boldsymbol{x}_0,t_0)\|) \\
&\leqslant \beta(\|x_0\|) - T\rho \\
&= \beta(\sigma) - \beta(\sigma) \\
&= 0,
\end{aligned}$$

这是一个显然矛盾．该矛盾说明，至少存在某一时刻 $t_1 \in [t_0, t_0 + T]$，使得对正数 $\upsilon = \upsilon(\mu)$ 满足 $\|x(t_1;x_0,t_0)\| \leqslant \upsilon$．此时，当 $t \geqslant t_0 + T$ 时，

$$\begin{aligned}
\alpha(\|\boldsymbol{x}(t;\boldsymbol{x}_0,t_0)\|) &\leqslant V(\boldsymbol{x}(t;\boldsymbol{x}_0,t_0),t) \leqslant V(\boldsymbol{x}(t_1;\boldsymbol{x}_0,t_0),t_1) \\
&\leqslant \beta(\|\boldsymbol{x}(t_1;\boldsymbol{x}_0,t_0)\|) \leqslant \beta(\upsilon) \leqslant \alpha(\mu).
\end{aligned}$$

因为 $\alpha(\|\boldsymbol{x}\|)$ 为连续非减函数，从上式推出：对所有 $t \geqslant t_0 + T$

$$\|\boldsymbol{x}(t;\boldsymbol{x}_0,t_0)\| \leqslant \mu.$$

由 μ 的任意性,这说明:当 $t\to\infty$ 时,$\boldsymbol{x}(t;\boldsymbol{x}_0,t_0)\to 0$. 由于以上证明中 T 与初始时刻 t_0 和初始状态 $\boldsymbol{x}_0$ 无关,所以 $\dot{\boldsymbol{x}}_e=\boldsymbol{0}$ 是全局一致吸引的. □

定理 6.3 的意义在于将判定一个系统的稳定性问题归结到了寻找一个合适的 Lyapunov 函数的问题. 对于线性定常系统,这样的 Lyapunov 函数可取为系统状态变量的一个二次型函数,但对于一般的非线性系统,Lyapunov 函数的构造则需要根据具体问题确定.

定理 6.3 对于一些常见的特殊系统能做进一步的简化或深化.

例如,对于定常非线性系统

$$\dot{\boldsymbol{x}}=f(\boldsymbol{x}),t\geqslant 0, \tag{6.26}$$

定理 6.3 可简化定理 6.4.

定理 6.4(定常系统的全局一致渐近稳定性判定定理) 假定 $\boldsymbol{x}_e=\boldsymbol{0}$ 是系统(6.26)的一个平衡态,如果存在一个连续可微的标量函数 $V(\boldsymbol{x})$ 使 $V(\boldsymbol{0})=0$,而且对状态空间 $\boldsymbol{X}$ 中的一切 $\boldsymbol{x}\neq\boldsymbol{0}$ 满足如下条件:

1) $V(\boldsymbol{x})$ 正定;

2) $V(\boldsymbol{x})$ 关于时间 t 的导数 $\dot{V}(\boldsymbol{x})\triangleq \mathrm{d}V(\boldsymbol{x})/\mathrm{d}t$ 负定(或 $\dot{V}(\boldsymbol{x})$ 为负半定,但对任意 $\boldsymbol{x}_0\in\boldsymbol{X}$,$\dot{V}(\boldsymbol{x}(t,\boldsymbol{x}_0,0))\neq 0$ 恒成立);

3) 当 $\|\boldsymbol{x}\|\to\infty$ 时,$V(\boldsymbol{x})\to\infty$,

则平衡态 $\boldsymbol{x}_e=\boldsymbol{0}$ 是全局一致渐近稳定的.

进一步,当式(6.26)退化为线性系统

$$\dot{\boldsymbol{x}}=\boldsymbol{A}\boldsymbol{x},\boldsymbol{x}(0)=\boldsymbol{x}_0,t\geqslant 0 \tag{6.27}$$

时,定理 6.3 可深化到下述定理:

定理 6.5(Lyapunov 判据) 线性定常系统(6.27)的平衡态 $\boldsymbol{x}_e=\boldsymbol{0}$ 是渐近稳定的充分必要条件是:对任何正定对称矩阵 $\boldsymbol{Q}$,如下 Lyapunov 方程

$$\boldsymbol{A}^{\mathrm{T}}\boldsymbol{P}+\boldsymbol{P}\boldsymbol{A}=-\boldsymbol{Q}$$

有唯一的对称正定矩阵解 $\boldsymbol{P}$.

例 6.5 给定非线性系统

$$\begin{cases}\dot{x}_1=x_2-x_1(x_1^2+x_2^2),\\ \dot{x}_2=-x_1-x_2(x_1^2+x_2^2).\end{cases}$$

易知原点 $x_e=\boldsymbol{0}$ 为该系统唯一平衡态. 现构造 Lyapunov 函数 $V(\boldsymbol{x})$

$$V(\boldsymbol{x})=x_1^2+x_2^2,$$

则 $V(\boldsymbol{x})$ 是正定的,而且

$$\dot{V}(\boldsymbol{x})=\frac{\partial V(\boldsymbol{x})}{\partial x_1}\frac{\mathrm{d}x_1}{\mathrm{d}t}+\frac{\partial V(\boldsymbol{x})}{\partial x_2}\frac{\mathrm{d}x_2}{\mathrm{d}t}=-2(x_1^2+x_2^2)^2.$$

此说明 $\dot{V}(\boldsymbol{x})$ 负定,另外当 $\|\boldsymbol{x}\|=\sqrt{x_1^2+x_2^2}\to\infty$ 时,显然有 $V(\boldsymbol{x})=\|\boldsymbol{x}\|^2\to\infty$,

因此，由定理 6.4，此系统的平衡态 $\boldsymbol{x}_e=\boldsymbol{0}$ 是全局渐近稳定的．

1960 年，J. P. Lasalle 发现了 Lyapunov 函数与极限集之间的关系．他认为关于运动极限位置的研究，实际上就是考察该运动的渐近行为．特别地，他说明通过适当选取 Lyapunov 函数以及利用极限集的某种不变性质可给出极限集的定位信息，这种思想被后人称之为 Lasalle 不变原理．以下仅就定常系统介绍这一原理．在此之前，我们先给出有关正向不变集的概念．

一个集合 $M\subset R^n$ 称为是系统(6.26)的正向不变集，如果对于任意 $\boldsymbol{x}_0\in M$，(6.26)的轨线 $\boldsymbol{x}(t;\boldsymbol{x}_0,t_0)\subset M(t\geqslant t_0)$；称当 $t\to\infty$ 时，$\boldsymbol{x}(t;\boldsymbol{x}_0,t_0)$ 逼近于 M（记为 $\boldsymbol{x}(t;\boldsymbol{x}_0,t_0)\to M$），如果存在 $p\in M$ 和 t_n（$t_n\to\infty$，$n\to\infty$）使得当 $n\to\infty$ 时，$\|\boldsymbol{x}(t_n,\boldsymbol{x}_0,t_0)-p\|\to 0$.

定理 6.6（Lasalle 不变原理）　设 D 是一有界闭集，且从 D 内出发的任何轨线（即式(6.26)的解）$\boldsymbol{x}(t;\boldsymbol{x}_0,t_0)$ 含于 D. 如果存在定义于区域 D 上的连续实函数 $V(\boldsymbol{x})$，它具有一阶连续偏导数且沿(6.26)轨线的导数 $\left.\dfrac{\mathrm{d}V}{\mathrm{d}t}\right|_{(6.26)}$ 满足

$$\left.\frac{\mathrm{d}V}{\mathrm{d}t}\right|_{(6.26)}\leqslant 0.$$

又设

$$E=\left\{\boldsymbol{x}\,\middle|\,\left.\frac{\mathrm{d}V}{\mathrm{d}t}\right|_{(6.26)}=0,\boldsymbol{x}\in D\right\},$$

且 M 是包含于 E 中的最大正向不变集，则当 $t\to\infty$ 时，$\boldsymbol{x}(t;\boldsymbol{x}_0,t_0)$ 逼近于 M. 特别地，如果 M 只含有唯一平衡态 $\boldsymbol{x}_e$，则 $\boldsymbol{x}_e$ 是渐近稳定的．

6.3.2　能控性判据

考虑线性系统

$$\begin{cases}\dot{\boldsymbol{x}}(t)=\boldsymbol{A}\boldsymbol{x}(t)+\boldsymbol{B}\boldsymbol{u}(t),\\ \boldsymbol{y}(t)=\boldsymbol{C}\boldsymbol{x}(t),\\ \boldsymbol{x}(0)=\boldsymbol{x}_0,t\geqslant 0.\end{cases}\tag{6.28}$$

式中，$\boldsymbol{x}(t)$ 为 n 维状态向量，$\boldsymbol{u}(t)$ 为 r 维控制输入向量，$\boldsymbol{y}(t)$ 为 m 维输出向量．

定理 6.7（能控性的 Gram 矩阵判据）　线性系统(6.28)为完全能控的充分必要条件是：存在时刻 $t_1>0$ 使如下定义的 Gram 矩阵

$$W_c[0,t_1]\triangleq\int_0^{t_1}\mathrm{e}^{-\boldsymbol{A}t}\boldsymbol{B}\boldsymbol{B}^{\mathrm{T}}e^{-\boldsymbol{A}^{\mathrm{T}}t}\mathrm{d}t$$

非奇异．

证明　1）充分性：假定存在时刻 $t_1>0$ 使如上定义的 Gram 矩阵 $W_c[0,t_1]$ 非奇异，我们以下应用构造性方法证明系统(6.28)必完全能控．事实上，对任一非零初始状态 $\boldsymbol{x}_0$，构造控制 $\boldsymbol{u}(t)$ 如下：

$$\boldsymbol{u}(t) = -\boldsymbol{B}^{\mathrm{T}} e^{-\boldsymbol{A}^{\mathrm{T}} t} W_c^{-1}[0, t_1]\boldsymbol{x}_0, \quad t \in [0, t_1].$$

显然,在控制 $\boldsymbol{u}(t)$ 作用下系统状态 $\boldsymbol{x}(t)$ 在 t_1 时刻的状态为

$$\begin{aligned} \boldsymbol{x}(t_1) &= \mathrm{e}^{\boldsymbol{A}t_1}\boldsymbol{x}_0 + \int_0^{t_1} \mathrm{e}^{\boldsymbol{A}(t_1-t)}\boldsymbol{B}\boldsymbol{u}(t)\,\mathrm{d}t \\ &= \mathrm{e}^{\boldsymbol{A}t_1}\boldsymbol{x}_0 - \mathrm{e}^{\boldsymbol{A}t_1}\int_0^{t_1} \mathrm{e}^{-\boldsymbol{A}^{\mathrm{T}}}\boldsymbol{B}\boldsymbol{B}^{\mathrm{T}}\mathrm{e}^{-\boldsymbol{A}^{\mathrm{T}}} W_c^{-1}[0,t_1]\boldsymbol{x}_0\,\mathrm{d}t \\ &= \mathrm{e}^{\boldsymbol{A}t_1}\boldsymbol{x}_0 - \mathrm{e}^{\boldsymbol{A}t_1} W_c[0,t_1]W_c^{-1}[0,t_1]\boldsymbol{x}_0 \\ &= \mathrm{e}^{\boldsymbol{A}t_1}\boldsymbol{x}_0 - \mathrm{e}^{\boldsymbol{A}t_1}\boldsymbol{x}_0 = 0. \end{aligned}$$

这表明:对任一非零初态 $\boldsymbol{x}_0$,存在有限时刻 $t_1 > 0$ 和控制 $\boldsymbol{u}(t)$,使系统(6.28)的状态 $\boldsymbol{x}(t;\boldsymbol{x}_0,t_0)$ 在 t_1 时刻为 $\boldsymbol{x}(t_1) = \boldsymbol{0}$. 根据定义,这即指系统是完全能控的.

2) 必要性:由于系统完全能控,存在有限时刻 $t_1 > 0$ 和控制 $\boldsymbol{u}(t)$,使系统状态由 $\boldsymbol{x}_0$ 转移到 t_1 时刻的 $\boldsymbol{x}(t_1) = \boldsymbol{0}$. 我们以下用反证法证明,此时必有 $W_c[0,t_1]$ 非奇异. 事实上,如若不然,则存在某个非零向量 $\bar{\boldsymbol{x}}_0 \in R^n$,使得

$$\bar{\boldsymbol{x}}_0^{\mathrm{T}} W_c[0,t_1]\bar{\boldsymbol{x}}_0 = 0.$$

由此,进一步有

$$\begin{aligned} 0 = \bar{\boldsymbol{x}}_0^{\mathrm{T}} W_c[0,t_1]\bar{\boldsymbol{x}}_0 &= \int_0^{t_1} \bar{\boldsymbol{x}}_0^{\mathrm{T}}\mathrm{e}^{-\boldsymbol{A}t}\boldsymbol{B}\boldsymbol{B}^{\mathrm{T}}\mathrm{e}^{-\boldsymbol{A}^{\mathrm{T}}t}\bar{\boldsymbol{x}}_0\,\mathrm{d}t \\ &= \int_0^{t_1} (\boldsymbol{B}^{\mathrm{T}}\mathrm{e}^{-\boldsymbol{A}^{\mathrm{T}}t}\bar{\boldsymbol{x}}_0)^{\mathrm{T}}(\boldsymbol{B}^{\mathrm{T}}\mathrm{e}^{-\boldsymbol{A}^{\mathrm{T}}t}\bar{\boldsymbol{x}}_0)\,\mathrm{d}t = \int_0^{t_1} \left\| \boldsymbol{B}^{\mathrm{T}}\mathrm{e}^{-\boldsymbol{A}^{\mathrm{T}}t}\bar{\boldsymbol{x}}_0 \right\|^2 \mathrm{d}t. \end{aligned}$$

由于范数非负,上式成立当且仅当

$$\boldsymbol{B}^{\mathrm{T}}\mathrm{e}^{-\boldsymbol{A}^{\mathrm{T}}t}\bar{\boldsymbol{x}}_0 = 0, \forall t \in [0, t_1],$$

而由于 $\boldsymbol{x}(t_1) = \boldsymbol{0}$,对于非零向量 $\bar{\boldsymbol{x}}_0$,有

$$\boldsymbol{0} = \boldsymbol{x}(t_1) = \mathrm{e}^{\boldsymbol{A}t_1}\bar{\boldsymbol{x}}_0 + \mathrm{e}^{\boldsymbol{A}t_1}\int_0^{t_1} \mathrm{e}^{-\boldsymbol{A}t}\boldsymbol{B}\boldsymbol{u}(t)\,\mathrm{d}t.$$

于是

$$\bar{\boldsymbol{x}}_0 = -\int_0^{t_1} \mathrm{e}^{-\boldsymbol{A}t}\boldsymbol{B}\boldsymbol{u}(t)\,\mathrm{d}t,$$

$$\|\bar{\boldsymbol{x}}_0\|^2 = \bar{\boldsymbol{x}}_0^{\mathrm{T}}\bar{\boldsymbol{x}}_0 = \left(-\int_0^{t_1} \mathrm{e}^{-\boldsymbol{A}t}\boldsymbol{B}\boldsymbol{u}(t)\,\mathrm{d}t\right)^{\mathrm{T}}\bar{\boldsymbol{x}}_0 = -\int_0^{t_1} \boldsymbol{u}^{\mathrm{T}}(t)\boldsymbol{B}^{\mathrm{T}}\mathrm{e}^{-\boldsymbol{A}^{\mathrm{T}}t}\bar{\boldsymbol{x}}_0\,\mathrm{d}t = 0.$$

这推出 $\bar{\boldsymbol{x}}_0 = \boldsymbol{0}$,与 $\bar{\boldsymbol{x}}_0 \neq \boldsymbol{0}$ 的假设矛盾. 这一矛盾说明 $W_c[0,t_1]$ 非奇异,从而定理 6.7得证.

应用 Gram 矩阵判据必须计算指数矩阵 $\mathrm{e}^{\boldsymbol{A}t}$,当矩阵 A 的维数较大时,这一般是很困难的事. 所以该判据主要用于理论分析,而更实用的是下述秩判据.

定理 6.8(能控性的秩判据) 线性系统(6.28)完全能控的充分必要条件是矩阵 $\boldsymbol{S}_c = (\boldsymbol{B} \quad \boldsymbol{A}\boldsymbol{B} \quad \cdots \quad \boldsymbol{A}^{n-1}\boldsymbol{B})$ 的秩等于 n (这里 $\boldsymbol{S}_c$ 的阶数为 $n \times nr$,称为能控性矩阵).

证明 1)充分性:假设 $\mathrm{rank}(\boldsymbol{S}_c) = n$,我们证明系统为完全能控.

采用反证法．反设系统为不完全能控，则根据定理 6.7，Gram 矩阵

$$W_c[0,t_1]\triangleq\int_0^{t_1}e^{-At}BB^{T}e^{-A^{T}t}dt$$

对任何 t_1 奇异，这意味着：存在某个非零 n 维向量 α 使成立

$$0=\alpha^{T}W_c[0,t_1]\alpha=\int_0^{t_1}\alpha^{T}e^{-A^{T}t}BB^{T}e^{-At}\alpha\,dt$$

$$=\int_0^{t_1}(\alpha^{T}e^{-At}B)^{T}(\alpha^{T}e^{-At}B)dt=\int_0^{t_1}\|\alpha^{T}e^{-At}B\|^{2}dt,$$

这推出

$$\alpha^{T}e^{-At}B=0,\ \forall t\in[0,t_1].$$

将上式求导 $(n-1)$ 次，再在所得结果中令 $t=0$，则得出

$$\alpha^{T}B=0,\alpha^{T}AB=0,\alpha^{T}A^{2}B=0,\cdots,\alpha^{T}A^{n-1}B=0,$$

此即

$$\alpha^{T}(B\quad AB\quad\cdots\quad A^{n-1}B)=\alpha^{T}S_c=0.$$

由于 $\alpha\neq 0$，上式意味着 S_c 的 n 个行向量必线性相关，此与 $\mathrm{rank}(S_c)=n$ 的假设矛盾．这一矛盾说明系统(6.28)是完全能控的．

2) 必要性：假设系统(6.28)为完全能控，我们证 $\mathrm{rank}(S_c)=n$. 我们仍采用反证法，即反设 $\mathrm{rank}(S_c)<n$，于是 S_c 的 n 个行向量线性相关．因此，存在非零 n 维向量 α 使得

$$\alpha^{T}S_c=\alpha^{T}(B\quad AB\quad\cdots\quad A^{n-1}B)=0,$$

此即

$$\alpha^{T}A^{i}B=0,\ i=0,1,\cdots,n-1.$$

根据矩阵论中的 Hamilton-Cayley 定理，$A^{n},A^{n+1},\cdots$，等矩阵乘幂均可表为 I，$A,\cdots,A^{n-1}$ 的线性组合，由此推得

$$\alpha^{T}A^{i}B=0,i=0,1,\cdots,n,\cdots.$$

从而，对任意 $t>0$ 有

$$0=\alpha^{T}\left(I-At+\frac{1}{2!}A^{2}t^{2}-\frac{1}{3!}A^{3}t^{3}+\cdots\right)B=\alpha^{T}e^{-At}B,$$

于是

$$0=\int_0^{t_1}\alpha^{T}e^{-At}BB^{T}e^{-A^{T}t}\alpha\,dt=\alpha^{T}W_c[0,t_1]\alpha.$$

这表明 Gram 矩阵 $W_c[0,t_1]$ 奇异，从而系统不完全能控，与假设矛盾．这一矛盾说明 $\mathrm{rank}(S_c)=n$，定理 6.8 的必要性得证． □

定理 6.8 能推广到如下线性时变系统

$$\begin{cases}\dot{x}(t)=A(t)x(t)+B(t)u(t),\\ y(t)=C(t)x(t),\\ x(t_0)=x_0,\quad t\geqslant t_0.\end{cases}\tag{6.29}$$

式中，$\boldsymbol{x}(t)$为n维状态向量，$\boldsymbol{u}(t)$为r维控制输入向量，$\boldsymbol{y}(t)$为m维输出向量．$\boldsymbol{A}(t)$,$\boldsymbol{B}(t)$和$\boldsymbol{C}(t)$分别为$n\times n$维，$n\times r$维和$m\times n$维时变矩阵．假定系统(6.29)存在唯一解$\boldsymbol{x}(t)$.

定理 6.9(Gram 矩阵判据)　线性时变系统(6.29)在时刻t_0为完全能控的充分必要条件是:存在一个有限时刻$t_1>t_0$，使如下定义的 Gram 矩阵

$$W_c[t_0,t_1]\triangleq\int_{t_0}^{t_1}\boldsymbol{\Phi}(t,t_0)\boldsymbol{B}(t)\boldsymbol{B}^{\mathrm{T}}(t)\boldsymbol{\Phi}^{\mathrm{T}}(t,t_0)\mathrm{d}t$$

为非奇异,这里$\boldsymbol{\Phi}(\cdot,\cdot)$为系统(6.29)的状态转移矩阵,即满足如下矩阵微分方程初值问题

$$\frac{\mathrm{d}\boldsymbol{\Phi}(t,t_0)}{\mathrm{d}t}=\boldsymbol{A}(t)\boldsymbol{\Phi}(t,t_0),\quad \boldsymbol{\Phi}(t_0,t_0)=I$$

的唯一解.

对于一般非线性系统能控性的判定,需要应用更为专门和深入的数学知识,此处从略.

6.3.3 能观性判据

能控性与能观性在一定意义下具有对偶性,利用这种对偶性可以建立以下有关系统(6.28)和(6.29)的能观性判定定理.

定理 6.10(线性时变系统能观性 Gram 判定定理)　线性时变系统(6.29)在时刻t_0为完全能观的充分必要条件是:存在一个有限时刻$t_1>t_0$，使如下定义的 Gram 矩阵

$$W_0[t_0,t_1]\triangleq\int_{t_0}^{t_1}\boldsymbol{\Phi}^{\mathrm{T}}(t,t_0)\boldsymbol{C}^{\mathrm{T}}(t)\boldsymbol{C}(t)\boldsymbol{\Phi}(t,t_0)\mathrm{d}t$$

非奇异.

定理 6.11(线性定常系统能观性秩判定定理)　线性定常系统(6.28)能观的充分必要条件是矩阵$\boldsymbol{S}_0=(\boldsymbol{C}^{\mathrm{T}}\quad(\boldsymbol{CA})^{\mathrm{T}},\cdots,(\boldsymbol{CA}^{n-1})^{\mathrm{T}})^{\mathrm{T}}$的秩等于$n$(这里$\boldsymbol{S}_0$的阶数为$nm\times n$，称之为能观性矩阵).

注意到,能控性反映的是系统状态与输入之间的关系,因此其检验条件(定理 6.7～定理 6.9)只与矩阵$\boldsymbol{A}$和$\boldsymbol{B}$相关;而能观性反映的是系统状态和输出之间的关系,因此其检验条件(定理 6.10～定理 6.11)只与矩阵$\boldsymbol{A}$与$\boldsymbol{C}$相关.

例 6.6　下列系统是能控的:

$$\begin{bmatrix}\dot{x}_1(t)\\ \dot{x}_2(t)\\ \dot{x}_3(t)\end{bmatrix}=\begin{bmatrix}-1 & 1 & 0\\ 0 & -1 & 0\\ 0 & 0 & 2\end{bmatrix}\begin{bmatrix}x_1(t)\\ x_2(t)\\ x_3(t)\end{bmatrix}+\begin{bmatrix}0\\ 4\\ 3\end{bmatrix}u(t).$$

这是因为其能控性矩阵 $S_c=(\boldsymbol{B}\quad \boldsymbol{AB}\quad \boldsymbol{A}^2\boldsymbol{B})=\begin{bmatrix}0 & 4 & -8\\ 4 & -4 & 4\\ 3 & 6 & 12\end{bmatrix}$ 的秩为 3，等于系统的阶数；如下定义的系统

$$\begin{bmatrix}\dot{x}_1(t)\\ \dot{x}_2(t)\end{bmatrix}=\begin{bmatrix}-1 & 0\\ 0 & -2\end{bmatrix}\begin{bmatrix}x_1(t)\\ x_2(t)\end{bmatrix},\quad y(t)=\begin{bmatrix}1 & 3\end{bmatrix}\begin{bmatrix}x_1(t)\\ x_2(t)\end{bmatrix}$$

是能观的，这是因为它相应的能观性矩阵 $\boldsymbol{S}_0=(\boldsymbol{C}^{\mathrm{T}}(\boldsymbol{CA})^{\mathrm{T}})^{\mathrm{T}}=\begin{bmatrix}1 & 3\\ -1 & -6\end{bmatrix}$ 秩为 2，也等于系统的阶数．同样地，可以验证下述系统既是能控的又是能观的

$$\begin{bmatrix}\dot{x}_1(t)\\ \dot{x}_2(t)\\ \dot{x}_3(t)\\ \dot{x}_4(t)\\ \dot{x}_5(t)\end{bmatrix}=\begin{bmatrix}-2 & 1 & 0 & 0 & 0\\ 0 & -2 & 1 & 0 & 0\\ 0 & 0 & -2 & 0 & 0\\ 0 & 0 & 0 & -5 & 1\\ 0 & 0 & 0 & 0 & -5\end{bmatrix}\begin{bmatrix}x_1(t)\\ x_2(t)\\ x_3(t)\\ x_4(t)\\ x_5(t)\end{bmatrix}+\begin{bmatrix}0 & 1\\ 0 & 0\\ 3 & 0\\ 0 & 0\\ 2 & 1\end{bmatrix}\begin{bmatrix}u_1(t)\\ u_2(t)\end{bmatrix},$$

$$\begin{bmatrix}y_1(t)\\ y_2(t)\end{bmatrix}=\begin{bmatrix}1 & 1 & 1 & 0 & 0\\ 0 & 1 & 1 & 1 & 0\end{bmatrix}\begin{bmatrix}x_1(t)\\ x_2(t)\\ x_3(t)\\ x_4(t)\\ x_5(t)\end{bmatrix}.$$

6.4　最优控制

在现代控制理论中，一个非线性时变系统可一般地描述为

$$\begin{cases}\dot{\boldsymbol{x}}(t)=f(t;\boldsymbol{x}(t),\boldsymbol{u}(t)),\\ \boldsymbol{y}(t)=g(t;\boldsymbol{x}(t),\boldsymbol{u}(t)), & t\geqslant t_0,\\ \boldsymbol{x}(t_0)=\boldsymbol{x}_0,\end{cases}$$

其中，$\boldsymbol{x}(t)$ 为 n 维状态向量，$\boldsymbol{y}(t)$ 为 m 维输出向量，$\boldsymbol{u}(t)$ 为 r 维输入向量，$f(t;\boldsymbol{x}(t),\boldsymbol{u}(t))$ 和 $g(t;\boldsymbol{x}(t),\boldsymbol{u}(t))$ 分别为 n 维和 m 维向量函数．对于这样一个一般控制系统，当外界扰动使系统偏离平衡态时，在何种条件下，系统不需要施加任何控制可自动恢复到平衡态（即稳定性问题）？当系统稳定时，在何种条件下，存在控制作用 $\boldsymbol{u}(t)$ 使系统能从任意初始状态 $\boldsymbol{x}(t_0)$ 经过一段时间而转移到所期望的任一指定状态 $\boldsymbol{x}(t_f)$（即系统的能控性问题）？除此之外，对上述系统施加如何的控制，能使系统从 t_0 时刻起，到 t_f 时刻止达到所期望的终止状态 $\boldsymbol{x}(t_f)$，并满足一定的最优性性能指标，这即是最优控制问题[8,9]．

根据 6.2.3 节的讨论，一个一般的最优控制问题可描述为如下泛函极小化问题：

$$\begin{cases} \min\limits_{u} J(\boldsymbol{u}(\cdot)) = \theta(\boldsymbol{x}(t_f), t_f) + \int_{t_0}^{t_f} \varphi(t; \boldsymbol{x}(t), \boldsymbol{u}(t))\,\mathrm{d}t, \\ s.t. \quad \dot{\boldsymbol{x}}(t) = f(t; \boldsymbol{x}(t), \boldsymbol{u}(t)), \quad \boldsymbol{x}(t_0) = x_0, t \geqslant t_0. \end{cases} \tag{6.30}$$

在变分学中，式(6.30)被称为 Bolza 问题．在该问题中，如果 $\boldsymbol{x}(t_f)$ 等于某个固定值，则常称之为终端控制器设计问题；若 $\boldsymbol{x}(t_f) = 0$，则称之为调节器设计问题．

为了求解最优控制问题(6.30)，可构造 Hamilton 函数

$$H(t; \boldsymbol{x}(t), \boldsymbol{u}(t), \boldsymbol{\lambda}(t)) = \varphi(t; \boldsymbol{x}(t), \boldsymbol{u}(t)) + \boldsymbol{\lambda}^{\mathrm{T}}(t) f(t; \boldsymbol{x}(t), \boldsymbol{u}(t)),$$

其中，$\boldsymbol{\lambda}(t)$ 为依赖于时间 t 的 n 维 Langrange 乘子向量，而将式(6.30)转化为以下无约束优化问题：

$$\begin{aligned} \min_{u} J(\boldsymbol{u}(\cdot)) &= \theta(\boldsymbol{x}(t_f), t_f) + \int_{t_0}^{t_f} \{\varphi(t; \boldsymbol{x}(t), \boldsymbol{u}(t)) + \boldsymbol{\lambda}^{\mathrm{T}}(t)[f(t; \boldsymbol{x}(t), \boldsymbol{u}(t)) - \dot{\boldsymbol{x}}(t)]\}\,\mathrm{d}t \\ &= \theta(\boldsymbol{x}(t_f), t_f) + \int_{t_0}^{t_f} \{H(t; \boldsymbol{x}(t), \boldsymbol{u}(t), \boldsymbol{\lambda}(t)) - \boldsymbol{\lambda}^{\mathrm{T}}(t)\dot{\boldsymbol{x}}(t)\}\,\mathrm{d}t \end{aligned} \tag{6.31}$$

根据变分原理，上述无约束优化问题极值存在的必要条件是：

$$(\delta \boldsymbol{x})^{\mathrm{T}} \left(\frac{\partial \theta}{\partial x} - \boldsymbol{\lambda} \right) \bigg|_{t_f} = 0, \qquad \text{(横截条件)} \tag{6.32}$$

$$\dot{\boldsymbol{\lambda}}(t) = -\frac{\partial H}{\partial \boldsymbol{x}}, \qquad \text{(协态方程)} \tag{6.33}$$

$$\frac{\partial H}{\partial \boldsymbol{u}} = 0, \qquad \text{(耦合方程)} \tag{6.34}$$

$$\frac{\partial H}{\partial \boldsymbol{x}} = \dot{\boldsymbol{x}}, \text{即} \dot{\boldsymbol{x}}(t) = f(t; \boldsymbol{x}(t), \boldsymbol{u}(t)) \text{且} \boldsymbol{x}(t_0) = \boldsymbol{x}_0, \quad \text{(状态方程)} \tag{6.35}$$

其中，$\delta \boldsymbol{x}$ 为 $\boldsymbol{x}$ 的一阶变分．根据初值与终值条件，可以求解式(6.32)～式(6.35)而得出最优控制 $\hat{\boldsymbol{u}}(t)$，最优轨线 $\hat{\boldsymbol{x}}(t)$ 与最优 Langrange 乘子 $\hat{\boldsymbol{\lambda}}(t)$.

一个典型的情形是优化性能指标取为二次函数，此时相应的最优控制问题是

$$\begin{cases} \min\limits_{u} J(\boldsymbol{u}(\cdot)) = \frac{1}{2} \boldsymbol{x}^{\mathrm{T}}(t_f) \boldsymbol{S} \boldsymbol{x}(t_f) + \int_{t_0}^{t_f} (\boldsymbol{x}^{\mathrm{T}}(t) \boldsymbol{Q}(t) \boldsymbol{x}(t) + \boldsymbol{u}^{\mathrm{T}}(\boldsymbol{t}) \boldsymbol{R}(\boldsymbol{t}) \boldsymbol{u}(\boldsymbol{t}))\,\mathrm{d}t, \\ s.t. \quad \dot{\boldsymbol{x}}(t) = \boldsymbol{A}(t) \boldsymbol{x}(t) + \boldsymbol{B}(t) \boldsymbol{u}(t), \boldsymbol{x}(t_0) = \boldsymbol{x}_0. \end{cases} \tag{6.36}$$

式中，$\boldsymbol{R}(t)$ 为对称正定矩阵，$\boldsymbol{Q}(t)$ 和 $\boldsymbol{S}$ 为对称半正定矩阵，t_0 和 t_f 固定．优化问题(6.36)称为线性二次问题，简称 LQ(linear quadratic)问题．该问题的物理含义是：当系统受到外界扰动而偏离零平衡状态后，应施加怎样的控制 $\boldsymbol{u}(t)$ 以使系统回到零平衡状态附近，并满足二次最优性能．

在 LQ 问题(6.36)中,第一项 $\boldsymbol{x}^{\mathrm{T}}(t_f)\boldsymbol{S}\boldsymbol{x}(t_f)$ 表示稳态误差,第二项 $\int_{t_0}^{t_f}(\boldsymbol{x}^{\mathrm{T}}(t)\boldsymbol{Q}(t)\boldsymbol{x}(t))\mathrm{d}t$ 表示暂态误差的总度量,而 $\int_{t_0}^{t_f}(\boldsymbol{u}^{\mathrm{T}}(t)\boldsymbol{R}(t)\boldsymbol{u}(t))\,\mathrm{d}t$ 表示暂态过程中消耗的控制能量总和.

为了求解 LQ 问题,我们取 Hamilton 函数

$$H(t;\boldsymbol{x}(t),\boldsymbol{u}(t),\boldsymbol{\lambda}(t))=\frac{1}{2}(\boldsymbol{x}^{\mathrm{T}}(t)\boldsymbol{Q}(t)\boldsymbol{x}(t)+\boldsymbol{u}^{\mathrm{T}}(t)\boldsymbol{R}(t)\boldsymbol{u}(t))+\boldsymbol{\lambda}^{\mathrm{T}}(t)(\boldsymbol{A}(t)\boldsymbol{x}(t)+\boldsymbol{B}(t)\boldsymbol{u}(t))$$

并应用变分原理推导出 LQ 问题解满足的必要条件是:

$$\boldsymbol{\lambda}(t_f)=\left.\frac{\partial\theta}{\partial\boldsymbol{x}}\right|_{t_f}=\boldsymbol{S}\boldsymbol{x}(t_f), \tag{6.37}$$

$$\dot{\boldsymbol{\lambda}}(t)=-\frac{\partial H}{\partial\boldsymbol{\lambda}}\ (\Leftrightarrow\dot{\lambda}(t)=-(\boldsymbol{Q}(t)\boldsymbol{x}(t)+\boldsymbol{A}(t)\boldsymbol{\lambda}(t))), \tag{6.38}$$

$$\frac{\partial H}{\partial\boldsymbol{u}}=\boldsymbol{0}\ (\Leftrightarrow\ \ \boldsymbol{u}(t)=-\boldsymbol{R}^{-1}(t)\boldsymbol{B}^{\mathrm{T}}(t)\boldsymbol{\lambda}(t)), \tag{6.39}$$

$$\dot{\boldsymbol{x}}(t)=\boldsymbol{A}(t)\boldsymbol{x}(t)+\boldsymbol{B}(t)\boldsymbol{u}(t). \tag{6.40}$$

按常规方法求解上述微分方程组并不是容易的事.美国数学家 R. E. Kalman对此发现了一种巧妙方法.在这一方法中,他令

$$\boldsymbol{\lambda}(t)=\boldsymbol{P}(t)\boldsymbol{x}(t),$$

而将对 $\boldsymbol{\lambda}(t)$ 的求解转化到对函数矩阵 $\boldsymbol{P}(t)$ 的求解.特别地,将 $\boldsymbol{\lambda}(t)=\boldsymbol{P}(t)\boldsymbol{x}(t)$ 代入式(6.38),并应用状态方程(6.40)可得出函数矩阵 $\boldsymbol{P}(t)$ 应满足的微分方程是

$$\begin{cases}\dot{\boldsymbol{P}}(t)=-\boldsymbol{P}(t)\boldsymbol{A}(t)-\boldsymbol{A}^{\mathrm{T}}(t)\boldsymbol{P}(t)+\boldsymbol{P}(t)\boldsymbol{B}(t)\boldsymbol{R}^{-1}(t)\boldsymbol{B}^{\mathrm{T}}(t)\boldsymbol{P}(t)-\boldsymbol{Q}(t),\\ \boldsymbol{P}(t_f)=\boldsymbol{S}.\end{cases} \tag{6.41}$$

方程(6.41)是熟知的矩阵 Riccati 方程,对它的求解可应用成熟的 Euler 方法[5].假定方程(6.41)的唯一对称半正定解为 $\boldsymbol{P}(t)$,则 LQ 问题(6.36)的解 $\hat{\boldsymbol{u}}(t)$ 由下式给出:

$$\hat{\boldsymbol{u}}(t)=-\boldsymbol{R}^{-1}(t)\boldsymbol{B}^{\mathrm{T}}(t)\boldsymbol{P}(t)\boldsymbol{x}(t).$$

上述 LQ 问题的一个特例是动态方程为定常的情形,即

$$\dot{\boldsymbol{x}}(t)=\boldsymbol{A}\boldsymbol{x}(t)+\boldsymbol{B}\boldsymbol{u}(t), \tag{6.42}$$

相应的控制向量取为

$$\boldsymbol{u}(t)=-\boldsymbol{K}\boldsymbol{x}(t), \tag{6.43}$$

其中,$\boldsymbol{K}$ 为参数矩阵,而二次性能指标取为

$$J=\int_0^{\infty}(\boldsymbol{x}^{\mathrm{T}}(t)\boldsymbol{Q}\boldsymbol{x}(t)+\boldsymbol{u}^{\mathrm{T}}(t)\boldsymbol{R}\boldsymbol{u}(t))\mathrm{d}t, \tag{6.44}$$

这里 $\boldsymbol{Q}$ 和 $\boldsymbol{R}$ 是给定的实对称正定(或半正定)矩阵,它们规定了误差和控制信号能

量消耗的模式．在这一特别情形，可求出

$$\boldsymbol{K}=\boldsymbol{R}^{-1}\boldsymbol{B}^{\mathrm{T}}\boldsymbol{P}, \tag{6.45}$$

这里 $\boldsymbol{P}$ 是满足方程

$$\boldsymbol{A}^{\mathrm{T}}\boldsymbol{P}+\boldsymbol{PA}-\boldsymbol{PBR}^{-1}\boldsymbol{B}^{\mathrm{T}}\boldsymbol{P}+\boldsymbol{Q}=\boldsymbol{0} \tag{6.46}$$

的唯一对称半正定矩阵解．

称方程(6.46)是退化 Riccati 方程．这样，相应的最优控制问题就转化为求解矩阵方程(6.46)，由此求出矩阵 $\boldsymbol{P}$，然后代入式(6.45)得出矩阵 $\boldsymbol{K}$，最后代入式(6.43)，最终可获得使性能指标(6.44)极小的最优控制 $\hat{\boldsymbol{u}}(t)$．

例 6.7　设控制系统为

$$\begin{bmatrix}\dot{x}_1(t)\\ \dot{x}_2(t)\end{bmatrix}=\begin{bmatrix}0&1\\0&0\end{bmatrix}\begin{bmatrix}x_1(t)\\x_2(t)\end{bmatrix}+\begin{bmatrix}0\\1\end{bmatrix}u(t),$$

而控制信号取为 $u(t)=-\boldsymbol{Kx}(t)$，试求最优反馈增益矩阵 $\boldsymbol{K}$ 使二次性能指标

$$J=\int_0^{\infty}(x_1^2(t)+\mu x_2^2(t)+u^2(t))\mathrm{d}t\quad(\mu\geqslant 0)$$

极小．

解：由退化 Riccati 方程

$$\boldsymbol{A}^{\mathrm{T}}\boldsymbol{P}+\boldsymbol{PA}-\boldsymbol{PBR}^{-1}\boldsymbol{B}^{\mathrm{T}}\boldsymbol{P}+\boldsymbol{Q}=\boldsymbol{0}$$

可求得

$$\begin{bmatrix}0&0\\1&0\end{bmatrix}\begin{bmatrix}p_{11}&p_{12}\\p_{12}&p_{22}\end{bmatrix}+\begin{bmatrix}p_{11}&p_{12}\\p_{12}&p_{22}\end{bmatrix}\begin{bmatrix}0&1\\0&0\end{bmatrix}$$

$$-\begin{bmatrix}p_{11}&p_{12}\\p_{12}&p_{22}\end{bmatrix}\begin{bmatrix}0\\1\end{bmatrix}[1][0\quad 1]\begin{bmatrix}p_{11}&p_{12}\\p_{12}&p_{22}\end{bmatrix}+\begin{bmatrix}1&0\\0&\mu\end{bmatrix}=\begin{bmatrix}0&0\\0&0\end{bmatrix}.$$

上述矩阵方程等价于下述代数方程组

$$\begin{cases}1-p_{12}^2=0,\\ p_{11}-p_{12}p_{22}=0\\ \mu+2p_{12}-p_{22}^2=0.\end{cases},$$

在 $\boldsymbol{P}$ 是正定的约束条件下可求得该方程组的解为

$$\boldsymbol{P}=\begin{bmatrix}\sqrt{\mu+2}&1\\1&\sqrt{\mu+2}\end{bmatrix}.$$

于是，依式(6.46)，最优反馈增益矩阵

$$\boldsymbol{K}=\boldsymbol{R}^{-1}\boldsymbol{B}^{\mathrm{T}}\boldsymbol{P}=[0\quad 1]\begin{bmatrix}\sqrt{\mu+2}&1\\1&\sqrt{\mu+2}\end{bmatrix}=[1\quad\sqrt{\mu+2}].$$

因此，最优控制信号为

$$\hat{u}(t)=-\boldsymbol{Kx}(t)=-x_1(t)-x_2(t)\sqrt{\mu+2}.$$

6.5 系统辨识

6.5.1 基本问题

到目前为止,我们对控制系统的讨论均假定了所涉及系统的数学模型是已知的．对于随机系统而言,所谓模型已知通常包含两方面的含意:一是模型的结构和参数(例如变量维数、输入输出方程、动态方程的具体形式以及所含的参数等)已知;二是所有随机量的统计特征(包括初态和噪声的先验分布或均值函数、协方差函数阵等)已知．然而,在应用中,对于每一个实际系统(特别如生态系统、交通运输系统、社会经济系统等),当人们着手研究它时,其数学模型往往并不是已知的,甚至一无所知．所谓系统辨识就是研究如何获得必要的输入输出数据(包括实验设计和数据采集等),以及如何从所获得的数据去构造一个相对真实的反映客观系统的数学模型[8]．

1962年著名模糊控制专家 Lotfi A. Zadeh 曾给系统辨识下过这样一个定义:辨识就是在输入、输出的基础上由规定的一类系统(模型)中确定一个系统(模型),使得它与被测系统等价．这个定义中所说的一类系统模型是指所预先设定的系统或模型类,例如连续时间模型类或离散时间模型类、输入-输出模型类或状态空间模型类、确定性模型类或随机模型类、线性模型类或非线性模型类等．模型类的选取是人们根据对实际系统的了解以及建立模型的目的而预先设定的．设定了模型类之后,系统辨识的任务即是由输入输出数据按结构辨识方法确定系统的结构参数(如线性模型的阶、结构不变量等),并且运用参数估计方法辨识系统参数,以使所建立的模型与被测系统在某种意义上等价．

设 $M\in\chi$ 表示被测系统 S 的一个模型,这里,χ 是具有某些属性的模型类;又设 $\hbar$ 是 S 的容许输入函数集,$u(\cdot)\in\hbar$ 是一个输入函数,令 $y(t)=h(t,u^t)(t\in T)$ 和 $y_M(t)=h_M(t,u^t)$ 分别表示当 $u^t=\{u(\tau):\tau\leqslant t\}$ 施加于被测系统 S 和模型 M 后 t 时刻的输出;h 和 h_M 分别表示与之相对应的输出函数．引进一个非负的损失函数

$$J(\cdot)=J(y(\cdot)-y_M(\cdot)),$$

它表示当容许控制 $u(\cdot)$ 施加于被测系统 S 和模型 M 之后,输出误差 $y(\cdot)-y_M(\cdot)$ 所引起的损失．损失函数 J 的选择通常要求满足:

1) $J(y(\cdot)-y_M(\cdot))\geqslant 0$;

2) 如果 $y_M(\cdot)=y(\cdot)$,则 $J=0$;

3) 对任何 $M_1,M_2\in\chi$,如果 $\|y_{M_1}(\cdot)-y(\cdot)\|<\|y_{M_2}(\cdot)-y(\cdot)\|$,则

$$J(y_{M_1}(\cdot)-y(\cdot))\leqslant J(y_{M_2}(\cdot)-y(\cdot)).$$

以下称模型类 χ 中的模型 M_0 与被测系统 S 是等价的,如果对某个容许输入 $u(\cdot)\in\hbar$

$$J(y(\cdot)-y_{M_0}(\cdot))=\inf_{M\in\chi}J(y(\cdot)-y_M(\cdot)).$$

自然的问题是:

1) 这个优化问题解存在吗?

2) 如果最优解存在,其解是否唯一?

3) 该问题的最优解是否受输入函数 $u(\cdot)\in\hbar$ 选择的影响?

如果对于任意容许输入 $u(\cdot)\in\hbar$,这个优化问题都有相同的唯一解,则我们称模型类 χ 是可辨识的,否则称为不可辨识.

如果模型类 χ 可由一组模型参数 $\{M_\theta\}$ 完全刻画,即

$$\chi\triangleq\{M_\theta\}=\Theta,$$

其中,$\theta\in\Theta$ 是模型 M 的参数,Θ 是模型参数空间,则此时的系统辨识问题即简化为参数估计问题.

系统辨识所涉及的主要问题包括:试验设计、模型结构辨识、参数估计和模型验证等,其相互关系如图 6.7 所示. 其中,物理定律预备知识表示对被测系统的先验认识;试验设计是根据对象的特点选取试验方案,以获得必要的输入输出数据;而模型验证是指对所获模型恰当性的检验.

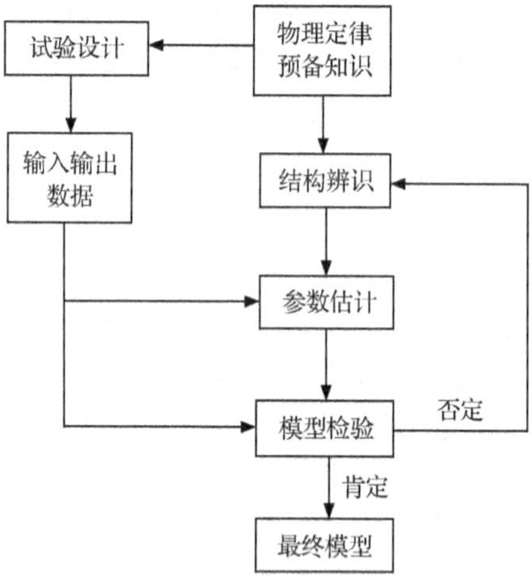

图 6.7　系统辨识的一般步骤

下面以离散时间线性定常系统为例,简要介绍系统辨识的基本理论与方法.

6.5.2　线性离散定常系统的参数估计

最小二乘估计源于数理统计的回归分析,它提供一个在最小方差意义下与实

验数据最优拟合的模型与方法．我们首先运用这一方法来解决单输入-单输出(SISO)离散线性系统的参数估计问题．

考虑由如下线性定常 SISO 差分模型描述的被测系统：

$$A(z^{-1})y(t)=B(z^{-1})u(t-k)+\xi(t),t\in T_d,\tag{6.47}$$

这里，$y(t)$ 和 $u(t)$ 分别表示系统的输出和输入，$\xi(t)$ 是系统噪声，$k\geqslant 0$ 是系统的纯时延，$A(z^{-1})=1+\sum_{i=1}^{n}a_i z^{-i}$，$B(z^{-1})=\sum_{j=0}^{m}b_j z^{-j}$ 是 z 变换算符，其定义为

$$A(z^{-1})y(t)=y(t)+\sum_{i=1}^{n}a_i y(t-i),$$

$$B(z^{-1})u(t)=\sum_{j=0}^{m}b_j u(t-j),\forall y,u\in R.$$

令系统参数向量

$$\boldsymbol{\theta}=(a_1,a_2,\cdots,a_n,b_0,b_1,\cdots,b_m)^{\mathrm{T}},$$

且设 t 时刻由输入-输出数据构成向量

$$\varphi(t)=(-y(t-1),\cdots,-y(t-n),u(t-k),\cdots,u(t-k-m))^{\mathrm{T}},\quad t\geqslant 1,\tag{6.48}$$

则系统(6.47)可更紧凑地表示为

$$y(t)=\varphi^{\mathrm{T}}(t)\boldsymbol{\theta}+\xi(t),\quad t\geqslant 1.\tag{6.49}$$

如果假定系统的结构参数如阶数 n 和 m 以及纯时延 k 等是已知的，则对于系统(6.47)的系统辨识问题即对应为对参数 $\boldsymbol{\theta}$ 的估计问题．

根据定义，求解参数估计问题(6.49)自然应选择模型类 χ 为式(6.47)所示的差分模型，或者等价地取

$$y_M(t)=-\sum_{i=1}^{n}\hat{a}_i y(t-i)+\sum_{j=0}^{m}\hat{b}_j u(t-k-j)=\varphi^{\mathrm{T}}(t)\hat{\boldsymbol{\theta}},\tag{6.50}$$

式中，$\hat{\boldsymbol{\theta}}=(\hat{a}_1,\hat{a}_2,\cdots,\hat{a}_n,\hat{b}_0,\hat{b}_1,\cdots,\hat{b}_m)^{\mathrm{T}}\in\Theta=\boldsymbol{R}^{n+m+1}$ 是待辨识参数(它是参数空间 Θ 中的一个点)．

定义残量

$$\varepsilon(t)\triangleq y(t)-y_M(t),\tag{6.51}$$

则差分模型(6.50)也可表示为

$$y_M(t)=-\sum_{i=1}^{n}\hat{a}_i y_M(t-i)+\sum_{j=0}^{m}\hat{b}_j u(t-k-j)-\sum_{i=1}^{n}\hat{a}_i\varepsilon(t-i),$$

或者等价地

$$\hat{A}(z^{-1})y_M(t)=\hat{B}(z^{-1})u(t-k)+\hat{C}(z^{-1})\varepsilon(t),$$

式中，$\hat{A}(z^{-1})=1+\sum_{i=1}^{n}\hat{a}_i z^{-i}$，$\hat{B}(z^{-1})=\sum_{j=0}^{m}\hat{b}_j z^{-j}$，$\hat{C}(z^{-1})=-\sum_{i=1}^{n}\hat{a}_i z^{-i}$．由于系统噪声的存在，式(6.50)是一个随机线性差分模型．

假定已经获得一组输入-输出数据

$$\begin{cases}u(1-k-m),\cdots,u(0),\cdots,u(N-k),\\ y(1-n),\cdots,y(0),\cdots,y(N).\end{cases}$$

记

$$\boldsymbol{Y}_N \triangleq (y(1),y(2),\cdots,y(N))^{\mathrm{T}},$$

$$\boldsymbol{\Phi}_N \triangleq \begin{bmatrix}\varphi^{\mathrm{T}}(1)\\ \vdots \\ \varphi^{\mathrm{T}}(N)\end{bmatrix} = \begin{bmatrix}-y(0), & \cdots,-y(1-n), & u(1-k), & \cdots, u(1-k-m)\\ \vdots & \vdots & & \vdots\\ -y(N-1), & \cdots,-y(N-n), & u(N-k), & \cdots, u(N-k-m)\end{bmatrix},$$

$$\boldsymbol{\xi}_N \triangleq [\xi(1),\xi(2),\cdots,\xi(N)]^{\mathrm{T}},$$

$$\boldsymbol{\varepsilon}_N \triangleq [\varepsilon(1),\varepsilon(2),\cdots,\varepsilon(N)]^{\mathrm{T}},$$

则由式(6.49)有

$$\boldsymbol{Y}_N = \boldsymbol{\Phi}_N\boldsymbol{\theta} + \boldsymbol{\xi}_N, \tag{6.52}$$

且由式(6.50)和式(6.51)有

$$\boldsymbol{\varepsilon}_N = \boldsymbol{Y}_N - \boldsymbol{\Phi}_N\hat{\theta}.$$

现在定义损失函数

$$\begin{aligned}J_N(\hat{\theta}) &= \frac{1}{N}\sum_{i=1}^{N}\varepsilon^2(i) = \frac{1}{N}\langle\boldsymbol{\varepsilon}_N,\boldsymbol{\varepsilon}_N\rangle\\ &= \frac{1}{N}\langle\boldsymbol{Y}_N-\boldsymbol{\Phi}_N\hat{\boldsymbol{\theta}},\boldsymbol{Y}_N-\boldsymbol{\Phi}_N\hat{\boldsymbol{\theta}}\rangle\\ &= \frac{\boldsymbol{1}}{\boldsymbol{N}}[\boldsymbol{Y}_N-\boldsymbol{\Phi}_N\hat{\boldsymbol{\theta}}]^{\mathrm{T}}[\boldsymbol{Y}_N-\boldsymbol{\Phi}_N\hat{\boldsymbol{\theta}}],\end{aligned}$$

则对式(6.49)的参数估计问题等价于选择 $\hat{\boldsymbol{\theta}}^* \in \Theta$ 使得

$$J_N(\hat{\boldsymbol{\theta}}^*) = \min_{\hat{\boldsymbol{\theta}}\in\Theta} J_N(\hat{\boldsymbol{\theta}}). \tag{6.53}$$

由于

$$J_N(\hat{\boldsymbol{\theta}}) = \frac{1}{N}(\boldsymbol{Y}_N^{\mathrm{T}}\boldsymbol{Y}_N - 2\boldsymbol{Y}_N^{\mathrm{T}}\boldsymbol{\Phi}_N\hat{\boldsymbol{\theta}} + \hat{\boldsymbol{\theta}}^{\mathrm{T}}\boldsymbol{\Phi}_N^{\mathrm{T}}\hat{\boldsymbol{\theta}} + \hat{\boldsymbol{\theta}}^{\mathrm{T}}\boldsymbol{\Phi}_N^{\mathrm{T}}\boldsymbol{\Phi}_N\hat{\boldsymbol{\theta}}),$$

根据二次规划的性质，当 $\boldsymbol{\Phi}_N^{\mathrm{T}}\boldsymbol{\Phi}_N$ 为半正定矩阵时，极小化问题(6.53)存在最优解；而且当 $\boldsymbol{\Phi}_N^{\mathrm{T}}\boldsymbol{\Phi}_N$ 正定时，它不仅存在最优解，而且最优解 $\hat{\boldsymbol{\theta}}^*$ 唯一，且可具体表示为

$$\hat{\boldsymbol{\theta}}^* = [\boldsymbol{\Phi}_N^{\mathrm{T}}\boldsymbol{\Phi}_N]^{-1}\boldsymbol{\Phi}_N^{\mathrm{T}}\boldsymbol{Y}_N. \tag{6.54}$$

图 6.8 表示了对系统(6.47)的参数辨识最小二乘 8 估计的结构框图．图中 $A(z^{-1}) = 1 + \sum_{i=1}^{n} a_i z^{-i}$，$B(z^{-1}) = \sum_{j=0}^{m} b_j z^{-j}$，$\hat{A}(z^{-1}) = 1 + \sum_{i=1}^{n}\hat{a}_i z^{-i}$，$\hat{B}(z^{-1}) = \sum_{j=0}^{m}\hat{b}_j z^{-j}$. 残量 $\varepsilon(t)$ 满足

$$\varepsilon(t) = \hat{A}(z^{-1})y(t) - \hat{B}(z^{-1})u(t-k) = y(t) + \sum_{i=1}^{n}\hat{a}_i y(t-i) - \sum_{j=0}^{m}\hat{b}_j u(t-k-j),$$

它与式(6.50)和式(6.51)的表示相一致.

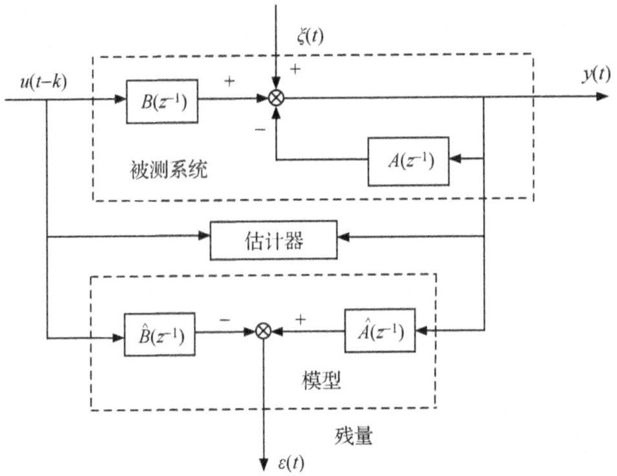

图 6.8　对系统(6.47)的最小二乘系统辨识

对于式(6.54)所给出的最小二乘参数估计,可证明成立以下一致性定理.

定理 6.12(最小二乘估计的一致性)[8]　对于给定的线性定常系统(6.47),如果噪声 $\xi(t)$ 是白噪声过程(即均值为零而谱密度为非零常数的平稳随机过程)且与控制 $u(t)$ 相互独立,而控制 $u(t)$ 是持续激励的且是一个零均值的平稳过程,则由式(6.54)给出的最小二乘参数估计 $\hat{\boldsymbol{\theta}}^*$ 是一致性估计,即估计值依概率收敛于真值,换言之:

$$\hat{\boldsymbol{\theta}}^* = [\boldsymbol{\Phi}_N^{\mathrm{T}}\boldsymbol{\Phi}_N]^{-1}\boldsymbol{\Phi}_N^{\mathrm{T}}\boldsymbol{Y}_N \xrightarrow[N\to\infty]{P} \boldsymbol{\theta},$$

其中,$\boldsymbol{\theta}$ 为真参数,$\hat{\boldsymbol{\theta}}^*$ 表示样本容量为 N 时的最小二乘估计.

上述有关单输入-单输出差分系统的系统辨识方法可自然推广到多输入-多输出差分系统.

6.5.3　线性离散定常系统的结构辨识

在上一节的讨论中,我们预先假定了系统(6.47)的结构参数(模型的阶数和纯时延等)是已知的.对于某些应用而言,这种假定是有根据的(基于人们对系统的先验知识).但是,在多数情况下,这种假定仅仅是一种人为的猜测或规定.对于系统辨识而言,模型阶的正确与否直接影响模型的精度,所以在不能确知模型阶的时候就必须对阶数本身进行辨识.辨识这样的系统结构参数通常采用的方法有损失函数检验、预报误差的白性检验等方法.以下我们仍考虑单输入-单输出系统(6.47),但其结论不难推广到多变量系统的差分模型.

考虑一般 SISO 模型

$$y(t)=-\sum_{i=1}^{n}a_iy(t-i)+\sum_{j=0}^{n}b_ju(t-j)+\xi(t), \qquad (6.55)$$

式中，n 为未知模型阶数．在式(6.55)中，如果存在时延 k，则右端第二项中取 $b_0=b_1=\cdots=b_{k-1}=0$，而当 $m<n$ 时，$b_{m+1}=b_{m+2}=\cdots=b_n$ 均取为0. 我们假定噪声 $\xi(t)$ 有如下形式

$$\xi(t)=e(t)+\sum_{s=1}^{n}c_se(t-s)$$

或

$$\xi(t)=-\sum_{s=1}^{n}d_s\xi(t-s)+e(t),$$

其中，$e(t)$ 是白噪声过程．

辨识像式(6.55)这样具有未知模型阶的结构参数时，通常总是先把未知参数(模型阶数) n 固定，再进行参数估计，然后让参数 n 从小到大变化，反复进行参数估计，以获得一系列参数估计，最后运用适当的检验方法以确定合适的结构参数．注意到，对系统(6.55)而言，无论采用何种参数估计方法，总有预报误差

$$\hat{\varepsilon}(t)=y(t)-\varphi^{\mathrm{T}}(t)\hat{\boldsymbol{\theta}}_{t-1}, \quad t=1,2,\cdots,N.$$

因而，当数据样本 N 充分大时，$\hat{\varepsilon}(t)$ 应该是一个近似的白噪声过程．但是，如果模型阶数 n 太小，$\hat{\varepsilon}(t)$ 也可能表现为有色噪声．由于我们在前面已经介绍了当结构参数 n 固定时的参数估计方法，以下只考虑形成一系列参数估计后对系统(6.55)阶的几种常见检验方法．

损失函数检验方法：损失函数通常定义为预报误差的平方和，即

$$J_N \triangleq \frac{1}{N}\sum_{t=1}^{N}\hat{\varepsilon}^2(t).$$

因为当 n 较小时，$\hat{\varepsilon}(t)$ 还不是一个近似白噪声过程，因此当模型阶 n 较小时，J_N 应随 n 的增大而减小．于是，一个合理的检验原则是：如果在 $n-1$ 这一点，J_N 最后一次出现陡峭的下降，此后它近似地保持不变或者只有微小的下降，则取模型的阶数 $\hat{n}=n$.

图 6.9 给出了一个热交换系统模型辨识时的损失函数随模型阶 n 的变化情况．由此可观察出 $n=3$ 是模型的合理阶数．

在通常情况下，当 n 不是很大时，损失函数一般总是随阶的增大显示下降的趋势，此时必须利用假设检验的方法确定模型的阶．

F 检验方法：Karl J. Astrom 于 1986 年提出了模型阶的 F 检验法．他认为 $J_N(n_2)$ 与 $J_N(n_1)-J_N(n_2)$ 当 $n_2>n_1>n$ 时是统计独立的(其中 n 是实际的阶数)，而且成立如下近似 χ^2 分布

$$\begin{cases} J_N(n_2) \sim \chi^2(N-2n_2-1), \\ J_N(n_1)-J_N(n_2)=\dfrac{1}{N}\sum\limits_{t=1}^{N}[\hat{\varepsilon}^2(t,n_1)-\hat{\varepsilon}^2(t,n_2)] \sim \chi^2(2n_2-2n_1). \end{cases}$$

所以如定义统计量

$$f_N=\frac{J_N(n_1)-J_N(n_2)}{J_N(n_2)}\cdot\frac{N-(2n_2+1)}{2(n_2-n_1)},$$

则 f_N 近似服从 F 分布，即

$$f_N \sim F(2(n_2-n_1),N-(2n_2+1)).$$

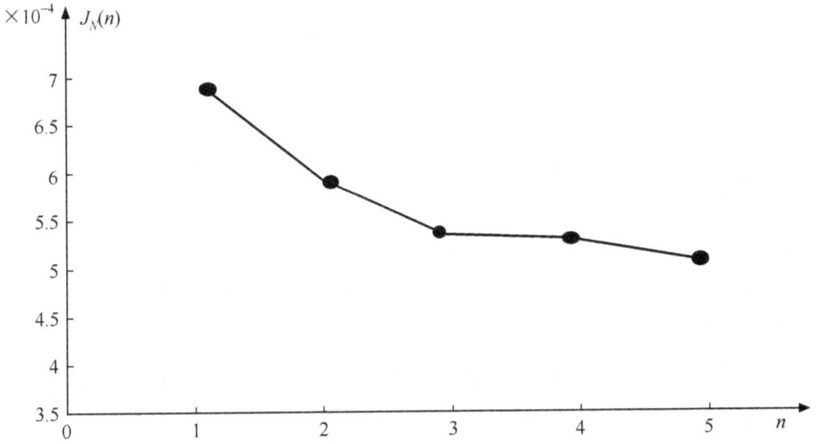

图 6.9　损失函数随模型阶变化

所以，模型阶的确定可以转化为下述假设检验问题：

1）给定一个置信水平 α（例如 $\alpha=0.05$）和样本容量 N（$N>100$）；

2）查 F 分布表可得置信区间 $F_{2(n_2-n_1),N-2n_2-1,\alpha}$；

3）假设 $H_0=n_1$ 是一个合适的阶；

4）检验以上假设：若 $f_N \geqslant F_{2(n_2-n_1),N-2n_2-1,\alpha}$，则拒绝接受 H_0；然后令 $n_1=n_1+1$，$n_2=n_2+1$，返回步骤 1)；否则 $f_N<F_{2(n_2-n_1),N-2n_2-1,\alpha}$，接受 H_0，即把 n_1 定为模型的阶．

预报误差的白性检验方法：对于适当的模型阶 n，预报误差 $\hat{\varepsilon}(t)$ 应该是一个近似白噪声序列．设预报误差 $\hat{\varepsilon}(t)$ 的样本协方差矩阵为

$$\hat{r}_{\hat{\varepsilon}}(\tau)=\frac{1}{N}\sum_{t=1}^{N}\hat{\varepsilon}(t)\hat{\varepsilon}(t+\tau),\tau=0,1,\cdots,$$

根据数理统计的已知结论，若 $\hat{\varepsilon}(t)$ 是一个高斯白噪声序列，则有

$$\mathrm{Var}\{\hat{r}_{\hat{\varepsilon}}(\tau)\}\approx\frac{\hat{r}_{\hat{\varepsilon}}(0)}{N},\tau\neq 0.$$

引入样本相关系数

$$\hat{\rho}_{\varepsilon}(\tau)=\frac{\hat{r}_{\varepsilon}(\tau)}{\hat{r}_{\varepsilon}(0)},\tau=1,2,\cdots,$$

则有

$$\mathrm{Var}\{\hat{\rho}_{\varepsilon}(\tau)\}\approx\frac{1}{N},\tau=1,2,\cdots. \tag{6.56}$$

针对不同的阶数 n 以及与之相应的预报误差序列 $\hat{\varepsilon}(t),t=1,2,\cdots,N$, 计算 $\mathrm{Var}\{\hat{\rho}_{\varepsilon}(\tau)\}$. 如果式(6.56)成立,则选取与之相应的最小 n 作为模型阶.

6.6 评述与展望

虽然人类对反馈原理早有认识,并利用它创造出了像孵卵器、水轮机及风力磨坊的速度调节器等自动控制装置,但一般公认 1788 年 J. Watt 所发明的蒸汽离心调速器是最早的自动控制系统. 随后 G. B. Airy 发现并首先讨论了控制系统的不稳定问题;1868 年 J. C. Maxwell 发表了《论调节器》一文,系统研究了反馈控制系统的稳定性. 1877 年 E. J. Routh 及 1885 年 A. Hurwitz 分别独立地提出了稳定性判据. 1892 年 A. M. Lyapunov 发表了《论运动稳定性的一般问题》,全面论述了系统稳定性问题,并为状态变量法控制理论奠定了理论基础. 当时主要解决的是系统的稳定性和精度问题.

1877～1880 年,俄国的一些科学家发明了火炮随动系统和飞行器驾驶系统. 第二次世界大战前夕,1934 年 H. L. Hazen 发表了《伺服机构理论》的重要论文,第一次提出了自动控制系统的精确理论. 随着现代武器的发展,要求控制系统能够准确地跟踪变化的目标,从而对自动控制系统的瞬态性能提出了要求. 设计具有这样高动态品质和稳态精度的控制系统所需的理论,在通信领域中受到关注. 为解决远距离通信失真问题,1927 年 H. S. Black 发明了负反馈放大器. 1932 年 H. Nyquist 提出了 Nyquist 稳定判据,为频率法奠定了基础. 随后 H. W. Bode 完善了分析控制系统的图解法(即频率法). 1947 年美国麻省理工学院辐射实验室的 James, Nichols 和 Philips 等人将反馈放大器理论、过程的 PID 控制和随机过程理论结合起来,形成一套伺服机构设计方法. 1948 年 W. R. Evans 又提出了根轨迹法. 至此,控制理论的第一发展阶段已经基本完成了. 以频率法和根轨迹法为核心的控制理论现在被称之为经典控制理论,它特别适用于单输入-单输出系统,至今它们仍被广泛而成功地应用于控制工程中.

20 世纪 60 年代前后,由于宇航、军工及过程控制方面的发展,出现了许多实际的多输入-多输出系统. 这些系统具有变量多、变量间有耦合的特点,还往往具有非线性、时变特性,并且要求系统能在一定的控制约束下达到性能指标最优. 对此，经典控制理论显得无能为力．但另一方面，现代数学和计算技术的发展，为控制理论的进一步发展准备了数学基础和计算工具，因而促成了现代控制理论的形成和发展．现代控制理论的突出发展包括：Bellman 等人的状态空间法，Pontragin 的极大值原理，Bellman 的动态规划法，Kalman 的最佳滤波器理论及能控能观性理论等．现代控制理论是以状态空间模型为基础、以状态空间分析为主要方法论的，其目的是寻找最优控制规律，使系统的性能指标达到最优．本章正是从现代控制论的这一观点出发，介绍了自动控制的基本问题、基本理论与基本方法．

20 世纪 60 年代以来，如大型电力系统、化工联合企业、钢铁联合企业及社会经济等大系统频繁出现．高性能大型计算机的出现为这些大系统的研究提供了条件，因而又推动控制理论朝着大系统理论发展．60～70 年代 I. Lefkowitz 和 M. Mesarovic 建立了将大系统分解成子系统的理论，提出了大系统的多层结构和多级结构，并建立了大系统分散控制的次优控制理论与方法．

大系统理论的价值与意义在于对大系统问题提出了优化控制策略，通过分解-协调，使优化调度和控制能在较短时间内确定出最优控制方案，使在线求取大系统优化解成为可能．大系统理论目前已广泛应用于大型化工企业、钢铁企业及众多社会经济大系统的优化管理等领域，已经和正在产生巨大的经济效益．

长期以来，自动控制科学对整个科学技术的理论发展做出了重要贡献，并为人类社会带来了巨大利益．在自动控制发展的现阶段，由于计算机、人工智能和超大规模集成电路等科学技术间的相互影响和相互作用，也由于空间技术、海洋技术和机器人等技术的广泛应用，以及离散事件驱动、信息高速公路、非传统模型和人工神经网络等基本概念的形成和时代进程的推动，自动控制正面临严峻的挑战．

这些面临挑战的控制领域包括：多变量鲁棒控制、自适应控制、高度非线性控制、多因素或分散随机控制、时空分布参数系统控制、含有离散变量和离散事件的动态系统控制、分布信息处理及决策结构的综合设计方法、控制系统的集成设计等．这些领域所希望解决的问题，广泛地来源于国防建设、国民经济建设的工程实际．例如，航天器和水下运动载体的姿态控制、先进飞机的自主控制、空中交通控制、汽车自动驾驶控制和多模态控制、机器人和机械手的运动和作业控制、计算机集成与柔性加工控制、高速计算机通信系统与网络、基于计算机视觉和模式识别的在线控制以及电力系统和其他系统或设备的故障自动检测、诊断与自动恢复等．

要解决上述领域所面临的问题与挑战，我们不仅需要发展更有效的控制理论与方法，而且也需要开发与应用计算机科学的最新成果．人工智能、计算智能的产生和发展为自动控制的智能化提供了有力支持．因此，自动控制既面临严峻的挑战，又存在良好的机遇．为了解决所面临的问题，我们一方面要推进控制硬件、软件和智能的结合，实现控制系统的智能化；另一方面，我们也要加强自动控制科学与计算机科学、信息科学、系统科学以及智能科学的结合，为自动控制提供新思想、新方法和新技术,创立边缘交叉新学科,推动智能控制的发展.

智能控制代表了自动控制的最新发展方向,也是应用计算机模拟人类智能,实现人类脑力劳动和体力劳动自动化的一个重要领域.越来越多的自动控制工作者认识到,智能控制象征着自动化的未来,将是自动控制科学发展道路上的又一次飞跃[10,11].

习 题

6.1 图1为某一液位控制系统的示意图.控制器根据浮子所处的实际高度与校准的标准液位高度比较,确定调节阀门的开启度,使液位保持一定高度.试画出系统的方块图;指出什么是给定输入,什么是被控制量,什么是扰动输入.

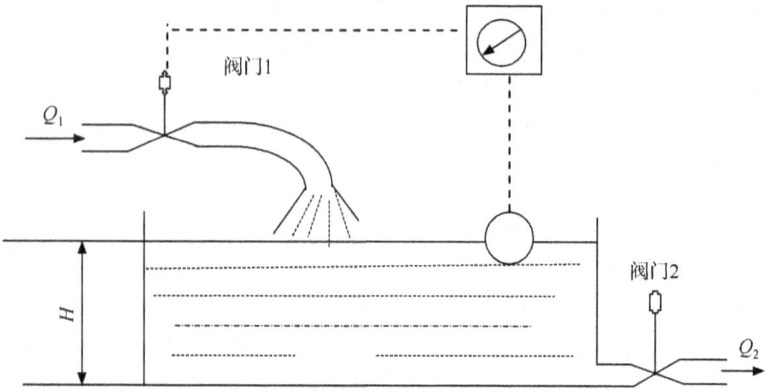

图1 液位控制系统示意图

6.2 对于下列给出的$\boldsymbol{A}$,求它们的指数矩阵$e^{\boldsymbol{A}t}$:

(1) $\boldsymbol{A}=\begin{bmatrix}-2 & 0\\ 0 & -3\end{bmatrix}$;

(2) $\boldsymbol{A}=\begin{bmatrix}-2 & 1\\ & -2\end{bmatrix}$;

(3) $\boldsymbol{A}=\begin{bmatrix}0 & 1\\ -3 & -2\end{bmatrix}$;

(4) $\boldsymbol{A}=\begin{bmatrix}0 & 1 & 0\\ 0 & 0 & 1\\ -6 & -11 & -6\end{bmatrix}$.

6.3 假定一个控制系统的数学模型为

$$\begin{cases}\dot{x}_1 = x_2 + u,\\ \dot{x}_2 = -6x_1 - 5x_2,\\ y = x_1 - x_2.\end{cases}$$

(1) 求系统的状态转移矩阵 $\Phi(t)$；

(2) 设 $u(t)=1(t)$，初始状态 $x_1(0)=0$，$x_2(0)=0$，求 $x_1(t)$，$x_2(t)$ 和 $y(t)$；

(3) 设 $u(t)=e^{-t}$，初始状态 $x_1(0)=0$，$x_2(0)=0$，求 $x_1(t)$，$x_2(t)$ 和 $y(t)$.

6.4　系统状态转移矩阵

$$\boldsymbol{\Phi}(t)=\frac{1}{2}\begin{bmatrix}3e^{-t}-e^{-3t} & e^{-t}-e^{-3t}\\ -3e^{-t}+3e^{-3t} & -e^{-t}+3e^{-3t}\end{bmatrix}.$$

(1) 求系统的矩阵 $\mathbf{A}$；

(2) 求系统的特征根.

6.5　利用 Lyapunov 直接法判断下列系统零平衡态的渐近稳定性：

(1) $\dot{x}=\begin{bmatrix}-1 & 1\\ 2 & -3\end{bmatrix}x$；

(2) $\begin{cases}\dot{x}_1 = x_2\\ \dot{x}_2 = -x_1-(1+x_2)^2x_2\end{cases}$；

(3) $\begin{cases}\dot{x}_1 = x_2\\ \dot{x}_2 = -x_1^3-x_2\end{cases}$.

6.6　判断下列系统是否为能控的：

(1) $\begin{bmatrix}\dot{x}_1\\ \dot{x}_2\\ \dot{x}_3\end{bmatrix}=\begin{bmatrix}0 & 1 & 0\\ 0 & 0 & 1\\ -2 & -4 & -3\end{bmatrix}\begin{bmatrix}x_1\\ x_2\\ x_3\end{bmatrix}+\begin{bmatrix}1 & 0\\ 0 & 1\\ -1 & 1\end{bmatrix}u$；

(2) $\begin{bmatrix}\dot{x}_1\\ \dot{x}_2\\ \dot{x}_3\end{bmatrix}=\begin{bmatrix}0 & 4 & 3\\ 0 & 20 & 21\\ 0 & -25 & -20\end{bmatrix}\begin{bmatrix}x_1\\ x_2\\ x_3\end{bmatrix}+\begin{bmatrix}-1\\ 3\\ 0\end{bmatrix}u$.

6.7　确定使下列系统为能控时待定参数的取值范围：

(1) $\begin{bmatrix}\dot{x}_1\\ \dot{x}_2\\ \dot{x}_3\end{bmatrix}=\begin{bmatrix}-2 & 0 & 0\\ 0 & -2 & 0\\ 0 & 0 & -2\end{bmatrix}\begin{bmatrix}x_1\\ x_2\\ x_3\end{bmatrix}+\begin{bmatrix}a & 1\\ 2 & 4\\ b & 1\end{bmatrix}u$；

(2) $\begin{bmatrix}\dot{x}_1\\ \dot{x}_2\end{bmatrix}=\begin{bmatrix}0 & a\\ b & c\end{bmatrix}\begin{bmatrix}x_1\\ x_2\end{bmatrix}+\begin{bmatrix}1\\ 0\end{bmatrix}u$.

6.8　判断下列系统是否为能观的

(1) $$\begin{bmatrix}\dot{x}_1\\ \dot{x}_2\\ \dot{x}_3\end{bmatrix}=\begin{bmatrix}0&1&0\\0&0&1\\-2&-4&-3\end{bmatrix}\begin{bmatrix}x_1\\x_2\\x_3\end{bmatrix},y=\begin{bmatrix}1&4&2\end{bmatrix}\begin{bmatrix}x_1\\x_2\\x_3\end{bmatrix};$$

(2) $$\begin{bmatrix}\dot{x}_1\\ \dot{x}_2\\ \dot{x}_3\end{bmatrix}=\begin{bmatrix}-2&1&0\\0&-2&0\\0&0&-2\end{bmatrix}\begin{bmatrix}x_1\\x_2\\x_3\end{bmatrix},\quad y=\begin{bmatrix}1&0&4\\2&0&8\end{bmatrix}\begin{bmatrix}x_1\\x_2\\x_3\end{bmatrix}.$$

6.9　确定使下列系统为能观时待定参数的取值范围

(1) $$\begin{bmatrix}\dot{x}_1\\ \dot{x}_2\end{bmatrix}=\begin{bmatrix}a&b\\c&0\end{bmatrix}\begin{bmatrix}x_1\\x_2\end{bmatrix},y=\begin{bmatrix}1&0\end{bmatrix}\begin{bmatrix}x_1\\x_2\end{bmatrix};$$

(2) $$\begin{bmatrix}\dot{x}_1\\ \dot{x}_2\\ \dot{x}_3\end{bmatrix}=\begin{bmatrix}-2&0&0\\1&-2&0\\0&0&-2\end{bmatrix}\begin{bmatrix}x_1\\x_2\\x_3\end{bmatrix},\quad y=\begin{bmatrix}1&a&b\\4&0&4\end{bmatrix}\begin{bmatrix}x_1\\x_2\\x_3\end{bmatrix}.$$

6.10　确定使下列系统为能控和能观时待定参数的取值范围

(1) $$\begin{bmatrix}\dot{x}_1\\ \dot{x}_2\\ \dot{x}_3\end{bmatrix}=\begin{bmatrix}-1&1&a\\0&-2&1\\0&0&-3\end{bmatrix}\begin{bmatrix}x_1\\x_2\\x_3\end{bmatrix}+\begin{bmatrix}0\\0\\0\end{bmatrix}u,y=\begin{bmatrix}0&0&1\end{bmatrix}\begin{bmatrix}x_1\\x_2\\x_3\end{bmatrix};$$

(2) $$\begin{bmatrix}\dot{x}_1\\ \dot{x}_2\\ \dot{x}_3\end{bmatrix}=\begin{bmatrix}0&0&1\\0&1&0\\-2&-3&-5\end{bmatrix}\begin{bmatrix}x_1\\x_2\\x_3\end{bmatrix}+\begin{bmatrix}0\\1\\a\end{bmatrix}u,y=\begin{bmatrix}0&1&b\end{bmatrix}\begin{bmatrix}x_1\\x_2\\x_3\end{bmatrix}.$$

6.11　判断下述线性定常系统的稳定性

$$\begin{bmatrix}\dot{x}_1\\ \dot{x}_2\\ \dot{x}_3\end{bmatrix}=\begin{bmatrix}0&1&0\\0&0&1\\250&0&-5\end{bmatrix}\begin{bmatrix}x_1\\x_2\\x_3\end{bmatrix}+\begin{bmatrix}0\\0\\10\end{bmatrix}u,y=\begin{bmatrix}-25&5&0\end{bmatrix}\begin{bmatrix}x_1\\x_2\\x_3\end{bmatrix}.$$

6.12　电枢控制的直流电动机忽略阻尼时的运动方程为

$$\ddot{\theta}=u(t),$$

式中，θ 为转轴的角位移，$u(t)$ 为输入．设最优控制目标为

$$\min_u J=\frac{1}{2}\int_0^2(\ddot{\theta})^2\mathrm{d}t,$$

求使初态 $\theta(0)=1$ 及 $\dot{\theta}(0)=1$ 转移到终态 $\theta(2)=0$ 及 $\dot{\theta}(2)=0$ 的最优控制 $\hat{u}(t)$ 以及相应的最优角位移 $\hat{\theta}(t)$ 和最优角速度 $\dot{\hat{\theta}}(t)$.

参考文献

[1] 万百五,韩崇昭,蔡远利. 控制论——概念、方法与应用. 北京:清华大学出版社,2009.

[2] 吴韫章. 自动控制理论基础. 西安:西安交通大学出版社,1999.

[3] 吴麒. 自动控制原理. 北京:清华大学出版社,1990.

[4] Benjamin C,Golnaraghi F. Automatic Control Systems. New Jersey: John Wiley & Sons,Inc. ,2003.

[5] Hassan K K. Nonlinear Systems. Englewood Cliffs,N J: Prentice Hall,Inc. ,2002.

[6] 郑大钟. 线性系统理论. 北京:清华大学出版社,1990.

[7] 廖晓昕. 稳定性的理论、方法和应用. 武汉:华中理工大学,1999.

[8] 韩崇昭,王月娟,万百五. 随机系统理论. 西安:西安交通大学出版社,1989.

[9] 李国勇. 最优控制理论与参数优化. 北京:国防工业出版社,2006.

[10] 蔡自兴. 智能控制——基础与应用. 北京:国防工业出版社,1998.

[11] Pedrycz W,Gomide F. Fuzzy Systems Engineering——Toward Human-Centric Computing. New Jersey:John Wiley & Sons,Inc. ,2007.

第 7 章　信息加密与信息安全

随着通信技术与计算机网络的迅速发展和广泛普及,信息传输与利用的安全性已成为涉及国家安全、影响人们日常生活的重大问题. 本章概要地介绍信息安全的基本问题、信息加密与解密的基本原理以及主要的密码体制,最后还对信息加密与信息安全技术的发展动态做一简要评述.

7.1　信息加密/解密的基本原理

7.1.1　信息安全的基本问题

信息安全自人类文明出现以来就一直存在,但只是在近十几年来随着信息技术的迅猛发展和应用的普及而受到广泛关注. 信息安全的概念因人们在获取、存储、交换和享有信息的过程中不能正确或可靠地实现而产生,而信息安全问题也正因为这种情况的存在而存在. 目前人们所说的信息安全实际上主要是针对通信网络及其应用系统而言的,它主要是指基于计算机通信网上各种应用系统中所存在的信息安全问题. 引起信息不安全的因素是多方面的,例如自然因素、技术因素、人为因素等. 本章只考虑由人为因素而造成的信息安全问题.

信息安全的内涵除通常所指的保密性外还包括信息的完整性、真实性和不可否认性. 信息的保密性也称信息的机密性,它指除授权者外任何不具信息享有权的人对信息内容的不可获取性;信息的完整性是指信息在存储和交换等过程中不被篡改和破坏;信息的真实性是指所获取的信息应该来自该信息的真实发出者或拥有者,它是相对于信息的伪造和欺诈而存在的;信息的不可否认性则是指信息的不可抵赖性,它要求信息的真实发出者事后对自己的行为不能予以抵赖. 在现代通信技术条件下,如何在获取、存储、交换和享有信息过程中保证信息的保密性、完整性、真实性和不可否认性等便是信息安全所要解决的基本问题.

解决信息安全问题主要依靠密码技术. 密码技术是利用密码算法按照一定的安全协议所构成的一种技术. 在密码技术中密码算法是基本构件,而安全协议则是根据实际需要和密码算法的特性所构建的一套行为规范. 密码算法是具有特定功能的一些数学算法,它的理论基础是密码学. 密码学是专门设计和分析密码算法并为密码算法提供理论基础的学科.

7.1.2 密码体制

信息安全的基本问题之一是要实现信息在传输过程中的保密性. 使用密码技术解决这一问题的基本原理如图 7.1 所示.

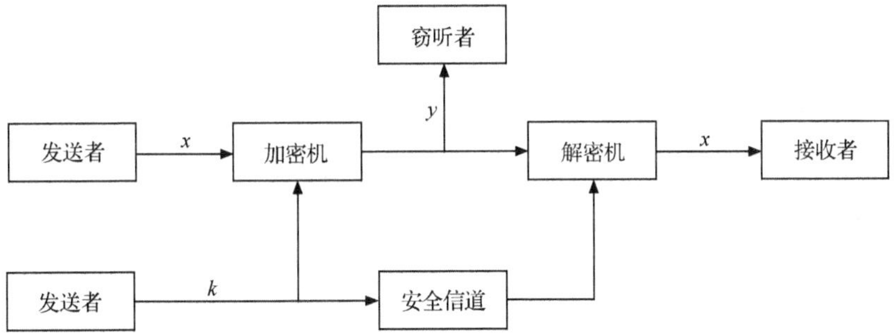

图 7.1　保密系统的基本框架

在这一框架中,信息的发送者需要首先将待发送的信息 x (通常称 x 为明文)送入加密机使其变为密文 y, 然后对密文 y 通过公开信道传入接收者的解密机,最后接收者通过解密机将密文 y 还原为明文 x. 为了实现这一目的,发送者需要指定随机密钥 k 并通过安全信道将密钥 k 同时装入加密机和解密机. 由于窃听者不知道密钥 k, 所以他不能从密文 y 中获得明文 x, 从而实现信息的保密传输.

图 7.1 中,加密机和解密机是实现特定加密和解密算法的装置. 一个加密算法或解密算法是一种能够将任何明文变成密文或将任何密文还原成明文的数学算法. 密钥是这类数学算法的参数. 加密算法和解密算法合在一起构成通常所说的一个密钥体制. 按照数学上的习惯,密码体制可定义如下:

定义 7.1　一个密码体制是一个满足下列条件的五元组 (P,C,K,E,D), 其中, P 为明文集; C 为密文集; K 为密钥集; E 为加密规则集(每一个 $e\in E$ 是一个 P 到 C 的映射); D 为解密规则集(每一个 $d\in D$ 是一个 D 到 P 的映射);它使得对每一个密钥 $k\in K$, 存在一个加密规则 $e_k\in E$ 和解密规则 $d_k\in D$ 满足

$$d_k(e_k(x))=x,\quad \forall x\in P.$$

在上述定义中,每一个加密映射 e 必须是一个单射,换言之, $e(x)\neq e(y)$, 如果 $x\neq y$ (否则将不能保证正确解密). 另外,当 $P=C$ 时,每一个加密映射便退化为 P 上的一个置换,相应的解密映射是这一置换的逆置换.

以下介绍几种常见密码体制.

1. 仿射密码

取 $P=C=Z_{26}$, 其中 Z_{26} 是由正整数 $\{0,1,\cdots,25\}$ 组成的环(或相应的 26 个

字母),环 Z_{26} 中的单位(即由 Z_{26} 中全部可逆元素所构成的集合)用 U_{26} 表示. 取 $K=\{(a,b)\mid a\in U_{26},b\in Z_{26}\}$. 现对每一密钥 $k=(a,b)\in K$ 及每一个明文 $x\in P$, 定义加密映射

$$e_k(x)=(ax+b)\bmod 26$$

和解密映射

$$d_k(y)=a^{-1}(y-b)\bmod 26,$$

令 $E=\{e_k\mid k\in K\}$, $D=\{d_k\mid k\in K\}$, 则如此定义的 (P,C,K,E,D) 构成一个密码体制,称为仿射密码体制,简称仿射密码.

在仿射密码中,若取 $K=\{(1,b)\mid b\in Z_{26}\}$, 即 $K=Z_{26}$, 则相应的密码体制称为移位密码. 在移位密码中,与密钥 $k\in K$ 对应的加密映射是

$$e_k(x)=(x+k)\bmod 26, \tag{7.1}$$

而解密映射是

$$d_k(y)=(y-k)\bmod 26. \tag{7.2}$$

例 7.1 假设英文中的 26 个字母 A,B,C,…,Z 分别与 Z_{26} 中的 26 个元素一一对应(例如,A 对应 0,B 对应 1 等),则移位密码中的明文空间 P, 密文空间 C 和密钥空间 K 都是由 26 个字母所组成的集合. 如果取密钥空间中的元素 F (对应 Z_{26} 中的元素 5)为密钥,则对应以下明文

HE WILL WAIT HERE AT THE GATE OF THE MAIN BUILDING.

的加密结果(利用公式(7.1))是以下密文

MJ BNJJ BFNY MJW FY TME LFYJ TK YMJ RFNS GZNJINSL.

反过来,如果某一保密系统使用了上述移位密码体制,并且已知下面的密文是使用密钥 D (对应 Z_{26} 中的 3)加密的

WKHB ZLOO PHHW DW VHYHQ FORFN RQ WKH SODBJURXG,

则利用解密公式(7.2)可求出这一密文的明文

THEY WILL MEET AT SEVEN CLOCK ON THE PLAYGROUD.

2. 维吉尼亚密码

给定正整数 m, 取 $P=C=(Z_{26})^m$ (其中 $(Z_{26})^m=Z_{26}\times\cdots\times Z_{26}$). 对每一个密钥 $k=(k_1,k_2,\cdots,k_m)\in K$ 及明文 $x=(x_1,x_2,\cdots,x_m)\in P$, 定义加密规则集 $E=\{e_k\mid k\in K\}$, 其中,

$$e_k(x)=e_k(x_1,x_2,\cdots,x_m)=(x_1+k_1,x_2+k_2,\cdots,x_m+k_m), \tag{7.3}$$

以及解密规则集 $D=\{d_k\mid k\in K\}$, 其中,

$$d_k(y)=d_k(y_1,y_2,\cdots,y_m)=(y_1-k_1,y_2-k_2,\cdots,y_m-k_m),$$

则如此定义的 (P,C,K,E,D) 构成一个密码体制,称为维吉尼亚密码体制,简称维吉尼亚密码.

不同于仿射密码，维吉尼亚密码可同时对 m 个字母进行加密.

例 7.2　取 $m=6$，并指定英文中的 26 个字母与 Z_{26} 中的元素一一对应，再假设密钥 k 取为 CIPHER（对应 Z_{26} 中的(2,8,15,7,4,17)），则对应于下列明文

thiscryptosystemisnotsecure

利用式(7.3)的加密结果是

VPXZGIAXIVWPUBTTMJPWIZITWZT.

注意，不同于例 7.1，这里我们一次对 6 个字母同时进行加密.

在维吉尼亚密码中，密钥空间的大小 $|K|=26^m$. 由此可见，即使对一个不大的 m，26^m 仍是一个很大的数，所以对维吉尼亚密码手工穷举密钥几乎是不可能的，从而维吉尼亚密码有较高的安全性. 历史上，维吉尼亚密码曾经是长期使用的著名加密/解密方法.

不难看出，仿射密码非常容易被现代计算机技术破译. 而对于维吉尼亚密码现在也有完全破译的方法，因此仿射密码与维吉尼亚密码体制都是不安全的，它们也不再有任何使用价值. 然而它们在密码学发展历史上的作用是不可忽视的. 事实上，本节开始时给出的密码体制的定义（定义 7.1）正是这两种和其他一些密码体制的自然抽象. 因此，可以说仿射密码与维吉尼亚密码体制的意义在于帮助我们建立了现代密码体制的概念.

3. 二元密码

取 $GF(2)=\{0,1\}$，并在其上定义加法和乘法如下：

+	0	1
0	0	1
1	1	0

×	0	1
0	0	0
1	0	1

现取 $P=C=K=GF(2)$，并对任何密钥 $k\in K$ 和明文 $x\in P$，定义加密映射

$$e_k(x)=(x+k)\bmod 2$$

及解密映射

$$d_k(y)=(y+k)\bmod 2.$$

令 $E=\{e_0,e_1\}$，$D=\{e_0,e_1\}$，则 (P,C,K,E,D) 定义了一个密码体制，称为二元密码体制，简称二元密码.

例 7.3　设给定明文序列

01101001 1101 0011,

如果取密钥 $k=1\in\{0,1\}$，则这一明文序列对应的密文序列为

10010110 00101100.

很显然,二元密码体制毫无安全性可言,但它在以后要介绍的密码体制中起着核心作用.

7.1.3 完善保密性

完善保密性是指一种理论上的完全保密,它由信息论的创始人 Shannon 提出. 本小节介绍完善保密性的基本概念和一个密码体制是完善保密的充分必要条件.

设 (P,C,K,E,D) 是一个密码体制, $k\in K$ 是任一密钥, e_k 是加密映射, d_k 是解密映射,对任何 $x\in D, y\in C$, 记

$$D(x,y)=\{k\in K: d_k(y)=x\},$$
$$E(x,y)=\{k\in K: e_k(x)=y\}.$$

定义 7.2 一个密码体制 (P,C,K,E,D) 称为是完善保密的,如果对所有的 $x\in P$ 和 $y\in C$ 成立 $P(x\mid y)=P(x)$.

在定义 7.2 中,符号 $P(x)$ 表示明文是 x 的概率,符号 $P(x\mid y)$ 表示当已知密文是 y 时,明文是 x 的概率.

根据概率论中的 Bayes 统计定理, $P(x\mid y)=P(x)$ 也等价于 $P(y\mid x)=P(y)$, $(\forall x\in P, y\in C)$. 因此定义 7.2 表明:当且仅当密文与它对应的明文无关,即密文中不包含任何明文信息,一个密码体制是完善保密的.

例 7.4 取明文空间和密文空间分别为 26 个字母组成的集合(即对应着 $P=C=Z_{26}$). 密钥空间 K 为 Z_{26} 的全部置换所构成的集合,定义加密映射是按照取定的密钥(即 26 个字母的一个置换)对明文字母的替换,解密映射为相应的逆置换,这样形成的密码体制称为替换密码. 现假设替换密码的 26! 个密钥是以相同的概率 1/26! 来使用的,则替换密码具有完善保密性.

事实上,因为 $P=C=Z_{26}$, $|K|=26!$ (这里及以下, $|A|$ 表示 A 的基数,或简单地说 A 中所含元素的个数),所以对任意的 $x\in P$ 和 $y\in C$, 有 $D(x,y)=E(x,y)=25!$, 因而对任意的 $y\in Z_{26}$, 有

$$\begin{aligned}P(y)&=\sum_{k\in K}P(x)P(d_k(y))=\sum_{k\in K}\frac{1}{26!}P(d_k(y))\\&=\frac{1}{26!}\sum_{k\in K}P(d_k(y))=\frac{1}{26!}\times 25!\times\sum_{y'\in Z_{26}}P(y')=\frac{1}{26},\end{aligned}$$

从而

$$P(y\mid x)=\sum_{\{k:x=d_k(y)\}}P(k)=\sum_{k\in D(x,y)}P(k)=25!\times\frac{1}{26!}=\frac{1}{26}.$$

由 Bayes 定理可以推出:

$$P(x\mid y)=P(x)P(x\mid y)/P(y)=P(x)\times\frac{1}{26}/\frac{1}{26}=P(x).$$

根据定义 7.2,这表明替换密码具有完善保密性.

下述定理 7.1～定理 7.3 给出了一个密码体制具有完善保密性的充要条件.

定理 7.1　设 (P,C,K,E,D) 是一个密码体制,满足 $|P|=|C|=|K$,当且仅当在该密码体制中每个密钥是以相等的概率 $1/|K|$ 使用时,该密码体制是完善保密的,而且对任给的 $x\in P,y\in C$,有唯一的密钥 $k\in K$ 使得 $e_k(x)=y$.

根据这一定理,对于例 7.1 和例 7.2 中所给出的仿射密码和维吉尼亚密码,只要等概率地使用密钥,它们都具有完善保密性.

定理 7.2　如果对任意的 $x\in P,y\in C$,都有 $\sum\limits_{k\in E(x,y)} P(k)=1/|P|$,则密码体制 (P,C,K,E,D) 具有完善保密性.

定理 7.3　设 (P,C,K,E,D) 是一个密码体制,并且密钥的使用是等概率的.如果对任意 $x\in P,y\in C$,都有 $E(x,y)=|K|/|P|$,则该密码体制具有完善保密性.

7.1.4　密码体制的安全性

人们设计密码体制的目的在于获得对要传输信息的加密和解密算法,以阻止信息的非授权者获取该信息.这里信息的非授权者是指不具有合法获取所传输信息的人或机构,即人们常说的信息窃听者或系统的攻击者.一个密码体制是不安全的或者是可破的,是指当使用该体制中的加解密算法对信息进行传输时,有可能迅速地被破译密文或获取密钥.一个密码体制如不能被窃听者破译,则称该密码体制是安全的.

构造密码体制或密码算法的人通常称为密码设计者,而攻击密码体制者或密码算法的人则称为密码分析者.当一个密码分析者对一个密码算法进行攻击时,通常假定他对生成该算法的密码体制是知道的,不知道的只是这一算法的密钥(即能够最终确定算法的参数).这一假定通常称为 Kerchhoff 假设.在 Kerchhoff 假设下,密码分析者根据所掌握的信息多少通常以以下几种不同方式来对密文进行破译,或对密码算法进行攻击.

1) 唯密文攻击:密码分析者此时有一个或多个用同一个密钥加密的密文,企图通过分析这些密文来得出明文或密钥;

2) 已知明文攻击:除可利用的密文外,密码分析者还有一些明文和用同一个密钥加密这些明文所对应的密文;

3) 选择明文攻击:密码分析者能获得所需要的任何明文所对应的密文,这些密文与需要破译的密文是用同一个密钥加密得来的;

4) 选择密文攻击:密码分析者能获得所需要的任何密文对应的明文,解密这些密文所使用的密钥与需要破译的密文是用同一个密钥加密而来的.

上述四种攻击类型的强度是按序递增的,唯密文攻击是最弱的(即攻击者掌握的信息最少)一种攻击,而选择明文攻击是最强的一种攻击.

对于一个密码体制 (P,C,K,E,D),如果明文空间 P 和密文空间 C 都是有限的,则总可以通过穷举的办法由密文破译出明文.因此从这个意义上说,任何密码体制都是可破的,或是不安全的.然而在实际应用中,我们常常更关心的是:对于给定的一个密码体制,在当前的技术条件下,在一定的时间范围内它是否安全?这就引出密码体制计算安全(或实际安全)的概念.更具体地说,一个密码体制称为是计算安全的,如果对一个密码体制利用当前最好的算法和最充分的计算资源在合理的时间内都不能破译.例如,对例 7.2 所给出的,当 $m=20$ 时,其明文空间和密钥空间的大小为 26^{20},从穷举攻击的角度看它是计算安全的.不过,这里应注意人们已经通过其他方法攻破了维吉尼亚密码,有兴趣的读者可参看有关参考书.

应当注意,要精确地评价一个密码体制的安全性是困难的.在评价密码体制的安全性之前我们应当首先建立评价标准.上面的的计算安全性就是把实际安全与否作为评价标准而建立的.1949 年,香农在他的著名文章《通信系统的保密理论》中从信息的熵的角度引入了密码体制的完善保密性(perfect secrecy)的概念,建立一套新的评估密码体制的安全性理论,为判定密码体制的安全性提供了理论基础.

还应注意的是,一个密码体制是完善保密的(见 7.1.3 小节)并不等于说该体制是计算安全的,更不等于是完全安全的.例如,移位密码和 7.3 例所给出的二元密码体制都是完善保密的,但它们并不是计算安全的.

7.2　信息加密的数学基础

本节介绍在信息加密与安全中需要用到的最基本的一些数学知识,主要包括数论中的几个基本结果和有限域的基本理论.熟悉这些内容的读者可以跳过本节直接进入下一节学习.希望进一步了解有关内容的读者可参阅有关文献.

7.2.1　群、环和域

定义 7.3　设 G 是一个非空集合,在 G 的元素之间定义一种二元运算记为"·",如果这一运算满足结合律、封闭性以及

1) G 中存在一个特殊元素记为 e,使得对任何 $x\in G$ 有 $e\cdot x=x\cdot e=x$;

2) 对 G 中任何元素 $x\in G$,存在元素 x' 使得 $x'\cdot x=x\cdot x'=e$,

则称集合 G 连同运算"·"构成一个群,记为 $(G,\cdot)$,同时称元素 e 为群的单位元,称元素 x' 为元素 x 的逆元.

例如,假设用 Z 表示整数集合,用 R 表示实数集合,则 $(Z,+)$ 关于加法是群,$(R^*,*)$ 关于乘法是群.其中,R^* 表示非零实数所组成的集合.

在不引起混淆的情况下，群 $(G,\cdot)$ 也可用 G 表示. 除非特别说明，以后我们将始终简单地用 G 表示群 $(G,\cdot)$.

如果群 G 中的运算还满足交换律，则称 G 为交换群或阿贝尔群. 当群 G 中运算用"·"表示时，元素 x 的逆元 x' 一般用 x^{-1} 表示；当群 G 是一个交换群时，其运算通常用"+"表示，这时元素 x 的逆元素 x' 一般用 $-x$ 表示.

一个仅含 n 个元素的群称为有限群或者 n 阶群. 当 G 是一个 n 阶有限群时，不难证明对 G 中的任何元素 a，一定存在一个最小整数 $p(p\geqslant 1)$，使得 $a^p=e$. 这时称整数 p 为元素 a 的阶. 反之，对任何正整数 q，若 $a^q=e$，则 q 必定是元素 a 的阶 p 的倍数.

当群 G 的运算用"·"表示时，通常称这一运算为乘法，并且一般用"1"表示 G 的单位元 e；当群 G 中运算用"+"表示时，通常称这一运算为加法，并且一般用"0"表示 G 的单位元 e.

当群 G 的运算用"·"表示时，对 G 中的任何元素 a，记 $a\cdot a=a^2, a\cdot a^{n-1}=a^n$. 同样，当群 G 的运算用"+"表示时，对 G 中的任何元素 a，记 $a+a=2a, a+(n-1)a=na$，记 $n(-a)=-na$ 等. 关于有限群 G，有下面著名的 Hamilton-Caley 定理.

定理 7.4(Hamilton-Caley 定理)　设 G 是一个 n 阶有限群，G 中运算用乘法表示，则对任何 $a\in G$，有

$$a^n=1.$$

定义 7.4　设 G 是一个 n 阶有限群，其运算用乘法表示. 如果 G 中存在一元素 a，使得

$$G=\{1,a,a^2,\cdots,a^{n-1}\},$$

则称 G 是一个循环群，同时称元素 a 是群 G 的生成元.

定义 7.5　设 G 是一个群，H 是 G 的一个子集，如果子集 H 关于群 G 的运算满足：

1) 对任何 $a,b\in H$，有 $a\cdot b\in H$；

2) 对任何 $a\in H$，有 $a^{-1}\in H$，

则称 H 是 G 的一个子群.

定义 7.6　设 R 是一个关于加法运算"+"的交换群，其单位元用"0"表示. 在 R 的元素之间现定义乘法运算记为"·". 如果运算"·"还满足封闭性、结合律以及

1) 存在单位元"1"；

2) 关于加法运算"+"满足分配律，即对任何 $x,y,z\in R$，有

$$x\cdot(y+z)=x\cdot y+x\cdot z;$$

$$(y+z)\cdot x=y\cdot x+y\cdot z,$$

则称集合 R 连同运算"+"和"·"构成一个环，记为 $(R,+,\cdot)$，简记为 R.

对于环 $(R,+,\cdot)$ 及其元素 $a \in R$，一般用“$-a$”表示元素 a 关于加法运算的逆元，用“a^{-1}”表示元素 a 关于乘法运算的逆元. 通常，称一个环的加法运算的逆运算为减法，称乘法运算的逆运算为除法.

按定义容易证明，全体整数所组成的集合按照通常的加法和乘法构成一个环，这个环用 Z 表示.

显然，每一个环 R 中至少包括两个元素：“0”和“1”. 其中“0”是关于加法“$+$”的单位元，“1”是关于乘法“$\cdot$”的单位元.

当环 R 的乘法运算还满足交换律时，称 R 是一个交换环.

定义 7.7 设 R 是一个交换环，如果 R 的每一个非零元关于乘法都存在逆元，则称 R 是一个域.

全体有理数、全体实数所组成的集合都构成域，这两个域就是通常所说的有理数域和实数域.

例 7.5 设 $F=\{0,1\}$ 是一个只有两个元素的集合. 在 F 的元素之间先定义两种运算分别称为加法和乘法，其中加法运算记为“$+$”，乘法运算记为“$\cdot$”，并且它们的运算表如下：

$+$	0	1
0	0	1
1	1	0

$\cdot$	0	1
0	0	0
1	0	1

容易证明，F 关于这两种运算构成一个环，并且元素“0”是加法“$+$”的单位元，元素“1”是乘法“$\cdot$”的单位元. 进一步可证，F 还是一个域. 这个域是最简单的域，今后用 F_2 或 $GF(2)$ 表示.

通俗地讲，一个域就是一个在其元素之间定义了加、减、乘、除四则运算的集合.

定义 7.8 一个只有有限多个元素的域称为有限域.

例 7.5 中的域 F_2 是一个有限域，并且是最简单的有限域. 有理数域和实数域不是有限域.

7.2.2 模 n 的剩余类环 Z_n

对整数环 Z，其元素个数无限，并且不是一个域. 现设 n 是一个正整数，我们将在整数环 Z 的基础上构造一个只有 n 个元素的环，并且希望进一步在此基础上构造一个有限域. 为此，先在 Z 的元素之间定义一种关系“同余”.

定义 7.9 设 Z 表示整数环，n 是一个正整数. 对任何 $a,b \in Z$，称 a 和 b 关于正整数 n 是同余的，如果 n 能够整除 $a-b$ 的话.

显然，上面所定义的同余关系也一定是一种等价关系.

当 a 和 b 关于正整数 n 同余时，习惯上称 a 与 b 关于模 n 是同余的，记为 $a \equiv b \bmod n$.

用给定的正整数 n 按以上同余关系(即等价关系)可将全体整数分成 n 个等价类，分别用 $\bar{0},\bar{1},\cdots,\overline{n-1}$ 表示这 n 个等价类，并用 Z_n 表示这 n 个等价类所组成的集合，即

$$Z_n = \{\bar{0},\bar{1},\bar{2},\cdots,\overline{n-1}\}.$$

现在 Z_n 的元素之间定义加法和乘法如下：

加法：$\bar{a},\bar{b} \in Z_n, \bar{a}+\bar{b} = \overline{a+b}$；

乘法：$\bar{a},\bar{b} \in Z_n, \bar{a}\cdot\bar{b} = \overline{ab}$.

则可以证明，这种定义下 Z_n 构成一个环，这个环通常称为整数环 Z 关于模 n 的剩余类环，简称模 n 的剩余类环，仍用 Z_n 表示.

由此可见，在模 n 的剩余类环 Z_n 中，关于加法的单位元是 $\bar{0}$，关于乘法的单位元是 $\bar{1}$. 显然，剩余类环 Z_n 是一个交换环但它不一定是一个域. 例如，取时 $n=12$，Z_{12} 中的元素 $\bar{3}$ 就没有逆元. 下面的定理可以用来判定模 n 的剩余类环 Z_n 中的元素是否存在逆元.

定理 7.5　对模 n 的剩余类环 Z_n 中的元素 $\bar{a}$，如果 $\bar{a}$ 与 n 互素，则 $\bar{a}$ 在 Z_n 中存在逆元.

证明：因为 a 与 n 互素，所以由欧几里得算法可得整数 u 和 v，使得

$$au + nv = 1.$$

由此可见 $au \equiv 1 \bmod n$，进一步有 $\bar{a}\,\bar{u} = \overline{au} = 1$，即 $\bar{a}^{-1} = \bar{u}$. □

由定理 7.5，在模 n 的剩余类环 Z_n 中，有逆元的元素个数正好等于小于 n 的正整数中与 n 互素的那些整数的个数. 例如，$n=12$ 时，由于在正整数 1 到正整数 11 之间与 12 互素的整数是 1,5,7,11，共有 4 个，所以 Z_{12} 中共有 4 个元素有逆元. 一般地，对一个给定的正整数 n，用 $\varphi(n)$ 表示全部小于 n 的正整数中与 n 互素的那些整数的个数，则 $\varphi(n)$ 实际上是正整数集合上的一个函数，称这一函数是欧拉 φ 函数.

欧拉 φ 函数是数论中一个非常重要的函数，它有以下基本性质：

1) $\varphi(nm) = \varphi(n)\varphi(m)$，这里 n, m 为任何正整数；

2) $\varphi(p) = p-1$，这里 p 也是任一素数；

3) $\varphi(p^n) = p^{n-1}(p-1)$，这里 p 也是任一素数.

利用这三个性质可以算出任何欧拉 φ 函数的值.

对任意正整数 n，利用欧拉 φ 函数的概念，模 n 的剩余类环 Z_n 中共有 $\varphi(n)$ 个

可逆元,将这 $\varphi(n)$ 个可逆元放在一起组成的集合记为 U_n. 易见, U_n 关于 Z_n 的乘法构成一个群,称这个群为模 n 的剩余类环 Z_n 的单位群或单位.

由定理 7.4,立即可得到下面的定理.

定理 7.6 设 U_n 是模 n 的剩余类环 Z_n 的单位群,则对任何 $a \in U_n$, 有

$$a^{\varphi(n)} = 1.$$

在不引起混淆的情况下,对 Z_n 中的各元素 $\bar{0}, \bar{1}, \cdots, \overline{n-1}$ 等常分别用相应的代表元 $0,1,2,\cdots, n-1$ 直接表示. 这时环 Z_n 可通俗地理解为: Z_n 是由 $0,1,2,\cdots, n-1$ 这 n 个整数组成的一个集合,并且在这些整数之间按照通常意义的加法和乘法元素可作加法和乘法,只是在运算过程中当运算结果不属于这个集合时就用属于该集合中与运算结果同余的数代替该结果.

7.2.3 有限域 $GF(p^n)$

对于模 n 的剩余类环 Z_n, 当正整数 n 是一个素数时, Z_n 的单位群 U_n 中共有 $n-1$ 个元素,于是 Z_n 的每一个非零元都可逆,这时 Z_n 实际上是一个具有 n 个元素的有限域. 今后记这个有限域为 $GF(n)$ 或 F_n.

对任一素数 p, 关于有限域 $GF(p)$ 可做如下通俗地解释:① $GF(p)$ 是一个包括从 0 到 $p-1$ 这 p 个正整数的集合,即

$$GF(p) = \{0,1,2,\cdots,p-2,p-1\};$$

②在集合 $\{0,1,2,\cdots,p-2,p-1\}$ 的元素之间按照普通整数之间的加法和乘法定义有加法和乘法运算,在这一运算中当所得结果大于或等于 p 时,就用整数 p 去除它,然后取其余数作为运算结果;③在集合 $\{0,1,2,\cdots,p-2,p-1\}$ 的元素之间按照普通整数之间的减法定义有减法运算,如果结果出现负数则将其加上 p 后再作为运算结果;④对集合 $\{0,1,2,\cdots,p-2,p-1\}$ 中的任何非零数 a, 因为 a 与 p 互素,所有由欧几里得算法可得整数 u 和 v, 使得

$$au + nv = 1.$$

这时取 a 的逆元素为 u. 其中,如果 $|u| > p$ 则先用整数 p 去除它,然后取其非负余数作为 a 的逆元素. 这样,在集合 $\{0,1,2,\cdots,p-2,p-1\}$ 的元素之间就可以进行加、减、乘、除(求逆)四则运算,集合 $\{0,1,2,\cdots,p-2,p-1\}$ 构成一个域,这个域就是有限域 $GF(p)$.

例 7.6 设 $p = 31$, 在有限域 $GF(31)$ 中试计算 $(15 - 13 \times 5) \times 7^{-1}$.

解: 先计算 7^{-1}. 由欧几里得算法得

$$9 \times 7 - 2 \times 31 = 1,$$

由此得 $7^{-1} = 9$, 于是,在有限域 $GF(31)$ 中有

$$(15 - 13 \times 5) \times 7^{-1} = (15 - 13 \times 7) \times 9 = 684 \equiv 2 \bmod 31 = 2.$$

有限域概念是代数学中的一个重要概念.有限域理论作为纯数学的概念和理论最初并未引起人们太多注意.但是随着以有限自动机理论为基础的计算机科学的产生和发展,有限域理论这一昔日的纯数学理论作为有限自动机理论的基础逐渐显示出了它的威力.有限域理论不仅是现代计算机科学的数学基础,也是很多计算机应用技术的理论基础.作为现代计算机应用技术的密码技术及其理论,也是以有限域理论为基础的.

当 p 是一个素数(以下始终用 p 表示一个素数)时,$GF(p)$ 的单位群就是 $GF(p)$ 的非零元素所构成的集合.于是,由定理 7.6 可得以下著名的 Fermat 小定理.

定理 7.7(Fermat 小定理)　设 p 是一个素数,则对任一不能被 p 整除的整数 m,有

$$m^{p-1} \equiv 1 \bmod p.$$

由前面关于 $GF(p)$ 的定义可以看出,对任一素数 p 都存在有限域 $GF(p)$ 与之对应.素数 p 被称为是有限域 $GF(p)$ 的特征,同时,有限域 $GF(p)$ 被称为是一个有限素域.

进一步可以证明,在任何有限域 F 中都存在一个最小的子域 F'(F' 是 F 的一个子集,并且 F' 中元素按照 F 中的加、减、乘、求逆元素满足封闭性)使得 F' 与某个 $GF(p)$ 同构,其中 p 是某个素数.这时也称素数 p 是有限域 F 的特征.

下面从相反的角度讨论这一问题.为此,仍设 p 是一个素数,n 是一个整数.为使符号简单,以下记 $GF(p)$ 为 F_p.

记 F_p 上的多项式环为 $F_p[X]$,即

$$F_p[X] = \{a_0 + a_1X + a_2X^2 + \cdots + a_kX^k \mid k \in N, a_i \in F_p\},$$

其中,N 表示自然数集,并在 $F_p[X]$ 的元素之间定义加法为普通多项式之间的加法,定义乘法为普通多项式之间的乘法,则集合 $F_p[X]$ 构成一个环.记上次数小于 n 的全部多项式所组成的集合是 $F_p^n[X]$,即

$$F_p^n[X] = \{a_0 + a_1X + a_2X^2 + \cdots + a_kX^k \mid k \leqslant n-1, a_i \in F_p\}.$$

设

$$a(X) = a_0 + a_1X + a_2X^2 + \cdots + a_{n-1}X^{n-1} \in F_p^n[X],$$
$$b(X) = b_0 + b_1X + b_2X^2 + \cdots + b_{n-1}X^{n-1} \in F_p^n[X].$$

又设 $m(X)$ 是 $F_p[X]$ 中的一个 n 次不可约多项式(即 $m(X)$ 不能表示成另外的一些次数不为零的多项式的乘积).在 $F_p^n[X]$ 的元素之间定义加法和乘法如下:

加法:$a(X) + b(X) = (a_0 + b_0) + (a_1 + b_1)X + (a_2 + b_2)X^2 + \cdots + (a_{n-1} + b_{n-1})X^{n-1}$;

乘法:先按照普通多项式之间的乘积计算

$$a(X)b(X) = c(X).$$

然后按照多项式之间的带余乘法将 $c(X)$ 表示为

$$c(X) = q(X)m(X) + r(X),$$

这里 $\deg r(X) \leqslant n-1$，deg 表示多项式的次数，从而 $r(X) \in F_p^n[X]$. 最后在 $F_p^n[X]$ 中取 $a(X)$ 和 $b(X)$ 的乘积是 $r(X)$.

可以证明，这时 $F_p^n[X]$ 构成一个有限域，记为 $F_p[X]/(m(X))$.

与整数环中的同余运算类似，上面关于乘法的定义中，称多项式 $c(X)$ 与 $r(X)$ 在多项式环 $F_p[X]$ 中关于多项式 $m(X)$ 同余，记为

$$c(X) \equiv r(X) \bmod m(X),$$

这时，有限域 $F_p[X]/(m(X))$ 中的乘法运算可记为

$$a(X)b(X) \equiv r(X) \bmod m(X),$$

其中，称多项式 $m(X)$ 是域多项式或模多项式.

显然，当域多项式 $m(X)$ 的次数为 n 时，有限域 $F_p[X]/(m(X))$ 中共有 p^n 个元素，并且其中的每一个元素是一个定义在有限域 F_p 上且次数小于 n 的多项式. 记

$$V = \{(a_0, a_1, a_2 \cdots + a_{n-1}) \mid a_i \in GF(p)\},$$

并在 V 上定义加法运算和数乘运算如下：

加法：$(a_0, a_1, \cdots, a_{n-1}) + (b_0, b_1, \cdots, b_{n-1}) = (a_0 + b_0, a_1 + b_1, \cdots, a_{n-1} + b_{n-1})$,

乘法：$c(a_0, a_1, \cdots, a_{n-1}) = (ca_0, ca_1, \cdots, ca_{n-1}), \quad c \in F_p$,

则集合 V 成为一个有限域 $GF(p)$ 上的线性空间. 现作有限域 $F_p[X]/(m(X))$ 到线性空间 V 的映射如下：

$$F_p[X]/(m(X)) \to V,$$

$$a(X) \to (a_0, a_1, \cdots, a_{n-1}).$$

对有限域 $F_p[X]/(m(X))$ 的加法运算，显然这一映射是一个同构映射. 由此，可将有限域 $F_p[X]/(m(X))$ 简单地看作是定义在 F_p 上的一个 n 维线性空间，记为 $GF(p^n)$. 注意，有限域 $F_p[X]/(m(X))$ 是比 n 维线性空间 V 具有更多结构的一个集合，因为 $F_p[X]/(m(X))$ 的元素之间除了加法运算外还可以做乘法运算.

显然对有限域 $F_p[X]/(m(X))$，F_p 是它的一个子域. 而从 F_p 的角度看时，通常称 $F_p[X]/(m(X))$ 是 F_p 的一个扩域，并且是一个 n 次扩域.

关于有限域 $F_p[X]/(m(X))$，当域多项式 $m(X)$ 换为另外一个不可约多项式时所得有限域与 $F_p[X]/(m(X))$ 同构，既有下面的定理.

定理 7.8　设 $m_1(X)$ 和 $m_2(X)$ 是定义在 F_p 上的两个不同的 n 次不可约多项式，则有限域 $F_p[X]/(m_1(X))$ 和 $F_p[X]/(m_2(X))$ 同构.

对任何有限域 F，进一步可以证明 F 总与某个有限域 $F_p[X]/(m(X))$ 同构. 因此，任何有限域都有和 $F_p[X]/(m(X))$ 一样的结构. 由定理 7.8，在这一结构中，域多项式 $m(X)$ 的次数是它的一个不变量，而域多项式 $m(X)$ 的具体形式与

$F_p[X]/(m(X))$ 的结构无关. 实际上,有限域 $F_p[X]/(m(X))$ 是在有限域 F_p 的基础上再添加上 F_p 全部 n 次多项式的根后所得到的一个域. 最早研究这一问题的是 19 世纪法国伟大的数学家 Galois,因此人们习惯上把有限域称为 Galois 域,并记为 $GF(p^n)$. 为使符号更加简单,Galois 域 $GF(p^n)$ 有时又简记为 F_{p^n}. 当然,严格地讲,有限域 $GF(p^n)$ 与有限域 $F_p[X]/(m(X))$ 还是有区别的. 有限域 $GF(p^n)$ 是有限域 F_p 的一个 n 次扩域,而有限域 $F_p[X]/(m(X))$ 可以看作是较为抽象的有限域 $GF(p^n)$ 的一个具体表示形式.

例 7.7　有限域 $GF(2^8)$.

如前所述,有限域 $GF(2^8)$ 是有限域 $GF(2)$ 的一个 8 次扩域. 为了能够获得 $GF(2^8)$ 上的元素及其运算的一个具体表示,取域多项式

$$m(x)=x^8+x^4+x^3+x+1,$$

则有限域 $GF(2^8)$ 和有限域 $F_2[X]/(m(X))$ 同构. 这里,为了简化符号用 F_2 表示 $GF(2)$,用小写 x 表示多项式环的不定元. 有了这一同构关系后,$GF(2^8)$ 中的元素就可看作是一个定义在 $GF(2)$ 上的次数不超过 8 的多项式,$GF(2^8)$ 中的一般元素可写为

$$f(x)=b_7x^7+b_6x^6+b_5x^5+b_4x^4+b_3x^3+b_2x^2+b_1x+b_0,(b_i\in GF(2)).$$

上述多项式 $f(x)$ 实际上可用其系数所组成的向量 $(b_7,b_6,b_5,b_4,b_3,b_2,b_1,b_0)$ 表示. 因此,$GF(2^8)$ 上的元素实际上是由数字 0 和 1 组成的长度为 8 的一些向量. 这些向量在计算机科学中统称为字节. 因此,$GF(2^8)$ 中的元素实际上就是字节,这样的字节或元素总共有 256 个,反之全部 256 个字节也可以看作是 256 个多项式. 例如,字节 01010111(用十六进制数分别表示前后两个半字节时是“57”,以下一般都用这种方法来表示字节)对应的多项式是

$$x^6+x^4+x^2+x+1.$$

$GF(2^8)$ 上元素之间的各种运算可分述如下:

加法:加法实际上就是字节之间的接位加,即两个多项式之间对应项系数进行的接位加. 例如,因为

$$(x^6+x^4+x^2+x+1)+(x^7+x+1)=x^7+x^6+x^4+x^2,$$

所以

$$01010111\oplus 10000011=11010100.$$

用十六进制表示为

$$\text{“57”}\oplus\text{“83”}=\text{“D4”}.$$

由于这里进行的是模 2 加,因此减法与加法相同.

乘法:乘法用符号表示“·”. 因为两个次数低于 8 的多项式乘积的次数会高于 8,所以对两个多项式的乘积,需要用域多项式 $m(X)$ 去除它,然后取它的余多项式才能作为两个多项式的乘积. 例如,为计算“57”·“83”,先计算

$$(x^6+x^4+x^2+x+1)(x^7+x+1)$$
$$=x^{13}+x^{11}+x^9+x^8+x^7+x^7+x^5+x^3+x^2+x^1+x^6+x^4+x^2+x^1+1$$
$$=x^{13}+x^{11}+x^9+x^8+x^6+x^5+x^4+x^3+1,$$

然后再计算

$$(x^{13}+x^{11}+x^9+x^8+x^6+x^5+x^4+x^3+1) \bmod (x^8+x^4+x^3+x+1)$$
$$=x^7+x^6+1.$$

由此可得

$$(x^6+x^4+x^2+x+1)\cdot(x^7+x+1)=x^7+x^6+1,$$

即

“01010111” • “100000011” = “11000001”.

或者

“57” • “83” = “C1”.

乘法的单位元素是多项式“1”,亦即字节“00000001”,或者“01”(用十六进制表示法表示).

求逆:对任何一个次数小于 8 的多项式 $b(x)$,因为 $m(x)$ 不可约,所以由欧几里得算法能得到多项式 $a(x)$ 和 $c(x)$ 使

$$b(x)a(x)+c(x)m(x)=1.$$

因此

$$b^{-1}(x)=a(x) \bmod m(x).$$

按照以上的加、减、乘、求逆运算,全部 256 个字节组成的集合就是有限域 $GF(2^8)$.

7.3 序列密码

对一个给定的密码体制,密钥空间中的每一个密钥 k 都会同时对应一个加密算法 e 和一个解密算法 d. 实际中,由密钥 k 决定加密算法 e 和解密算法 d 的过程往往是先将密钥 k 分解为加密密钥 k_1 和解密密钥 k_2,然后再由加密密钥 k_1 导出加密算法 e 和由解密密钥 k_2 导出解密算法 d. 根据加密密钥 k_1 和解密密钥 k_2 是否相同,密码体制可分为单钥体制和双钥体制两种. 单钥体制又称为对称体制或私钥体制,双钥体制又称为非对称体制或公钥体制. 进一步,根据对明文消息处理方式的不同,单钥体制又分为序列密码体制和分组密码体制. 习惯上,序列密码体制和分组密码体制分别称为序列密码和分组密码,公钥密码体制一般简称为公钥密码. 因此,目前密码体制通常包括序列密码、分组密码和公钥密码三种. 本节介绍序列密码,后面两节分别介绍分组密码和公钥密码.

在上面的叙述中,序列密码有时也称为流密码.

7.3.1　序列密码的工作方式

设 (P,C,K,E,D) 是一个密码体制. 对一个有意义的明文消息 x，按照一定的规则进行编码后(这一过程通常称为信源编码)可将其表示为由明文空间 P 中元素所构成的一个序列如下：

$$x = x_0x_1x_2\cdots,\quad x_i \in P,$$

则序列密码加密和解密明文消息 x 的基本方式是：首先利用密钥 $k \in K^n$ (这里 n 为某个正整数，K^n 是 K 的乘积空间)产生一个密钥流序列

$$z = z_0z_1z_2\cdots,\quad z_i \in K, \tag{7.4}$$

然后，按照下面方法对明文序列 $x = x_0x_1x_2\cdots$ 进行加密得到密文序列

$$y = e_{z_0}(x_0)e_{z_0}(x_0)e_{z_0}(x_0)\cdots = y_0y_1y_2\cdots,\quad e_{z_i} \in E,$$

解密时对密文序列 $y = y_0y_1y_2\cdots$，按照下面方法进行可得明文序列

$$x = d_{z_0}(y_0)d_{z_1}(y_1)d_{z_2}(y_2) = x_0x_1x_2\cdots.$$

下面通过两个例子说明序列密码的这种工作方式.

例 7.8　考虑 7.1 中的密码体制 (P,C,K,E,D)，其中，明文空间 P、密文空间 C 和密钥空间 K 都是由 26 个英文字母所组成的集合. 加密算法和解密算法使用模 26 整数环 Z_{26} 上的加法运算(即字母之间的循环移位). 对下面的明文信息(注意，单词之间的空格不包括在明文中，只是为了更容易理解明文的实际含义)

I am glad to see you,

假设有一个密钥序列是

sgdwkqbmdzhfpqx,

则利用这一密钥序列对以上明文消息加密后可得密文序列

AGPBVGFFRRLJNOR.

例 7.9　考虑 7.1.2 小节所给出的二元密码体制，即取明文空间 P、密文空间 C 和密钥空间 K 都是 $GF(2)$，加密和解密都取作 $GF(2)$ 中的加法，即模 2 加. 现对下面一个明文消息序列

$$01001010\ 10011110\ 01101110\ 01101110\ 11110010\ 01001011, \tag{7.5}$$

假设有一个密钥序列

$$10010111\ 01011001\ 01001011\ 11101000\ 11101100\ 00100101, \tag{7.6}$$

则利用这一密钥序列对以上明文消息加密后可得密文序列

$$11011101\ 11000111\ 00100101\ 10000110\ 00011110\ 01101110. \tag{7.7}$$

反之，对于密文序列(7.7)，当已知密钥序列(7.6)时，可立即得明文序列(7.5).

从前面对序列密码工作方式的说明和上面的两个例子可以看出，序列密码有如下一些特点：

1) 序列密码中密码流序列的长度至少要和明文序列一样长.

2) 对明文序列中的每一项,都需要使用密钥流序列中相应项进行加密. 由于这一缘故,序列密码也叫一次一密密码,亦即有一个明文元素就要有一个密钥元素来加密.

3) 在序列密码中,由密文能推出明文的安全性完全取决于密钥流序列. 换句话说,序列密码的安全性完全依赖于密钥流序列.

特性 1)是序列密码的最大弱点. 要加密多长的明文就得有多长的密钥流序列. 表面上看这一弱点使得序列密码在实际应用中,尤其是对一个实时系统,几乎没有什么价值. 因为,假如有一个安全信道能把与明文一样长的密钥序列送达对方的话,也可以直接把明文序列安全地送达对方,完全没有必要采用加密的方法. 但是,假如考虑到密钥序列的可重复使用以及非实时应用场合时,序列密码是有意义的. 此外,从以下构造密钥流序列的方式能够看出,序列密码的上述弱点不妨碍它在实际中的应用.

从序列密码的特性 3)可见,对一个长度为 m 的密钥流序列,假如其中的每一项都是从密钥空间 K 中随机选取的,那么随着 m 的增加,攻击者能猜中该密钥序列的概率会迅速减小. 例如,对例 7.8 中的密码体制,这一概率是 $1/(26)^m$;对 7.9 中密码体制,这一概率是 $1/2^m$.

实际上,C. E. Shanonn 在他的《保密系统的通信理论》中已经证明,当密钥序列(7.4)是密钥空间 K 上的一个随机序列(即序列(7.4)的每一项都从 K 中随机取出)时,序列密码在理论上不可破的. 直到今天,序列密码也是唯一在理论上被证明是不可破的密码. 在所有密码体制中它具有最高的安全性. 因此,序列密码是世界各国政府和军事部门在保护最高级别机密信息时所使用的密码. 也正因如此,序列密码是迄今为止被人们研究最多而公开研究成果相对比较少的一种密码.

在上面的例子中,例 7.9 是一个与实际应用中的情况更贴切的例子. 在现代信息技术条件下,任何形式的信息在传输和存储等过程中都被首先转换为 0～1 序列(由 0 和 1 构成的序列),然后进行处理,最后再还原为原始形式. 图 7.2 对这种过程做了简单说明.

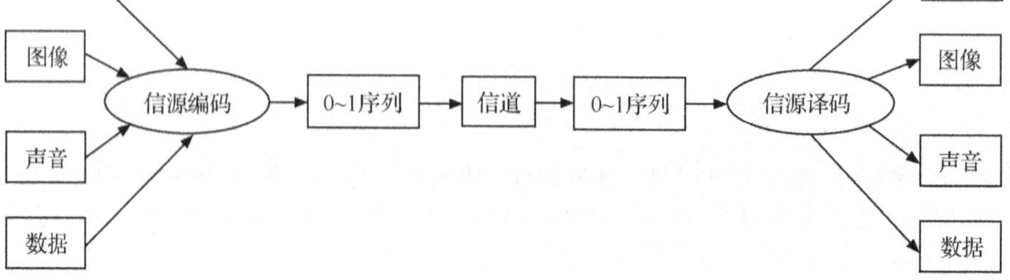

图 7.2　信息传输的基本过程

从上面的说明可以看出，7.1 节中给出的二元密码是信息加密和解密过程中的主要体制之一，而 0～1 序列也是明文的基本形式. 今后，我们假定明文都具有这种形式. 本节介绍的序列密码正是基于 $GF(2)$ 上的序列密码.

要采用序列密码进行信息的加密和解密，有一个基本问题需要解决，即如何产生密钥流序列. 由 Shannon 的信息保密理论，最理想的密钥流序列是一个随机 0～1 序列. 这里的随机性包含两层意思，一是序列本身具有随机序列的特性，二是应用中这样的序列应该现场随机地产生. 显然，只要能对序列做到保密，应用中这样的序列不一定要现场产生，完全可以提前产生. 实际应用中有很多密钥流序列是提前产生的. 下面对 $GF(2)$ 上的随机序列给出定义.

定义 7.10 设序列

$$z = z_0 z_1 z_2 \cdots \qquad z_i \in \{0,1\}, i = 0,1,\cdots$$

是一个 $GF(2)$ 上的序列，即 0—1 序列. 如果各个 $z_i(i = 0,1,\cdots)$ 独立地来自集合 $\{0,1\}$，并且取 0 或取 1 的机会相等，则称序列 z 是 $GF(2)$ 上的一个随机序列或真随机序列.

要产生一个完全随机地 0～1 序列并不困难. 例如，可以通过随机抛掷硬币的方法产生. 但是，用这种方法产生随机序列的效率太低，根本无法满足实际需求. 实际中，明文序列的长度一般会非常大，相应的密钥流序列的长度也要非常大. 因此，要快速、高效地产生长度非常大的随机序列就非常困难. 如何快速、高效地产生长度很大的随机序列是序列密码需要解决的首要问题，也是唯一的一个关键问题. 对这一问题的研究构成了序列密码研究的主要内容. 本节余下部分正是围绕这一问题展开的.

7.3.2 伪随机序列

实际应用中，要快速、高效地产生长度足够长的随机序列几乎是不可能的. 因此，在序列密码的应用中很少使用真随机序列，而是使用表面上具有随机序列统计特性，但本质上不是随机序列的“伪随机序列”作为密钥流序列. 因此，在序列密码中，对密钥流序列的研究就变成了对伪随机序列的研究. 伪随机序列都是周期序列. 下面给出周期序列的定义：

定义 7.11 设无限长序列

$$s = s_0 s_1 s_2 \cdots, \quad s_i \in \{0,1\}, i = 0,1,2,\cdots$$

是定义在有限域 $GF(2)$ 上的一个序列. 如果存在正整数 n，使得序列 s 的各项满足：

$$s_{kn+j} = s_j, \quad j = 0,1,2,\cdots,n-1,$$

其中 k 为任何正整数，则称序列 s 是一个定义在有限域 $GF(2)$ 上的周期为 n 的周期序列，$s_0 s_1 s_2 \cdots s_{n-1}$ 称为该序列的第一个周期.

有些序列虽然不是周期序列，但是去掉前面若干项后将成为一个周期序列. 例如，对序列“110001000100010…”，它不是一个周期序列，但是去掉第一项后将变成序列“10001000100010…”，它是一个周期为 4 的序列. 这种序列称为终归周期序列. 为简化讨论，下面所说的周期序列也包括终归周期序列. 有些周期序列的周期不止一个，下面所说的周期指的是最小周期.

定义 7.12 设序列 s 是一个定义在有限域 $GF(2)$ 上的周期为 n 的周期序列，如果序列 s 满足

1) 存在某个正整数 m，使得当时 $j \geqslant m$，s_j 的取值由其前面项的取值完全决定；

2) 在 s 的一个周期内，s 中的各项的取值具有随机序列的统计特征，

则称序列 s 是一个伪随机序列.

在定义 7.12 中，一个序列具有随机序列的统计特征是指：0 和 1 出现的概率以及连续多个 0(称为序列的游程)和连续过个 1(也称序列的游程)出现的概率不仅一样，而且这一概率的大小随着连续 0 的长度或连续 1 的长度(简称游程长度)的增长以几何级数的规律在下降. 关于伪随机序列的概念，限于篇幅，请读者参阅文献[1]和[2]，这里不再做进一步解释.

序列密码中产生密钥流序列(即伪随机序列)的办法是：首先随机产生一个很短的序列，这一序列通常称为种子密钥；然后再种子密钥的控制下通过一个密钥流发生器再产生一个周期很大的伪随机序列，即密钥流序列. 这一过程可用图 7.3 说明.

图 7.3 密钥流序列的产生过程

有了密钥流序列后，序列密码的工作原理可由图 7.4 说明. 由图 7.4 看出，利用序列密码传输信息时，需解决的关键问题是要构造良好的密钥流发生器. 构造密钥流发生器的基本部件是线性反馈移位寄存器.

7.3.3 线性反馈移位寄存器序列

由线性移位寄存器(简记为 LFSR)产生的序列称为线性反馈移位寄存器序列. 线性反馈移位寄存器是反馈移位寄存器中最简单的一种. 一个反馈移位寄存器是一种硬件设备，它由两部分组成：移位寄存器和反馈函数(图 7.5). 一个移位寄存器是若干寄存器的串联. 每个寄存器是一个具有记忆功能的某种单元，只有两种状态，要么存放数字 0，要么存放数字 1. 移位寄存器中所含寄存器的个数称为它的

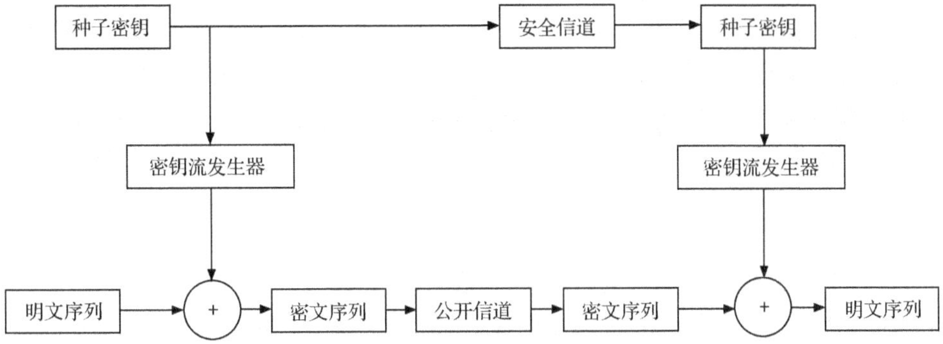

图 7.4　序列密码的工作原理

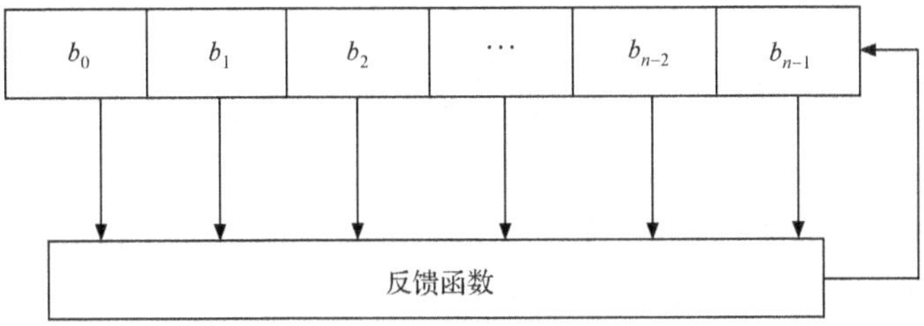

图 7.5　反馈移位寄存器

级数. 图 7.5 中,当给最右边寄存器一个输入时,每个寄存器的值都将向左移一位,这时最左边的寄存器的值就是这个反馈寄存器的输出. 反馈函数是一个布尔函数,它的输入是各寄存器的状态值,它的输出则反馈到最右边的寄存器,将作为该寄存器下一拍的输入. 在外来时钟控制下,当给每个寄存器一个初始状态后,该反馈移位寄存器就不断会有输出,所输出的序列就称为反馈移位寄存器序列.

当反馈函数是一个线性函数时,该反馈移位寄存器称为线性反馈移位寄存器. 相应地,输出序列称为线性反馈移位寄存器序列. 线性反馈移位寄存器的构造如图 7.6所示.

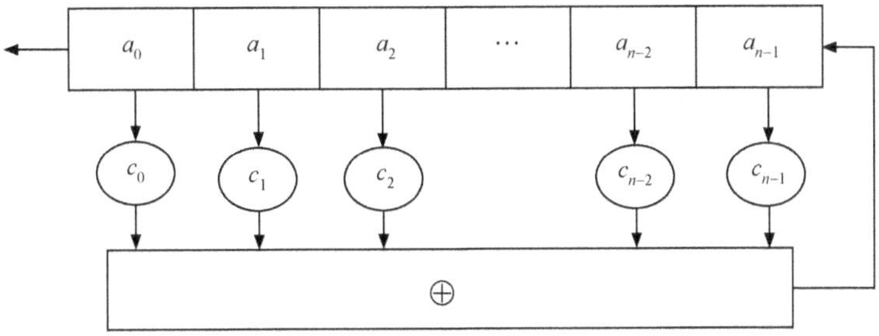

图 7.6　线性反馈移位寄存器

线性反馈移位寄存器因其实现简单、速度快、有较为成熟的理论等[1]优点成为构造密钥流发生器最重要的部件之一. 对一个 n 级 LFSR,称任何时刻 n 个寄存器中的值所构成的 $GF(2)$ 上的 0—1 向量都是它的状态. 于是,一个 n 级 LFSR 全部不同的状态共有 2^n 个. 对一个 LFSR,初始状态预先指定. 现设一个给定 n 级LFSR 的反馈函数为

$$f = c_1x_1 + c_2x_2 + \cdots + c_nx_n,$$

初始状态是 $(a_0, a_1, \cdots, a_{n-1})$,由该 LFSR 产生的 LFSR 序列记为 a,并进一步假定第 i 个移位时钟脉冲到来前,LFSR 的状态是 $(a_i, a_{i+1}, \cdots, a_{i+n-1})$,则当第 i 个移位时钟脉冲到来时,LFSR 的状态由 $(a_i, a_{i+1}, \cdots, a_{i+n-1})$ 变为 $(a_{i+1}, a_{i+2}, \cdots, a_{i+n})$ 并输出 a_i 作为序列 a 的一位. 补入 LFSR 的最右边一级的 a_{i+n} 的值由下列线性递归关系式(即反馈函数)决定:

$$a_{j+n} = \sum_{j=1}^{n} c_j a_{j+n-1}, \quad j \geqslant 0.$$

当不断有移位时钟脉冲到来时,该 LFSR 就产生了 LFSR 序列

$$a = a_0a_1\cdots a_{n-1}a_na_{n+1}\cdots. \tag{7.8}$$

为研究 LFSR 序列的特性,现定义序列 a 的一个算子 D 为 $Da_i = a_{i-1}$, $i \geqslant 0$, 称 D 是 LFSR 序列 a 的迟延算子. 利用迟延算子 D, 对序列 a 的任意项 $a_i (i \geqslant n)$, 有

$$f(D)a_i = 0, \quad i \geqslant n,$$

其中

$$f(D) = c_0 + c_1D + \cdots + c_nD^n, \quad c_0 = 1,$$

称 $f(D)$ 是 LFSR 的反馈多项式. 如果用未定元 x 取代 D 则可得

$$f(x) = c_0 + c_1x + \cdots + c_nx^n, \tag{7.9}$$

称多项式 $f(x)$ 是 LFSR 序列 a 的联结多项式.

关于 LFSR 序列 a,有下面的基本特性.

定理 7.9 一个 n 级 LFSR 序列 a 一定是一个周期序列,并且周期的最大值是 $2^n - 1$.

证明: 由 n 级 LFSR 序列 a 的定义可见,n 级 LFSR 每个状态的第一位都将是序列 a 的某一项. 由于一个 n 级的 LFSR 的不同状态最多有 2^n 个,所以序列 a 的周期最大是 2^n. 当按照这种方式考察序列 a 的周期时,显然可将状态 $(0,0,\cdots,0)$ 排除在外. 因为一旦当某个时钟脉冲到来之前,当前状态变为 $(0,0,\cdots,0)$,在这之后 LFSR 的所有输出都将是 0. 这时序列 a 是一个终归周期为 1 的序列. □

定义 7.13 当一个 n 级 LFSR 序列 a 的周期是 $2^n - 1$ 时,称序列 a 是一个 n 级最大周期线性反馈移位寄存器序列,简称 m 序列.

定义 7.14 设

$$f(x)=c_0+c_1x+\cdots+c_nx^n,\quad c_i\in GF(2)$$

是有限域 $GF(2)$ 上的一个不可约多项式. 如果 $f(x)$ 能够整除多项式 $x^{2^n-1}+1$ 而不能整除任何多项式 x^d+1(其中, d 是 2^n-1 的一个真因子),则称多项式 $f(x)$ 是一个 n 阶本原多项式.

定理 7.10　当一个 n 级 LFSR 的联结多项式(7.9)是一个本原多项式时,该 LFSR 所产生的 n 级 LFSR 序列(7.8)一定是一个 m 序列.

一个 n 级 LFSR 序列中的 n 代表的是序列密码中种子密钥(或原始密钥)的长度. 周期序列中一个周期的一部分将用作序列密码的密钥流序列. 序列密码应用中,当种子密钥长度 n 给定后,总希望能构造一个周期尽可能大且随机特性好的周期序列来作为密钥流序列. 定理 7.10 指出,当一个 n 级 LFSR 的联结多项式是一个本原多项式时,它的输出序列一定是一个周期能达到最大的序列.

定理 7.10 的逆定理也是成立的,即关于 m 序列和本原多项式的关系有下面重要的定理.

定理 7.11　一个 n 级 LFSR 的输出序列是一个 m 序列的充分必要条件是它的联结多项式是本原多项式.

由定理 7.11,为了利用 LFSR 产生的 m 序列,只需找出本原多项式即可. 这里指出,判定一个多项式是否是本原多项式是困难的. 参考文献[3]给出了一个与序列密码应用有关本原多项式列表.

当一个 n 级 LFSR 的联结多项式是一个本原多项式时,对于该 LFSR 的任何一个非零的初始状态,其输出序列都是 m 序列. 这些序列是所谓移位等价的,即本质上是同一序列. 关于这方面情况这里不再做进一步介绍,读者可参阅文献[2]和文献[4].

关于 m 序列,进一步可以证明它几乎具有随机序列的全部统计特征[1]. m 序列是一类非常好的伪随机序列,它除了在序列密码中有重要应用外,在通信与电子工程等领域都有重要的应用.

7.3.4　B-M 算法、线性复杂度与密钥流发生器

虽然 m 序列具有很高的周期和很好的随机性,但是 m 序列绝不能直接用作密钥流序列. 这不仅因为 m 序列的数量太少,容易受到穷举攻击,更重要的是因为存在一个著名的算法—Berlekamp-Messay 算法(简称 B-M 算法),能利用 m 序列一个周期中的任何连续 $2n$ 项就可以求出生成该序列的本原多项式,从而能够完全恢复该序列. 对于一个 n 级 m 序列,数字 n 同时也是该序列的线性复杂度,Berlekamp-Messay 算法正是能有效计算一个周期序列线性复杂度及其联结多项式的一种算法. 关于 B-M 算法的详细叙述读者可参阅文献[5].

下面先给出周期序列线性复杂度的概念.设

$$s = s_0 s_1 s_2 \cdots \quad s_i \in \{0,1\}, i = 0,1,2,\cdots$$

是一个周期为 N 的周期序列,用 s^N 表示它的第一个周期.记

$$s(x) = s_0 + s_1 x + \cdots + s_n x^n + \cdots = \sum_{i=1}^{\infty} s_i x^i,$$
$$s^N(x) = s_0 + s_1 x + \cdots + s_{N-1} x^{N-1},$$

则

$$s(x) = x^N(x)(1 + x^N + x^{2N} + \cdots) = \frac{s^N(x)}{1 - x^N}.$$

从而 $s(x)$ 可以表示成

$$s(x) = \frac{s^N(x)/\gcd(s^N(x), 1 - x^N)}{(1 - x^N)/\gcd(s^N(x), 1 - x^N)} = \frac{g(x)}{f_s(x)},$$

其中

$$f_s(x) = (1 - x^N)/\gcd(s^N(x), 1 - x^N), g(x) = s^N(x)/\gcd(s^N(x), 1 - x^N).$$

显然,$g(x)/f_s(x)$ 是既约的,并且 $\deg g(x) < \deg f_s(x)$,称 $f_s(x)$ 为 s 的极小多项式,称 $\deg f_s(x) = c(s)$ 为 s 的线性复杂度.

对一个周期序列,可以证明,当已知其线性复杂度(假设为 c)和极小多项式后,至少能构造一个 c 级线性反馈移位寄存器将该序列恢复.Berlekamp-Messay 算法是能够同时计算任意周期序列线性复杂度和极小多项式的一种算法.因此,由于 Berlekamp-Messay 算法得存在,必须要求序列密码中的密钥流序列具有很高的线性复杂度,使得即使知道了它也因为太大而难以构造出相应的移位寄存器.

因为 m 序列的线性复杂度太小,所以它不能直接作为密钥流序列.

线性复杂度是密钥流序列诸多安全性度量指标中最基本、最重要的一个.一个周期很大的密钥流序列,同时不应要求它的线性复杂度也很大.因为也存在一些序列,虽然它们的周期很大但它们的线性复杂度却很小,例如 m 序列.如何计算一个周期序列的线性复杂度是序列密码中的基本问题之一.如何能使所产生的密钥流序列具有很高的线性复杂度也是构造密钥流序列时所要考虑的基本问题之一.

密钥流序列由密钥流产生器产生.目前,设计密钥流产生器的典型方法是把若干 LFSR 作为基本构件,然后经过复杂的非线性组合后完成.利用这种方法所设计的密钥流产生器一般相当于一个非线性反馈移位寄存器,由它所产生的密钥流序列一般有很高的周期和线性复杂度等.利用这种方法设计密钥流产生器时需解决的基本问题是:如何根据构成该生成器的 LFSR 及非线性组合方案计算或评估该生成器输出序列的各项安全性指标.

对以上问题的解决构成序列密码设计和分析的主要内容.有兴趣的读者可以

沿着上述问题的解决思路查阅有关文献，这里不再赘述.

目前，将 LFSR 作为基本构件，然后进过复杂的非线性组合，设计密钥流发生器成熟的、具体的方法有很多. 其中，著名的有停走式发生器、Geffe 发生器、门限发生器等[3].

7.4 分组密码

7.4.1 分组密码的工作原理

分组密码是最重要的单钥密码之一. 顾名思义，分组密码首先将明文序列分组，然后对每个分组分别进行加密和解密，并且在加密和解密这些分组时使用同一个密钥. 下面依照定义 7.1 给出分组密码的定义.

定义 7.15　设 m, n 是两个正整数，记

$$V_n = \{(a_0, a_1, a_2, \cdots, a_{n-1}) \mid a_i \in \{0,1\}\},$$
$$V_m = \{(a_0, a_1, a_2, \cdots, a_{m-1}) \mid a_i \in \{0,1\}\}.$$

取明文空间 $P = V_n$，密文空间 $C = V_n$，密钥空间 $K = V_m$. 对任何 $k \in K$，如果存在一种被称为加密的规则 e_k 和被称为解密的规则 d_k，使得对任何 $x \in P$ 或 $y \in C$，有

$$d_k(e_k(x)) = x, e_k(d_k(y)) = y,$$

记 $E = \{e_k \mid k \in K\}$，$D = \{d_k \mid k \in K\}$，则称密码体制 (P,C,K,E,D) 是一个分组密码体制，简称分组密码，并称 n 是该分组密码的长度，m 是该分组密码的密钥长度.

对一个给定的分组密码 (P,C,K,E,D)，由定义 7.15 可知，一定存在由 K 到 E 的一个映射 φ 和由 K 到 D 的一个映射 ψ 如下：

$$\varphi:\ K \to E \qquad \psi:\ K \to D,$$
$$k \to e_k \qquad k \to d_k.$$

这时，称映射 φ 和映射 ψ 是分组密码 (P,C,K,E,D) 所决定的一个分组密码算法，称映射 φ 是它的加密算法，映射 ψ 是它的解密算法.

由 7.3.1 小节，可以假定实际中的明文消息 x 是一个如下的 0－1 序列：

$$x = a_0 a_1 a_2 a_3 \cdots a_{n-2} a_{n-1} a_n a_{n+1} \cdots a_{2n-1} a_{2n} \cdots.$$

当使用一个分组长度为 n，密钥长度为 m 的分组密码对该明文消息 x 进行加密时，首先选取一个密钥 $k \in K$ 来确定加密规则 e_k 和解密规则 d_k，其次将明文消息 x 以每 n 位长为一组进行分组. 假设明文消息 x 已被分为如下小组（即 V_n 中的一些元素）：

第一组：$(a_0 a_1 \cdots a_{n-1})$；

第二组：$(a_n a_{n+1} \cdots a_{2n-1})$；

$$\vdots$$

最后，对明文消息的每一个分组，用加密规则 e_k 分别进行加密. 假设

$$e_k(a_0 a_1 \cdots a_{n-1}) = (b_0 b_1 \cdots b_{n-1}),$$
$$e_k(a_n a_{n+1} \cdots a_{2n-1}) = (b_n b_{n+1} \cdots b_{2n-1}),$$
$$\cdots\cdots$$

这时明文消息 x 经这一分组密码加密后就变成了如下密文

$$y = b_0 b_1 \cdots b_{n-1} b_n b_{n+1} \cdots b_{2n} \cdots.$$

对密文 y 进行解密的过程与加密完全类似.

一个分组密码对明文消息块(即明文的每一个分组)进行加密的过程可用图 7.7做一简单的说明. 由图 7.7 可以看出，一个分组加密算法实际上是定义在集合 V_n 上的一个函数，密钥 k 是这个函数的一个参数，密钥空间 K 是这个参数所属的参数空间.

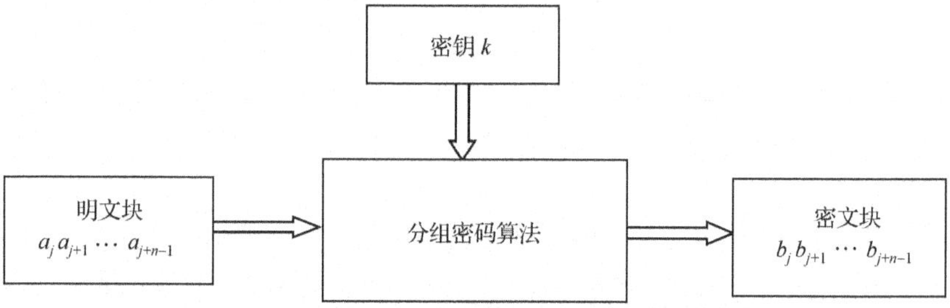

图 7.7　分组密码的工作方式

分组密码中，分组长度 n 和密钥长度 m 是两个非常重要的参数. 分组长度 n 越大，对明文消息进行加密或解密的效率一般越高；密钥长度 m 越大，密钥空间 K 就越大，这时逐个搜索一个随机选取的密钥的计算量就越大，因而密码体制的安全性就越高. 此外，对分组长度为 n 的一个分组密码，它实际上是由密钥 k 所确定的集合 V_n 上的一个置换，它对明文消息或密文进行的加、解密运算是利用该置换所进行的替换运算. 我们知道，V_n 中共有个元素 2^n，V_n 上的置换共有 $2^n!$ 个. 密钥长度为 m 的密钥空间 V_m 中共有个元素 2^m. 因此，设计一个分组密码的目标本质上是要从 V_n 上的 $2^n!$ 个置换中挑选 2^m 个置换，使得当任意从密钥空间 V_m 中选取一个元素 k 后都能立即找到与 k 对应的置换. 但是，按照这种思路设计分组密码肯定行不通. 因为即使 m 和 n 不太大，2^m 及 $2^n!$ 就已经很大了.

实践证明，设计一个分组密码算法并不困难，困难的是如何设计一个高效率、容易软硬件实现、能禁得住现有各种攻击和其安全性能够等到充分评估的分组密码算法. 在实际应用中，对分组密码除有高效率、易实现和安全性等方面的要求外，

对分组密码还有着强烈的标准化要求. 因此,实际中影响广泛的分组密码算法并不多见. 本节余下部分将重点介绍两个最著名、最重要的分组密码算法——DES 算法和 AES 算法.

7.4.2　DES 算法

DES(data encryption standard)是美国商用数据加密标准的简称. 它是目前世界上使用时间最长、影响最广的一种分组加密算法.

DES 算法开创了人们对现代分组密码算法设计的先河,其设计思想和设计方法仍然是目前人们设计分组密码算法的主流. 为节省篇幅,下面对 DES 算法的结构做一简单介绍,对于 DES 算法的详细描述,读者可参阅文献[3]. 为叙述方便,以下称由 0 和 1 组成的一个有限序列是一个分组,如“010110”是一个长度为 6 的分组.

DES 算法是一个分组长为 64 位,有效密钥长为 56 的分组密码算法. 密钥是它的一个参数可以随时更换. 当密钥规定后,算法被完全确定. 这时,当 64 位一组的明文(或密文)从算法的一端输入后,64 位的密文(或明文)算法的另一端输出. DES 算法同时也是一个对称算法,加密和解密基本相同. DES 算法的功能可由下面的图 7.8 说明.

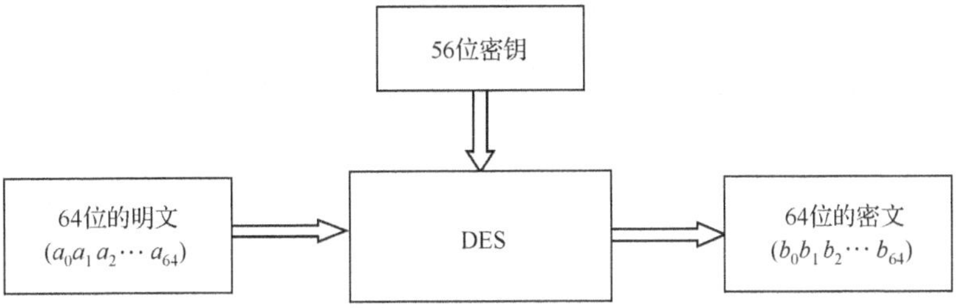

图 7.8　DES 算法的功能

在 DES 算法的标准中规定了密钥长是 56 位. 但是,算法实际上是按 64 位密钥进行构造的. 这中间,为了纠正数据在传输中可能出现的错误,对随机选取的一个 56 位的密钥,先以每 7 位长为单位将其分成 8 个组,然后对每个小组各增加一个第 8 位(称为校验位),第 8 位的值是前 7 位值的模 2 和. 最后,8 个小组结合起来后就构成了构造 DES 算法的 64 位长的密钥. 下面假定 56 位的原始密钥已完成了纠错扩展,变成了 64 位长的一个分组,并且称它为初始密钥或种子密钥.

DES 算法由 16 轮迭代组成. 每轮迭代的输入是 64 位的分组,输出也是 64 位的分组. 前一轮迭代的输出是下一轮迭代的输入. 各轮迭代中,都有一个被称为子密钥的 48 位长的分组作为迭代的参数参与迭代. 迭代的功能可由图 7.9 说明.

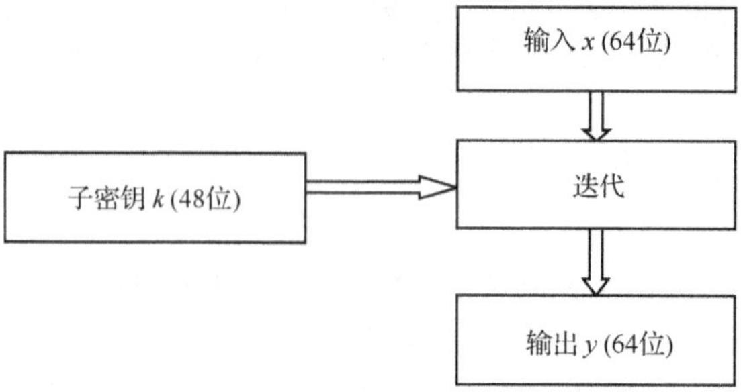

图 7.9　DES 算法各轮迭代的功能

迭代开始时,首先将 64 位的初始密钥 k 按照一个固定的密钥扩展算法扩展为 16 个子密钥 $k_1, k_2, \cdots, k_{16}$,其中每个子密钥都是 48 位长的分组.加密时,16 轮迭代将分别使用子密钥 $k_1, k_2, \cdots, k_{16}$,每轮使用一个.解密时,16 轮迭代分别使用子密钥 $k_{16}, k_{15}, \cdots, k_1$,每轮也使用一个,但是把加密时所用的子密钥次序颠倒后再分别使用.

现设每一轮迭代中输入是 x (64 位的一个分组),输出是 y (64 位的一个分组),子密钥是 k (48 位的一个分组).进行迭代时,首先将输入 x 分成左右两块:前 32 位为左块,是一个 32 位长的分组,后 32 位为右块,也是一个 32 位长的一个分组.左块用 L 表示,右块用 R 表示.迭代的输出也被分成左右两块:前 32 位为左块,后 32 位为右块,它们也都是 32 位长的分组.输出的左块用 L' 表示,右块用 R' 表示.这时,输入与输出的关系如下:

$$L' = R, \quad R'' = L \oplus f(R,k). \tag{7.10}$$

输入与输出的关系同时可由图 7.10 说明.

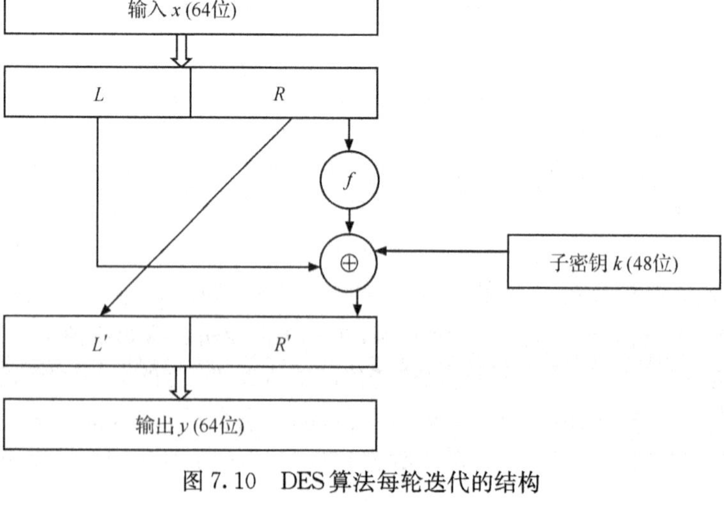

图 7.10　DES 算法每轮迭代的结构

在输入与输出的关系中,“$\oplus$”表示按位模 2 加(即按位异或),f 是 R 与 k 的一个函数,函数的输出是一个 32 位长的分组.

在迭代过程中,起关键作用的是函数 f,它的输入是一个 32 位长的分组 R 和一个 48 位长的子密钥 k,输出是一个 32 位长的分组 R''. 由 R 和 k 计算 R'' 的过程如下:

1) 将 32 位的分组 R 按照一个固定的方法扩展成一个 48 位的分组 R_1;

2) 将 R_1 和 k 进行按位模 2 加,设结果为 R_2;

3) 将 R_2 以每 6 位分成一小组依序进行分组,共分为 8 个小组. 设各小组分别是 $a_1, a_2, \cdots, a_8$;

4) 将 6 位长的小组 $a_1, a_2, \cdots, a_8$ 分别输入 8 个所谓的 S-盒,经过 S-盒的作用后,$a_1, a_2, \cdots, a_8$ 将分别变为 4 位长的小组 $b_1, b_2, \cdots, b_8$. 这 8 个 4 位长的小组 $b_1, b_2, \cdots, b_8$ 依次合起来就组成了函数 f 的输出 R''.

在上面关于 DES 算法结构的描述中,下面几个问题没有做出说明.

1) 如何将一个 64 位的种子密钥扩展为 16 个 48 位的子密钥;

2) 如何将 32 位的分组 R 扩展成一个 48 位的分组 R_1;

3) 8 个 S-盒是什么,如何利用它们由 $a_1, a_2, \cdots, a_8$ 得到 $b_1, b_2, \cdots, b_8$.

对这些问题的解答,请读者参阅参考文献[3].

DES 算法的设计为后来分组密码算法的设计提供了非常好的设计思想和设计方法,对分组密码的发展产生了深远的影响. DES 算法的设计是现代分组密码算法设计的典范. 事实上,密码学中的分组密码因 DES 算法的发明和推广应用而产生、发展. 现在,虽然 DES 算法有点过时,但是无论怎样评价 DES 对分组密码所产生的巨大作用都不会过头.

在 DES 算法设计之初,人们就对其提出了一系列设计准则,其中最重要的一条是算法的安全必须只依赖于密钥,而不依赖于算法,算法本身是完全公开的. 为满足这条准则,DES 算法首先将密钥扩展为多个子密钥后进行多轮迭代. 其次,在每轮迭代中算法又将子密钥混淆到明文中. 可以说,DES 算法很好地满足了这条准则. DES 的这一方法也实现了香农提出的对密钥进行充分扩散和混淆的思想.

DES 算法的另一特点是加密过程和解密过程使用了同一算法. 为了能做到这一点,DES 算法在设计中采用了所谓的“Feistel 网格”结构. 这一结构的要点是

1) 多轮迭代,且迭代轮数必须是偶数;

2) 将种子密钥扩展为一些子密钥,加密时各轮迭代使用子密钥的一种顺序,解密时使用相反顺序;

3) 每轮迭代采用如图 7.10 所示结构,亦即总是将输入和输出为左右两块,并按式(7.10)由输入计算输出.

在“Feistel 网格”结构中,对安全性起决定作用的是函数 f,为保证安全性函

数 f 一般是一个非线性度很高的函数. 但是，无论函数 f 是什么样的函数，只要采用“Feistel 网格”结构，就一定能保证加解密相同.

7.4.3 AES 算法

AES(advanced encryption standard)算法是美国国家标准与技术研究所(NIST)新近制定的用于取代 DES 算法的一个分组密码算法. 它作为一种标准算法将主要用于 21 世纪初美国政府和商业部门对非机密信息的加密. 像 DES 算法一样，AES 很可能会成为世界范围内影响广泛的一个分组算法. AES 算法由两个比利时人设计，最初叫 Rijndeal 算法. Rijndeal 算法被美国 NIST 选中并做少许修改后就成了 AES 算法. 下面介绍 AES 算法.

AES 算法是一个迭代型分组密码算法，其分组长度取固定值 128，密钥长度可以分别取作 128、192 和 256. 迭代轮数根据密钥长度的选取而定. 当密钥长度分别取 128、192 和 256 时，迭代轮数分别是 10、12 和 14. 当密钥(也叫主密钥或种子密钥等)给定后，算法首先通过一个密钥扩展算法产生一些子密钥，然后在进行迭代时将这些子密钥掺进明文分组. 除最后一轮迭代外，算法的每一轮迭代又由四个基本步骤组成，并且这四个基本步骤都具有可逆性. AES 算法是一个非“Feistel 网格”型算法，其解密的正确性主要靠四个基本步骤的可逆性保证. 下面以密钥长等于 192 为例，对 AES 算法的轮廓做一介绍.

当密钥长度是 192 时，AES 算法主要由 12 轮迭代组成. 除 12 轮迭代外，开始时算法需先做一次初始密钥加. 192 位长的密钥是算法的一个参数，当 192 位长的密钥给定后，算法首先利用一个固定的方法(即密钥扩展算法)将其扩展成长为 $128\times(12+1)=1664$ 的分组，然后按照每 128 位一段进行截段，共截出 13 个 128 位的分组. 13 个分组的第一个(称为初始子密钥)将用作初始密钥就加，其他 12 个依次构成各轮迭代的子密钥.

算法能将任意 128 位长的明文分组变为 128 位长的密文分组，并且同样能将任意 128 位长的密文分组还原为 128 位长的明文分组. 在全部 12 轮迭代中，第 1 轮到第 11 轮迭代完全相同，但最后一轮迭代稍微不同于其他各轮. 每一轮迭代的输入都是 128 位长的分组，输出也是 128 位长的分组. 第 1 轮到第 11 轮迭代之间的每一轮迭代，又分成了四个步骤. 这四个步骤分别称为字节替换(以下用 ByteSub表示). 行移位(用 ShiftRow 表示，也叫字节置换)、列混合(用 MixColum 表示，也叫字节混淆)和子密钥加(用 AddRoundKey 表示). 最后一轮迭代由字节替换、行移位和子密钥加组成. 迭代中四个基本步骤的输入和输出同样都是 128 位长的分组，算法中称它们是迭代过程中所出现的状态(state).

初始密钥加：初始密钥加非常简单，只需将 128 位长的明文和 128 位长的初始子密钥做按位加即可.

字节替换：字节替换的输入和输出都是 128 位长的分组（即状态）. 当 128 位长的分组输入后，首先按照每 8 位一组依序将其划分为一些小组. 这些小组分别用 $a_0, a_1, \cdots, a_{14}, a_{15}$ 表示，其中每一个 a_i 都是长为 8 的分组，在计算机科学中这样的分组被称为字节. 下面沿用这种叫法，也把所有长为 8 的分组叫做字节. 显然，全部不同的字节共有 $2^8 = 256$ 个.

AES 算法中字节是基本的运算对象. 我们知道，有限域 $GF(2^8)$ 上的元素可以和全部 256 个字节之间建立一一对应关系，从而使字节之间可以进行基本的四则运算（见 7.2.3 小节）. 当然这里还需要取定有限域 $GF(2^8)$ 的一个域多项式. AES 算法中，这一域多项式如下：

$$m(x) = x^8 + x^4 + x^3 + x + 1.$$

有了 $m(x)$，字节之间就可以进行运算了. 基本的运算有两个，一个是加法，也叫按位加，记为 $\oplus$；另一个是乘法，记为 $\odot$. 例如，假设 $a = 01010111$，$b = 10000011$，则

$$a \oplus b = 01010111 \oplus 10000011 = 11010100,$$
$$a \odot b = 01010111 \odot 1000001 = 11000001.$$

通常，字节是用十六进制数表示的. 于是用十六进制数表示上面两个式子时它们分别是

$$“57” \oplus “83” = “D4”,$$
$$“57” \odot “83” = “C1”.$$

算法中的字节替换是一个非线性的字节代替，它独立地在组成状态的每个字节上运算. 替换表（或叫 S-盒）是可逆的，由两个变换的合成构造. 假设替换的输入字节是 a，则这两个变换是

1）取 a 在有限域 $GF(2^8)$ 上的乘法逆，记

$$a^{-1} = (a_7, a_6, a_5, a_4, a_3, a_2, a_1, a_0),$$

并假定“00”的逆就是它自己；

2）对 a^{-1} 再进行如下的仿射变换

$$\begin{bmatrix} y_7 \\ y_6 \\ y_5 \\ y_4 \\ y_3 \\ y_2 \\ y_1 \\ y_0 \end{bmatrix} = \begin{bmatrix} 1 & 0 & 0 & 0 & 1 & 1 & 1 & 1 \\ 1 & 1 & 0 & 0 & 0 & 1 & 1 & 1 \\ 1 & 1 & 1 & 0 & 0 & 0 & 1 & 1 \\ 1 & 1 & 1 & 1 & 0 & 0 & 0 & 1 \\ 1 & 1 & 1 & 1 & 1 & 0 & 0 & 0 \\ 0 & 1 & 1 & 1 & 1 & 1 & 0 & 0 \\ 0 & 0 & 1 & 1 & 1 & 1 & 1 & 0 \\ 0 & 0 & 0 & 1 & 1 & 1 & 1 & 1 \end{bmatrix} \begin{bmatrix} x_7 \\ x_6 \\ x_5 \\ x_4 \\ x_3 \\ x_2 \\ x_1 \\ x_0 \end{bmatrix} + \begin{bmatrix} 1 \\ 1 \\ 0 \\ 0 \\ 0 \\ 1 \\ 1 \\ 0 \end{bmatrix}.$$

按照这两个变换,对每个输入字节,可以确定它的输出字节. 由此可以得到全部 256 个字节的输入输出对应如表 7.1,这一表格就是所谓的替换表,有时也称为 S-盒.

表 7.1 AES 算法的字节替换表(S-盒)

	0	1	2	3	4	5	6	7	8	9	*a*	*b*	*c*	*d*	*e*	*f*
0	63	7*c*	77	7*b*	*f*2	6*b*	6*f*	*c*5	30	01	67	2*b*	*fe*	*d*7	*ab*	76
1	*ca*	82	*c*9	7*d*	*fa*	59	47	*f*0	*ad*	*d*4	*a*2	*af*	9*e*	*a*4	72	*e*0
2	*b*7	*fd*	93	26	36	3*f*	*f*7	*cc*	34	*a*5	*e*5	*f*1	71	*d*8	31	15
3	04	*c*7	23	*c*3	18	96	05	9*a*	07	12	80	*e*2	*eb*	27	*b*2	75
4	09	83	2*c*	1*a*	1*b*	6*e*	5*a*	*a*0	52	3*b*	*d*6	*b*3	29	*e*3	2*f*	84
5	53	*de*	00	*ed*	20	*fc*	*b*1	5*b*	6*a*	*cb*	*be*	39	4*a*	4*c*	58	*cf*
6	*d*0	*ef*	*aa*	*fb*	43	4*d*	33	85	45	*f*9	02	7*f*	50	3*c*	9*f*	*a*8
7	51	*a*3	40	8*f*	92	9*d*	38	*f*5	*bc*	*b*6	*da*	21	10	*ff*	*f*3	*d*2
8	*cd*	0*c*	13	*ec*	5*f*	97	44	17	*c*4	*a*7	7*e*	3*d*	64	5*d*	19	73
9	60	81	4*f*	*dc*	22	2*a*	90	88	46	*ee*	*b*8	14	*de*	5*e*	0*b*	*db*
a	*e*0	32	3*a*	0*a*	49	06	24	5*c*	*c*2	*d*3	*ac*	62	91	95	*e*4	79
b	*e*7	*c*8	37	6*d*	8*d*	*d*5	4*e*	*a*9	6*c*	56	*f*4	*ea*	65	7*a*	*ae*	08
c	*ba*	78	25	2*e*	1*c*	*a*6	*b*4	*c*6	*e*8	*dd*	74	1*f*	4*b*	*bd*	8*b*	8*a*
d	70	3*e*	*b*5	66	48	03	*f*6	0*e*	61	35	57	*b*9	86	*c*1	1*d*	9*e*
e	*e*1	*f*8	98	11	69	*d*9	8*e*	94	9*b*	1*e*	87	*e*9	*ce*	55	28	*df*
f	8*c*	*a*1	89	0*d*	*bf*	*e*6	42	68	41	99	2*d*	0*f*	*b*0	54	*bb*	16

为使叙述简单,以下假设四个基本步骤的输入状态用字节表示后始终是

$$(a_0, a_1, \cdots, a_{14}, a_{15}), \tag{7.11}$$

输出状态用字节表示后始终是

$$(b_0, b_1, \cdots, b_{14}, b_{15}). \tag{7.12}$$

字节替换这一步对式(7.11)中的各个分量(字节)依照表 7.1 计算式(7.12)中的对应分量(字节).

行移位：行移位也叫字节置换. 设行移位的输入状态用字节表示时如式(7.11). 为完成移位,先将输入状态按字节表示为如式(7.13)所示的矩阵形式,

则行移位的输出是对上述矩阵的最后三行向右循环移位不同的位移量后所得的矩阵，其中第一行(上述表格中的第2行)的循环移位量是1，第二行(上述表格中的第3行)的循环移位量是2，第三行(上述表格中的第4行)的循环移位量是3. 经过行移位上述矩阵变成如下矩阵

a_0	a_4	a_8	a_{12}
a_1	a_5	a_9	a_{13}
a_2	a_6	a_{10}	a_{14}
a_3	a_7	a_{11}	a_{15}

(7.13)

a_0	a_4	a_8	a_{12}
a_{13}	a_1	a_5	a_9
a_{10}	a_{14}	a_2	a_6
a_7	a_{11}	a_{15}	a_3

(7.14)

最后，输入状态(7.11)所对应的输出状态是

$$(a_0, a_{13}, a_{10}, a_7 a_4, a_1, a_{14}, a_{11}, a_8, a_5, a_2, a_{15}, a_{12}, a_9, a_6, a_3).$$

不难看出，这时行移位步骤实质上等价于对输入状态以字节为单位按照下面置换所进行的置换

$$\begin{pmatrix} 0 & 1 & 2 & 3 & 4 & 5 & 6 & 7 & 8 & 9 & 10 & 11 & 12 & 13 & 14 & 15 \\ 0 & 13 & 10 & 7 & 4 & 1 & 14 & 11 & 8 & 5 & 2 & 15 & 12 & 9 & 6 & 3 \end{pmatrix}.$$

列混合：列混合也称为字节混淆. 在列混合步骤中，首先将输入状态(7.11)表示为矩阵(7.13)，然后将式(7.13)中的各列看作有限域 $GF(2^8)$ 上的多项式，例如，将第一列 $(a_0, a_1, a_2, a_3)^{\mathrm{T}}$ 看作 $GF(2^8)$ 上的多项式

$$a_0x^3 + a_1x^2 + a_2x + a_3,$$

最后再用一个固定多项式 $c(x)$ 模 x^4+1 乘这些列，这里

$$c(x) = '03'x^3 + '01'x^2 + '01'x + '02',$$

'03'、'01' 等是有限域 $GF(2^8)$ 上元素的十六进制表示.

具体地，在列混合中假设输入状态如式(7.11)，并假定该输入状态写为矩阵后如式(7.13). 假设它的输出状态(7.12)按照同样的方式写为矩阵后是式(7.15)，

b_0	b_4	b_8	b_{12}
b_1	b_5	b_9	b_{13}
b_2	b_6	b_{10}	b_{14}
b_3	b_7	b_{11}	b_{15}

(7.15)

则加密时,两个矩阵对应列之间的关系是

$$\begin{bmatrix} y_0 \\ y_1 \\ y_2 \\ y_3 \end{bmatrix} = \begin{bmatrix} 02 & 03 & 01 & 01 \\ 01 & 02 & 03 & 01 \\ 01 & 01 & 02 & 03 \\ 03 & 01 & 01 & 02 \end{bmatrix} \begin{bmatrix} x_0 \\ x_1 \\ x_2 \\ x_3 \end{bmatrix}, \tag{7.16}$$

其中,$(x_0,x_1,x_2,x_3)^{\mathrm{T}}$和$(y_0,y_1,y_2,y_3)^{\mathrm{T}}$分别代表输入状态(7.13)和输出状态(7.15)中的对应列. 注意,式(7.16)中矩阵元素之间的运算是有限域$GF(2^8)$上的运算. 解密时式(7.16)右端的矩阵是其逆矩阵(7.17).

$$\begin{bmatrix} 0e & 0b & 0d & 09 \\ 09 & 0e & 0b & 0d \\ 0d & 09 & 0e & 0b \\ 0b & 0d & 09 & 02 \end{bmatrix}. \tag{7.17}$$

子密钥加:子密钥加这一步骤非常简单,只需将子密钥分组与输入分组按位模2加(即按位异或)后即可得出输出. 这里应注意,每一个子密钥都是与明文分组等长的分组.

具体地,设这一步骤的输入是状态(7.11),输出是状态(7.12),子密钥按字节写出后是

$$(c_0,c_1,\cdots,c_{14},c_{15}),$$

则有

$$\begin{aligned}(b_0,b_1,\cdots,b_{14},b_{15}) &= (a_0,a_1,\cdots,a_{14},a_{15}) \oplus (c_0,c_1,\cdots,c_{14},c_{15}) \\ &= (a_0 \oplus c_0,a_1 \oplus c_1,\cdots,a_{14} \oplus c_{14},a_{15} \oplus c_{15}).\end{aligned}$$

密钥扩展:密钥扩展的目的是要由主密钥产生子密钥,所产生的子密钥个数是迭代轮数再加1,每个子密钥的长度和明文的长度相同. 对密钥长为128的AES算法,需要由128位的主密钥扩展生成一个长为$128 \times 13 = 1664$的分组. 下面说明如何产生这个长为1664的分组.

设128位的主密钥用字节表示为

$$(k_0,k_1,\cdots,k_{14},k_{15}), \tag{7.18}$$

上面长为1664的分组用字节表示为

$$(c_0, c_1, \cdots, c_{206}, c_{207}). \tag{7.19}$$

现在以每 4 个字节为一列,将式(7.19)写为如下矩阵

$$\begin{bmatrix} c_0 & c_4 & \cdots & c_{204} \\ c_1 & c_5 & \cdots & c_{205} \\ c_2 & c_6 & \cdots & c_{206} \\ c_3 & c_7 & \cdots & c_{207} \end{bmatrix}. \tag{7.20}$$

这是一个 4 行 52 列的矩阵,用 4 维的列向量 $w(0), w(1), \cdots, w(51)$ 分别表示矩阵(7.20) 的各列. 下面说明如何由式(7.18) 求得 $w(0), w(1), \cdots, w(51)$.

首先用式(7.18)依次填充(7.20)的前 4 列可得 $w(0)$, $w(1)$, $w(2)$, $w(3)$;其次,由 $w(0)$, $w(1)$, $w(2)$, $w(3)$ 生成式(7.20)中的其他各列,基本方法是

$$w(4) = w(3) \oplus w(0), \tag{7.21}$$

$$w(5) = w(4) \oplus w(1), \tag{7.22}$$

$$w(6) = w(5) \oplus w(2), \tag{7.23}$$

……

式中,"$\oplus$"表示按位模 2 加,即按位异或. 对式(7.21)、(7.22)、(7.23)等中右边的 $W(i)$, 当能被 4 整除时,预先需对 $W(i)$ 进行一定的处理后才能运算.

AES 算法的解密:AES 算法的解密轮廓与加密时完全相同,但是不同的细节有

1) 假设加密时各轮迭代的子密钥分别是 $\bar{k}_0$, $\bar{k}_1$, …, $\bar{k}_{11}$, 则解密时各轮迭代的子密钥分别是 $\bar{k}_{11}$, …, $\bar{k}_1$, $\bar{k}_0$;

2) 字节替换所使用的替换表是表 7.1 的逆表,亦即将表 7.1 反过来查;

3) 行移位移动方向向左;

4) 对列混淆中的公式(7.16),解密时矩阵由其逆矩阵(7.17)代替;

5) 对子密钥加,除初始密钥加和最后一轮迭代外,对其他各轮中的子密钥加,需要首先将子密钥按照公式(7.16)进行列混淆,然后才能实施子密钥加.

AES 算法的设计只是部分摆脱了多年来 DES 算法对分组密码算法设计的影响,采用了非"Feistel 网格"结构,算法的基本运算是有限域 $GF(2^8)$ 上的运算,算法中 S—盒的设计思想和方法完全透明,算法的数学基础清楚,结构简单明快. AES 算法还具有可选择的密钥长度. 这些构成了 AES 算法的基本特点. 目前,人们对 AES 算法普遍给予较高评价. 可以预见,AES 算法将是实际应用中最主要的分组密码算法之一.

7.4.4　分组密码的安全性

自从 DES 算法公布以后,人们对其进行了大量的分析并一直尝试去攻击它.

对它的分析归纳起来主要有这样两点:①由于 S-盒的设计思想和方法一直未公开,人们总怀疑美国国家安全局(NSA)在其中加进了某种陷门,使其能够在必要时获取算法的密钥或直接读取明文. 不过时至今日人们还未从算法中获得这方面的证据. ②56 位的密钥太短. 对 DES 算法的攻击,比较著名的有 1991 年所提出的差分密码分析方法和 1993 年提出的线性密码分析法. 这两种方法虽然都直接攻破它,但是可以大大缩短攻击它的时间. 目前,借用网络计算资源,人们能够在一小时内搜索到 DES 的密钥.

差分密码分析法和线性密码分析法虽然针对 DES 提出,但是它们对大部分分组密码算法都有效. AES 算法在设计时充分考虑到了现有的对分组密码算法的各种攻击方法,当然包括差分分析法和线性分析法. 就目前的攻击方法而言,AES 算法具有较好的安全性.

当然,所有的分组密码在理论上都是不安全的. 它们的密钥空间都是有限的,所以它们的安全最多是计算安全的. 也就是说,只要有足够的时间或计算资源,它们总是能被攻破的,只不过所需的时间太长或所需计算资源太大.

最后指出,在分组密码的设计中有两条相互矛盾的准则. 一是标准化准则,二是本土化准则. 从应用的角度出发,标准化准则要求所有人尽量使用标准算法. 最理想的情况是大家都使用同一个算法. 从安全的角度出发,本土化准则是指每个国家都希望自己用自己的算法,不希望自己用别人设计的算法,以免别人在其中做手脚. 我国政府对国内密码算法的使用进行了严格控制. 目前,我国还没有自己的标准分组算法.

7.5 公钥密码

公钥密码的思想 1976 年由 W. Diffie 和 M. Hellmbn 提出[6],并由此诞生了密码学中的公钥密码并导致了密码学中的一场革命. 基于公钥密码学,信息安全中的许多新技术和新方案得以发明,从而极大地开展了信息技术的应用. 其中,具有广泛用途的密钥交换方法和数字签名算法都基于公钥密码算法而构造.

7.5.1 公钥密码的主要思想

公钥密码的思想起源于现代通信问题. 假设在通信者 Alice 和 Bob(注:在密码学和信息安全的研究中,为了使描述问题更生动和更容易理解,经常把要进行秘密通信的双方假定为两个具体的人 Alice 和 Bob,把攻击者常设定为具体的人 Eve. Alice 和 Bob 似乎是一对情人,Alice 是 Bob 的女友,Eve 是 Bob 的情敌)之间有一条不安全的公开信道,他们希望利用该信道做下面两件事情:

1) 进行保密通信;

2）在未给 Bob 预留“印签”（或“手迹”）的情况下，Alice 签发一份文件，希望 Bob 能够确信文件由她签发.

这两件事事实上是计算机通信中遇到的最基本的两个问题.第一个问题是在没有保密信道预先传输密钥的情况下，Alice 和 Bob 要进行保密通信的问题.第二个问题是一个单向认证问题.围绕这两个问题，Diffie 和 Hellman 提出了三种解决方法，并最后形成了如下三种形式的公钥密码体制.

体制 I　公钥加密体制(public key encryption system)；

体制 II　密钥共享方案(key agreement scheme)；

体制 III　数字签名算法(digital signature algorithm)，

其中，Diffie 和 Hellman 提出的三种解决方案的核心就是公钥密码的思想.在这之前，当 Alice 和 Bob 需要进行保密通信时，他们只能利用唯有他们才知道的密钥 k，首先生成一种加密算法 e 和解密算法 d，然后 Alice 可利用 e 将明文 p 变换为密文 c，并通过公开信道将密文 c 传给 Bob，然后 Bob 收到 c 后再用 d 将 c 还原为明文 p.这一过程的最大特点是加密和解密使用了同一个密钥 k. Diffie 和 Hellman 提出，可以将加密和解密用的密钥 k 分开，变成两个不同的密钥 k_1 和 k_2，其中一个（记为 k_1）叫做加密密钥，另一个（记为 k_2）叫做解密密钥，并进一步提出将加密密钥 k_1 公开而将解密密钥 k_2 保密.这样对每个通信者，他们都将拥有两个密钥，一个是公开密钥 k_1，另一个是秘密密钥 k_2.当 Alice 需要给 Bob 发送消息 m 时，她首先用 Bob 的公开密钥 k_1 将 m 加密成密文 c，然后传给 Bob，Bob 在收到 c 后，可用其秘密密钥 k_2 进行解密，最后得到消息 m.这就是公钥密码基本思想，也是前述体制 I 的主要内容.基于这一思想的密码称为公钥密码.

目前，前述信息传输中的基本问题已被一般化为通信和信息传输中的四个基本要求，即本章开始时所说的消息的保密性、真实性、完整性和不可否认性.对四个要求中的后三个，可以采用数字签名技术同时解决.对信息的保密性，可利用密钥共享技术对称密码算法协同解决.基本思路是：首先 Alice 和 Bob 利用密钥共享技术产生一个唯有他们才知道的密钥 k，然后利用这个密钥 k 和对称密码技术实现保密通信.数字签名技术比照人们手写签名的方法利用特定数学算法所构建的一种技术.

密钥共享技术和数字签名技术分别由公钥密码中的密钥共享方案和数字签名算法形成.公钥密码技术是解决信息安全问题最重要的技术之一.在构造公钥密码时，一种被称为单向函数的函数起着基本作用.这里，一个定义在集合 S 上的函数 f 称为单向函数是指：对其定义域中的任何 x，计算 $f(x)$ 是容易的，但是反之当已知 $f(x)$ 要计算 x 时却是困难的.对一个单向函数 $f(x)$，由 $f(x)$ 计算 x 的困难性在数学中一般都是一个明确的困难问题，这些问题至少目前还未找到多项式求解方法.1976 年以后，人们提出了各种各样的公钥密码体制.其中，成功的体制都基

于数学中的某个困难问题. 目前,构造既安全又实用公钥密码算法的数学难题主要有三类,它们是:

1) 大数因子分解问题;

2) 有限域 F_p 的乘法群上的离散对数问题;

3) 椭圆曲线有限群上的离散对数问题,

其中,基于大数因子分解问题的算法称为 RSA 算法,基于有限域上离散对数问题的算法称为 ElGamal 类算法,基于椭圆曲线有限群上离散对数问题的算法称为椭圆曲线密码(ECC)算法. 这三类算法也是目前被写入大多数国际标准的算法.

7.5.2 RSA 算法

RSA 算法 1978 年由美国麻省理工学院(MIT)的三位数学家发明,字母 R、S 和 A 分别是他们三人姓名中的第一个字母. 它是第一个实现了公钥密码思想的算法,也是目前应用最广的一种公钥密码算法. 下面先对这一算法给一个简单的描述.

通信者 Bob 首先随机选取两个素数 p, q, 然后计算: $n = pq$, $\varphi(n) = (p-1)(q-1)$. 接下来他确定一对密钥 (e,d), 方法如下:

1) 选取一个整数 e 满足 $0 < e < \varphi(n)$, $\gcd(e,\varphi(n)) = 1$;

2) 计算整数 d 满足 $0 < d < \varphi(n)$, $ed \equiv 1 \bmod \varphi(n)$, 即计算 $d = e^{-1} \bmod \varphi(n)$;

最后,Bob 对外公开 n 和 e, 但保密 p 、q 、$\varphi(n)$ 和 d 等. 这里,称 e 是 Bob 的公开密钥,称 n 是他的公开密钥的模数,称 d 是他的秘密密钥.

有了上述基本假定后,假如通信者 Alice 要通过一个公开信道给 Bob 发一条秘密消息,并假定这条秘密消息是满足 $0 < m < n$ 的整数 m, 则 Alice 和 Bob 可按如下方法实现秘密通信:首先,Alice 从公开的信息中查找 Bob 的公开密钥 e 和相应的模数 n; 其次,Alice 计算 $m' = m^e \bmod n$, 并通过公开信道将 m' 发送给 Bob; 最后,Bob 接收到 m' 后计算

$$m_1 = (m')^d \bmod n.$$

注意到 $ed \equiv 1 \bmod \varphi(n)$, 即 $ed = t\varphi(n) + 1$, 其中 t 为某个正整数,由定理 7.6 有

$$m_1 = (m')^d \bmod n = (m^e)^d \bmod n = m^{ed} \bmod n = m^{k\varphi(n)+1} \bmod n = m.$$

所以,Bob 能够正确解密 m' 而获取秘密消息 m. 因为 Bob 是唯一知道秘密密钥 d 的人,所以只有 Bob 才能正确解密 m'. 其他任何人因为不知道 d, 所以无法从 m' 中得到 m. 下面举一例说明.

例 7.10 假设通信者 Bob 随机选取素数 $p = 101$, $q = 113$ 后,计算 $n = pq = 101 \times 113 = 11413$, $\varphi(n) = (p-1)(q-1) = 11200$. 进一步选取 $e = 3533$ 作为其公钥,并计算

$$3533^{-1} \bmod 11200 = 6597,$$

则 $d = 6597$ 是他的秘密密钥. 现在他公开 $n = 11413$ 和 $e = 3533$. 而对其他的 $p = 101$，$q = 113$，$\varphi(n) = 11200$，$d = 6597$ 等均保密.

现假设 Alice 要将秘密消息 $m = 9726$ 发送给 Bob. 她首先从公开的信息中查找到 Bob 的公钥 $e = 3533$ 和相应的模数 $n = 11413$. 利用 $e = 3533$ 和 $n = 11413$，Alice 接着计算

$$9726^{3533} \bmod 11413 = 5761,$$

并将整数 5761 通过公开信道发送给 Bob. Bob 收到整数 5761 后利用他的秘密密钥 6597 计算

$$5761^{6597} \bmod 11413 = 9726,$$

即 Bob 最后得到了 Alice 发来的秘密消息 $m = 9726$.

从对 RSA 算法的描述及例 7.10 中可以看出，RSA 算法的安全性完全依赖于对素数 p、q 和 $\varphi(n)$ 的保密. 如果 p、q 被 Eve 获取，那么他立即可由 $\varphi(n)$ 及 Bob 的公开密钥 e 能计算出

$$e^{-1} \bmod \varphi(n) = d.$$

从而完全攻破 RSA 算法. Eve 获取 p、q 的可用信息是 Bob 的公开模数 n 和公开密钥 e，一种简单的办法是分解模数 n. 所以只要模数 n 被分解，RSA 算法将会被彻底攻破.

分解模数 n 是攻击 RSA 算法的一个充分条件. 反之，要攻破 RSA 算法是否一定要先分解模数 n 才能来得更容易呢？这一个到目前为止仍未解决的问题. 但是，目前人们一般认为 RSA 的安全性等价于对模数 n 的分解.

自从 RSA 算法发明以来，人们对整数的分解算法产生了浓厚的兴趣. 借助计算机技术的进步，人们分解整数的能力越来越强. 目前能够被分解的整数的位数已接近十进制下的 154 位. 这迫使实际应用中对模数 n 的要求越来越高. 过去，实际应用中通常要求模数 n 应达到 512 位(在二进制下)，现在则一般要求应达到 1024 位以上.

在 RSA 算法的具体实现中，最关键的运算是模乘运算. 即给定整数 A、$B(0 < A、B < n)$ 后，求 $AB\bmod n$ 的运算. 由于模 n 很大，模乘运算 $AB\bmod n$ 用通用 CPU 和普通方法计算时会非常耗时，使 RSA 算法的运算速度达不到实用程度. 自从 RSA 算法发明以来，人们对计算 $AB\bmod n$ 的方法做了大量专门研究，并制造了专门的运算芯片或运算器. 经过不懈努力，目前对 1024 位 RSA 算法的实现已能满足实际需求. 但是，RSA 的实现效果还远不够理想. 如何能够快速高效地实现 RSA 算法仍是目前人们需要研究和解决的问题.

另外这里顺便指出，实际中存放或提供公钥密码中公开消息的地方(如 RSA 算法中 Bob 的公开模数和公开密钥)称为认证中心或 CA 中心(certificate authentication)，它是专门为客户提供公钥信息服务的一个可信机构. 由认证中心构成的

网络称为公开密钥基础设施(public key infrastructure,PKI).

7.5.3 椭圆曲线密码

椭圆曲线密码(ECC)最早 1985 年由 N. Koblitz 和 V. Miller 提出,它的理论基础是椭圆曲线.椭圆曲线是数学中代数几何的一个分支,对它的研究已有近百年历史,它的理论极其丰富,也相当深奥.由于椭圆曲线密码实现起来相当复杂,在它提出的当初人们普遍认为它不可能被应用于实际,只能作为一种理论选择,但是经过十多年大量的理论研究和不断的实践探索,椭圆曲线密码现在正在走向实用.从 1998 年开始,它陆续被写入国际标准 IEEE 的 P1363,ISO/IEC 15946 和美国国家标准 ANSI-X9.62,ANSI-X9.63 等.

由于椭圆曲线密码具有许多优良的密码学特性,近年来它同时受到了学术界和产业界以及一些国家的政府机构和军事当局的广泛关注.目前关于椭圆曲线密码的焦点是如何能够更加快速有效地实现这一体制以便更好地发挥它良好的秘密功能,满足实际需求.

下面先介绍椭圆曲线的基本概念,然后介绍离散对数问题及其基于离散对数问题的密码体制,最后介绍椭圆曲线密码.

定义 7.16 设 p 是一个大于 3 的素数.一条定义在有限域 F_p 上的椭圆曲线是指由方程

$$y^2 = x^3 + Ax + B, \quad A, B \in F_p, 4A^2 + 27B^3 \neq 0$$

在 F_p 上的解集合 $\{(x,y)\}$ 连同一个被称为单位元的特殊元素 O 所构成的集合.

对一条椭圆曲线 E,通过在其元素之间定义一种加法运算可使其构成一个有限阿贝尔群.这一运算的定义如下:

设 $P, Q, R \in E$,定义 $P+Q=R$.当 P, Q, R 不是特殊元素 O 时,记 $P=(x_1, y_1)$,$Q=(x_2, y_2)$,$R=(x_3, y_3)$,则由 P 和 Q 计算 R 的方法是

1) 如果 $P \neq O, Q \neq O$,且 $x_1 = x_2$ 和 $y_1 = -y_2$ 时,定义 $P+Q=O$;

2) 如果 $P \neq O, Q \neq O$,但 $x_1 = x_2$ 和 $y_1 = -y_2$ 不能同时成立时定义 $P+Q=R$,$R=(x_3, y_3)$,其中,

$$x_3 = \lambda^2 - x_1 - x_2, y_3 = \lambda(x_1 - x_3) - y_1,$$

且

$$\lambda = \begin{cases} \dfrac{y_2 - y_1}{x_2 - x_1} & (P \neq Q), \\ \dfrac{3x_1^2 + A}{2y_1} & (P = Q). \end{cases}$$

3) 当 P, Q 中至少有一个 O 时,定义

$$P+O=P, O+Q=Q.$$

可以证明上述定义下，E 构成一个加法群，并且特殊元素 O 是它的单位元. 这时仍称集合 E 连同它的群结构是一条椭圆曲线. 因此，简单说来一条定义在有限域 F_p 上椭圆曲线是一个有限加法群(或称有限 Abel 群) E. E 中的元素个数通常用 $\# E$ 表示.

设 $P=(x,y)\in E$，P 的逆元素用 $-P$ 表示，按定义，$-P=(x,-y)$. 因此，椭圆曲线 E 上的求逆运是很容易的.

例 7.11　设 E 是 F_{11} 上由方程 $y^2=x^3+x+6$ 决定的椭圆曲线，则可以计算出 E 中包含的元素如下

$$\{O,(2,4),(3,5),(5,2),(7,2),(8,3),(10,2),(2,-4),(3,-5),$$
$$(5,-2),(7,-2),(8,-3),(10,-2)\}.$$

E 中共有 13 个元素，$\# E=13$，其中后 6 个元素是前面 6 个非单位元素的逆元素. 按照椭圆曲线元素之间加法定义，举例说明我们不难验证

$$(5,2)+(2,-4)=(5,2)+(2,7)=(8,3).$$

因为 E 中共有 13 个元素，并注意到任何素数阶有限群是循环群且每一个非零元都是其生成元，所以 E 是一个循环群. 假如取 $P=(5,2)$ 是生成元时，其他元素 P 能由表示为

$$\begin{aligned}
P&=(5,2), & 8P&=(8,3),\\
2P&=(7,9), & 9P&=(3,6),\\
3P&=(5,2), & 10P&=(3,2),\\
4P&=(3,5), & 11P&=(10,9),\\
5P&=(8,8), & 12P&=(5,9),\\
6P&=(2,4), & 13P&=O,\\
7P&=(2,7).
\end{aligned}$$

在决定椭圆曲线 E 能否用作构造椭圆曲线密码时，必须知道 E 中所含元素的个数 $\# E$. 计算 $\# E$ 椭圆曲线密码中选取合适曲线的首要条件. 如何计算 $\# E$ 是椭圆曲线密码中一项重要研究内容.

定理 7.12(Hasse, 1933)　设椭圆曲线 E 定义在有限群 F_p 上，则关于 $\# E$ 如下不等式成立

$$p+1-2\sqrt{p}\leqslant \# E\leqslant p+1+2\sqrt{p}.$$

精确计算 $\# E$ 的值是十分困难的. 1985 年 R. Schoof 提出了著名的 Schoof 算法. Schoof 算法是一个多项式算法，但实际计算时复杂度仍然很高. 后来，在 N. D. Elkies 和 A. O. Atkin 等人卓有成效的改进下形成了目前计算 $\# E$ 的著名 SEA 算法.

定理 7.13　设椭圆曲线 E 定义在有限域 F_p 上，$p>3$，则一定存在整数 n_1 和 n_2 使椭圆曲线 E 和 $Z_{n_1}\times Z_{n_2}$ 同构，并且进一步有 $n_2\mid n_1$ 及 $n_2\mid p-1$.

当 $\# E$ 是一个素数时，E 必定是一个循环群. 当 n 是 $\# E$ 的素因子时，E 中也必定包含一个阶为 n 的循环子群. 椭圆曲线密码正是基于这些循环群和循环子群构造的. 事实上，构造椭圆曲线密码的主要依据是椭圆曲线离散对数问题的困难性. 下面对离散对数问题做简要介绍.

设 G 是一个有限循环群，G 中运用乘法表示，$\alpha \in G$ 是 G 的一个生成元，则对 G 的其他任何元素 $\beta \in G$，一定存在某个正整数 m 使得 $\beta = \alpha^m$. 所谓群 G 上的离散对数问题是指当已知 α 和 β 时要求出 m. 假定 G 的阶是 n，则由 α 和 β 求 m 的运算一定能在 n 步内完成. 在现代密码学中，对于一个由 α 和 β 求 m 的算法，只有当它具有复杂度 $O(\log n)$ 时，才说它是一个多项式算法或是一个好算法.

定义 7.17　假设 E_1 是椭圆曲线 E 的一个循环子群，P 是 E_1 的生成元，$Q \in E_1$，则基于 E_1 上的椭圆曲线离散对数问题是指已知 P, Q 时求一正整数 m 使得

$$Q = mP .$$

例 7.12　例 7.11 中的椭圆曲线 E 本身就是一个循环群. 现将 $P = (5,2)$ 作为生成元，则对 $Q = (3,6)$，基于 E 的离散对数要由 $P = (5,2)$ 和 $Q = (3,6)$ 求一个正整数 m 使得 $(3,6) = m(5,2)$. 显然，由例 7.11 中的表格有 $m = 9$.

椭圆曲线密码提出后，人们开始对椭圆曲线离散对数问题给予关注并进行了大量研究. 二十多年的研究表明，椭圆曲线离散对数问题的求解目前仍很困难，除了较原始的方法外目前还没有找到其他更有效的求解方法. 因此，目前椭圆曲线密码仍然很安全.

利用椭圆曲线密码可以实现所有三种形式的公钥密码，但是在实际中用得较多的是基于椭圆曲线的密钥共享方案和数字签名算法. 下面仅介绍基于椭圆曲线的密钥共享方案.

Alice 和 Bob 要在一个公开信道上传输大量秘密信息，他们将使用分组密码或序列密码，但是他们没有预先交换过密钥，亦即还没有一个只有他们俩才知道的密钥. 现在他们希望在这个公开信道上进行一定操作后产生这个密钥. 为此，假设现在有一条他们都知道的椭圆曲线 E 可以利用. 为简单起见假定 E 本身是一个循环群，并假定 P 是 E 的生成元(在椭圆曲线密码中一般将 P 称为基点). 假定 Alice 和 Bob 也都知道 P. 现在他们将进行如下操作：

Alice：随机选取一整数 n_A，计算 n_AP，并通过公开信道将 n_AP 发送给 Bob；

Bob：随机选取一整数 n_B，计算 n_BP，并通过公开信道将 n_BP 发送给 Alice；

Alice：收到 Bob 发来的 n_BP 后计算 $n_A(n_BP) = (n_An_B)P$ ；

Bob：收到 Alice 发来的 n_AP 后计算 $n_B(n_AP) = (n_An_B)P$.

这时他们有一个共同密钥 $(n_An_B)P$. 他们完成了密钥共享，或密钥交换. 在这一过程中，攻击者 Eve 可以从公开信道上截获 $Q_A = n_AP$ 或 $Q_B = n_BP$，但是因为他无法从 $Q_A = n_AP$ 中求解出 n_A 或从 $Q_B = n_BP$ 中求解出 n_B，最终他还是无法等到

Alice 和 Bob 的共同密钥 $(n_An_B)P$.

上述方案通常称为基于椭圆曲线的 Diffie-Hellman 密钥交换方案,或基于椭圆曲线的 Diffie-Hellman 密钥共享方案. 一般地,假设 G 是一个有限循环群,G 中运算用乘法表示,$\alpha \in G$ 是 G 的一个生成元,则当 G 上的离散对数问题难解时都可以类似于上述方法通过 G 构造密钥交换方案,并称所得方案是 Diffie-Hellman 密钥交换方案.

实际应用中还不能将 Alice 和 Bob 的共同密钥 $(n_An_B)P$ 直接作为密钥使用. 注意到 $(n_An_B)P$ 是 E 中一个元素,因此可设 $(n_An_B)P=(x,y)$. 其中 $x,y \in F_p$ 是两个整数. 对整数 x,将其表示为二进制数后可得一个有限长 0-1 序列,则这个序列就可作为 Alice 和 Bob 进行通信的密钥.

为使前述方案具有较高的安全性,实际中通常要求循环子群的阶至少在 2^{160} 以上,从而对基数域 F_p 中的 P 也要求至少是 2^{160} 大小的素数. 对如此规模的 P,F_p 及 E_1 等,实现前面 Diffie-Hellman 密钥交换方案时为获得一定速度有很多计算问题需要解决. 如何解决这些问题构成了当前椭圆曲线密码研究的主要内容.

7.6　评述与展望

信息安全问题极其复杂. 对信息安全问题的解决,可以首先根据造成信息不安全的原因将其分类,然后针对不同类别的问题再提出相应的解决措施. 本章立足于因人自身的主动攻击或因人的攻击倾向的存在所形成的信息安全问题,介绍了几种典型的信息加密与安全的方法和技术,主要是现代密码学中的一些核心成果.

随着人类信息化技术的迅猛发展,在解决信息安全问题实际需求的推动下,近三十年来,有关信息安全理论和技术的文章浩如烟海,让人无所适从,有关信息安全的新方法、新名词五花八门,令人眼花缭乱. 在这种情况下,如何摒弃一些新方法、新名词带给人的困惑,而让一个初次接触信息安全问题的人花最少的时间就能够进入对信息安全技术中一些最本质问题的认识,甚至能够掌握信息安全技术发展的主旋律,是一个非常值得研究的问题. 本章选择了构成信息安全技术的核心——密码学,作为对信息安全问题认识和研究的突破口,希望读者通过本章的学习,能够对信息安全问题有一个初步的认识,并接触一些密码学中基本的重要问题,为今后的进一步学习和研究打下基础.

序列密码、分组密码和公钥密码虽然不构成现代密码学的全部,但是它们构成了现代密码学中最主要的内容. 当然除此之外,认证理论、散列函数、零知识证明等也是其中重要的内容.

序列密码是现代密码学中理论最完整、研究成果最丰富的部分. 序列密码也是手工和机械密码时代的主流. 20 世纪 50 年代以来,由于电子技术的发展,使得序列密码可以方便地利用以移位寄存器为基础的电路来产生. 由于序列密码具有良好的数学基础，以及它实现简单，加密速度快和没有或只有有限的错误传播，使序列密码在实际应用中，特别是在专用和机密机构中仍保持着优势. 因此，序列密码一直是各国争相研究的热门课题.

自从密码理论和技术诞生以来，密码体制的强度问题一直困扰着密码设计者和密码分析者，问题的关键在于提出密码强度的新度量指标. 20 世纪 60 年代末提出的线性反馈移位寄存器 Belankamp-Massey 综合算法使得线性复杂度成为一些序列密码系统强度的重要指标. 20 世纪 80 年代末针对新攻击方法的出现，提出了序列密码相关免疫性概论. 20 世纪 90 年代初又提出了序列密码的稳定性理论等. 目前，如何度量一个密钥流序列的安全性仍然是序列密码研究的中心问题，许多研究都围绕这一问题展开.

移位寄存器理论是序列密码的基础，但是这一理论的应用远不仅限于序列密码，它在通信及电子工程的其他方面有着更广泛的应用.

分组密码是构成现代信息安全技术最基本的一种密码，它在民间及商业密码技术中有着非常广泛的应用. 但是，分组密码也是最缺乏数学理论作为支持的密码之一. 目前，人们仅能对分组密码中的非线性部件——S-盒，提供有限的数学分析工具. 一个具体的分组密码算法给人的总体感觉是，它仅是某种普通设计思想和简单设计技巧的混合物. 因此，为分组密码的设计和安全性分析提供系统、有效的数学理论是当前分组密码亟待解决的问题. 此外，设计能够抗击现有攻击、高效率和容易同时用软硬件实现的分组密码是分组密码设计的主要任务. DES 算法和 AES 算法都是美国的标准算法. 我国目前还没有自己的标准算法. 尽快发展一种我国自己的标准分组密码算法是我国信息安全界当前急需解决的问题之一.

深刻理解公钥密码的思想是认识和掌握实际应用中许多信息安全技术和概念的基础，如密码协议的含义、数字签名技术、密钥交换、认证中心的功能与证书的组成、认证系统的结构等. 要很好地理解公钥密码的思想又必须从具体的体制入手. 本章只介绍了公钥密码中最重要的 RSA 体制和椭圆曲线密码体制. 还有其他大量的公钥密码体制，如 ELGamal 类体制、Rabin 体制、McEliece 体制等，希望读者通过其他参考文献对它们也有所了解.

公钥密码的思想可以说是一种伟大的思想，它的提出在密码学和现代信息安全技术的发展中都具有里程碑意义. 但是，公钥密码 30 多年的历史也为我们提出下面的问题：

1) 目前构造公钥密码的单向函数都是一些数学难题，并且这些数学难题的类型越来越窄. 如何发现新的单向函数或构造新型数学难题来扩展公钥密码存在的基础，值得认真思考.

2) 当前，几乎所有信息安全技术都是在 Diffie-Hellman 的公钥密码思想、分组密码体制和序列密码体制下形成的技术. Diffie-Hellman 的公钥密码思想是否已成为束缚人们产生新信息安全思想的桎梏,值得深思.

信息加密技术和对信息加密技术的攻击,而这之间的关系始终是矛和盾的关系. 计算机技术的提高能够增强攻击者的能力,但同时也能使信息加密者使用安全性更高的技术. 这种情况使数学和数学方法在信息加密和信息安全技术中能够发挥非常有效的作用. 这再一次说明了现代高科技的一切问题归根结底是一个数学问题. 相信一个数学工作者在信息安全领域一定会有广阔的发展空间.

习　题

7.1　对 $m=5$ 时的维吉尼亚密码,试用密钥字 POWER 加密下面的明文:
SHE FELL IN LOVE WITH SOMEOONE.

7.2　试证明 7.2.2 小节欧拉 φ 函数的三个性质.

7.3　在有限域 $GF(61)$ 中试计算 $(15-13\times 5)\times 7^{-1}$.

7.4　设多项式 $m(X)$ 是一个 n 次不可约多项式. 试证明对多项式环 $F_p^n[X]$ 中任何一个次数小于 n 的多项式,它在环 $F_p^n[X]$ 中都存在逆元.

7.5　在 7.2.3 小节给出的同构映射之下,试写出 $GF(p)$ 上 n 维线性空间 V 的标准基在有限域 $F_p[X]/(m(X))$ 中所对应的那些多项式.

7.6　在有限域 $GF(p^n)$ 中,如果存在由一些元素所组成的集合 B,使得 $GF(p^n)$ 中任何元素都可用 B 中元素的线性组合表出,且任何 B 的一个真子集都不能线性表示所有 $GF(p^n)$ 中元素,则称 B 是有限域 $GF(p^n)$ 的一个基,并称 B 中元素的个数是有限域 $GF(p^n)$ 的维数. 试证明 $1, X, X^2, \cdots, X^{n-1}$ 是有限域 $F_p[X]/(m(X))$ 的一组基,其中 $m(X)$ 是 $GF(p)$ 上的一个不可约多项式.

7.7　试写出以多项式 $f(x)=x^4+x+1$ 为联结多项式,以(1011)为初始状态大的线性反馈移位寄存器序列的第一个周期.

7.8　两个周期序列称为是移位等价的,如果将其中一个序列第一个周期的各项循环移位若干次后能得到另一个序列的第一个周期. 设 $f(x)$ 是一个本原多项式. 以 $f(x)$ 为联结多项式的 LFSR,当初始状态不同时将输出不同的 m 序列. 问这些不同的 m 序列共有多少个? 并进一步证明这些 m 序列都是移位等价的.

7.9　试利用线性复杂度的定义证明一个 n 级 m 序列的线性复杂度是 n.

7.10　试证明"Feistel 网络"结构中解密算法的正确性.

7.11　AES 算法中,试估计密钥长度为 128 时密钥空间的大小. 假设有一台专门能搜索密钥的机器,它每秒能搜索 1M(10^6)个密钥. 试估计利用这台机器搜索一个随机选取的密钥时,平均来说需要多少年.

7.12　假设 Bob 选取了素数 $p=101$，$q=97$，及公钥 $e=17$. 在 RSA 体制下试计算：

(1) Bob 的秘密密钥 d；

(2) Alice 对明文消息 $m=7623$ 进行加密的密文.

7.13　在 RSA 算法中，主要的运算是对形如 $m^x \bmod n$ 的式子的计算. 对这一式子直观上需要作 $x-1$ 次乘法. 但是有一种方法可以大大减少乘法次数. 这一方法的基本想法是首先把 x 用二进制表出，然后逐步进行平方运算和乘法运算. 例如，当 $x=13$ 时，$13=(1101)_2$，这时首先将 $m^{13} \bmod n$ 表示为

$$m^{13} \bmod n=((((m^2 \bmod n)\cdot m) \bmod n)^2 \bmod n)^2 \bmod n\cdot(m \bmod n).$$

然后对 $m^{13} \bmod n$ 的计算，可以化为 3 次形如 $A^2 \bmod n$ 的计算 2 次形如 $(B\cdot C) \bmod n$ 的计算. 这里 A, B, C 都是小于 n 的正整数.

(1) 试对这一方法给出一般性描述，并对其正确性加以证明；

(2) 根据 x 的二进制表示，试给出这一方法需要形如 $A^2 \bmod n$ 运算和形如运算 $(B\cdot C) \bmod n$ 总次数的一个估计；

(3) 在一定的数量级别下，对什么样的 x 计算时所需计算量较少？

7.14　设 $p=17$. 已知椭圆曲线 E 定义于 F_p 并由方程 $y^2=x^3+2x+5$ 确定.

(1) 写出 E 的全部元素；

(2) 计算 $\# E$ 并给出其素因子分解式；

(3) 求出 E 的一个子群 E_1，使 $\# E_1$ 等于 $\# E$ 于的最大素因子.

7.15　设 G 是一个有限群，G 中运用乘法表示，$\alpha\in G$ 是 G 的一个生成元，并已知 G 上的离散对数问题难解. 试按照基于椭圆曲线的 Diffie-Hellman 密钥交换方案，写出基于该有限循环群 G 的 Diffie-Hellman 密钥交换方案.

参考文献

[1] Goloml S. Shift Register Sequences. Holden-Day, 1982.

[2] 肖国镇，梁传甲，王育民. 伪随机序列及其应用. 北京：国防工业出版社，1985.

[3] Schneier B. 应用密码学：协议、算法和 C 源程序. 吴世忠等译. 北京：机械工业出版社，2001.

[4] 冯登国，裴定一. 密码学导引. 北京：科学出版社，1999.

[5] E. Berlekamp, Algebraic Coding Theory , Aegean Park Press, 1984.

[6] Diffie W, Hellman M. New directions in cryptography. IEEE Trans Information Theory, 1976, 22 (6): 644～654.

第8章　数据挖掘与数据库中的知识发现

数据挖掘与数据库中的知识发现是近年来众多学科普遍关注的焦点，被广泛认为是信息技术与信息工程的基本问题之一．本章综合介绍这一领域的基本问题与方法，并对当前现状与未来发展做一简要评注．

8.1　数据挖掘问题

随着计算机与信息技术的飞速发展、因特网(Internet)以及各种局域网的广泛普及，人们获取和存储数据的方式变得更加快捷与廉价，致使现在的数据和信息量以空前的速度急剧增长．最近几十年所产生的超大型数据库已遍及超级市场销售、银行存款、粒子物理、天文学、地理科学、化学、医学以及官方和政府统计等诸多领域，几千兆(10^9)或几万亿(10^{12})个记录的数据库已并不是什么稀奇的事．可以说，展现在人们面前的是浩瀚无垠的数据海洋(海量数据)，是前所未有的"数据过剩"．面对如此庞大的数据，人们又该如何应对呢？作为一种资源，数据只不过是人们用各种工具和手段观察外部世界所得到的原始材料，它本身并没有什么直接的价值，有价值的是蕴藏在其中的信息和知识．因为人类的各项活动(如观察、了解、判断、决策等)均离不开信息的获取和知识的指导，尤其处于当前的信息社会，信息即是财富，知识就是力量．因此，不论数据有多么大，如何从数据中获取有用的知识才是最根本的．解决这个问题的方法传统上亦有不少，但针对的数据集相对较小，几乎无法适用于超大规模的海量数据库，因而，一方面有大量的"数据过剩"，而另一方面却又严重地"信息匮乏"．

对这种情况最早引起关注的是在数据库领域．不过，数据库技术面临诸多局限，不能从根本上解决海量数据的知识获取问题．例如说，数据仓库(data warehouse)技术是为解决不同数据源产生的、不同数据格式的相容性问题而形成的一个以统一形式存储、访问的中央数据库，是面向主题的集成化、时变、非破坏性(即只能访问不许更改)的数据集中场所，可以说，它还只是数据处理的一个操作平台．建立在数据库基础之上的联机分析处理(on-line analytical processing，OLAP)方法是数据分析手段的一大进步，它允许用户以交互方式浏览数据仓库并对其中数据进行实时多维分析和报表处理，能及时地从变化和不太完整的数据中提取一些相关的信息，不仅能回答"是什么"而且能回答"为什么"，使分析活动从方法驱动转向了数据驱动，但OLAP建立在用户对数据中的某种知识有预感和假设的前提之下，没有这个前提，OLAP 便无法实施. 而在海量数据面前，即使再有经验的领域专家通常也很难甚至不可能预先确立这种预感和假设，因此，OLAP 受到很大局限. 总体上说，虽然目前的数据库系统可以高效地实现数据的录入、修改、简单统计、查询等功能，但一般无法发现数据中存在的各类知识(如关系和规则等)，也不能根据现有的数据预测未来的发展趋势.

那么，如何在大型数据库中自动发现有用的信息、模式和知识(而不是依赖于用户的假设)，如何开发适宜于海量数据的有效挖掘方法，已成为众多学科共同关注的焦点. 在过去几年，一个称为"数据发掘"(data mining)和"数据库知识发现"(knowledge discovery in database，KDD)的新领域因此得到了快速发展. 这是一个介于统计学、模式识别、人工智能、机器学习、数据库技术、知识获取、数据可视化、专家系统以及高效并行计算等领域的交叉新学科，已经在经济、商业、金融、天文、气象、卫星遥感、高能物理等行业的数据库中得到了成功的应用，在国际上掀起了一股空前的研究热潮(称之为"数据淘金朝")，相应的成套软件和系统也不断出现，并开始朝智能化整体解决方案发展，形成了一个极有活力与前景的研究领域.

8.1.1　知识发现与知识工程

从数据到知识，一般要经过"分析、加工、处理、精炼"这样一个过程. 人们对数据进行分析找出其中关系，赋予数据以某种意义和关联，这即形成所谓信息. 信息虽给出了数据中一些有意义的东西，但它们往往还不能作为判断、决策和行动的依据. 对信息进行再加工，通过推理，进行深入洞察，最后才能形成可供利用的信息，即知识. 科学研究的目的就在于发现知识、利用知识、探索事物发展的规律性. 作为一门新兴的研究领域，数据挖掘和 KDD 在这一点上尤为突出.

由于数据库十分普及而且已经可以对数据库进行非常有效的组织和管理，通常人们把数据库作为数据挖掘的知识源，这即引出了 KDD 的说法. 那么，什么是 KDD 呢？简单地说，KDD 就是把数据转化为信息、把信息转化为决策的一个迭代交互过程. 自 1989 年以来，KDD 的定义随着人们研究的不断深入也在不断完善，目前比较公认的是 Fayyad 等人给出的下述定义[1].

定义 8.1　KDD 是指从数据中识别出有效、新颖、潜在作用、最终可理解的模式的复杂处理过程.

这个定义中所指的"模式"已超出其传统意义，它包括了数据中的模型或结构. KDD 发现的知识可能是描述数据性质的规则、频繁发生的模式、数据库中对象的聚类结果等，这些模式最终应以可理解的方式呈现给用户. KDD 用户需要有充分的领域知识以便正确选择适当的数据、合理的模式类别和模式选择准则. 从这个意义上说，KDD 应当是交互的. 从过程上看，KDD 是一个多步骤、多阶段的处理过程，可能需要多次的反复循环、反复调整. 由于各步骤之间的相互影响，每个步骤一且与预期目标不符，都要回到前面的步骤，重新执行. 这些步骤包括数据存储、目标数据选择、清洗、预处理、变换和缩减、数据挖掘、结果评价和解释等(如图 8.1 所示). KDD 可简要地概括为以下三个主要阶段.

1. 数据准备阶段

KDD 的处理对象是大量的数据，这些数据一般存储在数据库中，往往并不适合直接在这些数据上进行知识挖掘，需要做些准备工作. 数据准备包含很多方面：一是从多种数据源去综合所需要的数据，保证数据的综合性、易用性、数据的质量和数据的时效性，这有可能要用到数据仓库的思想和技术；另一方面就是如何从现有的数据中衍生出所需要的指标，这主要取决于数据挖掘者的分析经验. 常用的技术手段有数据选择(选择相关的数据以形成目标数据)、净化(消除噪声、冗余数据)、推测(推算缺失数据)、转换(如离散值数据与连续值数据之间的相互转换等)、那么这些工作往往在生成数据仓库时可能已经准备就绪.

数据准备是 KDD 的第一个阶段，也是比较重要的一个阶段，因为数据准备得好坏将直接影响到数据挖掘的效率、准确度以及最终模式的有效性.

2. 数据挖掘阶段

数据挖掘的任务是从数据中发现模式和规律、发现有价值的关系或知识. 根据 KDD 的目标，数据挖掘阶段需分析数据结构、设计搜索策略、选取相应的参数、评价各搜索阶段的假设和结果，得到可能形成知识的模式或模型. 数据挖掘得到的模式(或知识)主要有三大类：①预报型关系——根据数据的某些特征可预测其他一些特征. 典型的模式有回归模式、分类模式等；②描述型知识——对数据进行浓缩，给出某类对象内涵的紧凑表示，或关于特征的概括性描述. 常见的模式是聚类模式、关联(association)模式等；③偏差型知识——给出观察结果与参照值之间的偏差，这些偏差往往可能包含很多潜在的、有意义的信息. 异常值探测、奇异性分析等结果属于此类.

数据挖掘是 KDD 的关键阶段，也是最困难的阶段. 在构造具体的算法时往往

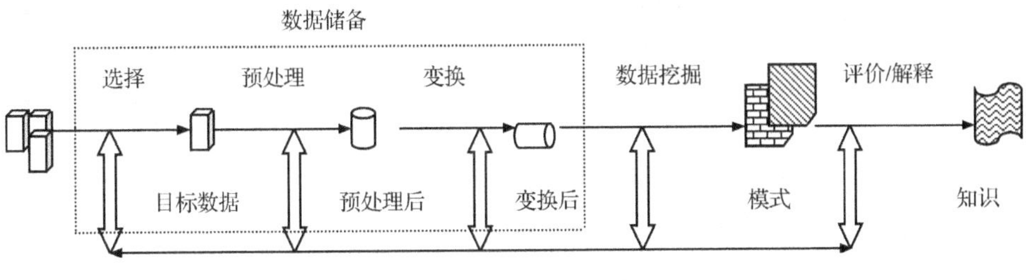

图 8.1　KDD 过程[1]

涉及统计学、机器学习、模式识别、神经网络、演化计算等多个领域,涉及这些领域的技术融合与创新.事实上,数据挖掘就是一个利用各种分析工具在海量数据中发现模型和数据间关系的过程.

一般地说,数据挖掘的搜索过程需要反复进行,因为当分析人员评价输出结果后,他们可能会形成一些新的问题或要求对某一方面做出更为精细的分析.

3. 评价或解释模型阶段

上述阶段所获得的模式或模型,有可能没有实际意义或没有实用价值,甚至在某些情况下还可能与事实相反,因为需要评估哪些是有效的或有用的模式.评估工作可以根据用户的经验来做,也可以通过数据检验来做,具体用哪种方式依赖于问题的实际背景.这个阶段还包括把符合实际并有价值的模式以易于理解的方式呈现给用户,如借助于一定的手段将模式表示为可以支持决策的知识或通过可视化工具帮助用户理解所挖掘到的模式,这些表示可以是语言文字报告、函数解析表达式、专家系统中的产生式规则,也可以是图表、图形、决策树等.

需要指出的是,知识发现固然重要,但知识表示问题也不容忽视.例如,在专家系统中,知识工程师在整理、表达从领域专家那里获得的知识时就会遇到这样的问题.如何有效地解决知识表示问题是专家系统也是知识工程面临的核心研究问题.

虽然从数据中寻找有用的信息或模式在不同的领域有不同的名称,如知识提取(knowledge extraction)、信息发现(information discovery)、信息获取(information harvesting)、数据考古(data archaeology)、数据模式处理(data pattern processing)等,但它们本质上都与KDD类似.另外,由于数据挖掘对于KDD的重要性,目前大多数KDD的研究都集中在数据挖掘的算法和应用上,因此,很多研究者往往对数据挖掘与KDD不作严格区分,而将二者混淆使用.以后,我们也将采用这种做法,用数据挖掘这一名称作为KDD及相关领域的总称.

不难看出,数据挖掘与许多学科相关.下面我们对它们之间的联系与区别做一简要说明.

(1) 数据挖掘与传统数据分析方法(如查询、报表、OLAP)

数据挖掘是在没有明确假设的前提下进行的,其本质是一个归纳的过程;而传统数据分析需先建立一系列假设,通过证实或推翻这些假设来获取知识,本质上是一个演绎的过程;数据挖掘是对蕴藏在数据背后的特征和趋势进行分析,最终给出数据的总体特征和发展趋势,而传统工具是将数据库中的某些数据抽取出来,经过一些数学运算,最终以特定的格式呈现给用户.

(2) 数据挖掘与数据仓库以及OLAP

这三者均可看作信息处理技术,数据仓库用于数据的存储和组织,OLAP集中于数据的核实分析,是数据仓库应用的前端工具,而数据挖掘则致力于知识的自动发现，实行归纳推理. 在现代决策支持系统的解决方案中，综合三者的优势可能是最有前途的选择.

(3) 数据挖掘与机器学习

数据挖掘是从现实世界的数据中提取知识，所用数据是客观存在的，而机器学习所使用的数据常常是特别准备的数据，这些数据在现实世界中未必有特定意义；数据挖掘涉及的是大型数据集，数据的完整性、一致性和正确性通常都难以保证，而机器学习处理的数据集则要小得多，同时，数据的质量一般也能得到保障；数据挖掘的任务是发现可以理解的知识，而机器学习关心的是提高系统的性能.

(4) 数据挖掘与统计学

数据挖掘所面临的数据规模巨大、结构复杂、计算问题尤为重要，数据往往是超冗余的. 相比之下，经典统计处理的数据则要小得多，常常面临的是数据缺乏，因而自然对计算问题强调不够. 还有，统计学考虑的模型通常是已知的，而数据挖掘的模型是未知的；统计学的数据通常假定具有某种先验分布且是独立同分布的，而数据挖掘涉及的数据是自然的，并已知它可能满足的分布信息. 另外，在数据挖掘中，数据很可能是"方便"或"偶然"样本，而非统计学家理想化的随机样本. 显然，像这样的数据集不能纳入到传统统计方法的框架中去[2].

8.1.2　数据挖掘的核心问题

作为一个新兴的领域，数据挖掘有大量的核心问题需要研究，下面对这些问题做简要介绍.

1. 数据集的超大容量与数据的稀疏性

大数据集是由于记录多或变量(特征)个数多所致. 当变量太多时，就会产生"维数灾难(the curse of dimensionality)"，也就是说，实际数据的密度在巨大的变量空间可能非常稀疏，这是困扰高维问题的症结之一. 因为在大部分场合，模式空间关于特征个数是指数级的，所以，多维性实际上可能是更困难的问题. 为减少由数据个数(即记录个数)所引起的问题，一个简单的方法是抽样，但怎样抽样还有待深入研究.

2. 数据的污染与噪声

数据的污染也是大数据集的一个重要问题. 例如，千分之一的污染数据对常规数据集可能没有什么大影响，但若对十亿个记录的大数据集而言，就意味着有一百万个污染记录，这样大规模的数据量显然是不能忽略的. 由于多种因素的影响(如数据的手工录入以及主观选取等)，使数据不可避免地含有噪声，进而影响抽取模式的准确性.

3. 数据的多样性与模型的复杂性

经典的数据分析主要考虑数值数据,而现在的数据库还可能包含图像数据、声音数据、文本数据、地理数据等,因特网数据也是一个特别的类型. 对海量数据来说,不仅数据处理困难,而且涉及的模型往往也更复杂,也许不能用一个综合的数学或统计模型来描述,需要考虑多个模型或多个模型的综合才能解决问题.

4. 数据的不完整性与冗余性

数据库中某些个别记录的属性域可能存在丢失值现象. 对某一发现来说,还可能完全不存在相应的记录域. 这种数据的不完整性将给一些重要模式的发现、评估和解释带来极大困难. 另外,冗余或重复信息也可能造成错误的知识发现,至少有些发现是用户完全不感兴趣的. 为避免这种情况发生,系统需要对数据库中数据进行适当的预处理.

5. 数据的非平稳性和选择偏差

大数据集往往分布在不同时间、不同(变量)空间区域上,甚至某些区域抽样可能显著多于其他区域. 更困难的问题可能是数据总体的非平稳性(也称总体漂移),因为总体的变化(如银行贷款申请人总体就随经济的冷热而变)或其他原因,总体漂移就会发生,或者说数据库本身也是动态的,可能每天都在变化,必须实时地进行处理,否则,六月份发生的事,九月份才得到分析结果可能已经没什么价值了. 数据的动态变化是大多数数据库的一个主要特点.

选择偏差是指所选到的样本并非简单随机样本,这也是重要但被低估的问题. 例如,在选择病人做临床试验和选择受试者做心理研究中都可能遇到这样的问题. 一般地,大数据集可能受到多种选择偏差的影响,选择偏差是否重要依赖于数据分析的目的. 如果想对总体做推断,那么任何选择偏差都可能使结果无效. 处理选择偏差可能需要一个考虑样本选择机制的更大模型,不过,这样的模型通常不易构造.

6. 如何寻找有意义的模式

我们不能简单地要求计算机去“寻找有意义的模式”或“查看数据库中是否存在任何结构”. 首先,我们必须定义模式或结构的含义. 数据挖掘的本质是人们并不精确地知道要寻找什么样的结构,所以,相当一般的定义是适宜的,但是,定义太一般又会有太多的候选模式,增加计算量. 在搜索模式或结构时,如何在一般和特殊之间妥协并做出合理的选择是一个需要深入研究的问题.

7. 算法的有效性与可伸缩性

由于要处理的是大型数据集，所以，数据挖掘算法的可行性、有效性和可伸缩性(scalability)是首要的问题. 从数据库的观点来说，所谓“可伸缩性”是指，若给定可用的系统资源(如内存和磁盘空间等)，算法的运行时间应随数据库的大小按比例线性增加. 对一个有效且可伸缩的算法而言，其运行时间是可接受的，也是可预计 的[50].

8. 开发并行式、分布式和增量型挖掘算法问题

有些数据可能是通过各种网络连接的，从而形成了庞大的分布式异构数据库，在这样的数据库中进行数据挖掘就需要开发相应的实施算法，把数据分成若干部分，这些部分可并行地处理，最后将各部分结果汇总. 考虑到数据库的动态变化以及挖掘的费用等，应开发增量型算法，即随着数据库的更新，算法也只做相应的适当调整和更新，不必重新挖掘整个数据集. 这样，可节省计算量、计算时间和挖掘费用.

9. 虚假关系或模型的识别问题

因为模式搜索涉及大量的候选者，所以很有可能筛选到虚假(或偶然)数据构成的模式. 如何解决这个问题呢？可能的策略包括：限制模型族、优化罚拟合优度函数以及收缩“过拟(over-fitting)”模型等. 当然，从根本上讲，必须把识别到的模型式或结构交给领域专家去考虑，根据实际意义和目标去决定接受还是拒绝，而不只是单纯依赖于内部的统计结构.

以上这些问题是从大数据集提取知识的困难所在，它们的有效解决对数据挖掘的成功是至关重要的(即核心技术).

8.1.3　意义与困难

急剧增长的数据使现在的用户很难再像从前那样，自己从数据中寻找规律并用找到的规律进行决策分析，他们必须借助于相应的数据挖掘工具，自动发现数据中隐藏的规律或模式，为用户的决策分析、过程控制、信息管理、查询处理等目的提供智能的、自动化的辅助手段. 在商业领域，已有所谓“商业智能”的概念，这种概念与数据挖掘密切相关. 实际上，数据挖掘已成为解决许多关键商业问题的唯一途径. 特别地，随着全球化进程的加快，很多大公司都面临着来自世界范围内的竞争压力，迫切需要利用有价值的商业信息和知识来应对日益激烈的市场挑战以获取最大的经济利益. 目前，数据挖掘的应用市场正逐渐形成，很多机构如 IBM 公司、

SAS 软件公司、SGI 公司等都对数据挖掘技术投入了大量的人力和财力，提供了不少商业化的数据挖掘工具，并开始应用到多个数据仓库系统中.

数据挖掘涉及的领域多、发展时间短、应用范围广，虽然其理论体系还不成熟，正面临着巨大的困难(如核心问题)和挑战，但已引起众多学科的广泛关注，已成为信息产业最有前途的交叉学科和研究前沿，我们完全有理由相信这是一个充满机遇、前景广阔的发展领域.

下节将简要介绍数据挖掘的几类基本算法. 由于数据挖掘涉及众多学科，相应的算法也多种多样，然而，从结构上看，它们主要由以下三部分构成.

1) 模型——涉及两个相关的因素：①模型的功能. 如分类、回归、聚类、概括、相依性分析、关联分析、序贯分析等；②模型的表示形式. 如多变量的线性函数、正态概率密度函数、决策树和规则、神经网络、基于例子的方法和基于个案的推理法、概率图模型或贝叶斯(Bayes)网等. 通常，模型都含有参数，这些参数需根据数据来确定.

2) 择优准则——选择一个模型或一组参数的依据是数据，而选择的准则通常则是模型对数据的某种拟合优度函数(如数据的似然函数，平方误差函数等). 有时，甚至还需要给目标函数添加光滑项来惩罚模型以避免产生过拟现象.

3) 搜索算法——在给定数据、模型(或一族模型)和择优准则的条件下，还需确定寻找特殊模型和参数的算法(如贪婪算法、梯度下降法、遗传算法等). 一般地说，数据挖掘趋向于使用相对简单的搜索算法.

数据挖掘算法的不同主要取决于模型表示的不同(如线性的和分层的)，而择优准则或搜索方法通常是类似的.

根据数据挖掘算法所侧重应用的领域知识，也可将其划分为不同的类别，如统计学方法、机器学习方法等. 需要注意的是，由于数据挖掘本身是交叉学科，加之近代学科的相互渗透和交织影响，还是有许多方法难以将其恰当归类. 因此，以下介绍的方法并不是数据挖掘方法的全部.

8.2 数据挖掘的统计学方法

历史上统计学研究主要集中在预定假设的检验和数据的模型拟合上，所用方法的依据通常是概率模型. 现在统计学的焦点已逐步从模型估计转移到模型选择上来，不再只是寻找最佳模型的参数值，而是把模型的结构也作为搜索过程的一部分，这种趋势非常适合数据挖掘的目的，即并不事先固定模型的结构. 可见，近代统计学方法与数据挖掘的关系已日益密切. 作为数据挖掘的一个基本工具，统计学方法将发挥越来越重要的作用.

8.2.1　聚类分析

这是统计学中最重要也是最常用的方法之一，其研究目的是把数据划分为不同的类别，使类之间的差别尽可能地大，类内的差别尽可能地小，换句话说，使类间的相似性最小、而类内的相似性最大. 一般在聚类前并不知道将要划分成几个类和什么样的类，也不知道根据哪些数据来定义类. 在具体应用中，专业经验丰富的用户应该可以理解这些类的含义. 如果产生的聚类结果无法理解或不可用，则该聚类可能是无意义的，需要回到原始阶段重新组织数据.

当要分析的数据缺乏描述信息或者是无法组织成任何分类模式时，可以采用聚类方法. 系统可以根据部分数据发现规律，找出对全体数据的描述. 例如，聚类可帮助商业领域的市场管理者发现客户数据库中的不同人群并基于购买模式刻画这些人群分组；可导出生物学中动植物的分类、得到具有相似功能的基因类别、洞察种群中固有的结构；帮助识别地球观测站数据库中相似陆地使用的区域. 聚类分析的应用不胜枚举，可以说遍及科学研究、工程实践、商业活动的各个领域，聚类方法也已成为数据挖掘最为重要而基本的方法之一.

聚类一般涉及两阶段的搜索算法，即先搜索可能的类的个数，再对给定的类数寻找最佳的聚类结果. 但是类的个数的确定通常是非常困难的，普通的做法是采用各种寻优准则，如 AIC 准则、BIC 准则、MDL 准则、MML 准则、熵准则等，限于篇幅，此处不做详述，而只介绍类数（设为 k）确定后的聚类方法.

1. 划分法

给定 n 个数据点，划分(partitioning)法构造数据的一个 k 分割($k\leqslant n$)，使得每个分割对应一个类、每个类至少有一个数据点并且每个数据点精确地属于一个类. 给定 k 时，划分法首先产生一个初始分割，然后用迭代的重新定位法通过在类间移动数据点来改进分割. 划分的一般原则是同类中的数据点彼此“接近”或相关，而不同类的数据点尽量“远离”或不同. 为找到最优的划分，理论上应列出各种划分，然后用某个准则给这些划分评分，进而选出最优划分，但实际中大都采用所谓“动态聚类法”，其基本思想是：开始将数据粗分为 k 个类，然后用某种最优准则迭代地进行调整，直到不能调整为止，最后给出聚类结果. 至于调整的方式，可以是逐个数据的，也可以是成批数据的，各有千秋. 基于这一思想的两个常用方法是：① k 均值算法（用类的均值作为该类的代表点）；② k 中心(Medoids)算法（用位置接近于类中心的某个数据点作为该类的代表点）.

为进一步说明动态聚类法的实施过程，我们给出成批调整的 k 均值算法步骤.

1) 随机选取（或根据某种规则选取）k 个数据点作为 k 个类 C_i 的均值 m_i（$i=1,\cdots,k$）；

2) 将其余数据点按它们与类均值代表点的距离划分给最近的类;

3) 计算准则函数值,例如,平方误差准则

$$J = \sum_{i=1}^{k} \sum_{x \in C_i} \| \boldsymbol{x} - \boldsymbol{m}_i \|^2;$$

4) 重新计算 k 个类的均值 $\boldsymbol{m}_i$ ($i = 1, \cdots, k$);

5) 重复步骤 2)～ 4),直到准则函数收敛.

划分法的优点是具有相对的可伸缩性和高效率,不足之处则是类均值必须有定义,不适宜于类型数据的处理. 另外,该方法对噪声和异常值的影响比较敏感. 划分法对寻找中、小数据库的球型类非常适合,但对具有复杂形状的类和大数据集的聚类来说,还需要进一步扩展. 目前,这方面已取得一些研究结果,如 CLARA(clustering LARge applications)聚类法和 CLARANS(clustering large application based upon RANdomized search)聚类法,它们的主要思想是随机选取一部分数据作为样本,然后对这些样本再使用划分法,进而推断整个数据集的聚类结果.

2. *层次法*

该方法对给定数据集产生一个层次结构. 根据分层方式的不同,层次(hierarchical)法又可分为聚合(agglomerative)式和分裂(divisive)式两种,前者称为自下而上法(统计学中称为系统聚类法):开始每个数据点各成一类,然后相继将两个最近的类合并成一个新类,直到所有的数据成为一个类. 大多数层次聚类方法采用这种方式,只是在类间相似性的定义有所不同;后者称为自上而下法(在统计学中称为分解法):开始所有的数据点为一个类,然后按照一些规则相继分裂类使之成为更小的类,直到每个数据点各成一类. 图 8.2 是这两种方式的一个说明.

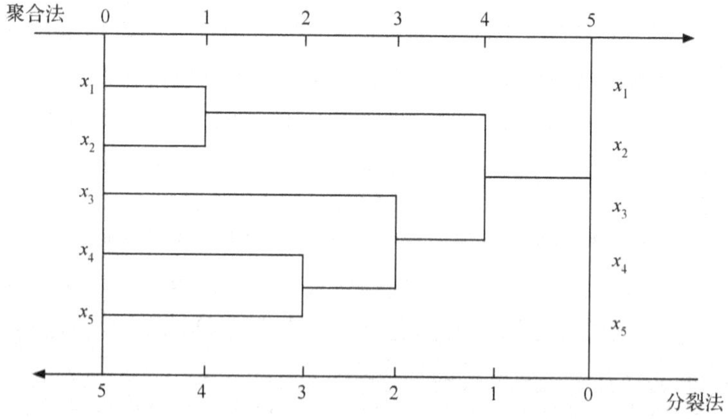

图 8.2 数据集 $\{\boldsymbol{x}_1, \cdots, \boldsymbol{x}_5\}$ 的聚合层次聚类与分裂层次聚类结果

注意到无论聚合式还是分裂式，用户都可以根据自己的要求来设定所得类的个数. 另外，类的聚合或分解是根据类间的距离来决定的. 关于类间距离，可用下面的四种方式之一来定义.

1）最短距离法（single linkage method）

$$D_{\min}(C_i, C_j) = \min\{d(\boldsymbol{x}, \boldsymbol{x}') : \boldsymbol{x} \in C_i, \boldsymbol{x}' \in C_j\};$$

2）最长距离法（也称 complete linkage method）

$$D_{\max}(C_i, C_j) = \max\{d(\boldsymbol{x}, \boldsymbol{x}') : \boldsymbol{x} \in C_i, \boldsymbol{x}' \in C_j\};$$

3）重心法

$$D_{\text{mean}}(C_i, C_j) = d(\boldsymbol{m}_i, \boldsymbol{m}_j);$$

4）类平均法

$$D_{\text{avg}}(C_i, C_j) = \frac{1}{n_i n_j} \sum_{x \in C_i} \sum_{x' \in C_j} d(\boldsymbol{x}, \boldsymbol{x}'),$$

其中，$d(\boldsymbol{x}, \boldsymbol{x}')$ 是数据点 $\boldsymbol{x}$ 和 $\boldsymbol{x}'$ 之间的某种距离，$\boldsymbol{m}_i$ 和 $\boldsymbol{m}_j$ 分别是类 C_i 和 C_j 的数据均值，n_i 和 n_j 分别是类 C_i 和 C_j 中的数据个数.

层次法的优点是聚类较准确、实施简单，缺点是聚类次数太多，不具有很好的可伸缩性，而且某步（聚合或分裂）一旦执行就不能再更改，不能修正错误的决策. 因此，聚合点或分裂点的正确选择就成为层次聚类法的关键所在. 遗憾的是一般并没有一个有效的选择方案. 显然，将这种方法直接应用于海量数据是不适宜的. 一个可行的改进方法是将层次聚类法和其他方法综合集成，形成新的有效算法，如 CURE 算法、Chameleon 算法和 BIRCH 算法等[3].

3. 基于模型的方法

该方法对每个类假设一个模型（通常为概率密度函数）并寻找能最佳拟合给定模型的数据. 这种方法通过构造反映数据点分布的密度函数来确定聚类结果.

基于模型的聚类方法的一般提法是：设类 C_i 的数据点 $\boldsymbol{x}$ 出现的概率为 π_i 并具有参数为 $\boldsymbol{\theta}_i$ 的概率密度函数 $p_i(\boldsymbol{x}, \boldsymbol{\theta}_i)$（$i = 1, \cdots, k$），则整个数据集的每个数据点都有混合密度函数

$$p(\boldsymbol{x}, \boldsymbol{\theta}) = \sum_{i=1}^{k} \pi_i p_i(\boldsymbol{x}, \boldsymbol{\theta}_i),$$

数据集的对数似然函数为

$$L(\boldsymbol{\theta}) = \prod_{j=1}^{n} \sum_{i=1}^{k} \pi_i p_i(\boldsymbol{x}, \boldsymbol{\theta}_i).$$

首先，求出参数 $\boldsymbol{\theta}_i$ 和 π_i 的极大似然法估计 $\hat{\boldsymbol{\theta}}_i$ 和 $\hat{\pi}_i$（$i = 1, \cdots, k$），然后，将每个数据点 $\boldsymbol{x}_j$ 划入到使后验概率[与 $\hat{\pi}_i p_i(\boldsymbol{x}_j, \hat{\boldsymbol{\theta}}_i)$ 成比例]达到最大的类 C_i，形成最后的聚类结果

$$C_i = \{x_j : [\hat{\pi}_i p_i(x_j, \hat{\theta}_i)] \geqslant \max_{l \neq i}[\hat{\pi}_l p_l(x_j, \hat{\theta}_l)], j = 1, \cdots, n\},\ i = 1, \cdots, k.$$

这种方法的一个明显优点是，聚类问题可通过实行有效的统计推断方法来解决. 特别地，即使类的个数 k 未知，也可利用 Bayes 分析方法对其进行估计，这就提供了一个自动确定类个数的可行途径. 然而该方法的困难之处在于类密度形式的合理选择以及极大似然估计的计算复杂性. 通常将类密度 $p_i(\boldsymbol{x}, \boldsymbol{\theta}_i)$ 选为多元正态的，其中，$\boldsymbol{\theta}_i$ 由均值和协差阵参数构成.

基于模型的聚类思想应用于大数据集已有一些成功的方法，如 AutoClass 聚类法，它已被用于有关红外线恒星光谱的卫星数据分析中. 另一个流行的方法是增量型概念聚类法 COBWEB，它以分类树(classification tree)的形式产生一个层次聚类. 所谓“概念聚类”是指除了给出数据点的聚类外，还给出类的特征描述(即概念). ITERATE 也是一个适宜于数据挖掘的概念聚类算法.

有些聚类方法集成了上述几个聚类方法的思想，所以，有时很难将它们归为哪一类. 作为统计学的一个分支，聚类分析一直有大量的研究，许多聚类分析算法已集成到一些著名的统计软件系统(如 SPSS，SAS)中.

在数据挖掘中，聚类既可用作一个单独的工具研究数据的结构信息，也可用作其他算法(如特征化和分类)的预处理步骤. 当前研究的主要问题包括：寻找适宜于大数据库的有效聚类方法，考察聚类方法的可伸缩性，建立能处理复杂数据类的聚类方法和高维问题的聚类方法，对数值数据和类型数据的混合数据研究可行性的聚类方法等.

8.2.2　分类与回归分析

统计学和数据挖掘的一个常见问题是根据特征或属性变量 x 的值来预报某个因变量 y 的值. 当因变量是表示类别的类型值(即类标签)时，这个问题就是分类问题；当因变量取连续值时，则为回归问题. 回归问题描述变量之间的相依关系. 为建立相应的模型，必须从已有的观察数据集(称为训练数据集)学习.

$$D = \{(\boldsymbol{x}_i, y_i) \mid \boldsymbol{x}_i \in R^d, y_i \in R, i = 1, \cdots, n\} \tag{8.1}$$

由于训练数据中因变量 y 的值是已知的，所以，这种过程在机器学习领域也称为监督学习.

在分类问题中，当前数据的类结构已经明确给定，无需考虑类的划分，问题是如何根据现有的类信息预报未来新数据的所属类别. 一般的做法是先根据训练数据集“训练或学习”一个适当的分类模型(称为分类器)，然后用该模型确定新数据的类别，如图 8.3 所示. 这在统计学中也称为判别分析(discriminant analysis)，是一个经典的统计问题，其应用范围十分广泛，处理方法也名目繁多，如距离判别法、Fisher 判别法、Bayes 判别法、Logistic 判别法等. 这里只介绍其中两个简单的方法.

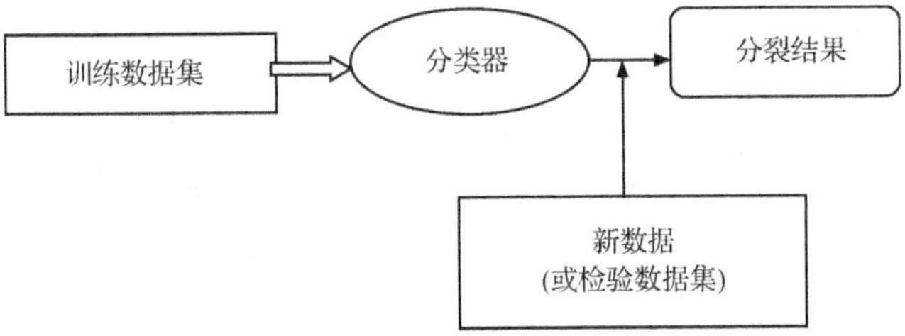

图 8.3　分类过程

1. 基于距离的分类法

考虑两个类的分类问题. 此时,类标签 y 只取两个值分别对应 $\boldsymbol{x}$ 的两个类总体 $C_i(i=1,2)$. 给定 $\boldsymbol{x}$ 到类 C_i 的距离 $d(\boldsymbol{x},C_i)$,则距离分类规则如下:

"若 $d(\boldsymbol{x},C_i)<d(\boldsymbol{x},C_j)$, $j\neq i$, 则将新数据点 $\boldsymbol{x}$ 分到类 C_i 中,即 $\boldsymbol{x}\in C_i$". 通常,选 $d(\boldsymbol{x},C_i)$ 为马氏(Mahalanobis)距离: $d^2(\boldsymbol{x},C_i)=(\boldsymbol{x}-\boldsymbol{m}_i)^{\mathrm{T}}\sum_i^{-1}(\boldsymbol{x}-\boldsymbol{m}_i)$, 其中 $\boldsymbol{m}_i$ 和 $\sum_i$ 分别是类总体 C_i 的均值和协差阵. 由此可导致两个常见的分类法: ①线性判别法(当 $\sum_1=\sum_2$ 时); ②二次判别法(当 $\sum_1\neq\sum_2$ 时),此法也可看作广义线性判别法. 图 8.4 是这种方法的一个说明. 对于多个类的分类问题,可通过任意两个类的分类结果,将新数据分到最近的类中去.

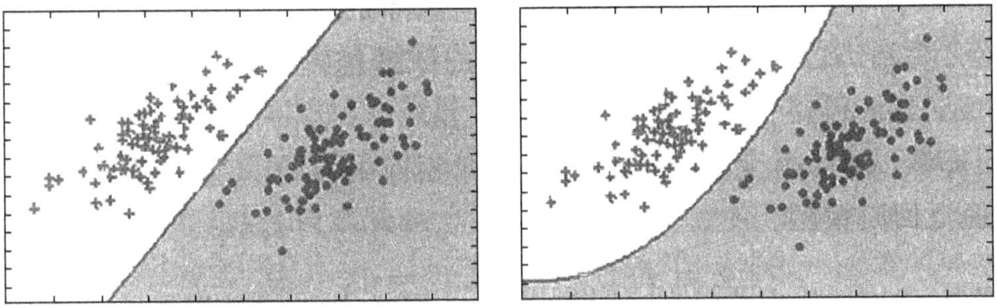

图 8.4　两类问题的分类

当给定训练数据集之后,只需将以上表示式中的总体参数 m_i 和 $\sum_i$ 用相应的估计值代替即可得到具体的分类器.

对线性或二次判别法得到的分类器也可从另一个角度来理解,那就是在两类数据之间寻找一个分离直线或超平面使分类具有尽可能大的推广能力,或者更一般地,在类间寻找能区分各类的一条(张)边界曲线(或曲面).

2. 朴素 Bayes 分类法

朴素(native)Bayes 分类法与根据距离就近判别的分类规则不同,它依据的是数据点属于各类的可能性大小,采用的规则是把数据点分到可能性最大的类. 具体做法如下:设已知的 k 个类为 $C_i(i=1,\cdots,k)$,自变量 $\boldsymbol{x}=(\boldsymbol{x}_1,\cdots,\boldsymbol{x}_d)^{\mathrm{T}}$,其中 x_j 是属性 A_j 的取值 $(j=1,\cdots,d)$. 当给定新数据的 $\boldsymbol{x}$ 值时,它属于类 C_i 的(后验)概率密度记为 $p(C_i \mid \boldsymbol{x})$,则

$$p(C_i \mid \boldsymbol{x}) = p(\boldsymbol{x} \mid C_i)P(C_i)/p(\boldsymbol{x}),$$

这里 $P(C_i)$ 是类 C_i 的先验概率,$p(\boldsymbol{x} \mid C_i)$ 是类 C_i 中的属性变量 $\boldsymbol{x}$ 的概率分布. 因此,极大化 $p(C_i \mid \boldsymbol{x})$ 就等价于极大化 $p(\boldsymbol{x} \mid C_i)P(C_i)$,而 $P(C_i)$ 可根据训练数据集来估计,$P(C_i)=n_i/n$,即用类 C_i 在训练数据集所占的比例估计,但 $p(\boldsymbol{x} \mid C_i)$ 一般却不易计算. 为此,朴素 Bayes 法用属性值条件独立的“朴素”假设,将其简化为

$$p(\boldsymbol{x} \mid C_i) = \prod_{j=1}^{d} p(\boldsymbol{x}_j \mid C_i),$$

使 $p(\boldsymbol{x} \mid C_i)$ 的计算变得可行. 因为诸 $p(\boldsymbol{x}_j \mid C_i)$ 都可通过训练数据集进行估计,如,当 A_j 为类型属性时,$p(\boldsymbol{x}_j \mid C_i)$ 就是类 C_i 中 A_j 的属性值等于(新数据的) $\boldsymbol{x}_j$ 的数据比例;当 A_j 为连续值属性时,通常假定其属性值遵从正态分布 $N(\mu_{ij},\sigma_{ij}^2)$,于是,$p(\boldsymbol{x}_j \mid C_i)$ 即为 $N(\mu_{ij},\sigma_{ij}^2)$ 的概率密度,其中的参数 μ_{ij} 和 σ_{ij}^2 可用类 C_i 中属性 A_j 的训练数据估计. 这样,全部 $p(\boldsymbol{x} \mid C_i)P(C_i)$ $(i=1,\cdots,k)$ 都可算出,从而形成如下分类规则:

若 $p(\boldsymbol{x} \mid C_i)P(C_i) > \max\limits_{l\neq i} p(\boldsymbol{x} \mid C_l)P(C_l)$,则将 $\boldsymbol{x}$ 分到类 C_i 中,即 $\boldsymbol{x} \in C_i$.

应当注意,虽然上面的“朴素”假设在具体的实际问题中可能并不一定成立,但依然可以使用,只要能取得满意的分类效果即可. 统计学中有不少这样的方法,导出它们时用到了某些假设,但在应用中有时不考虑这些假设也能获得令人鼓舞的结果. 朴素 Bayes 分类法就是这样一类方法. 实际上,经验表明,朴素 Bayes 分类法在许多场合相当出色. 特别地,在大数据集的数据挖掘中,其分类精度和速度还是相当高的,这也许得益于它的简单性和有效性.

在回归模式中,因变量 y 取连续值,其相应的基本问题是通过训练数据集(8.1)来逼近回归模型

$$y_i = f(\boldsymbol{x}_i) + \varepsilon_i,\ i=1,\cdots,n \tag{8.2}$$

中的未知回归函数 $f(\boldsymbol{x})$,其中,ε_i 是独立于 $\boldsymbol{x}_i$ 的回归误差,$E\varepsilon_i=0$,$Var(\varepsilon_i)=\sigma^2$. 回归分析是统计学中的一个庞大分支,理论性强,方法也相对完善,应用面非常宽. 作为描述变量间的相依关系的一个重要工具,它自然成为数据挖掘关注的对象. 由于回归分析方法十分繁杂,不仅有众多的统计学上的方法,还有不少来自其

他学科的方法，为尽可能地概括它们，这里将其粗划为以下两类.

(1) 字典法(参数回归方法)

大部分实用回归分析方法选取回归函数 $f(\boldsymbol{x})$ 的逼近形式为"基函数"的线性组合

$$f_m(\boldsymbol{x},\boldsymbol{w},\boldsymbol{v}) = \sum_{i=1}^{m} w_i g_i(\boldsymbol{x},\boldsymbol{v}_i) \tag{8.3}$$

式中，$g_i(\boldsymbol{x},\boldsymbol{v}_i)$ 是参数为 $\boldsymbol{v}_i \in R^p$ 的基函数，$\boldsymbol{w}=(w_1,\cdots,w_m)^{\mathrm{T}} \in R^m$ 是线性组合的系数向量. 这种方法称为字典法(dictionary)，基函数的不同类型构成所谓的"字典". 基函数的个数 m 常用作一个方法的正则化(复杂性)参数. 根据基函数的确定方式，这种方法又可分为

1) 线性回归方法——也称非自适应(nonadaptive)方法. 此时基函数 $g_i(\boldsymbol{x},\boldsymbol{v}_i)$ 是预先设定的，不含任何未知参数，而项数 m 既可预先给定也可通过模型选择准则来确定. 此时，只需给出回归参数 $\boldsymbol{w}$ 的估计即可. 基函数 $g_i(\boldsymbol{x},\boldsymbol{v}_i)$ 和 m 通常有许多不同的选择方法. 例如，最简单的一元($d=1$)线性回归选 $m=2$, $g_1=1$, $g_2=x$；多项式回归选基函数为 $\{1,x,x^2,\cdots,x^{m-1}\}$，可见图 8.5 的说明. 值得注意的是，线性回归和输入变量的非线性变换组合起来可用于解决很多复杂的回归问题. 当然，输入空间的变换一般是需要问题知识和相当"艺术"的困难问题.

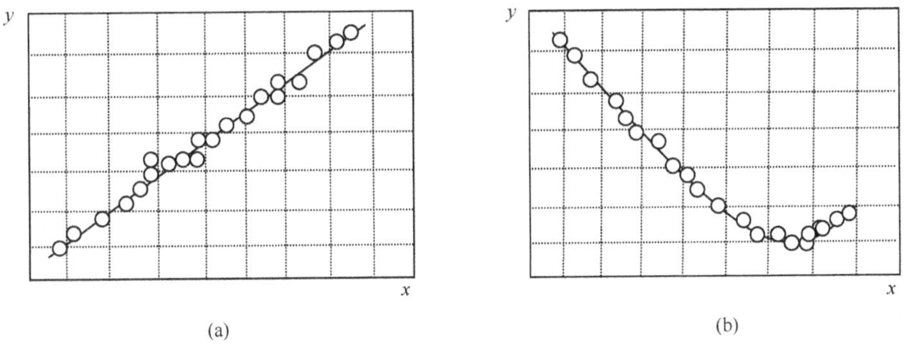

图 8.5　线性回归示意图

(a) 简单直线回归；(b) 二次曲线(多项式)回归

许多来自其他学科的回归方法可归入式(8.3)的字典法中去，如对局部多项式估计量和样条(spline)方法来说，参数 $\boldsymbol{v}_i$ 对应结点位置；对小波方法来说，$\boldsymbol{v}_i$ 对应基函数的膨胀参数和平移参数. 大部分小波(wavelet)回归方法在具体实施中都预先设定基函数的参数或仅根据训练数据的 $\boldsymbol{x}$ 值来确定.

2) 自适应(adaptive)方法——基函数本身也由数据来确定. 此时，参数估计涉及非线性优化问题，m 一般用非线性模型的模型选择准则或再抽样方法来求. 由于非线性导致的困难，实践中，通常对所有基函数均选相同的形式. 目前，常见的自

适应回归方法有:①投影寻踪(projection pursuit,PP)回归

$$f_m(\boldsymbol{x},\boldsymbol{w},\boldsymbol{v})=\sum_{i=1}^{m}g_i(\boldsymbol{w}_i\cdot\boldsymbol{x},\boldsymbol{v}_i) \tag{8.4}$$

其中, $g_i(t,\boldsymbol{v}_i)$ 是关于 t 的一元基函数($t\in R^1$, $\boldsymbol{v}_i\in R^p$)且关于参数 $\boldsymbol{v}_i$ 是非线性的,点积 $\boldsymbol{w}_i\cdot\boldsymbol{x}$ 提供了输入数据 $\boldsymbol{x}$ 的仿射投影. ②多元自适应回归样条(multivariate adaptive regression splines,MARS)方法. 该方法使用一元样条形成的张量积(tensor product)作为基函数,且自适应地从训练数据确定结点位置并选择一元样条的小子集.

MARS 组合了递归划分与张量积样条函数表示的思想. 它对低阶交互效应少的高维和低维问题都适宜,在执行速度、可解释性以及相对自动的光滑参数选择方面都有些优势. 不过,像其他递归划分方法一样,它对训练数据中的异常值是不稳健的,对坐标旋转也较为敏感. 因此,MARS 算法的实施依赖于数据表示所用的坐标系.

(2) 非参数回归方法

在字典法中,回归函数 $f(\boldsymbol{x})$ 的形式是已知的,未知的只是其中的参数. 这需要对回归函数 $f(\boldsymbol{x})$ 的形状有一定了解,但实践中可能对 $f(\boldsymbol{x})$ 一无所知. 此时,需要考虑应用非参数回归方法,对 $f(\boldsymbol{x})$ 用权函数估计:

$$\hat{f}(\boldsymbol{x})=\sum_{i=1}^{n}w_i(\boldsymbol{x},\boldsymbol{x}_1,\cdots,\boldsymbol{x}_n)y_i, \tag{8.5}$$

式中,权 $w_i(\boldsymbol{x},\boldsymbol{x}_1,\cdots,\boldsymbol{x}_n)\geqslant 0(i=1,\cdots,n)$, $\sum_{i=1}^{n}w_i(\boldsymbol{x},\boldsymbol{x}_1,\cdots,\boldsymbol{x}_n)=1$. 不难看出,式(8.5)是响应变量数据, $y_1,\cdots,y_n$ 的线性函数. 关于权 w_i 的选择,两个常用的办法是:

1) 核估计法——先选所谓的"核函数" $K(\boldsymbol{x})$ 使其关于原点对称并取得最大值,而沿原点出发的任一方向均单调趋于零,再对 $h>0$ 选权函数

$$w_i(\boldsymbol{x},\boldsymbol{x}_1,\cdots,\boldsymbol{x}_n)=K\left(\frac{\boldsymbol{x}-\boldsymbol{x}_i}{h}\right)\Big/\sum_{i=1}^{n}K\left(\frac{\boldsymbol{x}-\boldsymbol{x}_i}{h}\right),i=1,\cdots,n.$$

一般选 h 的原则是应随 n 的增加而单调下降趋于零,但不宜过快.

2) 近邻型估计法——与核估计的权函数不同,近邻型估计的权函数并不依赖于数据,而是取固定的值. 原则是"与 $\boldsymbol{x}$ 越接近的训练数据 $\boldsymbol{x}_i$ 其 y_i 得到的权越大". 具体地,例如,选常数 $c_1\geqslant\cdots\geqslant c_n\geqslant 0$, $\sum_{i=1}^{n}c_i=1$, 在 R^d 中引进适当的距离度量 ρ, 将训练数据, $\boldsymbol{x}_1,\cdots,\boldsymbol{x}_n$, 按距离排为 $\rho(\boldsymbol{x},\boldsymbol{x}_{j_1})\leqslant\cdots\leqslant\rho(\boldsymbol{x},\boldsymbol{x}_{j_n})$, 则令

$$w_{j_i}(\boldsymbol{x},\boldsymbol{x}_1,\cdots,\boldsymbol{x}_n)=c_i,\quad i=1,\cdots,n.$$

非参数回归的权函数估计不仅计算简单、便于实施,而且更重要的是,不需要对式(8.2)的回归函数 $f(\boldsymbol{x})$ 本身了解多少就可给出 $f(\boldsymbol{x})$ 的估计,这对数据挖掘

的相依性结构描述来说，无疑值得重视. 这种方法的不足之处是权函数的选取带有一定的主观性和经验性.

除上述回归方法外，还有广义线性模型、Logistic 回归、稳健回归等方法，这里不再一一介绍. 顺便指出，常规的回归方法是对整个数据集假定一个回归模型来实施的，考虑到数据挖掘的复杂性，对于大型海量数据而言，用一个模型来描述往往是不实际的，更可能的情形是所谓“多模型”结构，不同的数据类遵从不同的回归模型，因此，需要研究挖掘多个回归模型的有效方法. 目前，在这方面已有一些研究结果，但尚需进一步深入研究[4].

8.2.3　探索性数据分析

在统计学中与数据挖掘思想比较接近的一个领域是探索性数据分析(exploratory data analysis，EDA)方法. 与其他统计学方法相比，这种方法更强调用数据本身来指导分析过程，而不是依赖于事先给定的某些假设. 因此，EDA 与数据挖掘的出发点是一致的. 不过，它们之间也有差异，例如，就数据集的容量而言，EDA 处理的数据集大小远不及数据挖掘面对的数据集大. 一般地，EDA 并不关注几百万甚至几十亿个记录的数据集，也不考虑存储和操作这样大数据集的专门方法，正因为这一点，EDA 的不少处理方法可能并不适宜于海量数据的场合，但是，其探索性的思想和方法仍值得借鉴.

EDA 特别强调的一点是“让数据说话”(即不像传统统计学那样从一个设定的模型出发)，把对数据的详细查看和分析作为建立适当模型的先决条件(而不是直接假设模型). 换句话说，如果把数据分析过程划分为两大阶段的话，那么，第一阶段就是用 EDA 探索数据模式和特点，以便进一步分析处理；第二阶段才是由分析者选择、建立适当模型的证实阶段.

EDA 不过分强调方法的理论依据，不一定非要给方法的“不确定性”做一数量上的度量，而是鼓励使用非正式的、具有探索性的方法，使用那些既能灵活适应数据的结构又能对后续分析所建模式做出灵活反应的方法. 相对效率而言，EDA 更重视方法的“耐抗性”. 因为经典统计理论建立在严格的模型假定之上，而实际情况往往与这种假定有一些偏离，这时，经典方法可能会表现得非常差，甚至导致严重错误. 如果一个方法不具有耐抗性(稳健性)的话，即使有再高的效率也不能让人放心使用.

整个 EDA 过程有四大主题[5]：

1) 耐抗性——描述对数据局部变异的不敏感性. 耐抗方法的特点是，即使数据的一小部分与主体发生很大的偏离，所得结果也只有轻微的变化，不至于产生剧烈的波动. 换句话说，耐抗方法更重视把握数据的主体特征而几乎不受少数数据的干扰. 比如,中位数(median)和均值虽都可用于概括数据的位置,但中位数高度耐抗,甚至能抵御将近50%数据的干扰,而均值却极不耐抗,连一个数据的异常变化都无法承受.

2) 残差——EDA的基本主张是:分析数据时应仔细考察残差. 事实上,残差恰好可揭示数据的系统性行为(如异方差性、变异性等),能反映数据与模型的很多相关信息. 残差分析已成为数据诊断、回归诊断的一个重要工具. 耐抗方法可通过残差把数据的主导行为与反常行为清楚地分离开来.

3) 重新表述——研究什么样的尺度(如对数、开方等)会简化分析. EDA强调要尽早考虑数据的原始测量尺度是否合适的问题,如果不合适,需重新表达成另一尺度以便使数据的内在结构(如方差稳定性、关系线性性、效应可加性等)得到进一步显露.

4) 启示——强调图形显示技术,用以辅助分析者从数据拟合、诊断度量以及残差分析等方面对数据结构做出深入洞察.

例如,为经济、有效地总结、概括一维数据本身,EDA引入了不少所谓的"总括值"和相应的可视化图形,最典型的是五数总括,即最小值、下四分位数 F_L 、中位数、上四分位数 F_U 和最大值这五个数,其中下(或上)四分位数是占整个数据1/4的最小(或大)那部分的分界点. 另外,为反映数据的集中程度,还引入了一个具有耐抗性的指标,即所谓的四分展布 $H = F_U - F_L$ (也称四分位数间距或中程,quartile range),它给出数据中间一半的宽度. 五数总括的图示就是箱线图(boxlpot),图8.6是这种图的一个构造说明,其中矩形框的两端分别表示下四分位数和上四分位数的位置,中间的一条线表示中位数的位置,从矩形框两端各延伸一条线,它们的端点是从 $F_L - 1.5H$ 到 $F_U + 1.5H$ 范围内的最远点位置,小于 $F_L - 1.5H$ 或大于 $F_U + 1.5H$ 数据点均称为异常值(或离群值,outlier),用符号○表示. 在具体计算时,先将数据从小到大排列,求出中位数、下四分位数和上四分位数,然后再计算 H 、$F_L - 1.5H$ 和 $F_U + 1.5H$,确定异常值以及 $F_L - 1.5H$ 到 $F_U + 1.5H$ 范围内的最远点位置. 箱线图的构造如图8.6所示.

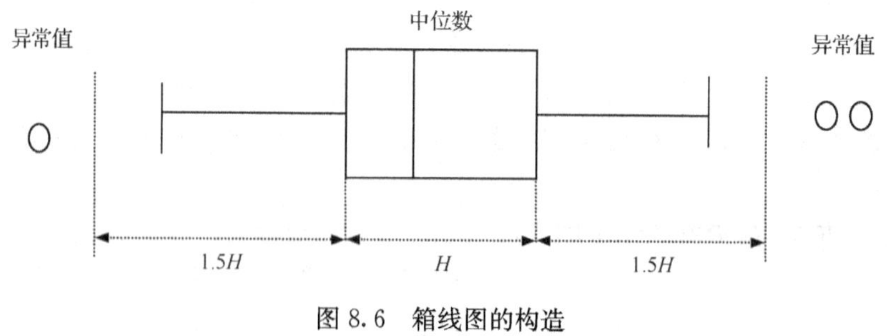

图8.6 箱线图的构造

从箱线图可清楚看到数据的位置(中位数)、展布(矩形框的长度 H)和边远数据点,而且还可通过中位数与上、下四分位数的远近看出数据的偏斜程度.

例 8.1　设一批数据排序后的结果为

i	1	2	3	4	5	6	7	8	9	10	11
$X(i)$	36	37	45	52	56	58	66	68	75	90	140

则该批数据的五数总括为:最小值 36、下四分位数 $F_L=(45+52)/2=48.5$、中位数 58、上四分位数 $F_U=(68+75)/2=71.5$ 和最大值 140,其四分展布 $H=23$,由于数据点 140 大于 $F_U+1.5H=106$,故将其视为异常值,需认真加以审查.例 8.1数据的箱线图如图 8.7 所示.

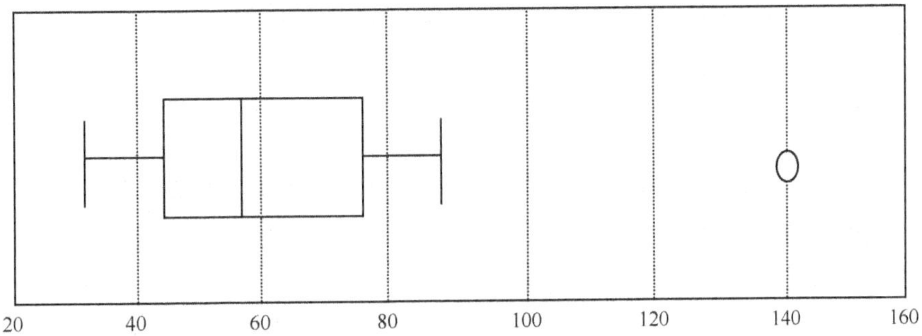

图 8.7　例 8.1 数据的箱线图

EDA 研究的四大主题对数据挖掘来说都是很有意义的,特别是耐抗性和可视化的图形显示技术对数据挖掘尤为重要. 因为海量数据几乎不可避免地会含有一部分错误的数据或噪声,一定要有能抵御它们干扰的有效措施,而结果的可视化、直观性也是数据挖掘所追求的目标之一.

8.3　数据挖掘的机器学习方法

机器学习是人工智能的一个新的分支学科,是计算机科学与人工智能发展的产物. 其主要任务是,从模拟人类的学习行为出发,研究认识客观世界和获取各种知识与技能的一些基本方法(如归纳、一般化、特殊化、类比等),并借助于计算机科学与技术原理建立各种学习模型,从根本上提高计算机智能和学习能力. 具体地说,就是根据生理学、认知科学等对人类学习机理的了解,建立人类学习的计算机模型或认知模型;发展各种学习理论和学习方法,研究通用的学习算法并进行理论上的分析;建立面向任务且具有特定应用的学习系统. 机器学习的另一个基本目标是从理论上探索人类尚未发现的一些新方法和新途径.

机器学习的形式多种多样,有使用离散、逻辑知识表示的归纳学习和分析学习,有使用数值、连续知识表示的连接学习(如神经网络,neural networks),有两种知识表示相互融合的遗传学习等. 机器学习的应用已遍及人工智能的各个分支,如专家系统、自动推理、自然语言理解、模式识别、计算机视觉、智能机器人等.

机器学习在获取知识过程中所使用的推理方法,主要有归纳法和演绎法. 归纳法主要基于观察数据来形成一般性知识,它的特点在于产生的知识是先前知识库中所没有的,主要用于归纳学习、连接学习和遗传学习等;而演绎法则是用知识库中已有的知识来形成新的知识,如基于解释的学习是利用先前的知识来解释新的事例,然后简化该解释并存放于知识库中,这种方法主要用于分析学习中. 另外,归纳和演绎方法的结合,比如类比学习能得到更好的学习效果.

机器学习为数据挖掘提供了一系列有效、实用的理论与方法,下面介绍其中的几种.

8.3.1 神经网络方法

神经网络是模拟人脑的一类系统,更具体地说,是由大量处理单元互联组成的非线性、自适应信息处理系统. 由于人脑是由通过神经突触相互连接的数百万个神经元组成的,所以,神经网络也由大量的模拟神经元构成,它们以类似脑神经元的方式相互连接,并且神经元相互连接的强度可对于所施加的刺激或输出做出反应,使网络具有"学习"能力.

在神经网络中,模拟神经元是一个信息处理单元,称之为结点,它们可表示不同的对象,例如特征、字母、概念或者一些有意义的抽象模式. 如果有数据输入,这些结点便可以进行确定数据模式的工作. 结点按所属层次划分,最底层代表输入层,其中的结点也称输入单元;中间层称为隐层,隐层的各结点同输入结点完全互连,也就是说,神经网络的学习都是基于所有输入结点的;最顶层是输出层,表示通过输入层数据得到的最终信息处理结果,由输出单元组成. 隐层各结点(隐单元)的值一般是输入层结点的加权和,完成大部分网络计算工作.

神经元间的连接权值反映了单元间的连接强度,信息的表示和处理体现在网络处理单元的连接关系(即权重)中. 神经网络的本质是通过网络的变换和动力学行为达到一种并行分布式的信息处理功能,并在不同程度和层次上模拟人脑神经系统的信息处理功能,它是神经科学、思维科学、人工智能、计算机科学等多个领域的交叉学科.

神经网络采用了与传统人工智能和信息处理技术完全不同的机理,克服了传统的基于逻辑符号的人工智能在处理直觉、非结构化信息方面的缺陷,具有自适应、自组织和实时学习的特点. 另外,神经网络也有较强的模型描述能力、抗噪声能力以及不需要主观知识支持等特点.

神经网络模型主要考虑网络连接的拓扑结构、神经元的特征、学习规则等. 根据连接的拓扑结构,神经网络模型可以分为前向网络(如 BP 网等)和反馈网络(如 Hopfield 网络、Boltzmann 机等). 目前,已有近 40 种神经网络模型,比较著名的有 BP 网、多层感知器(multilayer perceptron,MLP)、自组织映射(self-organizing map,SOM)、自适应共振理论(adaptive resonance theory,ART)等.

所谓前向网络,是指网络中各个神经元接受前一级的输入,并输出到下一级,网络中没有反馈连接,可以用一个有向无环路图表示. 这种网络实现信号从输入空间到输出空间的变换,它的信息处理能力来自于简单非线性函数的多次复合. 这类神经网络结构简单,易于实现. 反馈网络是指网络内神经元之间有反馈连接,从数学上可表示为一个无向的完备图. 这种神经网络的信息处理方式表现为状态的变换,可以用动力系统理论处理. 系统的稳定性与联想记忆功能密切相关.

神经网络的信息处理过程主要是通过网络的学习(训练)而找到一组恰当的连接权值,然后根据这些权值确定处理结果. 可以说,学习是神经网络的一个最重要特征. 有效的学习算法,使得神经网络能够通过连接权值的调整,构造客观世界的内在表示,形成独具特色的信息存储和处理方法. 比较典型的学习方法是反向传播(back-propagation,BP)算法,它通过将输出结果与一些已知值进行一系列比较,不断地调整权值,得到新的值,再经过不断地学习,最后使网络得到一个稳定的状态.

根据学习环境不同,神经网络的学习方式可分为监督学习和非监督学习. 在监督学习中,将训练样本的数据加到网络输入端,同时将相应的期望输出与网络输出相比较,得到误差信息,以此控制权值的调整策略. 当样本发生变化时,经学习可以修改权值以适应新的环境. 用于监督学习的神经网络模型有 BP 网、MLP、Hopfield 网等. 非监督学习时,事先并不给定输出样本,而是直接将网络置于环境之中,学习规律的变化取决于连接权值的演变方程. 用于非监督学习的神经网络有 SOM 和 ART 网等.

概括起来说,神经网络具有以下四个基本特征.

1) 非线性性——非线性关系是自然界的普遍特性. 神经元有激活或抑制两种不同的状态,这在数学上表现为一种非线性关系,因而适宜于解决很多非线性问题. 另外,具有阈值的神经元还可提高网络的性能、容错性和存储容量.

2) 非局部性——系统的整体行为不仅取决于单个神经元的特征,而且可能主要由单元与单元之间的相互作用、相互连接所决定. 通过单元之间的大量连接模拟大脑的非局部性. 联想记忆是非局部性的典型例子.

3) 非常定性——神经网络具有自适应、自组织、自学习能力. 神经网络不但可处理多种信息,而且在处理信息的同时,非线性动力系统本身也在不断变化,其演化过程经常用迭代过程来反映.

4) 非凸性——一个系统的演化方向,在一定条件下将取决于某个特定的状态函数,如能量函数,它的极值相应于系统的稳定状态. 非凸性是指这种函数有多个极值,故系统具有多个较稳定的平衡态,这将导致系统演化的多样性.

神经网络特有的非线性、自适应信息处理能力已以专家系统、模式识别、智能控制、组合优化、市场研究、证券分析等诸多领域取得了成功的应用;为工业过程控制、销售预测、客户研究、风险管理以及目标推销等问题提供了可行的解决方案. 但总的说来,与其描述能力相比,神经网络可能更适合于预报任务. 从学科发展角度看,神经网络还可与许多其他方法相互渗透、相互结合产生新的研究方向,如与模糊系统、遗传算法、演化机制等相结合所产生的计算智能就是人工智能的一个重要方向.

在具体应用上,神经网络可用于很多数据挖掘任务,如分类、聚类、回归等. 对回归问题而言,可用的神经网络有径向基函数(radial basis function,RBF)网:在式(8.3)中,$\boldsymbol{v}_i$ 代表基函数的中心和宽度参数;还有 MLP 网(图 8.8):在式(8.3)中,其基函数 $g_i(\boldsymbol{x},\boldsymbol{v}_i)=s(\boldsymbol{x}\cdot\boldsymbol{v}_i)$,一元函数 $s(t)$ 通常取为 Logistic Sigmoid 或双曲正切函数. 这种参数化对应具有线性输出单元的单隐层 MLP 网. 另外,从表达式上看,MLP 是 PP 回归的特殊情形:在式(8.4)中,所有基函数有同样的固定形式(即 sigmoid). 反过来,PP 表达式也可看成 MLP 的特殊情形,因为式(8.4)中一元基函数 g_i 可表示为平移 Sigmoid 之和. 不过,MLP 实施用完全不同于 PP 优化和模型选择方法. 这两个方法通常对有限数据提供不同的回归估计. 一般来说,对于只在几个方向上变化显著的目标函数 PP 回归预期要优于 MLP.

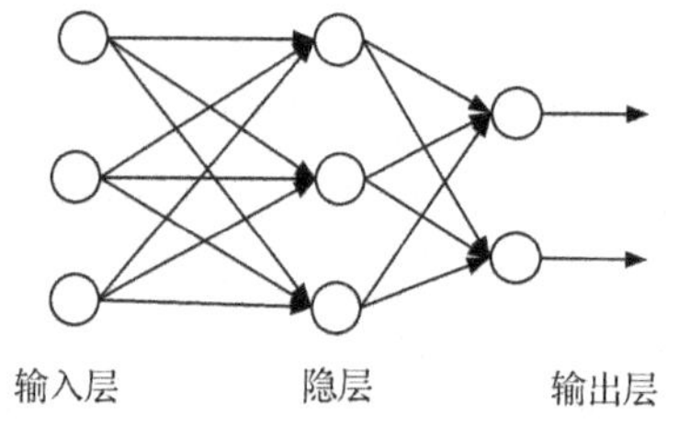

图 8.8　MLP 网的结构示意图

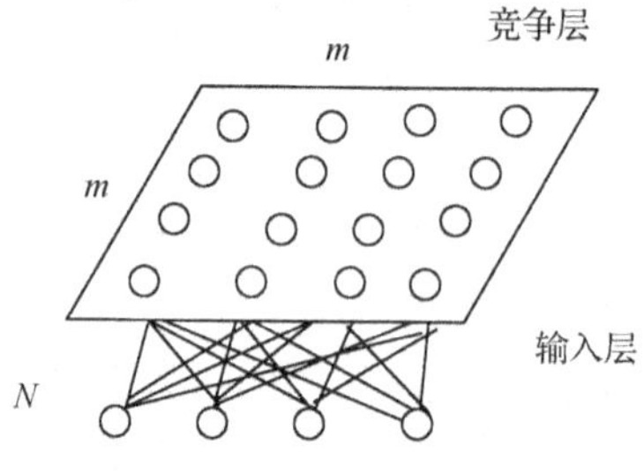

图 8.9　SOM 网的结构示意图

对聚类问题,可用 SOM 神经网络(图 8.9),它由输入层和竞争层组成. 输入层有 N 个结点,竞争层有 $m\times m$ 个结点,形成一个平面阵列,输入层和竞争层的结点全部互连. 聚类的办法是:通过对输入模式的反复学习,捕捉到各输入模式的性质特征并对其进行组织,在竞争层表现出自动聚类的结果. SOM 网的局限是聚类结果可能与输入模式的顺序以及权值的初始值有关.

虽然神经网络方法可用以解决统计学中的许多问题,但它与统计学方法仍有很大差别,这些差别主要反映在确立模型的内在机制上. 统计学倾向于通过描述数据的内在结构来建立模型,而神经网络则不管数据内在结构如何,只依据数据的输入和输出,直接用模拟人脑的人造网络来刻画模型,这种网络结构与数据结构并无直接关联,因此,可以说,神经网络是一种"黑箱"方法. 这是与统计学方法的最大区别. 另外,神经网络所涉及的参数通常要比统计学方法多很多. 神经网络的网络结构较为复杂,而统计学模型的结构通常较为简单.

神经网络方法的主要优点是:①模型的灵活性. 由于网络含有较多的参数,这些参数的各种组合又可产生更多的不同网络结构,因此,同一个模型能模拟非常多的实际问题. ②计算的可行性. 由于神经网络的各结点可自然分配到不同的 CPU 上计算,从而具有良好的并行性. 神经网络方法也存在一些缺陷,主要有:①结果的可解释性差. 这由其"黑箱"性质所决定,其网络结构和连接权值表达的知识难以理解、得到的结果不易解释. ②学习的时间长. 由于它需要对数据做多次扫描,因而可能需要较长的学习时间,特别是当数据量较大时,效率低会是很突出的问题.

在数据挖掘中,应用最广的神经网络是多层 BP 网和 SOM 网,已广泛地应用于各种数据挖掘工具和软件中.

8.3.2　决策树方法

决策树(decision tree)方法是应用最广泛的归纳学习,特别是在专家系统、工业过程控制、金融保险预测以及医疗诊断等领域. 所谓决策树是一个类似流程图的树结构,一般自上而下来生成,其中树的每个内结点对应一个特征(属性)变量值的检验,每个分枝表示检验的结果,树枝上的叶节点代表所关心的因变量的取值,最顶端的结点称为根节点,内结点用矩形框表示,叶节点用椭圆框表示. 从根结点到每个叶结点都有唯一的一条途径,这条途径就是一条决策"规则". 如果每个内结点都恰好有两个分歧,则称这样的树为二叉树,类似可定义多叉树. 在所有决策树中,二叉树最为常用.

例 8.2　在金融领域中将贷款对象分为低风险贷款与高风险贷款两类,某银行根据其以往的数据建立了图 8.10 所示的决策树. 在这个树中,涉及四个量,四个叶结点是分类的结果(即类标签变量 y 的值),根结点对应特征变量 x_1 (表示"收入")的检验,另两个结点分别对应特征变量 x_2 (表示"负债")和 x_3 (表示"工作年限")的检验. 从这个决策树,可以很容易确定给贷款申请者贷款的风险高低. 比如,若一个人的月收入不低于 4000 元并且负债低,则认为此人属贷款"低风险"的人群. 这个决策用规则表示,即为

$$IF(\text{收入} \geqslant 4000) \wedge (\text{负债低})\text{THEN 贷款风险} = \text{"低"}. \qquad (8.6)$$

类似地,还可写出其他三条规则. 这样,银行信贷员利用这棵决策树就能决定支持哪些贷款、拒绝哪些贷款.

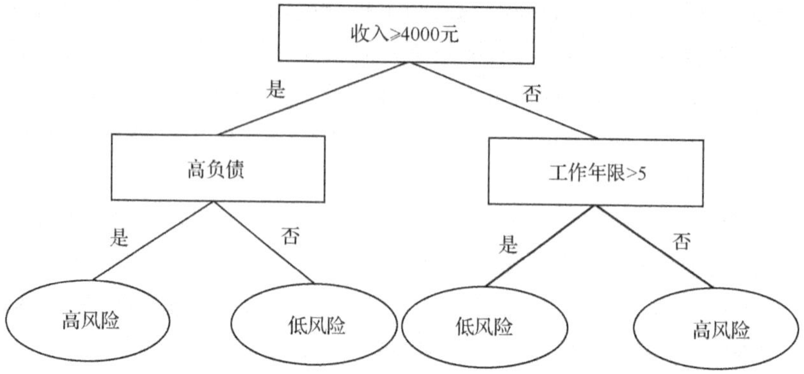

图 8.10　例 8.2 的决策树

决策树方法既可用于解决分类又可用于解决回归问题. 解决分类问题的决策树称为分类树，它的每个叶结点给出一个预测类别的类标签值. 图 8.10 就是一个典型的二叉分类树. 解决回归问题的决策树称为回归树，其每个叶结点可能是常数或者是预测输出值的回归方程. 为说明决策树与分类或回归方法的联系，我们来看这样一个例子. 图 8.11(a)为有两个特征(输入)变量(x_1 和 x_2)的一个常见二叉树，按照它给出的决策规则，不难找到它对特征空间的一个划分，如图 8.11(b)所示，当因变量 y 是取离散值的类标签时，该划分恰好构成对特征空间的一个分类；当 y 取连续值时，该划分给出的是对回归函数 $y = f(x_1, x_2)$ 曲面的一个"逐片"逼近. 这种用决策树归纳的方法称为递归划分(recursive partitioning)法，它的一个典型代表是既可分类又可回归的所谓分类回归树(classification and regression trees, CART)，在实践中得到了广泛的应用. CART 严格按照二叉树归纳，并采用再抽样技术估计误差和对树进行剪枝.

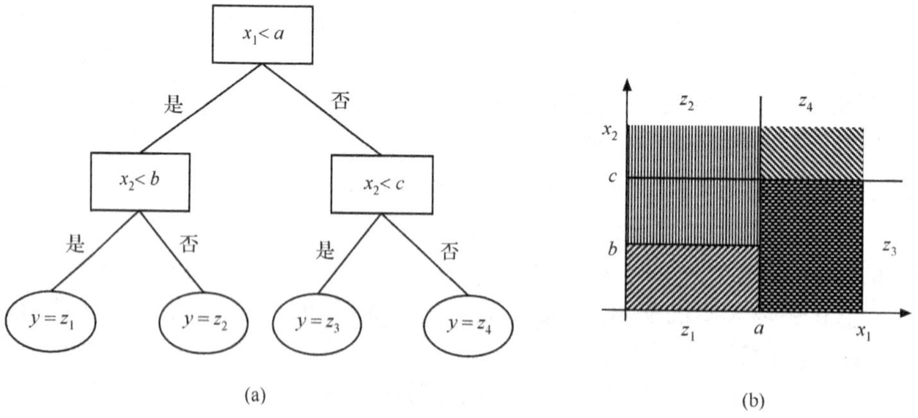

图 8.11　二叉树及其输入空间划分

(a) 二叉树；(b) 二叉树的输入空间划分

那么，如何构造一个决策树呢？一般可从以下两个方面来着手：

1. 树生长

建立决策树的过程，即树的生长过程，是不断把数据按一定规则进行分裂的过程，在每个结点分裂使用一个相应的的特征，使分裂后某种准则函数达到最优. 不同的准则对应不同的分裂方法和不同的决策树. 下面以 CART 算法为例介绍具体的准则函数选取方法.

该训练数据集(8.1)分 k 个类 C_i ($i=1,\cdots,k$)，是结点 t (相应于属性 A^t)处一个数据属于类 C_i 的概率($i=1,\cdots,k$)，则不纯度(impurity)函数 φ 定义为单纯形 $S_k=\{(x_1,\cdots,x_k):x_1\geqslant 0,\cdots,x_k\geqslant 0,\sum\limits_{i=1}^{k}x_i=1\}$ 上的一个非负映射 $\varphi(x_1,\cdots,x_k)$，它满足条件

1) $\varphi(1/k,\cdots,1/k)$ 最大；

2) $\varphi(1,0,0,\cdots,0)=\varphi(0,1,0,\cdots,0)=\cdots=\varphi(0,0,0,\cdots,1)=0$.

换句话说，当所有的类等同地混入该结点时，不纯度函数最大；当该结点只包含一个类时，不纯度函数最小. 我们希望通过划分使结点包含的类尽可能少以达到对数据所属类的识别. 因此，可选不纯度函数 $\varphi(p_1,\cdots,p_k)$ 最小作为优化准则并将其定义为结点 t 的不纯度指标 $E(t)=\varphi(p_1,\cdots,p_k)$. 常见的不纯度函数有

1) 熵函数：$\varphi(p_1,\cdots,p_k)=-\sum\limits_{i=1}^{k}p_i\ln p_i$ ；

2) Gini 指标：$\varphi(p_1,\cdots,p_k)=\sum\limits_{i\neq j}^{k}p_ip_j=1-\sum\limits_{i=1}^{k}p_i^2$.

当结点 t 关于其属性值 s 分叉为左右两个结点 t_1 和 t_2 时，不纯度的改变量为

$$\Delta E(s;t)=E(t)-p_1E(t_1)-p_rE(t_r),\tag{8.7}$$

式中，p_1 和 p_r 分别是结点 t 的数据在左右分叉中所占的比例. 所要选择的最优分叉点 $\hat{s}$ 就是使不纯度的改变量(减少量)达到最大的属性值，即

$$\Delta E(\hat{s};t)=\max_{s}\Delta E(s;t).\tag{8.8}$$

对回归树而言，结点 t 的不纯度指标 $E(t)$ 常定义为拟合该结点数据集局部模型的最小平方残差

$$E(t)=\min_{\theta}\sum_{i\in I_t}[y_i-d_t(\boldsymbol{x}_i,\boldsymbol{\theta})]^2,\tag{8.9}$$

式中，I_t 是结点 t 所含的数据指标集，$d_t(\boldsymbol{x}_i,\boldsymbol{\theta})$ 是局部模型. 由线性回归的结论可知，当 $d_t(\boldsymbol{x}_i,\boldsymbol{\theta})$ 是与属性变量 $\boldsymbol{x}$ 无关的常数时，$d_t(\boldsymbol{x}_i,\boldsymbol{\theta})=\frac{1}{n(t)}\sum\limits_{i\in I_t}y_i$ ($n(t)$ 是结

点 t 所含数据的个数)；当 $d_t(\boldsymbol{x}_i,\boldsymbol{\theta})$ 是关于参数 $\boldsymbol{\theta}$ 的线性回归模型时，可用最小二乘法确定它. 此时，相应于式(8.7)的表达式为 $\Delta E(s;t)=E(t)-E(t_l)-E(t_r)$，仍用式{8.8}作为最优分叉准则.

当准则函数确定之后，决策树归纳的基本过程是：

1) 开始把训练数据归入某单个结点；

2) 算法根据式(8.8)选择把训练数据最佳分类的一个检验特征值，并把数据分裂，进入到下一个节点；

3) 在每个结点处，用同样的办法递归地形成下一个分裂，分裂过的特征以后不再考虑；

4) 当下列条件之一满足时，递归划分停止：

① 不再有可进一步分裂的特征. 此时，用投票(voting)机制决定叶结点的类别.

② 已没有样本分裂某个检验特征.

从这个生长过程看，决策树方法实际上是根据信息论原理在对数据库中的大量数据做信息量分析的基础上提取出反映类别的重要特征.

2. 树剪枝

由上述算法得到的树往往生长得太大以致对训练数据产生“过拟”现象，反而降低了树的可理解性和可用性. 为防止训练过度并减少训练时间，就需要建立能使树在适当时候停止生长的方法. 常用的方法有两种：其一是增加限制条件，如限制树的最大高度(层数)或限制每个结点所含数据的最小个数等；其二是对树进行剪枝(pruning)，一般用统计度量来去掉不可靠的分枝，改进预报能力和分类速度. 这里又有两个具体措施，一个是所谓先剪(prepruning)，即在树生长前通过统计度量对分裂准则函数做出评价，如果达不到规定的要求就先剪掉该分枝；再一个是后剪(postpruning)，即在树长成后再剪枝.

与神经网络相比，决策树可以生成一些可解释的规则，其输出结果也容易理解，不仅不需要像神经网络那样多的参数，而且可看成是一种快速的非参数方法. 当进行某些决策同时需要提供相应的理由时，决策树方法可能会更优于神经网络方法. 决策树方法的主要缺陷是划分的结果依赖于划分的顺序，因为所有分裂都是顺序进行的，每个结点的分叉根本没有考虑到对后续分裂的影响，而且一旦完成分叉以后就不能重新考虑或修正(因为每个分叉都依赖于它面前的分叉结果，从而决策树的所有分叉都依赖于根节点的分叉). 如果前面的分叉选择不当，就会给分类造成很大的偏差. 这是应用决策树方法需要特别引起注意的问题. 关于决策树方法的其他优缺点，详见表 8.1.

表 8.1　决策树的优缺点

优　点	缺　点
能生成可以理解的规则	对连续型特征较难预测
精确度比较高	类别太多时错误可能也较多
计算量相对不是很大	很难用特征的组合来发现规则
可清楚显示哪些特征比较重要	结果与所用特征的顺序有关

在知识工程领域，作为一种简单的知识表示方法，决策树受到了人们的广泛重视，并已产生不少有效的实施算法. 如 CART 用数据库上的检验来发现它的问题，能稳健地面对异常值，自动地产生最佳变量的组合，而且划分数据集时所要的数据准备较少. 此时，还有 CHAID、ID3、C4.5 等，其中 CHAID 使用统计显著性检验，自动地把数据分成互斥的、无遗漏的类；ID3 方法是国际上影响较大的决策树方法，由 J. R. Quilan 于 1986 年提出，后来改进为 C4.5 算法. 不过，这些方法通常只限于分类任务.

从海量数据归纳决策树的早期策略包括离散化连续特征和在每个结点对数据进行抽样. 另一个方法是，先把数据划分成子集，对每个子集建立决策树，最后组合每个子集的决策树形成最终的分类器，但精度一般不如用整个数据集建立的决策树好. 最近新开发的两个算法是 SLIQ 和 SPRINT，它们都用新的数据结构来构造树，都可处理类型特征和连续特征. 目前，各种数据挖掘软件用得最多的分类和预测工具可能还是决策树，主要是因为它需要的计算资源少，可处理的变量多，而且在大型数据库上易于实现.

8.3.3　模糊系统方法

模糊集(fuzzy sets)是表示和处理不确定性的一个数学方法. 在当今的数据库中，不确定性以多种形式出现，如不精确(imprecision)、不规范(non-specificity)、不一致(inconsistency)、含糊性(vagueness)等. 模糊集是描述不确定性的一个强有力的方法，不仅能处理不完全、含噪声或不精确数据，而且还有助于开发更智能、更光滑的不确定数据模型，使系统复杂性易于处理. 因为模糊系统可容忍不确定性并且甚至可用含糊性来处理数据，所以，它可提供稳健、抗噪声的模型或进行精确输入不可用或太昂贵场合的预报.

基于规则的分类系统(如决策树)在处理连续特征时总需要对其做确切的截断以达到离散化的目的，然而，这样做往往会引来不少争议. 例如，由规则(8.6)，对低负债的客户来说，收入 4000 元的可获得贷款，而收入为 3999 元的却可能得不到贷款. 这显然是不合理，也不公平的. 导致这种现象的原因是阈值 4000 过于确定化. 解决的途径之一就是引入模糊系统方法，将阈值“模糊化”. 用 0 和 1 之间的一个数表示数据隶属给定类的隶属程度,这个数愈接近于 1(或 0),说明数据隶属给定类的程度愈高(或低).这样,可以说收入 3999 元在某种程度上也是高的,只是没有 4000 元那么高而已.比如,若收入 4000 元隶属“高收入”的隶属度为 1,那么,收入 3999 元的隶属度可能就是 0.998.进一步地,如果再将模糊系统方法引入到决策树,形成所谓的“模糊决策树”,那么,得到的模糊决策规则可能是

$$\text{IF(高收入)} \wedge \text{(低负债)THEN 贷款风险} = \text{“低”}. \tag{8.10}$$

据此,收入 3999 元的低负债客户在较高程度上可获得贷款.

模糊系统方法可用于数据挖掘的分类任务,为分类问题提供更灵活、合理的解决方案.通常的做法是在基于规则的分类系统中,把特征(属性)值转换为模糊值.例如,图 8.12 就把特征“收入”的连续值映射成了离散的类型值(低、中、高)并给出了模糊隶属度的计算方法.模糊系统经常通过这种用图形描述隶属度的方法来辅助用户对模糊性的认识.

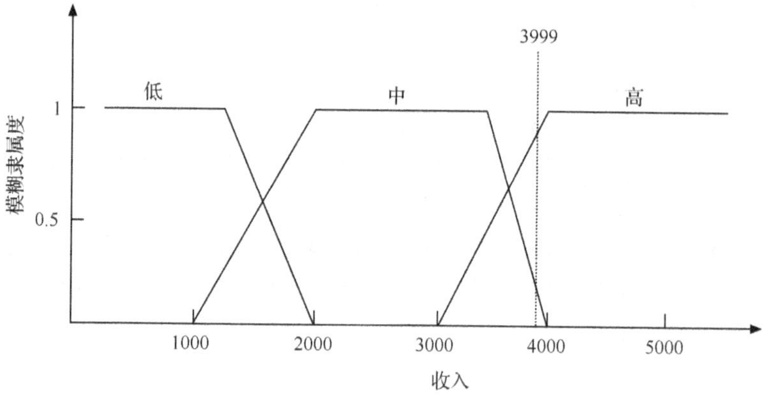

图 8.12　收入的模糊值

模糊系统方法还可用于聚类分析中,最典型的是所谓“模糊 C-均值聚类法”.这种方法把数据集分成 c 个模糊类,通过求出度量不相似性指标的目标函数的极小值,找到每个类的聚类中心,进而产生数据的聚类结果.由于每个数据点是根据其取值于[0,1]的隶属度来确定所属类别的,不同于那些非此即彼的确定方法,具有更多的灵活性,因而,在文献中也称为“软(soft)聚类”.以下是这种聚类方法的一个具体实施过程.

设 u_{ij} 是数据点 $\boldsymbol{x}_i$ 隶属第 j 个模糊类的隶属度,$\boldsymbol{z}_i$ 是第 j 个模糊类的聚类中心,则

$$\sum_{j=1}^{c} u_{ij} = 1, \quad 0 \leqslant u_{ij} \leqslant 1, i = 1, \cdots, n$$

模糊聚类的目标函数为

$$J(\boldsymbol{U};\boldsymbol{z}_1,\cdots,\boldsymbol{z}_c)=\sum_{i=1}^{n}\sum_{j=1}^{c}(u_{ij})^m\|\boldsymbol{x}_i-\boldsymbol{z}_j\|^2. \tag{8.11}$$

式中，$m\geqslant 1$ 是一个可供选择的加权指数，$\boldsymbol{U}=(u_{ij})_{n\times c}$ 是隶属矩阵. 极小化式(8.11)的必要条件为

$$\boldsymbol{z}_j=\left[\sum_{i=1}^{n}(u_{ij})^m\right]^{-1}\sum_{i=1}^{n}(u_{ij})^m\boldsymbol{x}_i \tag{8.12}$$

$$u_{ij}=\left[\sum_{k=1}^{c}\left(\frac{\|\boldsymbol{x}_i-\boldsymbol{z}_j\|}{\|\boldsymbol{x}_i-\boldsymbol{z}_k\|}\right)^{2/(m-1)}\right]^{-1} \tag{8.13}$$

于是，有以下计算步骤：

1) 随机初始化隶属矩阵 $\boldsymbol{U}$.

2) 用式(8.12)得到的 c 个模糊聚类中心 $\boldsymbol{z}_i$，$i=1,\cdots,n$.

3) 若式(8.11)的值小于某个阈值或其改变量小于某个阈值，则算法停止；否则，用式(8.13)重新计算矩阵 $\boldsymbol{U}$，回答步骤 1).

4) 最后，由式(8.13)求出所有数据点的模糊隶属度，将每个数据点划入到具有最大隶属度的相应类别中，得到模型聚类结果.

模糊系统方法已用在许多分类领域，包括保险和金融业，还可用于回归问题，产生所谓“模糊回归方法”，也可以和决策树方法结合产生模糊决策树.

对复杂的实际数据问题，人们期望用智能系统综合来自不同源的知识、技术和方法，使系统在特定领域具有像人类一样的专门知识，在变化的环境中能够通过自身调节更好地学习，并对怎样做出决策和采取行动进行解释. 设计这类系统的精髓就是所谓的神经-模糊计算，其中神经网络用来识别模式并作自适应调节，模糊系统用来处理不确定性信息，对人类的知识进行推理和决策. 作为两个互补的方法，神经网络和模糊系统已和某些非传统优化技术集成为一门新学科——神经-模糊和软计算[6](soft computing)，促使数据挖掘研究向更深层次发展.

8.4　评述与展望

虽然数据挖掘技术正飞速发展，但它仍有许多基本的问题未解决，例如还缺少系统、完整、统一的理论框架，缺少它独有的方法论，缺少综合多个学科优势所形成的有效手段等. 这里有机遇，更有挑战. 现在，已有很多不同学科、不同行业的研究人员加入到这一领域的研究队伍中来，使数据挖掘的新成果、新理论、新方法不断涌现，呈现蓬勃发展的良好态势.

总体上说，数据挖掘依然是问题多、挑战多、机会多、难度大，需要研究者付出更多的艰辛和努力. 以下是数据挖掘当前发展所面临的几个核心问题[7]：

1) 大数据集与高维. 数据个数多、变量维数大仍是数据挖掘的首要问题. 可能的解决办法包括开发非常有效的算法,如抽样法、逼近法、快速并行处理方法、维数缩减方法以及应用先验知识等.

2) 用户界面与先验知识. 数据挖掘的一个挑战是,给用户提供一个能辅助他们正确选择适当工具与方法的高性能环境. 这就需要更多地强调人机界面,而不是过分强调全自动,以便既支持专家也支持新用户. 许多现行的数据挖掘方法和工具并不是真正交互的,也不容易融入一个问题的先验知识,而这些知识对数据挖掘无疑是极为重要的. Bayes 方法可能是一个解决途径.

3) 过拟和问题. 当一个算法用有限数据搜索一个特殊模型的最佳参数时,它也许是过拟的,从而导致模型在检验集上表现较差. 可能的解决方法包括交叉核实、正则化和其他专门的统计策略,也可使用近年来所发展的支撑向量机(support vector machines)方法.

· 丢失数据. 这个问题在商业数据库中特别突出. 如果数据库不是精心设计的,那么重要的特征可能丢失. 丢失数据可能来自操作者的疏漏、实际系统和测量的失败,或者来自数据采集过程在时间上的修正. 可能的解决方法包括识别隐藏变量和相依性的更专业的统计策略.

· 模式的可理解性. 在许多应用中重要的是使所发现的模式更易被人理解. 可能的解决方法包括采用图形表示、规则结构化、自然语言生成以及数据和知识的可视化技术.

· 管理变化的数据和知识. 快速变化(非平稳)的数据可能使以前发现的模式变得无效. 可能的解决方法是开发能模拟数据增加和变化的理论与方法.

· 不同方法的集成. 一般的集成问题包括与 DBMS 集成(如通过一个查询界面)以及与可视化工具集成. 数据挖掘是交互的人机环境,人需要计算机来辅助,计算机也需要人的指导. 这样的交互环境对许多实际问题能提供比人或计算机独立操作快得多的实际解答. 从数据挖掘本身来看,还可与可视化技术、地理信息系统 GIS、统计分析系统相结合,进一步丰富数据挖掘的功能与性能. 一个潜在的机会和挑战是,开发能够集成数据库 OLPA 工具、机器学习和统计学的数据挖掘方法.

· 处理非标准、多媒体和面向对象的数据. 处理这些类型复杂或结构独特的数据已远远超出了当前数据挖掘技术的适用范围. 一个可能的研究目标是开发在类型变量与数值变量混合情形下数据抽样、数据缩减、维数缩减的有效工具.

· Web 数据挖掘. 电子商务网站每天都可能有上百万次在线交易,生成大量的记录文件(log files)和登记表. 如何对这些数据进行分析和挖掘,设计出满足不同客户群体需要的个性化网站,进而增强竞争力已变得势在必行. 点击流(click-stream)的处理可能是关键.

顺便指出，生物信息或基因的数据挖掘以及文本数据的挖掘在近年来也备受关注. 基因的组合千变万化，某种病人的基因和正常人的基因差别到底有多大？能否找出其中不同的地方，进而对其不同之处加以改变使之成为正常基因？这对于人类极其重要，但需要数据挖掘技术的支持. 生物信息或基因的数据挖掘，无论要数据容量、复杂程度，还是在模型构建、算法实施上，显然都要复杂得多. 现在很多机构正致力于这方面的工作，但就技术和软件而言，还远未达到成熟的地步.

文本数据的挖掘也是一个很有意义的课题. 例如，在客户服务中心，把同客户的谈话转化为文本数据，再对这些数据进行挖掘，进而了解客户对服务的满意程度和客户的需求以及客户之间的相互关系等. 随着 Internet 的发展，有大量的在线文本出现，在这巨大的非结构型数据海洋中也必然蕴藏着极其丰富的有用信息. 人们从书本中获取知识的方法是阅读和理解. 开发一种工具能不需要阅读而能协助用户从非结构数据中抽取关键概念以及快速而有效地检索到感兴趣的信息将是一个非常诱人的研究领域. 目前，基于图书、索引、检索以及超文本技术的各类搜索引擎，能协助用户寻找所需信息，但要深入发掘这类数据中的更有用信息，则需要更高层次的技术支持. 人工智能领域有关知识表示及获取的方法以及自然语言理解的研究成果可望被采用. 还可能要涉及语言学、心理学等领域.

虽然数据挖掘面临很多问题，困难重重，但对数据挖掘的研究却方兴未艾，前途广阔. 新的世纪将是一个高度信息化的时代，随着人们对决策分析工作的智能化、自动化要求的不断提高，以知识为主题的许多问题，诸如知识经济、知识产业、知识工人、知识管理、知识工程、知识网络等正受到人们越来越多的关注，由此推动以网络为环境的计算机与信息技术向更高、更深层次发展. 数据挖掘的前景和机遇是明显的. 不过，任何时候，用分析的艺术和人脑的能力从数据中综合新知识仍然是任何机器无法超越的.

习　题

8.1　KDD 的研究方法有哪些？各有什么特点？

8.2　简述数据挖掘与数据仓库、OLAP、统计学、机器学习的区别与联系.

8.3　列举数据挖掘的主要困难.

8.4　试描述几种聚类方法的主要思想和特点.

8.5　如图 1 所示 5 个数据点分成两类，每个数据点有两个特征变量 x_1 和 x_2，记号 $s_i(i=1,\cdots,8)$ 表示 8 个可能的分叉点，选熵函数作为不纯度函数，试用公式(8.7)计算最优分叉点在何处.

8.6　确定模糊 C 均值聚类的迭代公式(8.12)和(8.13).

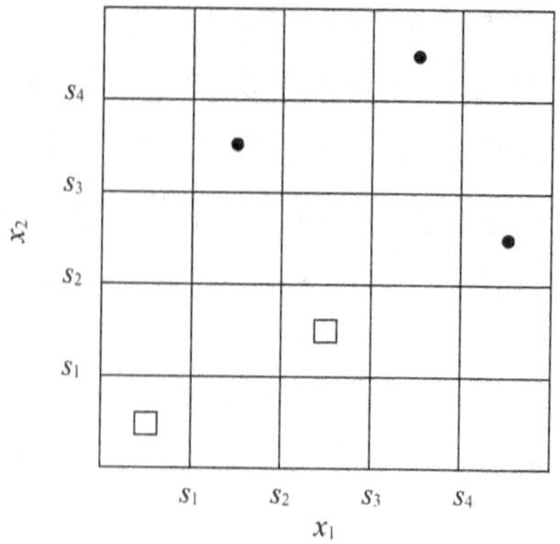

图 1

参考文献

[1] Fayyad U, Piatetsky S G, Smyth P. From data mining to knowledge discovery: an overview. Advances in Knowledge Discovery and Data Mining. Cambridge, Mass: MIT Press, 1996: 1～36.

[2] Hand D J. Data mining: Statistics and more?. The American Statistician, 1998, 52(2): 112～118.

[3] Kamber H M. Data Mining: Concepts and Techniques. Morgan Kaufmann Publishers, 2000.

[4] Leung Y, Ma J H, Zhang W X. A new method for mining regression classes in large data sets. IEEE Trans Pattern Analysis and Machine Intelligence, 2001, 23(1): 5～21.

[5] David C H. 探索性数据分析. 陈忠琏, 郭德媛译. 北京: 中国统计出版社, 1998.

[6] 张智星. 神经-模糊和软计算. 张平安等译. 西安: 西安交通大学出版社, 1998.

[7] Fayyad U. The KDD process for extracting useful knowledge from volumes of data. Communication of the ACM, 1996, 39(11): 27～34.